普通高等院校土建类专业"十四五"创新规划教材

# 工程法教程

主　编　王建立
副主编　金东升　黄　恒　李　益

中国建设科技出版社
北　京

图书在版编目（CIP）数据

工程法教程/王建立主编；金东升，黄恒，李益副主编．--北京：中国建设科技出版社，2024.10.
（普通高等院校土建类专业"十四五"创新规划教材）．
ISBN 978-7-5160-3618-1

Ⅰ．D922.297

中国国家版本馆 CIP 数据核字第 2024J6Q385 号

---

工程法教程
GONGCHENGFA JIAOCHENG
主　编　王建立
副主编　金东升　黄　恒　李　益

出版发行：中国建设科技出版社
地　　址：北京市西城区白纸坊东街 2 号院 6 号楼
邮　　编：100054
经　　销：全国各地新华书店
印　　刷：北京印刷集团有限责任公司
开　　本：787mm×1092mm　1/16
印　　张：16.5
字　　数：360 千字
版　　次：2024 年 10 月第 1 版
印　　次：2024 年 10 月第 1 次
定　　价：65.00 元

本社网址：www.jccbs.com，微信公众号：zgjskjcbs
请选用正版图书，采购、销售盗版图书属违法行为
**版权专有，盗版必究**。本社法律顾问：北京天驰君泰律师事务所，张杰律师
举报信箱：zhangjie@tiantailaw.com　　举报电话：(010) 63567684
本书如有印装质量问题，由我社事业发展中心负责调换，联系电话：(010) 63567692

# 前 言

法治是人类政治文明的重要成果。依法治国是党领导人民治理国家的基本方略，也是建设富强民主文明和谐美丽的社会主义现代化强国的伟大目标之一。工程建设活动是当今社会重要的基础产业，在此背景下，必然离不开法律的规范、调整和保护。熟悉、掌握基本的工程法律知识，是工程从业人员的必备素质。

当前，高等学校工程管理、工程造价、土木工程、交通工程等专业都开设有工程建设法规课程，因此，教材建设是满足工程法教学要求、保障教学质量的基本载体和重要条件。由于工程建设活动专业性强、危险度高，参与主体众多，权利义务关系复杂，涉及的法律制度非常广泛，各种版本的建设法规教材见仁见智，在内容安排取舍上存在较大差异，适用对象有所不同。本书基于工程项目全寿命周期理论，结合编者的工程法律实务经验，侧重介绍包括工程全过程建设当中涉及的工程建设程序、市场准入、行政许可、工程发承包（招标投标）、工程合同、安全生产、工程质量、竣工验收与保修、工程监理、房地产管理、工程争议处理等法律制度。本书以专业工程法律制度为主要内容，兼顾体系的完整性，同时吸纳了《中华人民共和国民法典》（以下简称《民法典》）等最新法律规定，并加入相关典型案例阐述，具有较强的实用性、时效性、可读性，有助于工程法律基础知识的学习掌握。

本书由河南城建学院王建立任主编，河南金年华律师事务所金东升、黄恒、李益任副主编。具体分工如下：王建立编写第一章、第二章；金东升编写第四章、第十章；黄恒编写第三章、第五章、第六章；李益编写第七章、第八章、第九章。全书由王建立负责修改、定稿。本书在编写过程中，参考了诸多学者、专家的著述，吸收借鉴了不少有益的观点和材料，在此谨向他们表示衷心的感谢。

受编者能力水平所限，本书难免存在疏漏和问题，敬请各位专家、读者批评指正，以便今后修订时加以完善。

编 者
2024 年 8 月

# 目 录

## 第一章 工程建设与工程法 / 1

第一节 工程法概述 / 1
第二节 工程法律关系 / 8
第三节 工程民事法律制度 / 13

## 第二章 工程建设程序与许可制度 / 37

第一节 工程建设基本程序 / 37
第二节 施工许可制度 / 43
第三节 施工图设计文件审查制度 / 47
第四节 工程建设市场准入制度 / 50

## 第三章 工程发承包与招标投标制度 / 67

第一节 工程发包与承包概述 / 67
第二节 工程招标 / 74
第三节 工程投标 / 82
第四节 工程决标 / 86

## 第四章 建设工程合同法律制度 / 95

第一节 合同制度概述 / 96
第二节 合同订立 / 102
第三节 合同效力 / 114
第四节 合同履行 / 120
第五节 合同变更、转让与终止 / 128
第六节 违约责任 / 133
第七节 建设工程合同 / 142

## 第五章 工程安全生产制度 / 151

第一节　工程安全生产制度概述 / 151
第二节　工程建设参与单位的安全责任 / 157
第三节　工程安全事故救援与调查处理 / 164

## 第六章 工程质量管理制度 / 171

第一节　工程质量管理制度概述 / 171
第二节　工程建设参与主体质量责任 / 175
第三节　建设工程竣工验收制度 / 182
第四节　工程质量保修制度 / 186

## 第七章 工程监理法律制度 / 188

第一节　工程监理制度概述 / 188
第二节　强制监理的工程 / 191
第三节　工程监理的实施 / 192

## 第八章 工程建设相关法律制度 / 197

第一节　工程建设环境保护制度 / 197
第二节　施工节约能源制度 / 209
第三节　施工文物保护制度 / 212

## 第九章 房地产管理法律制度 / 217

第一节　房地产概述 / 217
第二节　建设用地制度 / 220
第三节　国有土地上房屋征收制度 / 228
第四节　商品房销售管理制度 / 233
第五节　物业管理法律制度 / 238

## 第十章 工程争议处理制度 / 248

第一节　工程纠纷概述 / 248
第二节　工程纠纷民事诉讼处理程序 / 252

# 第一章

# 工程建设与工程法

| |
|---|
| **教学目的与要求：**<br>1. 掌握工程建设活动的特点及原则，理解学习工程建设法规的重要意义；<br>2. 熟悉法律关系理论，熟悉法人、代理、物权、债权、诉讼时效等与工程建设密切相关的基本民事制度；<br>3. 了解工程建设法律体系结构。 |
| **教学重点与难点：**<br>1. 工程建设活动的特点、学习意义；<br>2. 法律关系理论，熟悉法人、代理、物权、债权、诉讼时效。 |
| **教学方法和手段：**<br>1. PPT 教学模式；<br>2. 引入案例。 |
| **教学内容与设计：**<br>1. 案例导入；<br>2. 穿插课堂提问讨论、案例、小作业等；<br>3. 注重启发式教学手段的运用，加强与学生的互动。 |

【内容导读】

工程建设活动是工程建设法研究的对象和基础。本章主要介绍工程建设活动、工程建设法律关系、工程建设常用民事法律制度等内容，使学习者了解工程建设对社会生活发挥的重要基础性作用，熟悉常用工程法律知识，理解学习工程建设法的重要意义。

## 第一节 工程法概述

### 一、工程建设活动

"工程"，是指依据设想目标，应用科学知识和技术手段，通过有组织的活动，使自然界的物质和能源转化为具有预期使用价值产品的过程。我国古代就有使用"工程"一词的文献记载。《新唐书·魏知古传》："会造金仙、玉真观,虽盛夏,工程严促"。明代李东阳《应诏陈言奏》："今纵以为紧急工程不可终废,亦宜俟雨泽既降,秋气稍凉,然后再图修治"。清代刘大櫆《芋园张君传》："相国创建石桥,以利民涉,工程浩繁"。"工程"一词含义广泛,本教程所述"工程",主要是指建筑物、构筑物及其相关的建造活动。

人类要生存,社会要发展,工程建设活动必不可少。工程建设是指土木工程、建筑工程、线路管道和设备安装工程及装修工程等工程项目的新建、扩建和改建,是形成固定资产的基本生产过程及与之相关其他建设工作的总称。

按照自然属性,可以把建设工程划分为房屋建筑工程、铁路工程、公路工程、水利工程、市政工程、矿山工程、水运工程、海洋工程、民航工程、农业工程、林业工程、石油天然气工程、海洋石油工程、火电工程、水电工程、核工业工程、建材工程、有色金属工程、石化工程、化工工程、医药工程、机械工程、航天与航空工程、兵器与船舶工程、轻工工程、纺织工程、电子与通信工程和广播电影电视工程等具体类别。

工程建设产品构成一个国家经济和社会发展所必需的基础设施。与其他生产活动相比,工程建设活动的建设地点固定,投资巨大,建造周期长,单件生产,参与主体众多,技术复杂,与公共利益密切关联。

工程建设活动是人类的基本生产活动,能够为经济发展和人民生活改善提供重要的物质条件,对社会其他众多产业的振兴起着拉动、促进作用,在国家经济和社会发展中具有重要地位,对于国家强盛、民族兴衰具有重大影响。

在市场经济和法治社会背景下,工程建设活动离不开法律的保驾护航。国家十分重视运用法律手段,加强对工程建设的规范和管理,以保障工程建设活动的顺利进行。

## 二、工程法的概念及调整对象

法律,是由国家制定或认可并依靠国家强制力保证实施的,反映由特定社会物质生活条件所决定的统治阶级意志,以权利和义务为内容,以确认、保护和发展对统治阶级有利的社会关系和社会秩序为目的的行为规范体系。法律是我国维护国家稳定、各项事业蓬勃发展的最强有力的武器,也是捍卫人民群众权利和利益的工具。

（一）工程法的概念

工程法,是调整国家机关、社会组织以及自然人在工程建设活动中所发生社会关系的法律规范的总称。

社会主义市场经济本质上是法治经济,工程建设当然离不开法律的规范和调整,工程建设活动必须依法进行,参与工程建设的单位和个人应当学习和掌握法律,自觉遵守国家有关工程建设的各类法律法规。

（二）工程法的调整对象

由于工程建设活动的重要性、特殊性,工程建设受到许多法律部门的调整规制。笼统地讲,在工程建设过程中产生的法律关系都可以称为工程建设法律关系。但是,依具体法律关系的性质,工程法律关系可以主要区分为工程行政法律关系和工程民事法律关系。这两大类关系是工程建设活动中最重要、最普遍的关系，存在于每个具体建设活动当中。而刑事等其他法律关系的产生并非工程建设活动的常态。因此，本书认为，工程法调整和研究的对象，主要为建设活动中产生的行政法律关系和民事法律关系。

1. 工程行政法律关系

工程行政法律关系，是指法律调整国家行政机关在建设活动中同建设单位、设计单位、勘察单位、施工单位及其他有关单位之间发生的管理与被管理的过程中所产生的关系。

工程建设活动是我国经济活动中的重要部分，其牵涉的资金规模庞大，与国民经济、社会发展皆有举足轻重的利害关系。因此，国家对建设活动实行严格的行政管理。建设工程的立项、计划、资金筹集、设计、施工、验收、交付使用等环节均进行严格的行政许可与行政监管。从事建设行政管理的国家行政机关通常包括各级建设行政主管部门、各级城乡规划主管部门、各级土地行政主管部门等。

法律对建设活动中的行政管理关系进行调整，就形成行政法律关系。行政法律关系除具备一般法律关系的特征外，还有如下特征：①行政法律关系主体必须有一方是行政主体，享有行政职权；②行政法律关系的主体在行政管理活动中的地位是不平等的，双方是管理与被管理的关系；③行政法律关系主体的权利义务都是由行政法预先规定的，没有自由选择的余地。"依法行政"，是行政主体作出行政行为时应当遵守的基本原则。

2. 工程民事法律关系

工程民事法律关系，是指法律调整工程建设活动过程中在法人、社会组织、自然人之间产生的民事权利、义务关系。

工程建设活动周期长，牵涉面广，事务繁多，需要投入大量的人力、物力和时间。工程建设中的勘察、设计、施工、监理、材料设备采购等活动，本质上就是民事活动，各个工程参与主体之间产生的合同关系、损害赔偿关系等都属于民事关系，要受到民事法律的调整，并产生相应的具体民事法律关系。民事法律关系有如下基本特征：①是平等主体之间的关系；②调整的是财产关系与人身关系，但主要是财产关系；③权利义务一般由当事人协商产生；④民事法律关系的保障措施具有补偿性和财产性。"法无禁止即可为"在民事活动中，只要法律没有禁止，民事主体都可以实施。

工程建设中的民事法律关系，是工程建设活动中基础性的、根本性的法律关系，对工程建设具有实质性贡献和作用。可以说，没有这些民事关系的存在，工程建设就不可能开展。

## 三、工程法的原则

法律原则指能够作为法律规则基础或本源的原理或准则。它在法律规则中占有至上地位，是其他一切规则产生的基础。

工程建设法的原则不同于建设法律规范，它是贯穿工程建设活动全过程的指导思想。它可以弥补具体建设法律规范的不足，为工程建设活动提供基本指引。

（一）守法原则

社会主义市场经济是法治经济，建设活动应当依法行事。作为建设活动的参与者，从事建设活动的单位，只有遵守法律、法规的规定，其建设行为才会受到法律的认可，权利义务才能受到法律的保护。

**【阅读案例】** 秦岭违建别墅拆除事件

2018年7月以来，"秦岭违建别墅拆除"备受社会关注。中央、省、市三级打响秦岭保卫战，秦岭北麓西安段共有1194栋违建别墅被列为查处整治对象。2018年7月底开始，一场针对秦岭北麓违建问题的专项整治行动大规模展开。在违建别墅被拆除的同时，诸多与这些别墅相关的腐败案例，也陆续被挖出。2018年7月31日起，专项整治行动在秦岭北麓西安境内展开。截至2019年1月10日，清查出1194栋违建别墅；其中依法拆除1185栋、依法没收9栋；依法收回国有土地4557亩、退还集体土地3257亩。2019年6月17日，单体最大违建别墅的建设者陈某、支某被判刑。西安铁路运输法院一审以非法占用农用地罪判处陈某有期徒刑一年，缓刑一年六个月，判处罚金28万元；判处支某有期徒刑八个月，缓刑一年，判处罚金23万元。

**（二）维护社会公共利益原则**

社会公共利益是全体社会成员的整体利益，保护社会公共利益是法律的基本出发点。从事建设活动不得损害社会公共利益，这是维护建设市场秩序的基本保障。

**（三）确保建设工程质量与安全原则**

建设工程质量是指国家规定和合同约定的对建设工程的适用、安全、经济、美观等一系列指标的综合要求。建设工程的安全是指在工程建设活动中避免引起人身伤亡和财产损失。建设工程质量与安全是整个工程建设活动的核心，关系到人民群众的生命健康和财产安全。建设活动只有在确保工程质量与安全的基础上，才能实现工程建设的目的。

**【阅读案例】** 上海静安区11·15住宅大火事故

2010年11月15日，上海市静安区胶州路728号公寓大楼发生特别重大火灾事故，造成58人死亡，71人受伤，直接经济损失1.58亿元。国务院事故调查组查明，该起特别重大火灾事故是一起因企业违规造成的责任事故。事故的直接原因：在胶州路728号公寓大楼节能综合改造项目施工过程中，施工人员违规在10层电梯前室北窗外进行电焊作业，电焊溅落的金属熔融物引燃下方9层位置脚手架防护平台上堆积的聚氨酯保温材料碎块、碎屑引发火灾。事故的间接原因：一是建设单位、投标企业、招标代理机构相互串通、虚假招标和转包、违法分包。二是工程项目施工组织管理混乱。三是设计企业、监理机构工作失职。四是市、区两级建设主管部门对工程项目监督管理缺失。五是静安区公安消防机构对工程项目监督检查不到位。六是静安区政府对工程项目组织实施工作领导不力。

对此次事故负有主要责任的静安区建设和交通委员会主任高某某，副主任姚某某，上海佳艺建筑装饰工程公司法定代表人、经理黄某某及静安区建设总公司法定代表人、总经理董某等26人被移交司法机关依法追究刑事责任。

**（四）遵守国家工程建设标准规范原则**

根据《中华人民共和国标准化法》（以下简称《标准化法》）的规定，标准（含标准样品），是指农业、工业、服务业以及社会事业等领域需要统一的技术要求。标准包括国家标准、行业标准、地方标准和团体标准、企业标准。国家标准分为强制性标准、推荐性标准，行业标准、地方标准是推荐性标准。强制性标准必须执行。国家鼓励采用推荐性标准。国家在工程建设领域制定颁布了大量标准、规范。遵守工程建设标准规范，对促进技术进步、提高建设工程质量与安全、增进社会效益与经济效益、维护国家利益和人民利益具有重大的现实意义。

### 四、工程法的构成与冲突处理

#### （一）工程法的范围

由于工程建设活动的特殊性、重要性、复杂性，围绕建设活动主体资质资格、建设市场交易、建设产品质量和安全建设活动技术等方面，可以产生多种性质的法律关系，如各种行政关系、合同关系、侵权关系、诉讼关系，甚至某些工程建设项目还会涉及刑事关系。因此，许多法律部门从不同角度对工程建设活动进行规范和调整。从广义上讲，工程建设活动涉及的法律范围包括民商法、行政法、经济法、社会法、诉讼法等。这些部门法中涉及工程建设活动的法律规范都属于工程建设法的组成部分。狭义上的工程建设法，主要指国家对工程建设进行指导、调整、管理、干预的法律规范，以强制性规范为主，性质上更多地体现出经济行政法的特征，此种意义上的法律规范以《中华人民共和国建筑法》（以下简称《建筑法》）、《中华人民共和国招标投标法》（以下简称《招标投标法》）、《建设工程勘察设计管理条例》《建设工程质量管理条例》《建设工程安全生产管理条例》等为代表。

#### （二）工程法的效力位阶

所谓法律效力位阶，是指每一部规范性法律文本在法律体系中的纵向等级。下位阶的法律必须服从上位阶的法律，所有的法律必须服从最高位阶的法。

按照《中华人民共和国宪法》（以下简称《宪法》）和《中华人民共和国立法法》（以下简称《立法法》）规定的立法体制，我国法律效力位阶共分六级，它们从高到低依次是：根本法、基本法、普通法、行政法规、地方性法规和行政规章。

1. 宪法

宪法是我国社会主义法律最根本、最主要的法律渊源，其法律地位和效力是最高的。它是国家最高权力的象征和标志，宪法的权威直接来源于人民。我国宪法规定了当代中国根本的社会、经济和政治制度，各种基本原则、方针、政策，公民的基本权利和义务，各主要国家机关的组成和职权、职责等，涉及社会生活各个领域最根本、最重要的方面，其特殊地位决定了宪法在我国法律渊源中处于最高和核心地位。一切法律、行政法规等，都应当依照宪法所确认的原则来制定，不得与宪法的规定相抵触，不得违背宪法原则，否则一律无效。宪法是由我国最高权力机关全国人民代表大会经过特殊程序制定和修改的，全国人大常委会负责解释并监督宪法实施，并对违反宪法的行为予以追究。

2. 法律

法律分为基本法律和普通法律。基本法律的创制权属于最高权力机关全国人民代表大会，调整事项是社会生活中重要的利益归属和配置，它的制定或修改必须经全国人大代表过半数通过。我国的基本法律包括民事基本法、行政基本法和刑事基本法以及诉讼法等。与工程建设活动有关的基本法律有《民法典》《中华人民共和国民事诉讼法》（以下简称《民事诉讼法》）、《中华人民共和国行政诉讼法》（以下简称《行政诉讼法》）、《中华人民共和国刑法》（以下简称《刑法》）、《中华人民共和国刑事诉讼法》（以下简称《刑事诉讼法》）等。

普通法由全国人大常委会制定和修改。根据《立法法》的规定，全国人民代表大会常务委员会制定和修改除应当由全国人民代表大会制定的法律以外的其他法律。普通法律的创制依据是作为根本法律的宪法和宪法之下的基本法律。普通法律所调整的事项包容于基本法律调整事项之下，其内容为普通的社会关系中的利益问题。与工程建设活动有关的普通法律有《建筑法》《招标投标法》《中华人民共和国土地管理法》（以下简称《土地管理法》）、《中华人民共和国城乡规划法》（以下简称《城乡规划法》）、《中华人民共和国城市房地产管理法》（以下简称《城市房地产管理法》）、《中华人民共和国安全生产法》（以下简称《安全生产法》）等。

3. 行政法规

行政法规的创制主体是国务院。根据《立法法》的规定，国务院根据宪法和法律，制定行政法规。行政法规可以就下列事项作出规定：一是为执行法律的规定需要制定行政法规的事项；二是宪法的规定的国务院行政管理职权的事项。应当由全国人民代表大会及其常务委员会制定法律的事项，国务院根据全国人民代表大会及其常务委员会的授权决定先制定的行政法规，经过实践检验，制定法律的条件成熟时，国务院应当及时提请全国人民代表大会及其常务委员会制定法律。

国务院制定的与工程建设活动相关的行政法规有《建设工程质量管理条例》《建设工程安全生产管理条例》《建设工程勘察设计管理条例》《城市房地产开发经营管理条例》《中华人民共和国招标投标法实施条例》（以下简称《招标投标法实施条例》）、《国有土地上房屋征收与补偿条例》等。

4. 地方性法规、自治条例和单行条例

地方性法规，是指法定的地方国家权力机关依照法定的权限，在不同宪法、法律和行政法规相抵触的前提下，制定和颁布的在本行政区域范围内实施的规范性文件。《立法法》第80条规定：省、自治区、直辖市的人民代表大会及其常务委员会根据本行政区域的具体情况和实际需要，在不同宪法、法律、行政法规相抵触的前提下，可以制定地方性法规。《立法法》第81条规定：设区的市的人民代表大会及其常务委员会根据本市的具体情况和实际需要，在不同宪法、法律、行政法规和本省、自治区的地方性法规相抵触的前提下，可以对城乡建设与管理、生态文明建设、历史文化保护、基层治理等方面的事项制定地方性法规，法律对设区的市制定地方性法规的事项另有规定的，从其规定。设区的市的地方性法规须报省、自治区的人民代表大会常务委员会批准后施行。

地方性法规在该地方行政辖区范围内适用，如《河南省城市房地产开发经营管理条例》《郑州市城乡规划管理条例》《许昌市城乡规划条例》等。

另外，根据《立法法》的规定，经济特区所在地的省、市的人民代表大会及其常务委员会根据全国人民代表大会的授权决定，制定法规，在经济特区范围内实施。民族自治地方的人民代表大会有权依照当地民族的政治、经济和文化的特点，制定自治条例和单行条例。

5. 行政规章

行政规章包括部委规章和地方政府规章两大类。国务院各部、委员会、中国人民银行、审计署和具有行政管理职能的直属机构，可以根据法律和国务院的行政法规、决定、命令，在本部门的权限范围内，制定规章。部门规章规定的事项应当属于执行法律或者国务院的行政法规、决定、命令的事项。没有法律或者国务院的行政法规、决定、命令的依据，部门规章不得设定减损公民、法人和其他组织权利或者增加其义务的规范，不得增加本部门的权力或者减少本部门的法定职责。

省、自治区、直辖市和设区的市、自治州的人民政府，可以根据法律、行政法规和本省、自治区、直辖市的地方性法规，制定规章。

设区的市、自治州的人民政府制定地方政府规章，限于城乡建设与管理、环境保护、历史文化保护等方面的事项。应当制定地方性法规但条件尚不成熟的，因行政管理迫切需要，可以先制定地方政府规章。规章实施满两年需要继续实施规章所规定的行政措施的，应当提请本级人民代表大会或者其常务委员会制定地方性法规。

部门规章签署公布后，及时在国务院公报或者部门公报和中国政府法制信息网以及在全国范围内发行的报纸上刊载。地方政府规章签署公布后，及时在本级人民政府公报和中国政府法制信息网以及在本行政区域范围内发行的报纸上刊载。在国务院公报或者部门公报和地方人民政府公报上刊登的规章文本为标准文本。

### （三）法律冲突的处理原则

我国法律、行政法规及规章等对同一事项的规定不一致，发生冲突时，一般按照以下原则明确应当适用的法律。

1. 上位法优于下位法原则

上位法优于下位法原则，是指效力位阶较高的规范性法律文件与效力位阶较低的规范性法律文件对同一事项的规定不一致时，适用效力位阶较高的规范性法律文件的规定。如：宪法优于法律，法律优于行政法规，行政法规优于和地方性法规，地方性法规优于本级政府规章和较大的市法规、规章等。

2. 新法优于旧法原则

新法优于旧法原则，是指同一机关制定的效力位阶相同且现行有效的法律、行政法规、地方性法规、自治条例和单行条例、规章等，在新法与旧法对同一事项的规定不一致时，适用新法的规定，如：《中华人民共和国劳动法》（以下简称《劳动法》）第82条规定当事人申请仲裁的时效期间为60日，《中华人民共和国劳动争议调解仲裁法》（以下简称《劳动争议调解仲裁法》）第27条却规定为1年，两部法律都是全国人大常委会制定的现行有效的法律，其效力位阶相同，但我们应当按照"新法优于旧法"的原则，适用新法《劳动争议调解仲裁法》关于申请仲裁的时效规定。

3. 特别法优于一般法原则

特别法优于一般法原则，是指同一机关制定的，效力位阶相同且现行有效的法律、行政法规、地方性法规、自治条例和单行条例、规章等，在特别法与一般法对同一事项的规定不一致时，适用特别法的规定，如：《劳动法》《中华人民共和国劳动合同法》（以下简称《劳动合同法》）都是全国人大常委会制定的现行有效的法律，其效力位阶相同，都有关于劳动合同的规定，但有关劳动合同的法律问题，应当优先适用特别法《劳动合同法》的规定；在《劳动合同法》没有规定时，才适用一般法《劳动法》关于劳动合同的规定。

4. 法律文本优于法律解释原则

法律文本优于法律解释原则，是指法律解释机关对法律、法规、规章等的解释与被解释的法律、法规、规章对同一事项的规定不一致时，适用法律文本的规定。

5. 需要由有关机关裁决适用的特殊情况

当法律之间对同一事项的新的一般规定与旧的特别规定不一致，不能确定如何适用时，由全国人民代表大会常务委员会裁决。

行政法规之间对同一事项的新的一般规定与旧的特别规定不一致，不能确定如何适用时，由国务院裁决。根据授权制定的法规与法律规定不一致，不能确定如何适用时，由全国人民代表大会委员会裁决。

地方性法规、规章之间不一致时，由有关机关依照下列规定的权限作为裁决：①同一机关制定的新的一般与旧的特别规定不一致时，由制定机关裁决。②地方性法规与部门规章之间对同一事项的规定不一致，不能确定如何适用时，由国务院提出意见，国务院认为应当适用地方性法规的，应当决定在该地方适用地方性法规的规定；认为应当适用部门规章的，应当提请全国人民代表大会常务委员会裁决。③部门规章之间、部门规章与地方政府规章之间对一事项的规定不一致时，由国务院裁决。

# 第二节　工程法律关系

在当今法治社会，法律是进行社会治理的最基本、最主要方式之一。实践证明，依靠法律才能实现社会的良性有序发展，而法律在调整、规范社会生活过程中就必然产生各种法律关系。法律关系以国家强制力作为保障，当法律关系受到破坏时，国家会动用强制力进行矫正或恢复。

## 一、法律关系的概念

法律关系，是在法律规范调整社会关系的过程中所形成的人们之间的权利和义务关系。

法律规范是法律关系产生的前提。法律关系是根据法律规范建立的社会关系，如果没有相应的法律规范的存在，就不可能产生法律关系。法律关系是法律规范的实现形式，是法律规范的内容（行为模式及其后果）在现实社会生活中的具体贯彻。

法律关系是特定法律关系主体之间的权利和义务关系。法律关系是以法律上的权利、义务为纽带而形成的社会关系。没有特定法律关系主体的实际法律权利和法律义务，就不可能有法律关系的存在。在此，法律权利和义务的内容是法律关系区别于其他社会关系（社团组织内部的关系）的重要标志。

**【阅读案例】打白条的"分手费"**

王某女和李某男通过交友平台认识后，一见倾心很快坠入爱河，你来我往就成为了"地下情人"。王某女多次要求李某男与妻子离婚，并与她结婚。李某男思来想去还是放不下妻子和孩子，一拖再拖，最后王某女直接闹到李某男的家中。李某男的妻子虽然气愤，但为家庭和孩子还是选择站在了丈夫的一边。经过双方协商写下协议，李某男夫妇答应了王某女提出经济补偿的要求，同意给王某女30万元作"分手费"。可李某男也不是大款，就先支付了20万，其余的10万由李某男写下欠条，答应一年内付清。之后，经王某女催要，李某男又支付2万元后，剩下的8万元不再支付。为此，王某女起诉到法院，要求李某男按协议付清全部余款。李某男一看对方撕破脸皮闹上法庭，他也提起反诉，要求女方归还已给付的22万元。

法院审理认为，原、被告发生婚外情行为形成的"分手费"债权债务关系，属自然之债，不应受法律强制力的保护，但被告依此自愿履行的部分，原告仍具有保持力，被告不得以不知是自然之债或原告为不当得利等理由而要求返还。据此，法院判驳回了原告的起诉请求和被告的反诉请求。

本案判决的理由，主要有如下三方面：（一）根据民法学理论，债按其执行力不同可分为法律之债和自然之债。其前者若债务人不履行，债权人可请求法院强制债务人履行；而后者是指法律不强制保护，也不强制制止。债务人自然履行的，其履行仍然有效。债务人不愿意履行的，也不能找法院。（二）婚外同居是一种违法行为，违反公序良俗，挑战了道德底线。双方基于此行为形成的"分手费"债权债务关系，不应受到法律的保护。（三）法律导向问题。针对此案，无论是支持王某女索要"分手费"，还是支付李某男索回"分手费"，法院都会有纵容婚外情之嫌，会给群众产生不正确的诱导作用。

## 二、工程法律关系的构成要素

在工程建设领域，以工程建设为纽带，存在勘察、设计、施工、监理、原材料采购、机械设备租赁、施工劳务等众多的工程法律关系。但是，不论是何种法律关系，都是由法律关系主体、法律关系客体和法律关系内容三要素构成的，缺一不可。工程法律关系当然需要具备法律关系的基本构成要素。

### （一）法律关系的主体

法律关系主体，是法律关系的参加者，即在法律关系中一定权利的享有者和一定义务的承担者。根据《民法典》的规定，可以成为法律关系主体的主要有自然人、法人、非法人组织三类。

1. 自然人

自然人是具有自然生物属性的人，从出生开始就获得了民事主体资格。自然人包括本国人、外国人和无国籍人，是最基本的法律关系主体。《民法典》第13条规定，自然人从出生时起到死亡时止，具有民事权利能力，依法享有民事权利，承担民事义务。自然人的民事权利能力一律平等。

民事权利能力，就是指法律所规定的，自然人、法人或非法人组织参加民事法律关系、享有民事权利和承担民事义务的资格。民事权利能力是自然人、法人或非法人组织享有民事权利的前提，但它不是具体的民事权利，要享有某项实际的权利，还必须通过一定的行为参加到某一具体的法律关系中去。

民事行为能力，就是指自然人、法人或非法人组织以自己独立的行为去取得民事权利、承担民事义务的资格。自然人的民事行为能力，分完全民事行为能力人、限制民事行为能力人和无民事行为能力人。有民事权利能力而没有相应民事行为能力的民事主体，要想享有民事权利、承担民事义务就只能通过他人代理。无民事行为能力人、限制民事行为能力人的监护人是其法定代理人。

《民法典》规定，十八周岁以上的自然人为成年人。不满十八周岁的自然人为未成年人。成年人为完全民事行为能力人，可以独立实施民事法律行为。十六周岁以上的未成年人，以自己的劳动收入为主要生活来源的，视为完全民事行为能力人。

八周岁以上的未成年人为限制民事行为能力人，实施民事法律行为由其法定代理人代理或者经其法定代理人同意、追认；但是，可以独立实施纯获利益的民事法律行为或者与其年龄、智力相适应的民事法律行为。

不满八周岁的未成年人为无民事行为能力人，由其法定代理人代理实施民事法律行为。不能辨认自己行为的成年人为无民事行为能力人，由其法定代理人代理实施民事法律行为。八周岁以上的未成年人不能辨认自己行为的，也视为无民事行为能力人。

2. 法人

《民法典》规定，法人是具有民事权利能力和民事行为能力，依法独立享有民事权利和承担民事义务的组织。

法人是相对于自然人的一类民事主体。在现代社会，从事民事活动的主体除自然人外，还有一些社会组织，其中最重要的就是法人。法人在近现代以来的人类生产、生活及社会经济发展中发挥了巨大的作用。

3. 非法人组织

非法人组织是不具有法人资格，但是能够依法以自己的名义从事民事活动的组织。非法人组织包括个人独资企业、合伙企业、不具有法人资格的专业服务机构等。

《民法典》规定，非法人组织应当依照法律的规定登记。非法人组织的财产不足以清偿债务的，其出资人或者设立人承担无限责任。法律另有规定的，依照其规定。非法人组织可以确定一人或者数人代表该组织从事民事活动。非法人组织解散的，应当依法进行清算。

【阅读案例】合伙企业债务如何清偿

2005年9月8日，魏某某登记注册成立个人独资企业"联达厂"，领取营业执照。2005年12月18日，魏某某、蒋某某、卞某及祝某某签订合伙合同一份，约定合伙人魏某某原独资经营的联达厂现由四人共同出资，合伙经营，变更为合伙经营企业，仍使用原魏某某领取的联达厂营业执照。后尹某某、洪某某加入合伙。

2006年10月3日，双盈公司与联达厂签订购销合同，约定由双盈公司向联达厂提供焦炭，双盈公司供货后，联达厂支付了部分货款，尚欠1213785.95元。双盈公司将联达厂以及魏某某等六人诉至南通中院，请求判令联达厂以及魏某某等六人给付所欠货款并承担逾期付款利息。

一审南通中院认定魏某某等六人形成合伙关系，欠款事实清楚，联达厂偿还原告双盈公司货款，前述六人对此承担连带清偿责任。卞某不服，向江苏高院提起上诉。二审江苏高院就责任承担改判为：魏某某等六人对联达厂不能清偿的债务部分承担无限连带清偿责任。其他部分维持原判。

该合伙企业债务的承担分为两个层次：第一顺序的债务承担人是合伙企业，第二顺序的债务承担人是全体合伙人。由于债权人的交易对象是合伙企业而非合伙人，合伙企业作为与债权人有直接法律关系的主体，应先以其全部财产进行清偿。因合伙企业不具备法人资格，普通合伙人不享受有限责任的保护，合伙企业的财产不足清偿债务的，全体普通合伙人应对合伙企业未能清偿的债务部分承担无限连带清偿责任。因而，合伙企业法第三十九条所谓的"连带"责任，是指合伙人在第二顺序的责任承担中相互之间所负的连带责任，而非合伙人与合伙企业之间的连带责任。本案中，对于联达厂欠双盈公司的货款，联达厂应先以其全部财产进行清偿。联达厂的财产不足清偿该债务的，卞某等合伙人对不能清偿的部分承担无限连带清偿责任。原审判决对联达厂与卞某等合伙人的责任顺序未作区分，应予纠正。

### （二）法律关系的客体

法律关系客体，是指法律关系主体享有的权利和承担的义务所共同指向的对象。

法律关系客体是一定利益的法律形式。任何外在的客体，一旦它承载某种利益价值，就可能会成为法律关系客体。法律关系建立的目的，总是为了保护某种利益、获取某种利益。实质上，客体所承载的利益本身是法律权利和法律义务联系的中介。这些利益，从表现形态上可以分为物质利益和精神利益、有形利益和无形利益、直接利益和间接利益；国家利益、社会利益和个人利益等。

法律关系的客体主要包括物、行为、智力成果、人身利益。工程建设活动中所使用的建筑材料、建筑设备、专利技术、设计图纸，工程勘察、设计、施工安装行为等，都属于特定法律关系的客体。

### （三）法律关系的内容

法律关系的内容，就是法律关系主体之间的法律权利和法律义务。权利是指法律关系主体依法享有的权益，表现为权利享有者依照法律规定具有的自主决定作出或者不作出某种行为、要求他人作出或者不作出某种行为的自由。义务是指法律关系主体依照法律规定所承担的必须作出某种行为或者不得作出某种行为的负担或约束。

权利和义务二者相辅相成，密不可分。在法律调整状态下，权利是受法律保障的利益，其行为方式表现为意志和行为的自由。义务则是对法律所要求的意志和行为的限制，以及利益的付出。权利和义务是法律调整社会关系的特有机制，是法律区别于道德最明显的标志，也是法律和法律关系内容的核心。

## 三、法律关系变动

### （一）法律关系变动的原因

法律关系处在不断地生成、变更和消灭的运动过程中。法律规范是法律关系形成、变更和消灭的法律依据，没有一定的法律规范就不会有相应的法律关系。但法律规范的规定只是主体权利和义务关系的一般模式，还不是现实的法律关系本身。法律关系的形成、变更和消灭还必须具备现实的、具体的法律事实。法律事实是法律规范与法律关系联系的中介和桥梁。

### （二）法律事实

法律事实，就是法律规范所规定的，能够引起法律关系产生、变更和消灭的客观情况或现象。以是否以人们的意志为转移作标准，可以将法律事实大体上分为两类，即事件和行为。

#### 1. 事件

事件是法律规范规定的、不以当事人的意志为转移而引起法律关系形成、变更或消灭的客观事实。事件又分成社会事件和自然事件两种。前者如社会革命、战争等，后者如人的生老病死、地震、洪水等自然灾害。由于这些事件的出现，法律关系主体之间的权利与义务关系就有可能产生，也有可能发生变更，甚至完全归于消灭。例如，由于人的出生便产生了父母与子女间的抚养关系、监护关系；而人的死亡却又导致抚养关系、夫妻关系或赡养关系的消灭、继承关系的产生，等等。

#### 2. 行为

行为，是受当事人意志支配而引起法律关系形成、变更或消灭的活动。是否和当事人的意志有关，是事件区别于行为的关键。

行为可以分为善意行为与恶意行为、合法行为与违法行为。善意行为、合法行为能够引起法律关系的形成、变更和消灭。例如，依法登记结婚的行为，导致婚姻关系的成立。同样，恶意行为、违法行为也能够引起法律关系的形成、变更和消灭，但往往受到法律的否定性评价。如加害行为可能引起某些民事法律关系（损害赔偿、婚姻、继承等）的产生或变更，也可能产生刑事法律关系。

## 四、法律关系的分类

根据不同的标准可以对法律关系进行分类。

（1）按照法律关系所赖以建立的法律规范所属的不同部门，可以把它们划分为不同部门的法律关系。如宪法关系、行政法关系、民法关系、刑法关系、诉讼法关系等等。在这个分类中，由于法的部门可以划分为不同的法律制度，也就相应存在着与这些法律制度相适应的次一级法律关系种类，如民法关系中的所有权关系和债权关系。

（2）按照法律关系主体的相互地位，可分为平权法律关系和隶属法律关系。平权法律关系即法律关系主体之间是平等的，没有相互隶属关系，如民法关系、婚姻法关系等。隶属法律关系，即法律关系主体之间是隶属的，一方服从于另一方，如行政法关系、刑法关系等。

（3）按照法律关系主体的具体化程度不同，可以划分为一般法律关系和具体法律关系。其中，具体法律关系依据主体单方具体化还是双方具体化，又可划分为绝对法律关系和相对法律关系。绝对法律关系最典型的是所有权关系，即物权关系，物的所有权人是具体的，而义务人则是不具体的一切人，他们都有义务不得侵犯权利人对物的占有、使用和处分。相对法律关系最典型的形式是债权关系，即特定的当事人之间的民事法律关系，在债权关系中，债权人与债务人都是具体的，而且债权人享受自己的权利依赖于债务人承担自己的义务，否则债权人的权利也不可能得到享受。

（4）按照法对社会关系作用的基本方式，可分为调整性的法律关系和保护性的法律关系。前者指通过法律规范的处理得到实现而产生的法律关系，它们是建立在主体的合法行为的基础上，是法的实现的正常形式。后者是通过法律规范的制裁得到实现而产生的法律关系，是在违法行为的基础上产生的，是法的实现的不正常形式。

（5）按照法律主体的多少及其权利义务是否一致，可以将法律关系分为单向法律关系、双向法律关系、多向法律关系。单向法律关系，两个主体，一方主体只享有权利，另一方主体只履行义务，如不附条件的赠与合同。双向法律关系，两个主体，其中一方主体的权利是另一方主体的义务，如买卖合同主体双方的法律关系。多向法律关系，三个或三个以上相关法律关系的复合体，其中既包括单向法律关系，也包括双向法律关系，如融资租赁合同主体之间的法律关系。

## 第三节　工程民事法律制度

### 一、法人制度

法人与自然人相对应，是法律赋予社会组织法律人格的制度。法律确认法人为民事主体，意在为自然人充分实现自我提供了有效的法律工具。法人制度是世界各国规范经济秩序乃至整个社会秩序的一项重要法律设计。

在工程建设活动中，各方参与主体，如建设单位、施工单位、勘察单位、设计单位、监理单位等，一般都具有法人资格。法人在工程建设中发挥着举足轻重的作用。

1. 法人设立的条件

根据《民法典》的规定，设立法人应当满足如下条件：

（1）依法成立。法人成立的具体条件和程序，依照法律、行政法规的规定。设立法人，法律、行政法规规定须经有关机关批准的，依照其规定。法人依法成立后即取得民事权利能力和民事行为能力。法人的民事权利能力和民事行为能力，从法人成立时产生，到法人终止时消灭。

（2）法人应当有自己的名称、组织机构、住所、财产或者经费。法人的名称是法人相互区分的标志和进行活动的代号。组织机构是法人对内管理法人事务、对外代表法人进行民事活动的机构。法人的住所是法人进行业务活动的所在地，也是确定法律关系的依据。法人以其主要办事机构所在地为住所。依法需要办理法人登记的，应当将主要办事机构所在地登记为住所。必要的财产或者经费是法人进行民事活动的物质基础。法人的财产或者经费必须与法人的经营范围或者设立目的相适应。

（3）法人以其全部财产独立承担民事责任。法人必须能够以自己的财产或者经费承担在民事活动中的债务，在民事活动中给其他主体造成损失时能够承担赔偿责任。

（4）有法定代表人。依照法律或者法人章程的规定，代表法人从事民事活动的负责人，为法人的法定代表人。法定代表人是自然人，他依照法律或者法人组织章程的规定，代表法人行使职权。法定代表人以法人名义从事的民事活动，其法律后果由法人承受。法人章程或者法人权力机构对法定代表人代表权的限制，不得对抗善意相对人。法定代表人因执行职务造成他人损害的，由法人承担民事责任。法人承担民事责任后，依照法律或者法人章程的规定，可以向有过错的法定代表人追偿。

《民法典》同时规定，法人可以依法设立分支机构。法律、行政法规规定分支机构应当登记的，依照其规定。分支机构以自己的名义从事民事活动，产生的民事责任由法人承担；也可以先以该分支机构管理的财产承担，不足以承担的，由法人承担。

设立人为设立法人从事的民事活动，其法律后果由法人承受；法人未成立的，其法律后果由设立人承受，设立人为二人以上的，享有连带债权，承担连带债务。设立人为设立法人以自己的名义从事民事活动产生的民事责任，第三人有权选择请求法人或者设立人承担。

**【阅读案例】** 公司债务承担

原告周某向法院起诉称，2014年至2015年期间，被告沈某向周某购买红砖多批，用于被告某铝业公司建设。截至2015年12月31日，被告沈某尚欠周某货款51260元。2016年2月6日，被告沈某向周某出具欠条一份，并签订还款协议书一份，载明被告于2016年6月1日前还款。到期后被告未能履行还款义务。法院查明，被告某铝业公司于2014年4月14日设立，注册资本为2000万元，股东为被告沈某、王某某。

法院认为，合法的买卖合同应当予以保护。涉案红砖用于被告某铝业公司建设，被告沈某作为某铝业公司的法定代表人，其出具欠条及还款协议的行为，应视为职务行为。被告某铝业公司应为买受人，系买卖合同的相对方，应当承担给付货款的义务，判决被告某铝业有限公司给付原告周某货款51200元并赔偿相应的损失。

2. 法人的分类

根据《民法典》的规定，法人可分为营利法人、非营利法人和特别法人三大类。

（1）营利法人。以取得利润并分配给股东等出资人为目的成立的法人，为营利法人。营利法人包括有限责任公司、股份有限公司和其他企业法人等。营利法人经依法登记成立。依法设立的营利法人，由登记机关发给营利法人营业执照。营业执照签发日期为营利法人的成立日期。营利法人从事经营活动，应当遵守商业道德，维护交易安全，接受政府和社会的监督，承担社会责任。

（2）非营利法人。为公益目的或者其他非营利目的成立，不向出资人、设立人或者会员分配所取得利润的法人，为非营利法人。非营利法人包括事业单位、社会团体、基金会、社会服务机构等。

具备法人条件，为适应经济社会发展需要，提供公益服务设立的事业单位，经依法登记成立，取得事业单位法人资格；依法不需要办理法人登记的，从成立之日起，具有事业单位法人资格。

具备法人条件，基于会员共同意愿，为公益目的或者会员共同利益等非营利目的设立的社会团体，经依法登记成立，取得社会团体法人资格；依法不需要办理法人登记的，从成立之日起，具有社会团体法人资格。

具备法人条件，为公益目的以捐助财产设立的基金会、社会服务机构等，经依法登记成立，取得捐助法人资格。

为公益目的成立的非营利法人终止时，不得向出资人、设立人或者会员分配剩余财产。剩余财产应当按照法人章程的规定或者权力机构的决议用于公益目的；无法按照法人章程的规定或者权力机构的决议处理的，由主管机关主持转给宗旨相同或者相近的法人，并向社会公告。

（3）特别法人。机关法人、农村集体经济组织法人、城镇农村的合作经济组织法人、基层群众性自治组织法人，为特别法人。

有独立经费的机关和承担行政职能的法定机构从成立之日起，具有机关法人资格，可以从事为履行职能所需要的民事活动。机关法人被撤销的，法人终止，其民事权利和义务由继任的机关法人享有和承担；没有继任的机关法人的，由作出撤销决定的机关法人享有和承担。

农村集体经济组织、城镇农村的合作经济组织依法取得法人资格。法律、行政法规有规定的，依照其规定。

居民委员会、村民委员会具有基层群众性自治组织法人资格，可以从事为履行职能所需要的民事活动。未设立村集体经济组织的，村民委员会可以依法代行村集体经济组织的职能。

3. 施工企业项目经理部

项目经理部是施工企业为了完成某项建设工程施工任务而设立的组织。项目经理部由项目经理与技术、生产、材料、成本等管理人员组成，是一次性的现场生产组织机构。对于大中型施工项目，施工企业应当在施工现场设立项目经理部；小型施工项目，可以由施工企业根据实际情况选择适当的管理方式。从项目管理理论上说，各类企业都可以设立项目经理部，但施工企业设立的项目经理部具有典型的意义。

项目经理部是施工企业根据建设工程施工项目而组建的非常设的下属机构。项目经理根据企业法人的授权，组织和领导本项目经理部的全面工作。项目经理部不具备独立的法人资格，无法独立承担民事责任。根据法律规定，项目经理部行为的法律后果由企业法人承担。

项目经理是一种施工企业内部的岗位职务，受施工企业法人的委托，负责具体履行企业所签订的特定建设工程施工合同，其实施的职务行为代表企业法人。施工企业可能同时存在多个工程施工项目，企业法定代表人不可能成为所有施工项目的直接负责人，因此，每个项目都需要有一个经企业法人授权的项目经理负责管理。但是，项目经理的施工管理活动，必须在企业制度的制约下运行，其质量、安全、技术等活动，必须接受企业相关职能部门的指导和监督。

## 二、代理制度

1. 代理的概念

代理是指代理人在代理权限范围内，以被代理人的名义与第三人为民事行为，由此产生的法律效果直接由被代理人承担的法律制度。《民法典》第 161 条规定，民事主体可以通过代理人实施民事法律行为。依照法律规定、当事人约定或者民事法律行为的性质，应当由本人亲自实施的民事法律行为，不得代理。

在代理制度中，以他人名义实施民事行为的人，称为代理人；由他人代为实施民事行为的人，称为被代理人，也叫作本人；与代理人实施民事行为的人，称为第三人，也叫作相对人。代理人在代理权限内，以被代理人名义实施的民事法律行为，对被代理人发生效力。

在现代社会，代理制度具有重要的意义。首先，代理制度能扩展民事主体的民事活动能力。代理制度使民事主体不仅可以利用自己的知识和能力进行民事活动，而且可以利用他人的知识和能力进行民事活动，从而使民事主体从事民事活动的能力得到了极大的扩展。其次，它能弥补某些民事主体民事行为能力的不足。对无民事行为能力人和限制民事行为能力人来讲，通过代理制度可以解决其民事行为能力不足的问题。再次，代理制度有利于提高交易效率、降低交易成本。代理制度使民事主体在进行民事活动时不必事事到场，通过代理人即可迅速处理好有关事务，从而大大提高交易效率，降低交易成本。在工程建设活动中，勘察、设计、施工、监理、供货等合同的签订、履行，普遍使用代理方式进行。

2. 代理的特征

（1）代理人以意思表示为职能。在代理活动中，代理人虽是为被代理人的利益进行相应的活动，但代理人在代理权限范围内，可独立地进行意思表示并以此作为自己的基本职责。正是由于代理人能独立地进行意思表示，就把代理人与使者、中介人区分开来。

（2）代理人须以被代理人的名义进行活动。代理人实施代理行为必须以被代理人的名义进行，惟其如此，其行为才对被代理人产生效力，被代理人也才对代理人的行为承担责任。如果行为人是以自己的名义进行活动，那其行为就是自己的行为且应自行承担责任。

（3）代理行为的法律效果由被代理人承担。由于代理制度的目的是帮助被代理人顺利地处理有关事务并增进其利益，且代理人在代理活动中是以被代理人的名义进行的，代理人的行为就被视为被代理人的行为，产生与被代理人自己行为相同的法律后果，故代理行为的法律效果也就理所应当地由被代理人承担。

3. 代理的分类

（1）法定代理

法定代理是指基于法律的直接规定而发生的代理。法定代理之成立是基于法律的直接规定，法律作此规定主要是为了切实保障无民事行为能力人和限制民事行为能力人的合法权益，维护交易安全。

（2）委托代理

委托代理又称意定代理，是指基于被代理人的委托授权而发生的代理。委托代理在社会生活中适用广泛、最为常见。

委托代理人按照被代理人的委托行使代理权。

4. 代理权的授予及行使

（1）代理权的授予。委托代理中的代理权，被代理人的授权行为可以用书面形式，也可以用口头形式委托。授权行为是民事主体将自己的某些事务交由代理人处理的行为。授权行为是单方法律行为，有委托人单方的意思表示即可成立。代理授权采用书面形式的，授权委托书应当载明代理人的姓名或者名称、代理事项、权限和期间，并由被代理人签名或者盖章。数人为同一代理事项的代理人的，应当共同行使代理权，但是当事人另有约定的除外。

法定代理中，代理人的代理权基于法律的规定而取得，不需要特别授权。

（2）代理权的行使。代理权的行使，是指代理人在代理权限范围内，以被代理人的名义与第三人实施民事行为的活动。由于代理权的特殊性质，代理权之行使实际上是代理人义务之履行。只有通过代理权的行使，代理制度的作用才能得以发挥。代理人不履行或者不完全履行职责，造成被代理人损害的，应当承担民事责任。

代理人行使代理权应当遵守如下要求：第一，亲自行使代理权。在委托代理中，代理人与委托人之间具有明显的人身信赖关系；在法定代理中，法律对代理人身份的直接规定，也是基于对具有特定亲属关系人的一种信赖。代理人应尽可能亲自行使代理权，不能将代理权随意转托他人行使。当然，为了被代理人的利益，在法律允许的情况下，代理人也可将代理权转托他人行使。第二，在代理权限范围内行使。代理权在代理权限范围内行使代理权，是代理人的基本义务。事实上，也只有在代理权限范围内行使代理权的行为，才对被代理人产生法律约束力，超出代理权的代理行为非经被代理人追认，对被代理人不产生法律效力。因此，代理人在行使代理权时，要严格按照被代理人授权的事项、范围、权限、时限等要求，处理好代理事项。当然，代理事项、代理行为应当合法。代理人知道或者应当知道代理事项违法仍然实施代理行为，或者被代理人知道或者应当知道代理人的代理行为违法未作反对表示的，被代理人和代理人应当承担连带责任。第三，谨慎、勤勉、忠实地行使代理权。代理制度是为被代理人的利益而设，为了切实保障被代理人的利益，代理人在行使代理权时，就不仅要做到亲自代理并在代理权限内行使代理权，而且要谨慎、勤勉、忠实地行使代理权，要像对待自己的事情一样对待所代理的事项。要尽可能地防止出现差错从而损害被代理人的利益，对在代理中了解到的有关被代理人的个人秘密或商业秘密要注意保守，不得泄密。

（3）代理权行使的限制。其一，代理人不得以被代理人的名义与自己实施民事法律行为，但是被代理人同意或者追认的除外。其二，代理人不得以被代理人的名义与自己同时代理的其他人实施民事法律行为，但是被代理的双方同意或者追认的除外。其三，代理人和相对人恶意串通，损害被代理人合法权益的，代理人和相对人应当承担连带责任。

5. 职务代理

职务代理，是指代理人根据其在法人或者非法人组织中所担任职务，依据其职权对外实施民事法律行为的代理。

在现代市场经济条件下，法定代表人的价值就在于全面表达公司意志，然而法定代表人并非公司意志的唯一表达人。由于市场主体的规模巨大、交易频繁，不可能所有交易活动都由法定代表人代表法人来实施。公司意志不但可以通过代表制度表达，亦可以通过代理制度表达，法人（或者其他组织）的员工基于其职务而享有职务范围内的代理权，除非另有规定，而无须法人再次单独授权，其实施的相关行为法律效果归属其所在的法人承受。

建设工程项目经理的行为，包括参与建设工程招标、投标和签订建设工程承包合同、决定项目资金的投入和使用、物资采购、分包或转包工程、参与竣工验收、与发包人或分包人结算工程价等行为均属职务代理行为，对外应当由所在的工程承包企业承担法律后果。

职务代理的构成必须满足如下条件：①代理人是法人或者非法人组织的工作人员。如果代理人不是该法人或者非法人组织的工作人员，其按照被代理人的授权从事代理行为，属于一般的委托代理，比如保险公司正式员工不属于保险代理人，其展业行为系职务行为，视为保险人的行为，而保险代理人所从事的保险代理活动就属于一般的委托代理范畴。②代理人实施的必须是其职权范围内的事项。职权范围内的事项，可以理解为该法人或者非法人组织对该工作人员（即代理人）的一揽子授权，无须在每次与第三人交易时都要提交有关书面授权委托书，其职务、职权本身就是委托授权的证明。这也是职务代理与一般的委托代理在交易便捷方面的很大不同。③必须以该法人或者非法人组织的名义实施民事法律行为，这也是代理的一般构成要件。若非以该法人或者非法人组织名义实施民事法律行为，则会构成无权处分或者侵权行为，应该分别适用不同的法律规则。

职务代理发生与一般委托代理相同的后果，即其代理实施的民事法律行为对该法人或者非法人组织发生效力。《民法典》第170条规定，执行法人或者非法人组织工作任务的人员，就其职权范围内的事项，以法人或者非法人组织的名义实施的民事法律行为，法人或者非法人组织发生效力。法人或者非法人组织对执行其工作任务的人员职权范围的限制，不得对抗善意相对人。

6. 无权代理

无权代理是指代理人不具有代理权而实施的所谓代理行为。无权代理具有代理行为的表面特征，如代理人不是以自己的名义而是以被代理人的名义进行民事行为等，但由于代理人并无代理权，故它不是真正的代理。

行为人没有代理权、超越代理权或者代理权终止后，仍然实施代理行为，未经被代理人追认的，对被代理人不发生效力。由于代理人无代理权而使代理行为处于效力不确定的状态，如果被代理人对该行为予以追认，则可补正该缺陷，使无权代理转化为有权代理。

相对人可以催告被代理人自收到通知之日起一个月内予以追认。被代理人未作表示的，视为拒绝追认。行为人实施的行为被追认前，善意相对人有撤销的权利。撤销应当以通知的方式作出。

行为人实施的行为未被追认的，善意相对人有权请求行为人履行债务或者就其受到的损害请求行为人赔偿，但是赔偿的范围不得超过被代理人追认时相对人所能获得的利益。相对人知道或者应当知道行为人无权代理的，相对人和行为人按照各自的过错承担责任。

7. 表见代理

表见代理，是指善意第三人有足够的事实和理由相信无权代理人有代理权，基于此项信赖而与无权代理人为民事行为，由此产生的法律效果由被代理人承担的代理。表见代理制度，在于保护善意第三人的信赖利益和交易安全。

表见代理由于代理人并无代理权，故其仍属广义的无权代理。构成表见代理，需要具备下列条件：①代理人须无代理权。代理人的行为表象符合代理的一般特征，但实质上构成无代理权。如果代理人拥有代理权，那就是有权代理。②客观上存在使第三人相信无权代理人拥有代理权的理由。这是成立表见代理的客观要件。只有在第三人有足够的事实和理由相信无权代理人拥有代理权的情况下与之为法律行为，表见代理方能成立。③第三人善意且无过失。第三人善意且无过失，是指第三人是在无从知道无权代理人不拥有代理权，而且这种不知情并非由第三人疏忽所致的情况下，与无权代理人为法律行为的情形。④被代理人存在过失。被代理人发生了外表授权的事实。事实上，许多表见代理的出现都是由于被代理人管理上的疏忽所致。

表见代理发生后，对被代理人产生与有权代理相同的法律效力，其后果直接由被代理人承担。《民法典》第172条规定，行为人没有代理权、超越代理权或者代理权终止后，仍然实施代理行为，相对人有理由相信行为人有代理权的，代理行为有效。

**【阅读案例】混凝土款支付责任**

2010年A公司承接了某中学运动场塑胶跑道的建设工程，A公司的员工王某被任命为该项目负责人，为方便施工，王某把项目部公章交给了施工人员李某。为购买材料，李某作为现场施工人员，拿着王某交给他的"A公司某中学运动场塑胶跑道项目部"印章与B公司签订了混凝土买卖合同。但是在B公司以此合同要求支付合同款时，A公司却以王某和李某为分包关系为由拒绝付款。无奈之下，B公司将A公司起诉到法院。庭审中，A公司承认王某是自己所委托的该项目的代理人，但其并没有委托李某作为委托代理人，更没有授权李某与B公司签订混凝土销售合同，公司也没有所谓"A公司某中学运动场塑胶跑道项目部"印章。另外，A公司已经支付给李某土建部分工程款77万元，公司与李某之间是分包关系，公司不应当承担责任，混凝土款应当由签约人李某自己承担。李某在庭审中辩称，自己只是A公司员工王某找来负责施工的，项目部公章是王某交给他的，在工程施工、结算方面也使用了该公章，自己不应承担向B公司支付混凝土货款的责任，应当由合同实际签约方即A公司承担。

本案的争议焦点在于李某的行为是否构成表见代理？

虽然能确定B公司提供的混凝土用于该运动场建设工程，但仅凭一份加盖"A公司某中学运动场塑胶跑道项目部"的购销合同，不足以判断李某的行为是否构成表见代理。但是，法院在对相关工程建设的书面材料以及与校方的谈话调查中发现，该印章多次用于该工程相关的联系单、决算单上，在结算报告书中施工单位意见栏也加盖了该印章。工程结束后，该中学已经把该工程决算款183万足额支付给A公司。法院认为，

①A 公司依据这些加盖项目部印章的单据组织开展工程修建，并于竣工后获得了工程款，却在付款的时候拒绝承认签订加盖该印章的买卖合同是有违常理的。②由于 A 公司不能提供证据证明李某私刻印章，也不能证明自己与李某是分包关系，以及支付给李某土建部分工程款的 77 万元中包含与 B 公司混凝土买卖合同的款项。③合同上有 A 公司该工程项目部印章，因此，B 公司有理由相信李某有代理权，法院认定李某构成表见代理，代理行为有效。基于上述理由，法院最后判决 A 公司承担支付混凝土款的责任。

8. 代理行为的终止

《民法典》第 173 条规定，有下列情形之一的，委托代理终止：①代理期间届满或者代理事务完成；②被代理人取消委托或者代理人辞去委托；③代理人丧失民事行为能力；④代理人或者被代理人死亡；⑤作为代理人或者被代理人的法人、非法人组织终止。

《民法典》第 175 条规定，有下列情形之一的，法定代理终止：①被代理人取得或者恢复完全民事行为能力；②代理人丧失民事行为能力；③代理人或者被代理人死亡；④法律规定的其他情形。

## 三、物权制度

工程建设活动中涉及的许多权利都源于物权。建设单位对建设工程项目的权利来自物权中最基本的权利，即所有权，施工单位的施工活动是为了形成物权法意义上的物，即建设工程。

### （一）物权的概念及特征

1. 物权的概念

《民法典》规定，物权，是指权利人依法对特定的物享有直接支配和排他的权利，包括所有权、用益物权和担保物权。

民法上的物，指存在于人体之外，能够为人力所支配并且能满足人类某种需要，具有稀缺性的物质对象。物是最主要的民事法律关系客体。物权的客体一般是物，包括不动产和动产。不动产是指土地以及房屋、林木等地上定着物；动产是指不动产以外的物。

2. 物权特征

物权有如下特征：

（1）物权是支配权。物权是权利人直接支配特定物的权利。物权人可以依照自己的意志就标的物直接行使权利，无须他人的意思或义务人的行为介入。

（2）物权是绝对权。物权的权利人可以对抗一切不特定的人。物权的权利人是特定的，义务人是不特定的，且义务内容是不作为，只要不侵犯物权人行使权利就是履行义务。

（3）物权是财产权。物权是一种具有物质内容的、直接体现为财产利益的权利。财产利益包括对物的利用、物的归属和就物的价值设立的担保等。

（4）物权具有排他性。物权人有权排除他人对于他行使物权的干涉，而且同一物上不容许有内容不相容的物权并存。

**（二）物权法的基本原则**

人们生产生活离不开物质。因物的占有、归属和利用而产生的民事关系本质上属于人与人之间的法律关系。物权法的基本功能是维护国家基本经济制度，维护市场经济秩序，通过明确物的归属，发挥物的效用，保护权利人的物权。物权法的原则，是指内容反映物权关系的本质和规律，体现立法者基本政策立场，效力贯穿立法、司法、守法各个环节的基本准则。

1. 物权法定原则

物权法定原则，又称法定主义原则，指物权的种类与内容由法律统一规定，当事人不得任意创设物权。

当事人实施的创设物权的行为，违反法定的物权种类与内容所创设的权利，不具有物权的对世效力，不属于物权。但是，该行为具备其他法律行为有效要件的，在当事人之间仍然具有该法律行为的效力。

2. 一物一权原则

一物一权原则，是指在一个物上只能设定一个所有权，一个所有权的客体仅为一个物，一物之上不能设立两个以上内容相冲突的物权。

对于物的所有权来讲，一个物的部分不能成立独立的所有权，所有权的客体必须是独立的物，如房屋的门。数个物上不能成立一个所有权，对于动产和不动产组成的集合物，一般情形中不能作为所有权客体。对于他物权而言，不能在同一个物上成立两个以上法律效力内容上互相否定的物权，如两个包含以占有为内容的他物权。数个他物权如果不具备相互否定的内容，则可以同时成立，如地上权与抵押权。

3. 公示公信原则

在物权的变动关系中，为了保证交易安全，需要遵循公示公信原则。这个原则可以分为公示原则和公信原则。公示原则，是指要求物权的产生、变更、消灭，必须以一定的可以从外部查知的方式表现出来。因为物权具有排他性，如果不通过公示的方式将物权的变动表现出来，就会给第三人造成损害，影响交易安全。在民法上，关于物权的归属，不动产以登记为公示方法，动产一般以占有为公示方法。关于物权的变动，不动产以登记为公示方法；动产一般以交付为公示方法，车辆、船舶等价值大的动产也以登记为公示方式。

公信原则，是指物权的变动以登记或交付为公示方法，当事人如果信赖这一公示而为一定的行为，即使登记或者交付所表现的物权状态与真实的物权状态不相符合，也不影响物权变动的效力。公信原则的法律效力包括两个方面内容，其一为权利正确性推定。即相对于善意第三人而言，记载于不动产或动产登记簿上的权利人推定为该不动产或动产的真正权利人，除非有证据证明第三人为恶意。其二为信赖保护。即相对于善意第三人而言，善意信赖登记簿上公示的表象而为一定的行为，推定其为正确信赖，其行为产生的物权变动效果在法律上应当受到保护，除非有证据证明第三人为恶意。公示公信原则的主要功能在于保护交易安全。

基于公示公信原则，我国《民法典》规定了善意取得制度。善意取得，指无权处分人将动产或不动产处分给他人，善意受让人依法取得该动产或不动产的所有权或其他物权。善意取得制度的目的在于保护交易安全，提高交易的便捷与效率。《民法典》

第311条规定，无处分权人将不动产或者动产转让给受让人的，所有权人有权追回；除法律另有规定外，符合下列情形的，受让人取得该不动产或者动产的所有权：（1）受让人受让该不动产或者动产时是善意；（2）以合理的价格转让；（3）转让的不动产或者动产依照法律规定应当登记的已经登记，不需要登记的已经交付给受让人。受让人依据前款规定取得不动产或者动产的所有权的，原所有权人有权向无处分权人请求损害赔偿。当事人善意取得其他物权的，参照适用前两款规定。

**【阅读案例】** 夫妻一方擅自卖房纠纷

周某与王某在婚姻存续期间于2010年共同出资购买了乐安县城某小区房屋一套，房屋价款45万元，并于2010年取得房屋所有权证，所有权人登记为王某。2017年9月，周某向法院起诉要求与王某离婚。法院判决不准离婚后，王某在周某不知情的情况下与刘某签订房屋买卖合同，将上述房屋出卖给刘某，获得刘某支付的购房款70万元。该房屋已办理变更登记手续。2018年2月，周某诉至法院，以王某擅自将夫妻共有房屋售予刘某属无权处分为由，要求判决王某与刘某签订的房屋买卖合同无效。

对本案的处理有两种不同意见。第一种意见认为：双方所争议的房屋，系周某与王某的共有财产。现王某在周某不知情的情况下擅自处分该共有财产，侵害了共有人的合法权益，王某与刘某的房屋买卖行为应认定无效，对于周某的诉讼请求法院应予支持。第二种意见认为：刘某属善意取得，符合法律规定。

法院最终采纳了第二种意见。"善意"是行为人不知存在某种足以影响该行为法律效力的因素的一种心理状态。在审判实践中一般以消极的善意作为认定标准，即不知道且不应当知道。对于善意的证明事项和举证责任的分配，应由另一共有人就买受人为恶意承担举证责任。买受人信赖不动产登记簿和权属证书中关于物权登记的记载，不知且不应知出卖人为无权处分即可推定买受人为善意，善意的时间段应从签订房屋买卖合同时开始至办理过户登记手续时止。

本案中，王某擅自出卖婚后与妻子周某共同购买的登记在自己名下的共有房屋，刘某基于对登记的信赖，相信王某有处分权而与其进行交易并且支付了合理的对价，符合适用法律上善意取得的条件。此外，刘某已付清购房款，亦完成了房屋的所有权转移登记手续，可善意取得诉争房屋所有权。

### （三）物权的分类

#### 1. 自物权与他物权

依据权利人是否对财产享有所有权，可以将物权分为自物权与他物权。自物权（所有权）是指权利人依法对自己所有的物享有的占有、使用、收益、处分的权利。所有权属于自物权。自物权的存在没有时间限制。自物权（所有权人）有权在自己的不动产或者动产上设立用益物权和担保物权。用益物权人、担保物权人行使权利，不得损害所有权人的权益。他物权是指非所有人依据法律或合同的规定，对他人财产享有的物权。

根据《民法典》规定，法律规定属于国家所有的财产，属于国家所有即全民所有。国有财产由国务院代表国家行使所有权；法律另有规定的，依照其规定。矿藏、水流、海域属于国家所有。城市的土地，属于国家所有。法律规定属于国家所有的农村和城市郊区的土地，属于国家所有。森林、山岭、草原、荒地、滩涂等自然资源，属于国家所有，但法律规定属于集体所有的除外。国防资产属于国家所有。铁路、公路、电力设施、电信设施和油气管道等基础设施，依照法律规定为国家所有的，属于国家所有。

《民法典》规定，私人对其合法的收入、房屋、生活用品、生产工具、原材料等不动产和动产享有所有权。私人的合法财产受法律保护，禁止任何组织或者个人侵占、哄抢、破坏。

国家、集体和私人依法可以出资设立有限责任公司、股份有限公司或者其他企业。国家、集体和私人所有的不动产或者动产投到企业的，由出资人按照约定或者出资比例享有资产收益、重大决策以及选择经营管理者等权利并履行义务。营利法人对其不动产和动产依照法律、行政法规以及章程享有占有、使用、收益和处分的权利。营利法人以外的法人，对其不动产和动产的权利，适用有关法律、行政法规以及章程的规定。社会团体法人、捐助法人依法所有的不动产和动产，受法律保护。

他物权的权利主体为非所有人，权利内容为占有、使用、收益、处分的部分权能，他物权的存在有时间限制。他物权包括用益物权和担保物权两大类。

2. 动产物权与不动产物权

依据物权的客体为动产还是不动产，物权分为动产物权与不动产物权。动产物权是指以动产为标的的物权。所谓动产，就是不动产之外的物，是指在性质上能够移动，并且移动不损害其经济价值的物，如电视机、书本等。动产物权一般以占有为权利归属、交付为权利变动的公示方法。机动车、飞机、船舶等重要的动产以登记为公示方式。不动产物权指标的物为不动产的物权。所谓不动产，是指依照其物理性质不能移动或者移动将严重损害其经济价值的有体物。不动产主要包括土地以及房屋、林木等地上附着物。不动产物权以登记为公示方式。不动产的取得关系到社会公共利益，一般受到政策法律的特别限制。

3. 用益物权与担保物权

依据权利设立的目的，对他物权可以再划分为用益物权与担保物权。用益物权是指以使用、收益为目的的他物权。用益物权是在物的使用价值的基础上设立的，以使用、收益为目的，用益物权存在的期限一般通过合同直接约定。担保物权是指以保证债务的履行、债权的实现为目的设立的他物权。当债务得不到履行时，担保物权人能够以担保物折价或者拍卖、变卖担保物而从价款中优先受偿。

（四）物权变动

1. 不动产物权变动

不动产物权设立、变更、转让和消灭，应当依照法律规定登记，自不动产登记时发生效力。未经登记，不发生效力，但法律另有规定的除外。依法属于国家所有的自然资源，所有权可以不登记。不动产物权的设立、变更、转让和消灭，依照法律规定应当登记的，自记载于不动产登记簿时发生效力。不动产登记，由不动产所在地的登记机构办理。

物权变动的基础往往是合同关系，如买卖合同、抵押合同等。需要注意的是，根据《民法典》第215条的规定，当事人之间订立有关设立、变更、转让和消灭不动产物权的合同，除了法律另有规定或者合同另有约定外，自合同成立时生效；未办理物权登记的，不影响合同效力。

当事人签订买卖房屋的协议或者签订其他不动产物权的协议，为保障将来实现物权，按照约定可以向登记机构申请预告登记。预告登记后，未经预告登记的权利人同意，处分该不动产的，不发生物权效力。预告登记后，债权消灭或者自能够进行不动产登记之日起九十日内未申请登记的，预告登记失效。

2. 动产物权变动

动产物权以占有和交付为公示手段。动产物权的设立和转让，应当依照法律规定交付。动产物权的设立和转让，自交付时发生效力，但法律另有规定的除外。

动产交付有如下四种方式：①直接交付。也即现实交付，是指出卖人将标的物直接置于买受人的实际控制之下，是一种将对动产的直接管领力现实地移转于买受人的物权变动。现实交付是交付方式的常态。②简易交付。动产物权设立和转让前，权利人已经依法占有该动产的，物权自法律行为生效时发生效力。③指示交付。动产物权设立和转让前，第三人依法占有该动产的，负有交付义务的人可以通过转让请求第三人返还原物的权利代替交付。④占有改定。动产物权转让时，双方又约定由出让人继续占有该动产的，物权自该约定生效时发生效力。

我国动产物权变动采取的是交付主义。但是，船舶、航空器、机动车等的物权的设立、变更、转让和消灭，未经登记，不得对抗善意第三人。即这些未经登记的动产物权非常脆弱。

3. 物权变动的其他方式

根据《民法典》的规定，因人民法院、仲裁机构的法律文书或者人民政府的征收决定等，导致物权设立、变更、转让或者消灭的，自法律文书或者征收决定等生效时发生效力。因继承或者受遗赠取得物权的，自继承或者受遗赠开始时发生效力。因合法建造、拆除房屋等事实行为设立或者消灭物权的，自事实行为成就时发生效力。

通过上述方式享有不动产物权的，处分该物权时，依照法律规定需要办理登记的，未经登记，不发生物权效力。

（五）物权保护

物权的保护，是指通过法律规定的方法和程序保障物权人在法律许可的范围内对其财产行使占有、使用、收益和处分权利的制度。

《民法典》规定，物权受到侵害的，权利人可以通过和解、调解、仲裁、诉讼等途径解决。

物权受到侵害，可以分别情况，采取如下方式保护物权：①因物权的归属、内容发生争议的，利害关系人可以请求确认权利。②无权占有不动产或者动产的，权利人可以请求返还原物。③妨害物权或者可能妨害物权的，权利人可以请求排除妨害或者消除危险。④造成不动产或者动产毁损的，权利人可以请求修理、重作、更换或者恢复原状。⑤侵害物权，造成权利人损害的，权利人可以请求损害赔偿，也可以请求承担其他民事责任。

物权保护方式，可以单独适用，也可以根据权利被侵害的情形合并适用。

## 四、债权制度

### (一) 债权的概念

债权，是"债务"的对称，指在债的关系中权利主体享有的要求义务主体为一定行为或不为一定行为的权利。债权和债务一起共同构成债的内容。债权与物权相对应，成为财产权的重要组成部分。

债是按照合同的约定或者依照法律的规定，在当事人间产生的特定的权利义务关系。享有权利的人是债权人，负有义务的人是债务人。《民法典》规定，民事主体依法享有债权。

### (二) 债权的特征

债权有如下特征：①债权为财产上的请求权。债权不得通过限制债务人的人身来实施。②债权为相对权。债权具有相对性，债权人的请求权只对特定的债务人发生效力。债的主体双方是特定的，债权人只能向特定的债务人主张权利，不得向债务人以外的第三人主张权利。③债权具有相容性和平等性。债权的相容性和平等性是指同一标的物上可以成立内容相同的数个债权，并且其相互间是平等的，在效力上不存在排他性和优先性。④债权为有期限权利，不得设定无期限债权。

### (三) 债的发生根据

债的产生，是指特定当事人之间债权债务关系的产生。根据《民法典》第118条的规定，民事主体依法享有债权。债权是因合同、侵权行为、无因管理和不当得利以及法律的其他规定，权利人请求特定义务人为或者不为一定行为的权利。

1. 合同

依法成立的合同，对当事人具有法律约束力。当事人之间因产生了合同法律关系，也就产生了权利义务关系。任何合同关系的设立，都会在当事人之间发生债权债务关系。合同引起债的关系，是债发生的最主要、最普遍的依据。因合同而产生的债被称为合同之债。建设工程债权债务产生的最主要根据也是合同。施工合同的订立，会在施工单位与建设单位之间产生债。材料设备买卖合同的订立，会在施工单位与材料设备供应商之间产生债的关系。

2. 侵权行为

侵权行为，是指公民或法人没有法律依据而侵害他人的财产权利或人身权利的行为。民事权益受到侵害的，被侵权人有权请求侵权人承担侵权责任。侵权行为一经发生，即在侵权行为人和被侵权人之间形成债的关系。侵权行为产生的债被称为侵权之债。

在建设工程活动中，生产事故通常也会引发民事上的侵权之债。《民法典》规定，建筑物、构筑物或者其他设施倒塌、塌陷造成他人损害的，由建设单位与施工单位承担连带责任，但是建设单位与施工单位能够证明不存在质量缺陷的除外。建设单位、施工单位赔偿后，有其他责任人的，有权向其他责任人追偿。因所有人、管理人、使用人或者第三人的原因，建筑物、构筑物或者其他设施倒塌、塌陷造成他人损害的，由所有人、管理人、使用人或者第三人承担侵权责任。建筑物、构筑物或者其他设施及其搁置物、悬挂物发生脱落、坠落造成他人损害，所有人、管理人或者使用人不能证明自己没有过错的，应当承担侵权责任。所有人、管理人或者使用人赔偿后，有其他责任人的，有权向其他责任人追偿。堆放物倒塌、滚落或者滑落造成他人损害，堆放人不能证明自己没有过错的，应当承担侵权责任。在公共场所或者道路上挖掘、修缮安装地下设施等造成他人损害，施工人不能证明已经设置明显标志和采取安全措施的，应当承担侵权责任。

**【案例阅读】** 庾某娴诉黄某辉高空抛物损害责任纠纷案

2019年5月26日，庾某某在位于广州杨箕的自家小区花园散步，经过黄某某楼下时，黄某某家小孩在房屋阳台从35楼抛下一瓶矿泉水，水瓶掉落到庾某某身旁，导致其惊吓、摔倒，随后被送往医院救治。次日，庾某某亲属与黄某某一起查看监控，确认了上述事实后，双方签订确认书，确认矿泉水瓶系黄某某家小孩从阳台扔下，同时黄某某向庾某某支付1万元赔偿。庾某某住院治疗22天才出院，其后又因此事反复入院治疗，累计超过60天，且被鉴定为十级伤残。由于黄某某拒绝支付剩余治疗费，庾某某遂向法院提起诉讼。

生效裁判认为，庾某某散步时被从高空抛下的水瓶惊吓摔倒受伤，经监控录像显示水瓶由黄某某租住房屋阳台抛下，有视频及庾某某、黄某某签订的确认书证明。双方确认抛物者为无民事行为能力人，黄某某是其监护人，庾某某要求黄某某承担赔偿责任，黄某某亦同意赔偿。涉案高空抛物行为发生在《民法典》实施前，但为了更好地保护公民、法人和其他组织的权利和利益，根据《最高人民法院关于适用〈中华人民共和国民法典〉时间效力的若干规定》（法释〔2020〕15号）第19条规定，《民法典》施行前，从建筑物中抛掷物品或者从建筑物上坠落的物品造成他人损害引起的民事纠纷案件，适用《民法典》第1254条的规定。2021年1月4日，审理法院判决黄某某向庾某某赔偿医疗费、护理费、交通费、住院伙食补助费、残疾赔偿金、鉴定费合计8.3万元；精神损害抚慰金1万元。

本案是人民法院首次适用《民法典》第1254条判决高空抛物者承担赔偿责任，切实维护人民群众"头顶上的安全"的典型案例。《民法典》侵权责任编明确禁止从建筑物中抛掷物品，进一步完善了高空抛物的治理规则。本案依法判决高空抛物者承担赔偿责任，有利于通过公正裁判树立行为规则，进一步强化高空抛物、坠物行为预防和惩治工作，也有利于更好地保障居民合法权益，切实增强人民群众的幸福感、安全感。

3. 无因管理

无因管理，是指管理人员和服务人员没有法律上的特定义务，也没有受到他人委托，为避免他人利益遭受损失而自觉为他人管理事务或提供服务的情形。无因管理在管理人员或服务人员与受益人之间形成了债的关系。无因管理产生的债被称为无因管理之债。《民法典》第121条规定，没有法定的或者约定的义务，为避免他人利益受损失而进行管理的人，有权请求受益人偿还由此支出的必要费用。

4. 不当得利

不当得利是指没有法律上或者合同上的依据，有损于他人利益而自身取得利益的行为。不当得利产生的债被称为不当得利之债。由于不当得利造成他人利益的损害，因此在得利者与受害者之间形成债的关系。《民法典》第122条规定，因他人没有法律根据，取得不当利益，受损失的人有权请求其返还不当利益。

### 五、知识产权制度

当今社会，科学技术迅猛发展，知识在社会生活和经济发展中起着越来越重要的推动作用。新的科技手段和方法在工程建设活动中被广泛应用，知识产权引领着工程建设领域的技术进步，对知识产权进行保护具有积极意义。

**（一）知识产权概述**

1. 知识产权的概念

知识产权，指权利人对其智力劳动所创作的成果和经营活动中的标记、信誉所依法享有的专有权利。

知识产权从本质上说是一种无形财产权，他的客体是智力成果或是知识产品，是一种没有形体的财富，是创造性智力劳动的劳动成果。它与有形财产一样，都受到国家法律的保护，都具有价值和使用价值。有些重大专利、驰名商标或作品的价值也远远高于房屋、汽车等有形财产。

2. 知识产权的法律特征

知识产权作为一种无形财产权，对其进行法律保护不同于有形财产，从而也就具有了不同于有形财产的法律特征。①财产权和人身权的双重属性。传统的民事权利都只有财产权或人身权的单一属性，而知识产权具有财产权和人身权的双重属性。②专有性。知识产权同其他财产所有权一样，具有绝对的排他性。权利人对智力成果享有专有权，其他人若要利用这一成果必须经过权利人同意，否则构成侵权。③地域性。知识产权在空间上的效力并不是无限的，而要受到地域的限制，其效力只限于确认和保护知识产权的一国法律所能涉及的地域内。对于有形财产则不存在这一问题，无论财产转移到哪个国家，都不会发生财产所有人自动丧失所有权的情形。④期限性。知识产权仅在法律规定的期限内受到法律的保护，一旦超过法定期限，这一权利就自行消灭。该智力成果就成为整个社会的共同财富，为全人类共同所有。有形财产权没有时间限制，只要财产存在，权利就必然存在。

3. 知识产权的常见种类

我国的知识产权包括专利权、商标权、著作权（版权）、发现权，以及其他科技成果权。其中，前三类权利构成了我国知识产权的主体，在建设工程活动中主要涉及这三类知识产权。

**（二）专利权**

1. 专利权定义

专利权是指权利人在法律规定的期限内，对其发明创造所享有的制造、使用和销售的专有权。国家授予发明创造人专有权，有利于保护专利权人的合法权益，鼓励发明创造，推动发明创造的应用，提高创新能力，促进科学技术进步和经济社会发展。

2. 专利法保护的对象

专利法保护的对象就是专利权的客体，各国规定各不相同。我国《中华人民共和国专利法》（以下简称《专利法》）保护的是发明创造专利权，发明创造是指发明、实用新型和外观设计。①发明，是指对产品、方法或者其改进所提出的新的技术方案。这是专利权保护的最主要对象。②实用新型，是指对产品的形状、构造或者其结合所提出的适于实用的新的技术方案。它与发明相似，都是一种新的技术方案，但发明专利的创造性水平要高于实用新型。因此，实用新型被称为"小发明"。③外观设计，是指对产品的形状、图案或者其结合以及色彩与形状、图案的结合所作出的富有美感并适于工业应用的新设计。

3. 授予专利权条件

授予专利权的发明和实用新型，应当具备新颖性、创造性和实用性。授予专利权的外观设计，应当不属于现有设计；也没有任何单位或者个人就同样的外观设计在申请日以前向国务院专利行政部门提出过申请，并记载在申请日以后公告的专利文件中。

新颖性，是指该发明或者实用新型不属于现有技术，也没有任何单位或者个人就同样的发明或者实用新型在申请日以前向国务院专利行政部门提出过申请，并记载在申请日以后公布的专利申请文件或者公告的专利文件中。《专利法》所称现有技术，是指申请日以前在国内外为公众所知的技术。创造性，是指与现有技术相比，该发明具有突出的实质性特点和显著的进步，该实用新型具有实质性特点和进步。实用性，是指该发明或者实用新型能够制造或者使用，并且能够产生积极效果。

申请专利的发明创造在申请日以前6个月内，有下列情形之一的，不丧失新颖性：①在中国政府主办或者承认的国际展览会上首次展出的；②在规定的学术会议或者技术会议上首次发表的；③他人未经申请人同意而泄露其内容的。

对下列各项，不授予专利权：①科学发现；②智力活动的规则和方法；③疾病的诊断和治疗方法；④动物和植物品种；⑤用原子核变换方法获得的物质；⑥对平面印刷品的图案、色彩或者二者的结合作出的主要起标识作用的设计。但是，对第④项所列产品的生产方法，可以依照专利法规定授予专利权。

4. 专利的申请和审批

（1）专利申请。申请发明或者实用新型专利的，应当提交请求书、说明书及其摘要和权利要求书等文件。请求书应当写明发明或者实用新型的名称，发明人的姓名，申请人姓名或者名称、地址，以及其他事项。说明书应当对发明或者实用新型作出清楚、完整的说明，以所属技术领域的技术人员能够实现为准；必要的时候，应当有附图。摘要应当简要说明发明或者实用新型的技术要点。权利要求书应当以说明书为依据，清楚、简要地限定要求专利保护的范围。依赖遗传资源完成的发明创造，申请人应当在专利申请文件中说明该遗传资源的直接来源和原始来源；申请人无法说明原始来源的，应当陈述理由。

申请外观设计专利的，应当提交请求书、该外观设计的图片或者照片以及对该外观设计的简要说明等文件。申请人提交的有关图片或者照片应当清楚地显示要求专利保护的产品的外观设计。

国务院专利行政部门收到专利申请文件之日为申请日。如果申请文件是邮寄的，以寄出的邮戳日为申请日。

申请人自发明或者实用新型在外国第一次提出专利申请之日起12个月内，或者自外观设计在外国第一次提出专利申请之日起6个月内，又在中国就相同主题提出专利申请的，依照该外国同中国签订的协议或者共同参加的国际条约，或者依照相互承认优先权的原则，可以享有优先权。申请人自发明或者实用新型在中国第一次提出专利申请之日起12个月内，又向国务院专利行政部门就相同主题提出专利申请的，可以享有优先权。

（2）专利审批。国务院专利行政主管部门收到发明专利申请后，经初步审查认为符合《专利法》要求的，自申请日起满18个月，即行公布。国务院专利行政主管部门可以根据申请人的请求早日公布其申请。发明专利申请自申请日起3年内，国务院专利行政主管部门可以根据申请人随时提出的请求，对其申请进行实质审查；申请人无正当理由逾期不请求实质审查的，该申请即被视为撤回。国务院专利行政主管部门认为必要的时候，可以自行对发明专利申请进行实质审查。

发明专利申请经实质审查没有发现驳回理由的，由国务院专利行政主管部门作出授予发明专利权的决定，发给发明专利证书，同时予以登记和公告。发明专利权自公告之日起生效。实用新型和外观设计专利申请经初步审查没有发现驳回理由的，由国务院专利行政主管部门作出授予实用新型专利权或者外观设计专利权的决定，发给相应的专利证书，同时予以登记和公告。实用新型专利权和外观设计专利权自公告之日起生效。

5. 专利权的保护

（1）专利权的期限和范围。发明专利权的期限为20年，实用新型专利权和外观设计专利权的期限为10年，均自申请日起计算。

发明或者实用新型专利权的保护范围以其权利要求的内容为准，说明书及附图可以用于解释权利要求的内容。外观设计专利权的保护范围以表示在图片或者照片中的该产品的外观设计为准，简要说明可以用于解释图片或者照片所表示的该产品的外观设计。

专利权人应当自被授予专利权的当年开始缴纳年费。有下列情形之一的，专利权在期限届满前终止：①没有按照规定缴纳年费的；②专利权人以书面声明放弃其专利权的。专利权在期限届满前终止的，由国务院专利行政部门登记和公告。

（2）专利权人的权利。发明和实用新型专利权被授予后，除《专利法》另有规定的以外，任何单位或者个人未经专利权人许可，都不得实施其专利，即不得为生产经营目的制造、使用、许诺销售、销售、进口其专利产品，或者使用其专利方法以及使用、许诺销售、销售、进口依照该专利方法直接获得的产品。外观设计专利权被授予后，任何单位或者个人未经专利权人许可，都不得实施其专利，即不得为生产经营目的制造、销售、进口其外观设计专利产品。

（3）侵犯专利权的处理。未经专利权人许可，实施其专利，即侵犯其专利权，引起纠纷的，由当事人协商解决；不愿协商或者协商不成的，专利权人或者利害关系人可以向人民法院起诉，也可以请求管理专利工作的部门处理。管理专利工作的部门处理时，认定侵权行为成立的，可以责令侵权人立即停止侵权行为，当事人不服的，可以自收到处理通知之日起15日内依照《行政诉讼法》向人民法院起诉；侵权人期满不起诉又不停止侵权行为的，管理专利工作的部门可以申请人民法院强制执行。进行处理的管理专利工作的部门应当事人的请求，可以就侵犯专利权的赔偿数额进行调解；调解不成的，当事人可以依照《民事诉讼法》向人民法院起诉。

侵犯专利权的赔偿数额按照权利人因被侵权所受到的实际损失确定；实际损失难以确定的，可以按照侵权人因侵权所获得的利益确定。权利人的损失或者侵权人获得的利益难以确定的，参照该专利许可使用费的倍数合理确定。赔偿数额还应当包括权利人为制止侵权行为所支付的合理开支。权利人的损失、侵权人获得的利益和专利许可使用费均难以确定的，人民法院可以根据专利权的类型、侵权行为的性质和情节等因素，确定给予一万元以上一百万元以下的赔偿。

假冒专利的，除依法承担民事责任外，由管理专利工作的部门责令改正并予公告，没收违法所得，可以并处违法所得四倍以下的罚款；没有违法所得的，可以处二十万元以下的罚款；构成犯罪的，依法追究刑事责任。

**【阅读案例】** 无线通信标准必要专利"禁诉令"案

2018年1月，华为公司向南京中院提起诉讼，请求确认不侵害康文森公司三项中国专利权并请求确认中国地区标准必要专利的许可费率。2018年4月，为反制华为公司的本案诉讼，康文森公司向德国杜塞尔多夫法院提起专利侵权诉讼，请求判令华为公司停止侵权并赔偿损失。2019年9月16日，南京中院作出本案一审判决，确定华为公司及其中国关联公司与康文森公司所涉标准必要专利的许可费率。康文森公司不服一审判决，向最高人民法院提起上诉。在最高人民法院审理期间，2020年8月27日，德国法院作出一审判决，认定华为公司及其德国关联公司侵害康文森公司欧洲专利，判令禁止华为公司及其德国关联公司提供、销售、使用或为上述目的进口或持有相关移动终端，销毁并召回侵权产品等。该判决可在康文森公司提供240万欧元担保后获得临时执行。当日，华为公司向最高人民法院提出行为保全申请，请求禁止康文森公司在最高人民法院终审判决作出前申请执行德国法院判决。最高人民法院知识产权法庭综合考虑必要性、损益平衡、国际礼让原则等因素，于48小时内作出行为保全裁定：康文森公司不得在最高人民法院终审判决前申请执行上述德国判决；如违反本裁定，自违反之日起，处每日罚款人民币100万元，并按日累计。康文森公司提起复议，最高人民法院组织双方听证后裁定驳回复议请求。本案裁定作出后，各方当事人在充分尊重并切实履行本案裁定的同时进行了积极商业谈判，达成了全球一揽子和解协议，结束了在全球多个国家的所有平行诉讼，取得了良好的法律效果以及多赢的社会效果。

最高人民法院知识产权法庭作出了中国法院在知识产权领域的首个"禁诉令"性质行为保全裁定，并开创性地适用了"日罚金"措施，确保了行为保全裁定的执行。该案裁定明确了"禁诉令"性质行为保全的适用条件和考虑因素，为建立健全中国"禁诉令"制度作出了案例探索，积累了有益经验，有效维护了国家利益、司法主权和企业合法权益。

**（三）商标权**

1. 商标与商标专用权

（1）商标的概念。商标是指企业、事业单位和个体工商业者，为了使其生产经营的商品或者提供的服务项目有别于他人的商品或者服务项目，用具有显著特征的文字、图形、字母、数字、三维标志和颜色组合，以及上述要素的组合来表示的标志。经国家知识产权局商标局核准注册的商标为注册商标，包括商品商标、服务商标和集体商标、证明商标；商标注册人享有商标专用权，受法律保护。

加强商标管理，保护商标专用权，促使生产、经营者保证商品和服务质量，维护商标信誉，有利于保障消费者和生产、经营者的利益，促进社会主义市场经济的发展。

（2）商标专用权。商标专用权是指企业、事业单位和个体工商业者对其注册的商标依法享有的专用权。由于商标有表示质量和信誉的作用，他人使用商标所有人的商标，会对商标所有人的信誉造成损害，必须严格禁止。《中华人民共和国商标法》（以下简称《商标法》）规定，自然人、法人或者其他组织对其生产、制造、加工、拣选或者经销的商品，需要取得商标专用权的，应当向商标局申请商品商标注册。自然人、法人或者其他组织对其提供的服务项目，需要取得商标专用权的，应当向商标局申请服务商标注册。

2. 商标使用的限制

根据《商标法》的规定，下列标志不得作为商标使用：①同中华人民共和国的国家名称、国旗、国徽、国歌、军旗、军徽、军歌、勋章等相同或者近似的，以及同中央国家机关的名称、标志、所在地特定地点的名称或者标志性建筑物的名称、图形相同的；②同外国的国家名称、国旗、国徽、军旗等相同或者近似的，但经该国政府同意的除外；③同政府间国际组织的名称、旗帜、徽记等相同或者近似的，但经该组织同意或者不易误导公众的除外；④与表明实施控制、予以保证的官方标志、检验印记相同或者近似的，但经授权的除外；⑤同"红十字""红新月"的名称、标志相同或者近似的；⑥带有民族歧视性的；⑦带有欺骗性，容易使公众对商品的质量等特点或者产地产生误认的；⑧有害于社会主义道德风尚或者有其他不良影响的。

县级以上行政区划的地名或者公众知晓的外国地名，不得作为商标。但是，地名具有其他含义或者作为集体商标、证明商标组成部分的除外；已经注册的使用地名的商标继续有效。

下列标志不得作为商标注册：①仅有本商品的通用名称、图形、型号的；②仅直接表示商品的质量、主要原料、功能、用途、质量、数量及其他特点的；③其他缺乏显著特征的。前述所列标志经过使用取得显著特征，并便于识别的，可以作为商标注册。

3. 注册商标的续展、转让和使用许可

注册商标的有效期为10年，自核准注册之日起计算。但是，商标与其他知识产权的客体不同，往往使用时间越长越有价值。商标的知名度较高往往也是长期使用的结果。因此，注册商标可以无数次提出续展申请，其理论上的有效期是无限的。注册商标有效期满，需要继续使用的，应当在期满前6个月内申请续展注册。在此期间未能提出申请的，可以给予6个月的宽展期。宽展期满仍未提出申请的，注销其注册商标。每次续展注册的有效期为10年。

注册商标的转让，是指商标专用人将其所有的注册商标依法转移给他人所有并由其专用的法律行为。转让注册商标的，转让人和受让人应当共同向商标局提出申请。受让人应当保证使用该注册商标的商品或服务的质量。商标专用权人可以将商标连同企业或者商誉同时转让，也可以将商标单独转让。

注册商标的使用许可，是指商标注册人通过签订商标使用许可合同，许可他人使用其注册商标的法律行为。许可人应当监督被许可人使用其注册商标的商品或者服务的质量。被许可人应当保证使用注册商标的商品或服务的质量。经许可使用他人注册商标的，必须在使用该注册商标的商品上标明被许可人的名称和商品产地。许可他人使用其注册商标的，许可人应当将其商标使用许可报商标局备案，由商标局公告。商标使用许可未经备案不得对抗善意第三人。

**【阅读案例】"红牛"商标权权属纠纷案**

泰国天丝医药保健有限公司（以下简称泰国天丝公司）与案外人签订合资合同，约定成立合资公司，即红牛维他命饮料有限公司（以下简称红牛公司），泰国天丝公司为红牛公司提供产品配方、工艺技术、商标和后续改进技术。双方曾约定，红牛公司产品使用的商标是该公司的资产。经查，17枚"红牛"系列商标的商标权人均为泰国天丝公司。其后，泰国天丝公司与红牛公司先后就红牛系列商标签订多份商标许可使用合同，红牛公司支付了许可使用费。此后，红牛公司针对"红牛"系列商标的产品，进行了大量市场推广和广告投入。红牛公司和泰国天丝公司均对"红牛"系列商标进行过维权及诉讼事宜。后红牛公司向北京市高级人民法院提起诉讼，请求确认其享有"红牛"商标权，并判令泰国天丝公司支付广告宣传费用37.53亿元。一审法院判决驳回红牛公司的全部诉讼请求。红牛公司不服，上诉至最高人民法院。最高人民法院二审认为，原始取得与继受取得是获得注册商标专用权的两种方式。判断是否构成继受取得，应当审查当事人之间是否就权属变更、使用期限、使用性质等作出了明确约定，并根据当事人的真实意思表示及实际履行情况综合判断。在许可使用关系中，被许可人使用并宣传商标，或维护被许可使用商标声誉的行为，均不能当然地成为获得商标权的事实基础。最高人民法院遂终审判决驳回上诉、维持原判。

本案是当事人系列纠纷中的核心争议。本案判决厘清了商标转让与商标许可使用的法律界限，裁判规则对同类案件具有示范意义，释放出平等保护国内外经营者合法权益的积极信号，是推动司法服务高质量发展、助力改善优化营商环境的生动实践。

### （四）著作权

**1. 著作权的概念**

著作权是指作者及其他著作权人依法对文学、艺术和科学作品所享有的专有权。在我国，著作权等同于版权。

保护著作权，以及与著作权有关的权益，鼓励有益于社会主义精神文明、物质文明建设的作品的创作和传播，有利于促进社会主义文化和科学事业的发展与繁荣。

**2. 著作权法保护的对象**

《中华人民共和国著作权法》（以下简称《著作权法》）保护的作品，包括以下列形式创作的文学、艺术和自然科学、社会科学、工程技术等作品：①文字作品；②口述作品；③音乐、戏剧、曲艺、舞蹈、杂技艺术作品；④美术、建筑作品；⑤摄影作品；⑥电影作品和以类似摄制电影的方法创作的作品；⑦工程设计图、产品设计图、地图、示意图等图形作品和模型作品；⑧计算机软件；⑨法律、行政法规规定的其他作品。中国公民、法人或者其他组织的作品，不论是否发表，依照《著作权法》享有著作权。

《著作权法》不适用于：①法律、法规，国家机关的决议、决定、命令和其他具有立法、行政、司法性质的文件，及其官方正式译文；②时事新闻；③历法、通用数表、通用表格和公式。

3. 著作权的内容与限制

著作权属于作者，法律另有规定的除外。创作作品的公民是作者。如无相反证明，在作品上署名的公民、法人或者其他组织为作者。由法人或者其他组织主持，代表法人或者其他组织意志创作，并由法人或者其他组织承担责任的作品，法人或者其他组织视为作者。其他公民、法人或者其他组织依照法律规定享有著作权。

著作权包括下列人身权和财产权：①发表权，即决定作品是否公之于众的权利；②署名权，即表明作者身份，在作品上署名的权利；③修改权，即修改或者授权他人修改作品的权利；④保护作品完整权，即保护作品不受歪曲、篡改的权利；⑤复制权，即以印刷、复印、拓印、录音、录像、翻录、翻拍等方式将作品制作一份或者多份的权利；⑥发行权，即以出售或者赠与方式向公众提供作品的原件或者复制件的权利；⑦出租权，即有偿许可他人临时使用电影作品和以类似摄制电影的方法创作的作品、计算机软件的权利，计算机软件不是出租的主要标的除外；⑧展览权，即公开陈列美术作品、摄影作品的原件或者复制件的权利；⑨表演权，即公开表演作品，以及用各种手段公开播送作品的表演的权利；⑩放映权，即通过放映机、幻灯机等技术设备公开再现美术、摄影、电影和以类似摄制电影的方法创作的作品等的权利；⑪广播权，即以无线方式公开广播或者传播作品，以有线传播或者转播的方式向公众传播广播的作品，以及通过扩音器或者其他传送符号、声音、图像的类似工具向公众传播广播的作品的权利；⑫信息网络传播权，即以有线或者无线方式向公众提供作品，使公众可以在其个人选定的时间和地点获得作品的权利；⑬摄制权，即以摄制电影或者以类似摄制电影的方法将作品固定在载体上的权利；⑭改编权，即改变作品，创作出具有独创性的新作品的权利；⑮翻译权，即将作品从一种语言文字转换成另一种语言文字的权利；⑯汇编权，即将作品或者作品的片段通过选择或者编排，汇集成新作品的权利；⑰应当由著作权人享有的其他权利。

**【阅读案例】"乐高"著作权案**

"Great Wall of China"拼装玩具等47个系列663款产品系乐高公司（LEGO A/S）创作的美术作品，乐高公司根据该作品制作、生产了系列拼装玩具并在市场销售。李某某指使杜某某等人购买新款乐高系列玩具，通过拆解研究、电脑建模、复制图纸、委托他人开制模具等方式，专门复制乐高公司前述拼装积木玩具产品，并冠以"乐拼"品牌通过线上、线下等方式销售。上海市公安局在被告人李某某租赁的厂房内查获注塑模具88件、零配件68件、包装盒289411个、说明书175141件、销售出货单5万余张、复制乐高系列的"乐拼"玩具产品603875件。后经中国版权保护中心版权鉴定委员会鉴定，"乐拼"品牌玩具、图册与乐高公司的玩具、图册均基本相同，构成复制关系。上海市人民检察院第三分院对本案提起公诉。一、二审法院均认为，李某某伙同闫某某等人以营利为目的，未经著作权人许可，复制发行乐高公司享有著作权的美术作品，非法经营数额达3亿3千万余元，杜某某作为经销商之一，未经著作权人许可，发行乐高公司享有著作权的美术作品，非法经营数额达621万余元，情节均属特别严重，均已构成侵犯著作权罪。

审理法院根据相关法律规定，依法判处主犯李某某有期徒刑六年，罚金人民币九千万元，对八名从犯判处有期徒刑四年六个月至三年不等，并处相应罚金，充分体现了人民法院加强刑事保护，严厉打击和震慑侵犯知识产权刑事犯罪的司法导向。

根据《著作权法》的规定，在下列情况下使用作品，可以不经著作权人许可，不向其支付报酬，但应当指明作者姓名、作品名称，并且不得侵犯著作权人依照本法享有的其他权利：①为个人学习、研究或者欣赏，使用他人已经发表的作品；②为介绍、评论某一作品或者说明某一问题，在作品中适当引用他人已经发表的作品；③为报道时事新闻，在报纸、期刊、广播电台、电视台等媒体中不可避免地再现或者引用已经发表的作品；④报纸、期刊、广播电台、电视台等媒体刊登或者播放其他报纸、期刊、广播电台、电视台等媒体已经发表的关于政治、经济、宗教问题的时事性文章，但作者声明不许刊登、播放的除外；⑤报纸、期刊、广播电台、电视台等媒体刊登或者播放在公众集会上发表的讲话，但作者声明不许刊登、播放的除外；⑥为学校课堂教学或者科学研究，翻译或者少量复制已经发表的作品，供教学或者科研人员使用，但不得出版发行；⑦国家机关为执行公务在合理范围内使用已经发表的作品；⑧图书馆、档案馆、纪念馆、博物馆、美术馆等为陈列或者保存版本的需要，复制本馆收藏的作品；⑨免费表演已经发表的作品，该表演未向公众收取费用，也未向表演者支付报酬；⑩对设置或者陈列在室外公共场所的艺术作品进行临摹、绘画、摄影、录像；⑪将中国公民、法人或者其他组织已经发表的以汉语言文字创作的作品翻译成少数民族语言文字作品在国内出版发行；⑫将已经发表的作品改成盲文出版。前述规定适用于对出版者、表演者、录音录像制作者、广播电台、电视台的权利的限制。

4. 著作权的保护期

著作权的保护期由于权利内容以及主体的不同而有所不同。作者的署名权、修改权、保护作品完整权的保护期不受限制。公民的作品，其发表权、使用权和获得报酬权的保护期，为作者终生及其死后50年。如果是合作作品，截至最后死亡的作者死亡后第50年的12月31日。法人或者其他组织的作品、著作权（署名权除外）由法人或者其他组织享有的职务作品，其发表权、使用权和获得报酬权的保护期为50年，截止于作品首次发表后第50年的12月31日，但作品自创作完成后50年内未发表的，不再受《著作权法》保护。

5. 建设工程活动与著作权

著作权保护的客体是作品，在建设工程活动中，受著作权法保护的作品主要有如下几类：①文字作品。对于施工单位而言，施工单位编制的投标文件等文字作品、项目经理完成的工作报告等，都会享有著作权。建设单位编制的招标文件等文字作品也享有著作权。②建筑作品。建筑作品是指以建筑物或者构筑物形式表现的有审美意义的作品。③图形作品。图形作品是指为施工、生产绘制的工程设计图、产品设计图，以及反映地理现象、说明事物原理或者结构的地图、示意图等作品。

## 六、诉讼时效制度

### （一）诉讼时效的概念

诉讼时效，是指权利人在法定的时效期间内，未向法院提起诉讼请求保护其权利时，经义务人抗辩依法消灭其胜诉权的制度。法律对仲裁时效有规定的，依照其规定；没有规定的，适用诉讼时效的规定。

超过诉讼时效期间，在法律上发生的效力是经义务人抗辩，权利人的胜诉权消灭。权利人超过诉讼时效期间起诉，如果符合《民事诉讼法》规定的起诉条件，法院仍然应当受理。人民法院不得主动适用诉讼时效的规定。依照《最高人民法院关于审理民事案件适用诉讼时效制度若干问题的规定》，当事人未提出诉讼时效抗辩，法院不应对诉讼时效问题进行释明及主动适用诉讼时效的规定进行裁判。

诉讼时效制度属于法律的强行性规定。《民法典》规定，诉讼时效的期间、计算方法以及中止、中断的事由由法律规定，当事人约定无效。当事人对诉讼时效利益的预先放弃无效。

### （二）诉讼时效期间的种类

根据我国《民法典》及有关法律的规定，诉讼时效期间通常可划分为 3 类。

1. 普通诉讼时效

普通诉讼时效，是指由民事普通法规定的，适用于法律无特殊规定的各种民事法律关系的诉讼时效。《民法典》第 188 条规定，向人民法院请求保护民事权利的诉讼时效期间为三年。法律另有规定的，依照其规定。

2. 特殊诉讼时效

特殊诉讼时效，是由特别法规定的诉讼时效。《民法典》第 594 条规定，因国际货物买卖合同和技术进出口合同争议提起诉讼或者申请仲裁的时效期间为四年。

3. 权利最长保护期

自权利受到损害之日起超过二十年的，人民法院不予保护；有特殊情况的，人民法院可以根据权利人的申请决定延长。

### （三）诉讼时效期间的起算

《民法典》规定，诉讼时效期间自权利人知道或者应当知道权利受到损害以及义务人之日起计算。法律另有规定的，依照其规定。

当事人约定同一债务分期履行的，诉讼时效期间自最后一期履行期限届满之日起计算。无民事行为能力人或者限制民事行为能力人对其法定代理人的请求权的诉讼时效期间，自该法定代理终止之日起计算。未成年人遭受性侵害的损害赔偿请求权的诉讼时效期间，自受害人年满十八周岁之日起计算。

诉讼时效期间届满的，义务人可以提出不履行义务的抗辩。诉讼时效期间届满后，义务人同意履行的，不得以诉讼时效期间届满为由抗辩；义务人已自愿履行的，不得请求返还。

### （四）诉讼时效中止和中断

1. 诉讼时效中止

诉讼时效中止，是指在诉讼时效期间的最后 6 个月内，因法定事由而使权利人不能行使请求权的，法定事由消除后，诉讼时效期间为自中止时效的原因消除之日起满六个月届满的制度。

《民法典》规定，在诉讼时效期间的最后六个月内，因下列障碍，不能行使请求权的，诉讼时效中止：①不可抗力；②无民事行为能力人或者限制民事行为能力人没有法定代理人,或者法定代理人死亡、丧失民事行为能力、丧失代理权;③继承开始后未确定继承人或者遗产管理人;④权利人被义务人或者其他人控制;⑤其他导致权利人不能行使请求权的障碍。自中止时效的原因消除之日起满六个月,诉讼时效期间届满。

2. 诉讼时效中断

诉讼时效的中断,是指在诉讼时效期间进行中,因发生一定的法定事由,致使已经经过的时效期间统归无效,待时效中断的事由消除后,诉讼时效期间重新起算的制度。

诉讼时效中断的事由发生后,已经过的时效期间归于无效,中断事由存续期间,时效不进行,中断事由终止时,重新计算时效期间。

《民法典》规定,有下列情形之一的,诉讼时效中断,从中断、有关程序终结时起,诉讼时效期间重新计算:①权利人向义务人提出履行请求;②义务人同意履行义务;③权利人提起诉讼或者申请仲裁;④与提起诉讼或者申请仲裁具有同等效力的其他情形。

**【阅读案例】** 超过诉讼时效的债权不予保护

陈某甲因养殖需要资金,分别于1994年1月12日、同年12月7日,向陈某乙借款人民币10万元、2万元,并出具《借条》两份。之后,陈某甲除在农历1994年12月30日偿还给陈某乙借款本金2万元,再未还本付息。2015年9月15日,陈某乙向法院提起诉讼。

法院认为,陈某乙未能举证证明,在陈某甲偿还本金2万元后的20余年中,自己曾向陈某甲催讨过本案借款,而陈某甲在20余年间均未还本付息,已用实际行为表示拒绝还款,陈某乙的财产权利显然已受到侵害。本案诉讼时效应自陈某甲偿还本金2万元之日起计算,至陈某乙向原审法院提起诉讼时已超过20年,已超过法律保护的诉讼时效。因此,陈某乙应承担怠于行使诉讼权利的不利后果。故法院认定,本案超过诉讼时效,判决驳回陈某乙的诉讼请求。

### (五)不适用诉讼时效的情形

下列请求权不适用诉讼时效的规定:①请求停止侵害、排除妨碍、消除危险;②不动产物权和登记的动产物权的权利人请求返还财产;③请求支付抚养费、赡养费或者扶养费;④依法不适用诉讼时效的其他请求权。

法律规定或者当事人约定的撤销权、解除权等权利的存续期间,除法律另有规定外,自权利人知道或者应当知道权利产生之日起计算,不适用有关诉讼时效中止、中断和延长的规定。存续期间届满,撤销权、解除权等权利消灭。

# 第二章 工程建设程序与许可制度

| |
|---|
| 教学目的与要求： |
| 1. 熟悉工程建设基本程序； |
| 2. 掌握施工许可制度、施工图审查制度； |
| 3. 了解工程建设市场准入管理制度。 |
| 教学重点与难点： |
| 1. 施工许可条件、施工图审查； |
| 2. 建筑业企业资质管理； |
| 3. 专业技术人员资格管理。 |
| 教学方法和手段： |
| 1. PPT 教学模式； |
| 2. 引入案例。 |
| 教学内容与设计： |
| 1. 案例导入； |
| 2. 穿插课堂提问讨论、案例、小作业等； |
| 3. 注重启发式教学手段的运用，加强与学生的互动。 |

【内容导读】

工程建设程序是工程建设客观规律与政府对工程监管意志的综合反映。工程建设必须遵守基本的工程建设程序。施工许可、施工图设计文件审查与工程建设市场准入制度，是我国维护工程建设市场秩序、保障工程建设质量的特殊管理措施，作为工程行业的从业人员对此应当熟悉掌握。

## 第一节 工程建设基本程序

### 一、工程建设程序的概念

工程建设程序，指工程项目从策划、论证、决策、设计、施工到竣工验收、投入生产或交付使用整个建设过程中，各项工作必须遵循的先后工作次序。工程项目建设程序是工程建设客观规律的反映，是建设工程项目科学决策和顺利进行的重要保证。各项程序不能任意颠倒，但可以合理交叉。

工程建设项目一般应当经过项目决策、建设准备、建设实施及竣工交付四个主要阶段，每个阶段又可分为若干个环节。当然，工程项目的性质不同，规模不一，同一阶段内各环节的工作有一些交叉，有些环节还可省略。在具体执行时，可根据本行业、本项目的特点，在遵守工程建设基本程序的大前提下，灵活开展各项工作。比如，在已有土地使用权的土地上进行建设，就省去获取土地使用权的环节。

## 二、决策立项阶段

项目决策立项阶段，是指投资者在调查分析、研究的基础上，从技术和经济角度对投资规模、投资方向、投资结构、投资分配以及投资项目的选择、布局等方面作出分析，判断投资项目是否必要或可行的一种选择。

在此阶段，决策单位或决策者按照客观的建设程序，根据投资方向，投资布局的战略构想，充分考虑国家有关的方针、政策，在广泛占有信息资料的基础上，对拟建项目进行技术经济分析和多种角度的综合分析评价，决定项目是否建设，在什么地方建设，选择并确定项目建设的较优方案。

项目决策阶段包含投资机会研究、项目建议书、可行性研究、项目审批立项等几个环节。

### （一）投资意向

投资意向是投资主体发现社会存在合适的投资机会所产生的投资愿望。它是工程建设活动的起点。

不同投资者的投资意向是不同的。一般来说，政府机关、公共组织、社会团体等的投资意向往往是偏重于社会效益。而私人投资者的投资意向大都是一些经济效益好的项目，如房地产开发项目，工业项目等，其主要目的是获得利润。

### （二）项目建议书

项目建议书是拟建项目单位向国家提出的要求建设某一项目的建议文件，是对工程项目建设的轮廓设想。项目建议书的主要作用是推荐一个拟建项目，论述其建设的必要性、建设条件的可行性和获利的可能性，供决策机构选择并确定是否进行下一步工作。

项目建议书的内容视项目的不同有繁有简，但一般应包括以下几个方面：①项目提出的必要性和依据；②产品方案、拟建规模和建设地点的初步设想；③资源情况、建设条件、协作关系和设备引进国别、厂商的初步分析；④投资估算、资金筹措及还贷方案设想；⑤项目进度安排；⑥经济效益和社会效益的初步估计；⑦环境影响的初步评价。

对于政府投资项目，项目建议书要求编制完成后，应根据建设规模和限额划分分别报有关部门审批。项目建议书批准后，可以进行详细的可行性研究报告，但并不表示项目非上不可，批准的项目建议书不是项目的最终决策。

根据《国务院关于投资体制改革的决定》，对于企业不使用政府资金投资建设的项目，政府不再进行投资决策性质的审批，项目实行核准制或登记备案制，企业不需要编制项目建议书而可直接编制项目可行性研究报告。

### （三）可行性研究

可行性研究是指在项目决策之前，通过调查、研究、分析与项目有关的工程技术、经济等方面的条件和情况，对可能的多种方案进行比较论证，同时对项目建成后的经济效益进行预测和评价的一种投资决策分析研究方法和科学分析活动。

可行性研究是从项目建设和生产经营全过程分析项目的可行性，主要作用是为建设项目投资决策提供依据，同时也为建设项目设计、银行贷款、申请开工建设、建设项目实施、项目评估、设备制造等提供依据。凡可行性研究未经通过的项目，不得进行下一步工作。

### （四）工程立项

工程立项，是国家有关投资主管部门对可行性研究报告进行审查，允许进行工程建设的活动。

《国务院关于投资体制改革的决定》（国发〔2004〕20号）规定，政府投资项目实行审批制，非政府投资项目一律不再实行审批制，区别不同情况实行核准制和备案制。其中，政府仅对重大项目和限制类项目从维护社会公共利益角度进行核准，其他项目无论规模大小，均改为备案制，项目的市场前景、经济效益、资金来源和产品技术方案等均由企业自主决策、自担风险，并依法办理环境保护、土地使用、资源利用、安全生产、城市规划等许可手续和减免税确认手续。

政府投资项目，对采用直接投资和资本金注入方式的，从投资决策角度只审批项目建议书和可行性研究报告。政府投资项目一般都要经过符合资质要求的咨询中介机构的评估论证，特别重大的项目还应实行专家评议制度。国家将逐步实行政府投资项目公示制度，以广泛听取各方面的意见和建议。2019年7月1日起施行的《政府投资条例》规定，政府投资资金应当投向市场不能有效配置资源的社会公益服务、公共基础设施、农业农村、生态环境保护、重大科技进步、社会管理、国家安全等公共领域的项目，以非经营性项目为主。政府投资资金按项目安排，以直接投资方式为主；对确需支持的经营性项目，主要采取资本金注入方式，也可以适当采取投资补助、贷款贴息等方式。政府投资项目所需资金应当按照国家有关规定确保落实到位。政府投资项目不得由施工单位垫资建设。

企业投资建设《政府核准的投资项目目录》（以下简称《目录》）中的项目，仅需向政府提交项目申请报告，不再经过批准项目建议书、可行性研究报告和开工报告的程序。2016年7月5日出台的《中共中央 国务院关于深化投融资体制改革的意见》（以下简称《意见》）要求，坚持企业投资核准范围最小化，原则上由企业依法依规自主决策投资行为。在一定领域、区域内先行试点企业投资项目承诺制，探索创新以政策性条件引导、企业信用承诺、监管有效约束为核心的管理模式。对极少数关系国家安全和生态安全、涉及全国重大生产力布局、战略性资源开发和重大公共利益等项目，政府从维护社会公共利益角度确需依法进行审查把关的，应将相关事项以清单方式列明，最大限度缩减核准事项。实行核准制的投资项目，政府部门要依托投资项目在线审批监管平台或政务服务大厅实行并联核准。精简投资项目准入阶段的相关手续，只保留选址意见、用地（用海）预审以及重特大项目的环评审批作为前置条件；按照并联办理、联合评审的要求，相关部门要协同下放审批权限，探索建立多评合一、统一评审的新模式。

企业投资《目录》以外的项目，实行备案制，除国家另有规定外，由企业按照属地原则向地方政府投资主管部门备案。《意见》要求，实行备案制的投资项目，备案机关要通过投资项目在线审批监管平台或政务服务大厅，提供快捷备案服务，不得设置任何前置条件。

《意见》强调，各类企业要严格遵守城乡规划、土地管理、环境保护、安全生产等方面的法律法规，认真执行相关政策和标准规定，依法落实项目法人责任制、招标投标制、工程监理制和合同管理制，切实加强信用体系建设，自觉规范投资行为。对于以不正当手段取得核准或备案手续以及未按照核准内容进行建设的项目，核准、备案机关应当根据情节轻重依法给予警告、责令停止建设、责令停产等处罚；对于未依法办理其他相关手续擅自开工建设，以及建设过程中违反城乡规划、土地管理、环境保护、安全生产等方面的法律法规的项目，相关部门应依法予以处罚。相关责任人员涉嫌犯罪的，依法移送司法机关处理。

### 三、建设准备阶段

工程建设准备阶段，是为勘察、设计、施工创造条件所做的建设现场、建设队伍、建设设备等方面的准备工作。这一阶段包括工程规划、环境影响评价、获取土地使用权、报建、工程勘察、设计、施工、监理任务发包、取得施工许可证等主要环节。

### 四、建设实施阶段

工程建设实施阶段，是工程建设开始实质性建造，形成工程建设产品的关键阶段。这一阶段包括工程勘察、工程设计、工程施工等环节。

#### （一）建设工程勘察

建设工程勘察，是指根据建设工程的要求，查明、分析、评价建设场地的地质地理环境特征和岩土工程条件，编制建设工程勘察文件的活动。工程勘察，可以为工程选址、可行性研究、工程设计、工程施工等活动提供基本的、可靠的依据。

#### （二）建设工程设计

建设工程设计，是指根据建设工程的要求，对建设工程所需的技术、经济、资源、环境等条件，进行综合分析、论证，编制建设工程设计文件的活动。

设计是工程项目建设的重要环节。设计文件是制定建设计划、组织工程施工和控制建设投资的依据。它对实现投资者的意愿起关键作用。

经批准立项的建设工程，应当根据《招标投标法》的规定，择优选择设计单位。一般工程应进行两个阶段的设计，即初步设计和施工图设计。根据需要，有些大型复杂工程可在两阶段之间增加技术设计。

1. 初步设计

初步设计是根据批准的可行性研究报告和设计基础资料，对工程进行系统研究，概略计算，作出总体安排，拿出具体实施方案。目的是在指定的时间、空间等限制条件下，在总投资控制的额度内和质量要求下，作出技术上可行、经济上合理的设计，并编制工程总概算。初步设计不得随意改变批准的可行性研究报告所确定的建设规模、产品方案、工程标准、建设地址和总投资等基本条件。如果初步设计提出的总概算超过可行性研究报告总投资的10%，或者其他主要指标需要变更时，应重新向原审批单位报批。

2. 技术设计

为了进一步解决初步设计中的重大问题，如工艺流程、建筑结构、设备选型等，可以根据初步设计和进一步的调查研究资料进行技术设计。这样做可以使建设工程更具体、更完善，技术指标更合理。

3. 施工图设计

在初步设计或技术设计基础上进行施工图设计，使设计达到施工安装的要求。施工图设计应结合实际情况，完整、准确地表达出建筑物的外形、内部空间的分割、结构体系，以及建筑系统的组成和周围环境。

（三）施工准备

施工准备工作的基本任务，是为拟建工程的施工监理提供必要的技术和物质条件，统筹安排施工力量和施工现场。施工准备工作是土建施工和设备安装顺利进行的根本保证。

工程项目施工准备工作按其性质及内容，通常包括技术准备、物资准备、劳动组织准备、施工现场准备和施工场外准备。其中包括：组建项目法人；平整场地；做到水通、电通、路通；组织设备、材料订货；建设工程报监；委托工程监理；组织施工招标投标，优选施工单位；办理施工许可证等。按规定做好准备工作，具备开工条件以后，建设单位申请开工。经批准，项目进入下一阶段，即施工安装阶段。

（四）工程施工

工程施工，是施工队伍具体地配置各种施工要素，将工程设计物化为建筑产品的过程，也是投入劳动量最大，所费时间较长的工作。

本阶段的主要任务是按设计进行施工安装，建成工程实体。在施工安装阶段，施工承包单位应当认真做好图纸会审，参加设计交底，了解设计意图，明确质量要求；选择合适的材料供应商；做好人员培训；合理组织施工；建立并落实技术管理、质量管理体系和质量保证体系；严格把好中间质量验收和竣工验收环节。在施工过程中做好施工调度、安全施工、文明施工、环境保护等几方面的工作。

（五）生产准备

对于生产性项目，在施工临近结束时，为保证建设项目能及时投产使用，需要进行生产准备活动。

生产准备工作包括技术准备、机械设备的准备、物资准备、劳动力的配备等。如招收和培训必要的生产人员，组织人员参加设备安装调试和工程验收，组建生产管理机构，制定规章制度，收集生产技术资料和样品，落实原材料外协等。建设单位要根据建设项目或主要单项工程的生产技术特点，及时组成专门班子或机构有计划地做好这一工作。

## 五、工程竣工与交付阶段

### （一）工程竣工验收

工程竣工验收，是指建筑工程完工且具备法定条件后，由建设单位组织有关单位依法定程序对所有工程项目进行全面检验与测试，经验收合格后，方可交付使用。

《建筑法》规定，交付竣工验收的建筑工程，必须符合规定的建筑工程质量标准，有完整的工程技术经济资料和经签署的工程保修书，并具备国家规定的其他竣工条件。建筑工程竣工经验收合格后，方可交付使用，未经验收或者验收不合格的，不得交付使用。

### （二）工程保修

所谓的建筑工程质量保修，是指建筑工程自办理竣工验收手续后在规定的保修期内因勘察、设计、施工、材料等原因造成的质量缺陷，应当由施工单位负责维修。《建筑法》规定，建筑工程实行质量保修制度。《建设工程质量管理条例》对建筑工程的保修范围和最低保修期限进行了具体规定。

### （三）项目投资后评价

项目后评价，是指在项目已经完成并运行一段时间后，对项目的目的、执行过程、效益、作用和影响进行系统地、客观地分析和总结的一种技术经济活动。

《国务院关于投资体制改革的决定》中明确指出，完善重大项目稽查制度，建立政府投资项目后评价制度，对政府投资项目进行全过程监管。国务院国有资产监督管理委员会编制的《中央企业固定资产投资项目后评价工作指南》中明确了项目后评价的概念及一般要求、项目后评价内容、项目后评价方法、项目后评价的实施以及项目后评价成果应用等。

通过对投资活动实践的检查总结，确定投资预期的目标是否达到，项目规划是否合理有效，项目的主要效益指标是否实现。通过分析评价找出成败的原因，总结经验教训，并通过及时有效的信息反馈，为未来项目的决策和完善投资决策管理水平提出建议，同时也对被评项目实施运营中出现的问题提出改进建议，从而达到提高投资效益的目的。

## 六、工程建设审批制度改革

国务院办公厅印发的《关于全面开展工程建设项目审批制度改革的实施意见》（国办发〔2019〕11号）指出，要实现工程建设项目审批"四统一"。

一是统一审批流程。精简审批环节，逐步形成全国统一的审批事项清单。合理划分审批阶段，每个审批阶段实行"一家牵头、并联审批、限时办结"。制定全国统一的工程建设项目审批流程图示范文本，地方进一步细化审批流程。实行联合审图和联合验收，推行区域评估和告知承诺制。

二是统一信息数据平台。地级及以上地方人民政府要按照"横向到边、纵向到底"的原则，整合建设覆盖地方各有关部门和区、县的工程建设项目审批管理系统，与国家相关系统对接。省级工程建设项目审批管理系统要与国家和本地区各城市相关系统实现审批数据实时共享。

三是统一审批管理体系。整合各类规划，构建"多规合一"的"一张蓝图"，统筹项目实施。设立工程建设项目审批综合服务窗口，实现"一个窗口"提供综合服务。各审批阶段实行"一份办事指南，一张申请表单，一套申报材料，完成多项审批"的运作模式，整合申报材料。建立健全审批配套制度，"一套机制"规范审批运行。

四是统一监管方式。建立以"双随机、一公开"监管为基本手段，以重点监管为补充，以信用监管为基础的新型监管机制。加强信用体系建设，构建"一处失信、处处受限"的联合惩戒机制。建立健全中介服务和市政公用服务管理制度，规范中介和市政公用服务。

**【阅读案例】重庆彩虹桥垮塌案**

1999年1月4日晚6时50分，重庆綦江彩虹桥突然整体垮塌，只剩下东西两端桥墩，事故造成40人死亡、14人受伤，直接经济损失628万余元。该桥于1996年2月建成。

彩虹桥整体垮塌是一起严重违反基本建设程序的人为责任事故。该工程未办理立项审批手续，未办理规划、国土手续，未进行设计审查，未进行施工招投标，未办理建筑施工许可手续，未进行工程竣工验收而强行使用。

另外，该工程还存在设计、施工主体资格不合格；私人设计，非法出图；施工承包主体不合法；挂靠承包，管理混乱等问题。1999年4月3日，一审法院以受贿罪和玩忽职守罪判处县长林某死刑，剥夺其政治权利终身；以工程重大安全事故罪等罪名，判处包工头费某等十几名被告人五至十三年有期徒刑。林某提出上诉，重庆高院二审认定其二审期间有重大立功表现，遂改判死缓。

## 第二节 施工许可制度

### 一、施工许可制度的概念及意义

施工许可证制度，是由国家授权的行政主管部门，在建设工程开工之前对其是否符合法定的开工条件进行审核，进而决定是否允许开工建设的制度。

建设工程施工活动专业性强，技术要求高。对建设工程的开工条件进行审核把关，有利于规范建设市场秩序，保证工程质量和安全，保障公民生命财产安全，提高投资效益。

我国目前对建设工程开工条件的审批，存在着颁发"施工许可证"和批准"开工报告"两种管理形式。多数工程是办理施工许可证，水利等少数工程实行批准开工报告。

## 二、施工许可证的适用范围

### (一) 需要办理施工许可证的建设工程

2019年4月23日新修订的《建筑法》规定，建筑工程开工前，建设单位应当按照国家有关规定向工程所在地县级以上人民政府建设行政主管部门申请领取施工许可证。2018年，住房城乡建设部经修改后发布的《建筑工程施工许可管理办法》要求，在中华人民共和国境内从事各类房屋建筑及其附属设施的建造、装修装饰和与其配套的线路、管道、设备的安装，以及城镇市政基础设施工程的施工，建设单位在开工前应当依照本办法的规定，向工程所在地的县级以上地方人民政府住房城乡建设主管部门申请领取施工许可证。

应当申请领取施工许可证的建筑工程未取得施工许可证的，一律不得开工。任何单位和个人不得将应当申请领取施工许可证的工程项目分解为若干限额以下的工程项目，规避申请领取施工许可证。

### (二) 不需要办理施工许可证的工程

(1) 批准开工报告的建筑工程。为避免同一建设工程的开工由不同行政主管部门重复审批的现象，《建筑法》规定，按照国务院规定的权限和程序批准开工报告的建筑工程，不再领取施工许可证。

(2) 限额以下的小型工程。按照《建筑法》的规定，国务院建设行政主管部门确定的限额以下的小型工程，可以不申请办理施工许可证。《建筑工程施工许可管理办法》规定，工程投资额在30万元以下或者建筑面积在300平方米以下的建筑工程，可以不申请办理施工许可证。省、自治区、直辖市人民政府建设行政主管部门可以根据当地的实际情况，对限额进行调整，并报国务院建设行政主管部门备案。

(3) 抢险救灾等工程。《建筑法》规定，抢险救灾及其他临时性房屋建筑和农民自建低层住宅的建筑活动，不适用本法。因为这几类工程有其特殊性，应当从实际出发，不需要办理施工许可证。

(4) 另行规定的建设工程。《建筑法》规定，军用房屋建筑工程建筑活动的具体管理办法，由国务院、中央军事委员会依据本法制定。据此，军用房屋建筑工程是否实行施工许可，由国务院、中央军事委员会另行规定。

## 三、施工许可证的申请主体

《建筑法》规定，建设单位应当按照国家有关规定向工程所在地县级以上人民政府建设行政主管部门申请领取施工许可证。这是因为，建设单位（又称业主或项目法人）是建设项目的投资者，如果建设项目是政府投资，则建设单位为该建设项目的管理单位或使用单位。为建设工程开工和施工单位进场做好各项前期准备工作，是建设单位应尽的义务。因此，施工许可证的申请领取，应该是由建设单位负责，而不是施工单位或其他单位负责。

## 四、施工许可证的条件

2019年4月23日新修订的《建筑法》第8条规定,申请领取施工许可证,应当具备下列条件:①已经办理该建筑工程用地批准手续;②依法应当办理建设工程规划许可证的,已经取得建设工程规划许可证;③需要拆迁的,其拆迁进度符合施工要求;④已经确定建筑施工企业;⑤有满足施工需要的资金安排、施工图纸及技术资料;⑥有保证工程质量和安全的具体措施。

建设行政主管部门应当自收到申请之日起七日内,对符合条件的申请颁发施工许可证。

住房城乡建设部经修改后发布的《建筑工程施工许可管理办法》具体规定,建设单位申请领取施工许可证,应当具备下列条件,并提交相应的证明文件:①依法应当办理用地批准手续的,已经办理该建筑工程用地批准手续。②在城市、镇规划区的建筑工程,已经取得建设工程规划许可证。③施工场地已经基本具备施工条件,需要征收房屋的,其进度符合施工要求。④已经确定施工企业。按照规定应当招标的工程没有招标,应当公开招标的工程没有公开招标,或者肢解发包工程,以及将工程发包给不具备相应资质条件的企业的,所确定的施工企业无效。⑤有满足施工需要的技术资料,施工图设计文件已按规定审查合格。⑥有保证工程质量和安全的具体措施。施工企业编制的施工组织设计中有根据建筑工程特点制定的相应质量、安全技术措施。建立工程质量安全责任制并落实到人。专业性较强的工程项目编制了专项质量、安全施工组织设计,并按照规定办理了工程质量、安全监督手续。⑦建设资金已经落实。建设单位应当提供建设资金已经落实承诺书。⑧法律、行政法规规定的其他条件。

县级以上地方人民政府住房城乡建设主管部门不得违反法律法规规定,增设办理施工许可证的其他条件。

## 五、申请办理施工许可证的程序

《建筑工程施工许可管理办法》规定,申请办理施工许可证,应当按照下列程序进行:

(1)建设单位向发证机关领取《建筑工程施工许可证申请表》。

(2)建设单位持加盖单位及法定代表人印鉴的《建筑工程施工许可证申请表》,并附本办法第4条规定的证明文件,向发证机关提出申请。

(3)发证机关在收到建设单位报送的《建筑工程施工许可证申请表》和所附证明文件后,对于符合条件的,应当自收到申请之日起七日内颁发施工许可证;对于证明文件不齐全或者失效的,应当当场或者五日内一次告知建设单位需要补正的全部内容,审批时间可以自证明文件补正齐全后作相应顺延;对于不符合条件的,应当自收到申请之日起七日内书面通知建设单位,并说明理由。

建筑工程在施工过程中,建设单位或者施工单位发生变更的,应当重新申请领取施工许可证。建设单位申请领取施工许可证的工程名称、地点、规模,应当符合依法签订的施工承包合同。施工许可证应当放置在施工现场备查，并按规定在施工现场公开。

## 六、延期开工、核验和重新办理批准手续的规定

**（一）延期开工**

建设单位应当自领取施工许可证之日起3个月内开工。因故不能按期开工的，应当向发证机关申请延期；延期以两次为限，每次不超过3个月。既不开工又不申请延期或者超过延期时限的，施工许可证自行废止。

**（二）施工许可证核验**

在建的建设工程因故中止施工的，建设单位应当自中止施工之日起一个月内，向发证机关报告，并按照规定做好建筑工程的维护管理工作。建设工程恢复施工时，应当向发证机关报告；中止施工满一年的工程恢复施工前，建设单位应该重新核验施工许可证。

所谓中止施工，是指建设工程开工后，在施工过程中因特殊情况的发生而中途停止施工的一种行为。中止施工的原因很复杂，如地震、洪水等不可抗力因素，以及宏观调控压缩基建规模、停建缓建建设工程等。对于因故中止施工的，建设单位应当按照规定的时限向发证机关报告，并按照规定做好建设工程的维护管理工作，以防止建设工程在中止施工期间遭受不必要的损失，保证在恢复施工时可以尽快启动。例如，建设单位要与施工单位共同做好中止施工的工地现场的安全、防火、防盗、维护等工作，防止因工地脚手架、施工铁架、外墙挡板等腐烂、断裂、坠落、倒塌等发生人身安全事故，并保管好工程技术档案资料。

在恢复施工时，建设单位应当向发证机关报告恢复施工的有关情况。中止施工满一年的，在建设工程恢复施工前，建设单位还应当报发证机关核验施工许可证，观察其是否仍具备组织施工的条件。经核验符合条件的，应允许恢复施工，施工许可证继续有效；经核验不符合条件的，应当收回其施工许可证，不允许恢复施工，待条件具备后，由建设单位重新申领施工许可证。

**（三）重新办理批准手续**

对于实行开工报告制度的建设工程，《建筑法》规定，按照国务院有关规定批准开工报告的建筑工程，因故不能按期开工或者中止施工的，应当及时向批准机关报告情况。因故不能按期开工超过6个月的，应当重新办理开工报告的批准手续。

按照国务院有关规定批准开工报告的建筑工程，一般都属于大中型建设项目。对于这类工程因故不能按期开工或者中止施工的，在审查和管理上应该更严格。

## 七、违反施工许可制度的法律责任

《建筑法》第64条规定，违反本法规定，未取得施工许可证或者开工报告未经批准擅自施工的，责令改正，对不符合开工条件的责令停止施工，可以处以罚款。

《建筑工程施工许可管理办法》对违反施工许可制度的行为，作出了具体处罚规定。

(1) 对于未取得施工许可证或者为规避办理施工许可证将工程项目分解后擅自施工的，由有管辖权的发证机关责令停止施工，限期改正，对建设单位处工程合同价款1%以上2%以下罚款；对施工单位处3万元以下罚款。

(2) 建设单位采用欺骗、贿赂等不正当手段取得施工许可证的，由原发证机关撤销施工许可证，责令停止施工，并处1万元以上3万元以下罚款；构成犯罪的，依法追究刑事责任。

(3) 建设单位隐瞒有关情况或者提供虚假材料申请施工许可证的，发证机关不予受理或者不予许可，并处1万元以上3万元以下罚款；构成犯罪的，依法追究刑事责任。

(4) 建设单位伪造或者涂改施工许可证的，由发证机关责令停止施工，并处1万元以上3万元以下罚款；构成犯罪的，依法追究刑事责任。

依照规定，给予单位罚款处罚的，对单位直接负责的主管人员和其他直接责任人员处单位罚款数额5%以上10%以下罚款。单位及相关责任人受到处罚的，作为不良行为记录予以通报。

## 第三节　施工图设计文件审查制度

### 一、施工图设计文件审查的概念及意义

施工图设计文件（以下简称施工图）审查，是指施工图审查机构（以下简称审查机构）按照有关法律、法规，对施工图涉及公共利益、公众安全和工程建设强制性标准等内容进行的审查。国家实施施工图设计文件（含勘察文件）审查制度。

施工图审查是政府对建筑工程勘察设计质量进行监督管理的重要措施，也是保障建设工程质量安全的必要手段。《建设工程质量管理条例》第11条规定，施工图设计文件未经审查批准的，不得使用。《建设工程勘察设计管理条例》（2017年修订版）第33条规定，施工图设计文件审查机构应当对房屋建筑工程、市政基础设施工程施工图设计文件中涉及公共利益、公众安全、工程建设强制性标准的内容进行审查。县级以上人民政府交通运输等有关部门应当按照职责对施工图设计文件中涉及公共利益、公众安全、工程建设强制性标准的内容进行审查。施工图设计文件未经审查批准的，不得使用。

### 二、施工图设计文件审查的范围和内容

根据2018年新修订的《房屋建筑和市政基础设施工程施工图设计文件审查管理办法》的规定，房屋建筑工程、市政基础设施工程的施工图设计文件，都应当按照规定进行审查。按规定应当进行审查的施工图，未经审查合格的，住房城乡建设主管部门不得颁发施工许可证。

审查机构应当对施工图审查下列内容：①是否符合工程建设强制性标准；②地基基

础和主体结构的安全性；③消防安全性；④人防工程（不含人防指挥工程）防护安全性；⑤是否符合民用建筑节能强制性标准，对执行绿色建筑标准的项目，还应当审查是否符合绿色建筑标准；⑥勘察设计企业和注册执业人员以及相关人员是否按规定在施工图上加盖相应的图章和签字；⑦法律、法规、规章规定必须审查的其他内容。

2021年新修订的《中华人民共和国消防法》（以下简称《消防法》）规定，国务院住房和城乡建设主管部门规定的特殊建设工程，建设单位应当将消防设计文件报送住房和城乡建设主管部门审查，住房和城乡建设主管部门依法对审查的结果负责。其他建设工程，建设单位未提供满足施工需要的消防设计图纸及技术资料的，有关部门不得发放施工许可证或者批准开工报告。

### 三、施工图审查机构

施工图审查机构是专门从事施工图审查业务，不以营利为目的的独立法人。审查机构按承接业务范围分两类，一类机构承接房屋建筑、市政基础设施工程施工图审查业务，范围不受限制；二类机构可以承接中型及以下房屋建筑、市政基础设施工程的施工图审查。

**（一）一类审查机构的条件**

一类审查机构应当具备下列条件：①有健全的技术管理和质量保证体系。②审查人员应当有良好的职业道德；有15年以上所需专业勘察、设计工作经历；主持过不少于5项大型房屋建筑工程、市政基础设施工程相应专业的设计或者甲级工程勘察项目相应专业的勘察；已实行执业注册制度的专业，审查人员应当具有一级注册建筑师、一级注册结构工程师或者勘察设计注册工程师资格，并在本审查机构注册；未实行执业注册制度的专业，审查人员应当具有高级工程师职称；近5年内未因违反工程建设法律法规和强制性标准受到行政处罚。③在本审查机构专职工作的审查人员数量：从事房屋建筑工程施工图审查的，结构专业审查人员不少于7人，建筑专业审查人员不少于3人，电气、暖通、给排水、勘察等专业审查人员各不少于2人；从事市政基础设施工程施工图审查的，所需专业的审查人员不少于7人，其他必须配套的专业审查人员各不少于2人；专门从事勘察文件审查的，勘察专业审查人员不少于7人。承担超限高层建筑工程施工图审查的，还应当具有主持过超限高层建筑工程或者100米以上建筑工程结构专业设计的审查人员不少于3人。60岁以上审查人员不超过该专业审查人员规定数的1/2。④注册资金不少于300万元。

**（二）二类审查机构的条件**

二类审查机构应当具备下列条件：①有健全的技术管理和质量保证体系。②审查人员应当有良好的职业道德；有10年以上所需专业勘察、设计工作经历；主持过不少于5项中型以上房屋建筑工程、市政基础设施工程相应专业的设计或者乙级以上工程勘察项目相应专业的勘察；已实行执业注册制度的专业，审查人员应当具有一级注册建筑师、一级注册结构工程师或者勘察设计注册工程师资格，并在本审查机构注册；未实行执业注册制度的专业，审查人员应当具有高级工程师职称；近5年内未因违反工程建设法律法规和强制性标准受到行政处罚。③在本审查机构专职工作的审查人员数量：从事房屋建筑工程施工图审查的,结构专业审查人员不少于3人,建筑、电气、暖通、给排水、勘察等专业审查人员各不少于2人;从事市政基础设施工程施工图审查的,所需专业的审查人员不少于4人,其他必须配套的专业审查人员各不少于2人;专门从事勘察文件审查的,勘察专业审查人员不少于4人。④60岁以上审查人员不超过该专业审查人员规定数的1/2。⑤注册资金不少于100万元。

审查机构对施工图审查工作负责,承担审查责任。施工图经审查合格后,仍有违反法律、法规和工程建设强制性标准的问题,给建设单位造成损失的,审查机构依法承担相应的赔偿责任。

审查机构列入名录后不再符合规定条件的,省、自治区、直辖市人民政府住房城乡建设主管部门应当责令其限期改正;逾期不改的,不再将其列入审查机构名录。

### 四、施工图审查的程序及效力

**(一)施工图审查的程序**

勘察设计企业应当依法进行建设工程勘察、设计,严格执行工程建设强制性标准,并按合同约定向建设单位交付勘察设计文件,对建设工程勘察、设计的质量负责。

建设单位应当向审查机构提供下列资料并对所提供资料的真实性负责:①作为勘察、设计依据的政府有关部门的批准文件及附件;②全套施工图;③其他应当提交的材料。

建设单位不得明示或者暗示审查机构违反法律法规和工程建设强制性标准进行施工图审查,不得压缩合理审查周期、压低合理审查费用。审查机构不得与所审查项目的建设单位、勘察设计企业有隶属关系或者其他利害关系。

施工图审查原则上不超过下列时限:①大型房屋建筑工程、市政基础设施工程为15个工作日,中型及以下房屋建筑工程、市政基础设施工程为10个工作日。②工程勘察文件,甲级项目为7个工作日,乙级及以下项目为5个工作日。以上时限不包括施工图修改时间和审查机构的复审时间。

审查机构对施工图进行审查后,应当根据下列情况分别作出处理:

(1)审查合格的,审查机构应当向建设单位出具审查合格书,并在全套施工图上加盖审查专用章。审查合格书应当由各专业的审查人员签字,经法定代表人签发,并加盖审查机构公章。审查机构应当在出具审查合格书后5个工作日内,将审查情况报工程所在地县级以上地方人民政府住房城乡建设主管部门备案。

审查机构出具虚假审查合格书的,审查合格书无效,县级以上地方人民政府住房城乡建设主管部门处3万元罚款,省、自治区、直辖市人民政府住房城乡建设主管部门不再将其列入审查机构名录。

(2)审查不合格的,审查机构应当将施工图退建设单位并出具审查意见告知书,说明不合格原因。同时,应当将审查意见告知书及审查中发现的建设单位、勘察设计企业和注册执业人员违反法律、法规和工程建设强制性标准的问题,报工程所在地县级以上地方人民政府住房城乡建设主管部门。施工图退建设单位后,建设单位应当要求原勘察设计企业进行修改,并将修改后的施工图送原审查机构复审。

任何单位或者个人不得擅自修改审查合格的施工图；确需修改的，凡涉及法律规定内容的，建设单位应当将修改后的施工图送原审查机构审查。

### （二）施工图审查的效力

《房屋建筑和市政基础设施工程施工图设计文件审查管理办法》规定，按规定应当进行审查的施工图，未经审查合格的，住房城乡建设主管部门不得颁发施工许可证。从事房屋建筑工程、市政基础设施工程施工、监理等活动，以及实施对房屋建筑和市政基础设施工程质量安全监督管理，应当以审查合格的施工图为依据。

另外，根据《消防法》的规定，特殊建设工程未经消防设计审查或者审查不合格的，建设单位、施工单位不得施工；其他建设工程，建设单位未提供满足施工需要的消防设计图纸及技术资料的，有关部门不得发放施工许可证或者批准开工报告。

## 五、法律责任

（1）审查机构违反规定，有下列行为之一的，由县级以上地方人民政府住房城乡建设主管部门责令改正，处3万元罚款，并记入信用档案；情节严重的，省、自治区、直辖市人民政府住房城乡建设主管部门不再将其列入审查机构名录：①超出范围从事施工图审查的；②使用不符合条件审查人员的；③未按规定的内容进行审查的；④未按规定上报审查过程中发现的违法违规行为的；⑤未按规定填写审查意见告知书的；⑥未按规定在审查合格书和施工图上签字盖章的；⑦已出具审查合格书的施工图，仍有违反法律、法规和工程建设强制性标准的。

（2）建设单位违反规定，有下列行为之一的，由县级以上地方人民政府住房城乡建设主管部门责令改正，处3万元罚款；情节严重的，予以通报：①压缩合理审查周期的；②提供不真实送审资料的；③对审查机构提出不符合法律、法规和工程建设强制性标准要求的。

建设单位为房地产开发企业的，还应当依照《房地产开发企业资质管理规定》进行处理。

（3）给予审查机构罚款处罚的，对机构的法定代表人和其他直接责任人员处机构罚款数额5%以上10%以下的罚款，并记入信用档案。

（4）国家机关工作人员在施工图审查监督管理工作中玩忽职守、滥用职权、徇私舞弊，构成犯罪的，依法追究刑事责任；尚不构成犯罪的，依法给予行政处分。

# 第四节 工程建设市场准入制度

## 一、工程建设市场准入制度概述

### （一）工程建设市场准入制度的含义

市场准入制度，是国家对市场主体资格的确立、审核、认可，以限制或禁止达不到最低标准的主体从事相关市场行为的法律制度。

市场主体在资质和业绩上达到一定标准,在履约能力上就相对有保障。众多行业主管部门为规范行业运行和市场秩序出台了大量的管理规范,这些规范一般都是围绕企业的资质、许可证照展开,成为政府管理市场的起点和抓手。

工程建设市场准入制度,是国家为了加强对工程建设活动的监督管理,维护公共利益和工程建设市场秩序,保证建设工程质量安全,促进建筑业健康发展而制定的一系列法律法规、政策规定的总称。

由于建设工程具有投资大、社会性强,直接关系人民生命财产安全,所以,政府要对工程建设活动进行严格的监管,使其按照确定的程序进行,要求从事建筑活动的企业和人员必须具备一定的素质和能力,并经过政府有关部门的资质审查和认可,具有相应的资质,才可以从事规范内的工程建设活动。

(二) 工程建设市场准入的管理模式

我国的工程建设市场准入管理,实行的是双重准入许可制度。对从事工程建设的单位实行从业资质许可制度,对从事工程建设活动的专业技术人员实行职业资格许可制度。我国《建筑法》第13条规定,从事建筑活动的建筑施工企业、勘察单位、设计单位和工程监理单位,按照其拥有的注册资本、专业技术人员、技术装备和已完成的建筑工程业绩等资质条件,划分为不同的资质等级,经资质审查合格,取得相应等级的资质证书后,方可在其资质等级许可的范围内从事建筑活动。该法第14条规定,从事建筑活动的专业技术人员,应当依法取得相应的执业资格证书,并在执业资格证书许可的范围内从事建筑活动。

(三) 工程建设从业单位应当具备的一般条件

我国《建筑法》第12条规定,从事建筑活动的建筑施工企业、勘察单位、设计单位和工程监理单位,应当具备下列条件:①有符合国家规定的注册资本;②有与其从事的建筑活动相适应的具有法定执业资格的专业技术人员;③有从事相关建筑活动所应有的技术装备;④法律、行政法规规定的其他条件。

实践中,工程建设从业单位一般都是依据《中华人民共和国公司法》(以下简称《公司法》)设立的、具有独立市场主体资格的企业法人。

## 二、工程建设从业单位资质管理

根据相关规定,从事工程建设相关活动、需要取得行业资质许可的单位主要有:房地产开发企业、建筑业企业、工程勘察单位、工程设计单位、工程监理单位,以及工程招标代理机构、工程检测机构、施工图审查机构等。

(一) 房地产开发企业资质

1. 房地产开发企业资质等级

房地产开发企业是指依法设立、具有企业法人资格的经济实体。《房地产开发企业资质管理规定》规定,房地产开发企业按照企业条件分为一、二、三、四四个资质等级。未取得房地产开发资质等级证书(以下简称资质证书)的企业,不得从事房地产开发经营业务。

各资质等级企业的条件如下：

（1）一级资质。从事房地产开发经营 5 年以上；近 3 年房屋建筑面积累计竣工 30 万平方米以上，或者累计完成与此相当的房地产开发投资额；连续 5 年建筑工程质量合格率达 100%；上一年房屋建筑施工面积 15 万平方米以上，或者完成与此相当的房地产开发投资额；有职称的建筑、结构、财务、房地产及有关经济类的专业管理人员不少于 40 人，其中具有中级以上职称的管理人员不少于 20 人，持有资格证书的专职会计人员不少于 4 人；工程技术、财务、统计等业务负责人具有相应专业中级以上职称；具有完善的质量保证体系，商品住宅销售中实行了《住宅质量保证书》和《住宅使用说明书》制度；未发生过重大工程质量事故。

（2）二级资质。从事房地产开发经营 3 年以上；近 3 年房屋建筑面积累计竣工 15 万平方米以上，或者累计完成与此相当的房地产开发投资额；连续 3 年建筑工程质量合格率达 100%；上一年房屋建筑施工面积 10 万平方米以上，或者完成与此相当的房地产开发投资额；有职称的建筑、结构、财务、房地产及有关经济类的专业管理人员不少于 20 人，其中具有中级以上职称的管理人员不少于 10 人，持有资格证书的专职会计人员不少于 3 人；工程技术、财务、统计等业务负责人具有相应专业中级以上职称；具有完善的质量保证体系，商品住宅销售中实行了《住宅质量保证书》和《住宅使用说明书》制度；未发生过重大工程质量事故。

（3）三级资质。从事房地产开发经营 2 年以上；房屋建筑面积累计竣工 5 万平方米以上，或者累计完成与此相当的房地产开发投资额；连续 2 年建筑工程质量合格率达 100%；有职称的建筑、结构、财务、房地产及有关经济类的专业管理人员不少于 10 人，其中具有中级以上职称的管理人员不少于 5 人，持有资格证书的专职会计人员不少于 2 人；工程技术、财务等业务负责人具有相应专业中级以上职称，统计等其他业务负责人具有相应专业初级以上职称；具有完善的质量保证体系，商品住宅销售中实行了《住宅质量保证书》和《住宅使用说明书》制度；未发生过重大工程质量事故。

（4）四级资质。从事房地产开发经营 1 年以上；已竣工的建筑工程质量合格率达 100%；有职称的建筑、结构、财务、房地产及有关经济类的专业管理人员不少于 5 人，持有资格证书的专职会计人员不少于 2 人；工程技术负责人具有相应专业中级以上职称，财务负责人具有相应专业初级以上职称，配有专业统计人员；商品住宅销售中实行了《住宅质量保证书》和《住宅使用说明书》制度；未发生过重大工程质量事故。

2. 承担房地产项目范围

各资质等级企业应当在规定的业务范围内从事房地产开发经营业务，不得越级承担任务。

一级资质的房地产开发企业承担房地产项目的建设规模不受限制，可以在全国范围承揽房地产开发项目。

二级资质及二级资质以下的房地产开发企业可以承担建筑面积 25 万平方米以下的开发建设项目，承担业务的具体范围由省、自治区、直辖市人民政府建设行政主管部门确定。

3. 违反资质管理规定的责任

企业未取得资质证书从事房地产开发经营的，由县级以上地方人民政府房地产开发主管部门责令限期改正，处 5 万元以上 10 万元以下的罚款；逾期不改正的，由房地产开发主管部门提请工商行政管理部门吊销营业执照。

企业超越资质等级从事房地产开发经营的，由县级以上地方人民政府房地产开发主管部门责令限期改正，处 5 万元以上 10 万元以下的罚款；逾期不改正的，由原资质审批部门吊销资质证书，并提请工商行政管理部门吊销营业执照。

**（二）建筑业企业资质**

1. 建筑业企业的定义

《建筑业企业资质管理规定》（2018 修订）规定，建筑业企业，是指从事土木工程、建筑工程、线路管道设备安装工程的新建、扩建、改建等施工活动的企业。企业应当按照其拥有的资产、主要人员、已完成的工程业绩和技术装备等条件申请建筑业企业资质，经审查合格，取得建筑业企业资质证书后，方可在资质许可的范围内从事建筑施工活动。

2. 建筑业企业资质划分

建筑业企业资质分为施工总承包资质、专业承包资质、施工劳务资质三个序列。施工总承包资质、专业承包资质按照工程性质和技术特点分别划分为若干资质类别，各资质类别按照规定的条件划分为若干资质等级，但施工劳务资质不分类别与等级。取得建筑业企业资质证书的企业，应当保持资产、主要人员、技术装备等方面满足相应建筑业企业资质标准要求的条件。

施工总承包企业资质包括 12 个类别，分别是建筑工程施工总承包、公路工程施工总承包、铁路工程施工总承包、港口与航道工程施工、水利水电工程施工总承包、电力工程施工总承包、矿山工程施工总承包、冶金工程施工总承包、石油化工工程施工总承包、市政公用工程施工总承包、通信工程施工总承包、机电工程施工总承包。施工总承包企业一般分为四个等级（特级、一级、二级、三级）。

专业承包企业资质划分 36 个类别，分别是地基基础工程专业承包、起重设备安装工程专业承包、预拌混凝土专业承包、电子与智能化工程专业承包、消防设施工程专业承包、防水防腐保温工程专业承包、桥梁工程专业承包、隧道工程专业承包、钢结构工程专业承包、模板脚手架专业承包、建筑装修装饰工程专业承包、建筑机电安装工程专业承包、建筑幕墙工程专业承包、古建筑工程专业承包、城市及道路照明工程专业承包、公路路面工程专业承包、公路路基工程专业承包、公路交通工程专业承包、铁路电务工程专业承包、铁路铺轨架梁工程专业承包、铁路电气化工程专业承包、机场场道工程专业承包、民航空管工程及机场弱电系统工程专业承包、机场目视助航工程专业承包、港口与海岸工程专业承包、航道工程专业承包、通航建筑物工程专业承包、港航设备安装及水上交管工程专业承包、水工金属结构制作与安装工程专业承包、水利水电机电安装工程专业承包、河湖整治工程专业承包、输变电工程专业承包、核工程专业承包、海洋石油工程专业承包、环保工程专业承包、特种工程专业承包。专业承包企业资质等级一般分为三个等级（一级、二级、三级）。

3. 业务范围

（1）取得施工总承包资质的企业，可以从事资质证书许可范围内的相应工程总承包、工程项目管理等业务。对所承接的施工总承包工程内各专业工程全部自行施工，也可以将专业工程依法进行分包。对设有资质的专业工程进行分包时，应分包给具有相应专业承包资质的企业。施工总承包企业将劳务作业分包时，应分包给具有施工劳务资质的企业。

（2）取得专业承包资质的企业可以承接具有施工总承包资质的企业依法分包的专业工程或建设单位依法发包的专业工程。取得专业承包资质的企业应对所承接的专业工程全部自行组织施工，劳务作业可以分包，但应分包给具有施工劳务资质的企业。

（3）取得施工劳务资质的企业可以承接具有施工总承包资质或专业承包资质的企业分包的劳务作业。

各序列建筑业企业承揽工程的具体范围，应当按照住建部《建筑业企业资质等级标准》的规定执行。

### （三）工程勘察资质

1. 工程勘察资质的分类与分级

工程勘察资质分为工程勘察综合资质、工程勘察专业资质、工程勘察劳务资质。

（1）工程勘察综合资质，是指包括全部工程勘察专业资质的工程勘察资质。工程勘察综合资质只设甲级。

（2）工程勘察专业资质包括：岩土工程专业资质、水文地质勘察专业资质和工程测量专业资质；其中，岩土工程专业资质包括：岩土工程勘察、岩土工程设计、岩土工程物探测试检测监测等岩土工程（分项）专业资质。工程勘察专业资质设甲级、乙级，根据工程性质和技术特点，部分专业可以设丙级。

（3）工程勘察劳务资质包括：工程钻探和凿井。工程勘察劳务资质不分等级。

2. 承接工程的范围

取得工程勘察综合资质的企业，可以承接各专业（海洋工程勘察除外）、各等级工程勘察业务；取得工程勘察专业资质的企业，可以承接相应等级相应专业的工程勘察业务；取得工程勘察劳务资质的企业，可以承接岩土工程治理、工程钻探、凿井等工程勘察劳务业务。

### （四）工程设计资质

1. 工程设计资质的分类

工程设计资质分为工程设计综合资质、工程设计行业资质、工程设计专业资质和工程设计专项资质。

工程设计综合资质只设甲级；工程设计行业资质、工程设计专业资质、工程设计专项资质设甲级、乙级。

2. 承接工程的范围

取得工程设计综合资质的企业，可以承接各行业、各等级的建设工程设计业务；取得工程设计行业资质的企业，可以承接相应行业相应等级的工程设计业务及本行业范围内同级别的相应专业、专项（设计施工一体化资质除外）工程设计业务；取得工程设计专业资质的企业，可以承接本专业相应等级的专业工程设计业务及同级别的相应专项工程设计业务（设计施工一体化资质除外）；取得工程设计专项资质的企业，可以承接本专项相应等级的专项工程设计业务。

## （五）工程监理企业资质

**1. 工程监理企业资质分类**

工程监理企业资质分为综合资质、专业资质和事务所资质。其中，专业资质按照工程性质和技术特点划分为若干工程类别。

**2. 工程监理企业资质等级**

工程监理企业综合资质、事务所资质不分级别。专业资质分为甲级、乙级；其中，房屋建筑、水利水电、公路和市政公用专业资质可设立丙级。

**3. 工程监理企业资质承担业务的范围**

从事建设工程监理活动的企业，应当按照本规定取得工程监理企业资质，并在工程监理企业资质证书许可的范围内从事工程监理活动。

（1）工程监理综合资质可以承担所有专业工程类别建设工程项目的工程监理业务。

（2）工程监理专业甲级资质，可承担相应专业工程类别建设工程项目的工程监理业务。工程监理专业乙级资质可承担相应专业工程类别二级以下（含二级）建设工程项目的工程监理业务。工程监理专业丙级资质可承担相应专业工程类别三级建设工程项目的工程监理业务。

（3）事务所资质可承担三级建设工程项目的工程监理业务，但是，国家规定必须实行强制监理的工程除外。

工程监理企业可以开展相应类别建设工程的项目管理、技术咨询等业务。

## （六）工程造价咨询企业

工程造价咨询企业，是指接受委托，对建设项目投资、工程造价的确定与控制提供专业咨询服务的企业。工程造价咨询企业应当依法取得工程造价咨询企业资质，并在其资质等级许可的范围内从事工程造价咨询活动。工程造价咨询企业资质等级分为甲级、乙级。

工程造价咨询企业依法从事工程造价咨询活动，不受行政区域限制。甲级工程造价咨询企业可以从事各类建设项目的工程造价咨询业务。乙级工程造价咨询企业可以从事工程造价2亿元人民币以下各类建设项目的工程造价咨询业务。

《工程造价咨询企业管理办法》（2020年2月19日修订）规定，工程造价咨询业务范围包括：①建设项目建议书及可行性研究投资估算、项目经济评价报告的编制和审核；②建设项目概预算的编制与审核，并配合设计方案比选、优化设计、限额设计等工作进行工程造价分析与控制；③建设项目合同价款的确定（包括招标工程工程量清单和标底、投标报价的编制和审核）；合同价款的签订与调整（包括工程变更、工程洽商和索赔费用的计算）及工程款支付，工程结算及竣工结（决）算报告的编制与审核等；④工程造价经济纠纷的鉴定和仲裁的咨询；⑤提供工程造价信息服务等。

工程造价咨询企业可以对建设项目的组织实施进行全过程或者若干阶段的管理和服务。

工程造价咨询企业在承接各类建设项目的工程造价咨询业务时，应当与委托人订立书面工程造价咨询合同。工程造价咨询企业与委托人可以参照《建设工程造价咨询合同》（示范文本）订立合同。

工程造价咨询企业从事工程造价咨询业务，应当按照有关规定的要求出具工程造价成果文件。工程造价成果文件应当由工程造价咨询企业加盖有企业名称、资质等级及证书编号的执业印章，并由执行咨询业务的注册造价工程师签字、加盖执业印章。

工程造价咨询企业设立分支机构的，应当自领取分支机构营业执照之日起30日内，持有关材料到分支机构工商注册所在地省、自治区、直辖市人民政府建设主管部门备案。分支机构从事工程造价咨询业务，应当由设立该分支机构的工程造价咨询企业负责承接工程造价咨询业务、订立工程造价咨询合同、出具工程造价成果文件。分支机构不得以自己名义承接工程造价咨询业务、订立工程造价咨询合同、出具工程造价成果文件。

工程造价咨询企业跨省、自治区、直辖市承接工程造价咨询业务的，应当自承接业务之日起30日内到建设工程所在地省、自治区、直辖市人民政府建设主管部门备案。

### 三、工程建设专业技术人员的职业资格管理

职业资格是政府对某些责任较大、社会通用性强、关系公共利益的专业技术工作实行的准入控制，是专业技术人员依法独立开业或独立从事某种专业技术工作学识、技术和能力的必备标准。它通过考试方法取得。考试由国家定期举行，实行全国统一大纲、统一命题、统一组织、统一时间。职业资格实行注册登记制度。

《人力资源社会保障部关于公布国家职业资格目录的通知》（人社部发〔2017〕68号）指出，国家按照规定的条件和程序将职业资格纳入国家职业资格目录，实行清单式管理，目录之外一律不得许可和认定职业资格，目录之内除准入类职业资格外一律不得与就业创业挂钩；目录接受社会监督，保持相对稳定，实行动态调整。设置准入类职业资格，其所涉职业（工种）必须关系公共利益或涉及国家安全、公共安全、人身健康、生命财产安全，且必须有法律法规或国务院决定作为依据。

涉及工程建设行业、纳入《国家职业资格目录》（2021年版）准入类的职业资格有：注册建筑师、监理工程师、房地产估价师、造价工程师、注册城乡规划师、建造师、勘察设计注册工程师（包括：注册结构工程师、注册土木工程师、注册化工工程师、注册电气工程师、注册公用设备工程师、注册环保工程师）等。本书仅介绍工程建设活动中常见的几类职业资格证。

#### （一）注册建筑师

注册建筑师，是指经考试、特许、考核认定取得中华人民共和国注册建筑师职业资格证书，或者经资格互认方式取得建筑师互认资格证书，并按照规定注册，取得中华人民共和国注册建筑师注册证书和中华人民共和国注册建筑师执业印章，从事建筑设计及相关业务活动的专业技术人员。

注册建筑师分为一级注册建筑师和二级注册建筑师。《中华人民共和国注册建筑师条例》和《中华人民共和国注册建筑师条例实施细则》对注册建筑师职业资格作了具体规定。

1. 注册建筑师考试

注册建筑师考试分为一级注册建筑师考试和二级注册建筑师考试。注册建筑师考试实行全国统一考试，每年进行一次。遇特殊情况，经国务院建设主管部门和人事主管部

门同意，可调整该年度考试次数。

一级注册建筑师考试内容包括：建筑设计前期工作、场地设计、建筑设计与表达、建筑结构、环境控制、建筑设备、建筑材料与构造、建筑经济、施工与设计业务管理、建筑法规等。上述内容分成若干科目进行考试。科目考试合格有效期为八年。

二级注册建筑师考试内容包括：场地设计、建筑设计与表达、建筑结构与设备、建筑法规、建筑经济与施工等。上述内容分成若干科目进行考试。科目考试合格有效期为四年。

经一级注册建筑师考试，在有效期内全部科目考试合格的，由全国注册建筑师管理委员会核发国务院建设主管部门和人事主管部门共同用印的一级注册建筑师执业资格证书。经二级注册建筑师考试，在有效期内全部科目考试合格的，由省、自治区、直辖市注册建筑师管理委员会核发国务院建设主管部门和人事主管部门共同用印的二级注册建筑师执业资格证书。

2. 注册建筑师执业

注册建筑师实行注册执业管理制度。取得执业资格证书或者互认资格证书的人员，必须经过注册方可以注册建筑师的名义执业。

取得资格证书的人员，应当受聘于中华人民共和国境内的一个建设工程勘察、设计、施工、监理、招标代理、造价咨询、施工图审查、城乡规划编制等单位，经注册后方可从事相应的执业活动。

从事建筑工程设计执业活动的，应当受聘并注册于中华人民共和国境内一个具有工程设计资质的单位。注册建筑师的执业范围具体为：建筑设计；建筑设计技术咨询；建筑物调查与鉴定；对本人主持设计的项目进行施工指导和监督；国务院建设主管部门规定的其他业务。

一级注册建筑师的执业范围不受工程项目规模和工程复杂程度的限制。二级注册建筑师的执业范围只限于承担工程设计资质标准中建设项目设计规模划分表中规定的小型规模的项目。注册建筑师的执业范围不得超越其聘用单位的业务范围。注册建筑师的执业范围与其聘用单位的业务范围不符时，个人执业范围服从聘用单位的业务范围。

注册建筑师所在单位承担民用建筑设计项目，应当由注册建筑师任工程项目设计主持人或设计总负责人；工业建筑设计项目，须由注册建筑师任工程项目建筑专业负责人。

凡属工程设计资质标准中建筑工程建设项目设计规模划分表规定的工程项目，在建筑工程设计的主要文件（图纸）中，须由主持该项设计的注册建筑师签字并加盖其执业印章，方为有效。否则设计审查部门不予审查，建设单位不得报建，施工单位不准施工。

修改经注册建筑师签字盖章的设计文件，应当由原注册建筑师进行；因特殊情况，原注册建筑师不能进行修改的，可以由设计单位的法人代表书面委托其他符合条件的注册建筑师修改，并签字、加盖执业印章，对修改部分承担责任。

3. 注册建筑师的权利和义务

注册建筑师享有以下权利：有权以注册建筑师的名义执行注册建筑师业务；非注册建筑师不得以注册建筑师的名义执行注册建筑师业务。二级注册建筑师不得以一级注册建筑师的名义执行业务，也不得超越国家规定的二级注册建筑师的执业范围执行业务；国家规定的一定跨度、跨径和高度以上的房屋建筑，应当由注册建筑师进行设计；任何单位和个人修改注册建筑师的设计图纸，应当征得该注册建筑师同意；但是，因特殊情况不能征得该注册建筑师同意的除外。

注册建筑师应当履行下列义务：遵守法律、法规和职业道德，维护社会公共利益；保证建筑设计的质量，并在其负责的设计图纸上签字；保守在执业中知悉的单位和个人的秘密；不得同时受聘于两个以上建筑设计单位执行业务；不得准许他人以本人名义执行业务。

### （二）注册结构工程师

《注册结构工程师执业资格制度暂行规定》规定，注册结构工程师，是指取得中华人民共和国注册结构工程师执业资格证书和注册证书，从事房屋结构、桥梁结构及塔架结构等工程设计及相关业务的专业技术人员。注册结构工程师分为一级注册结构工程师和二级注册结构工程师。

1. 注册结构工程师考试

注册结构工程师考试实行全国统一大纲、统一命题、统一组织的办法，原则上每年举行一次。一级注册结构工程师资格考试由基础考试和专业考试两部分组成。通过基础考试的人员，从事结构工程设计或相关业务满规定年限，方可申请参加专业考试。

注册结构工程师资格考试合格者，由省、自治区、直辖市人事（职改）部门颁发人事部（现为人力资源社会保障部）统一印制、加盖建设部（现为住房城乡建设部）和人事部（现为人力资源社会保障部）印章的中华人民共和国注册结构工程师执业资格证书。

2. 注册结构工程师执业

取得注册结构工程师执业资格证书者，要从事结构工程设计业务的，须申请注册。准予注册的申请人，分别由全国注册结构工程师管理委员会和省、自治区、直辖市注册结构工程师管理委员会核发由建设部（现为住房城乡建设部）统一制作的注册结构工程师注册证书。注册结构工程师注册有效期为2年，有效期届满需要继续注册的，应当在期满前30日内办理注册手续。

注册结构工程师的执业范围：结构工程设计；结构工程设计技术咨询；建筑物、构筑物、工程设施等调查和鉴定；对本人主持设计的项目进行施工指导和监督；建设部（现为住房城乡建设部）和国务院有关部门规定的其他业务。一级注册结构工程师的执业范围不受工程规模及工程复杂程度的限制。

注册结构工程师执行业务，应当加入一个勘察设计单位。注册结构工程师执行业务，由勘察设计单位统一接受委托并统一收费。因结构设计质量造成的经济损失，由勘察设计单位承担赔偿责任；勘察设计单位有权向签字的注册结构工程师追偿。

3. 注册结构工程师的权利和义务

注册结构工程师享有以下权利：注册结构工程师有权以注册结构工程师的名义执行注册结构工程师业务；非注册结构工程师不得以注册结构工程师的名义执行注册结构工程师业务；国家规定的一定跨度、高度等以上的结构工程设计，应当由注册结构工程师主持设计；任何单位和个人修改注册结构工程师的设计图纸，应当征得该注册结构工程师同意，但是因特殊情况不能征得该注册结构工程师同意的除外。

注册结构工程师应当履行下列义务：遵守法律、法规和职业道德，维护社会公众利益；保证工程设计的质量，并在其负责的设计图纸上签字盖章；保守在执业中知悉的单位和个人的秘密；不得同时受聘于两个以上勘察设计单位执行业务；不得准许他人以本人名义执行业务；注册结构工程师按规定接受必要的继续教育，定期进行业务和法规培训，并作为重新注册的依据。

### （三）造价工程师

住房城乡建设部、交通运输部、水利部、人力资源社会保障部2018年7月20日，发布了《造价工程师职业资格制度规定》《造价工程师职业资格考试实施办法》，对造价工程师执业资格的具体事宜作出新的规定。

造价工程师，是指通过职业资格考试取得中华人民共和国造价工程师职业资格证书，并经注册后从事建设工程造价工作的专业技术人员。国家设置造价工程师准入类职业资格，纳入国家职业资格目录。工程造价咨询企业应配备造价工程师；工程建设活动中有关工程造价管理岗位按需要配备造价工程师。

造价工程师分为一级造价工程师和二级造价工程师。一级造价工程师英文译为Class1 Cost Engineer，二级造价工程师英文译为Class2 Cost Engineer。

1. 造价工程师考试

一级造价工程师职业资格考试全国统一大纲、统一命题、统一组织。二级造价工程师职业资格考试全国统一大纲，各省、自治区、直辖市自主命题并组织实施。

一级和二级造价工程师职业资格考试均设置基础科目和专业科目。住房城乡建设部组织拟定一级造价工程师和二级造价工程师职业资格考试基础科目的考试大纲，组织一级造价工程师基础科目命审题工作。

住房城乡建设部、交通运输部、水利部按照职责分别负责拟定一级造价工程师和二级造价工程师职业资格考试专业科目的考试大纲，组织一级造价工程师专业科目命审题工作。

凡遵守中华人民共和国宪法、法律、法规，具有良好的业务素质和道德品行，具备下列条件之一者，可以申请参加一级造价工程师职业资格考试：①具有工程造价专业大学专科（或高等职业教育）学历，从事工程造价业务工作满5年；具有土木建筑、水利、装备制造、交通运输、电子信息、财经商贸大类大学专科（或高等职业教育）学历，从事工程造价业务工作满6年。②具有通过工程教育专业评估（认证）的工程管理、工程造价专业大学本科学历或学位，从事工程造价业务工作满4年；具有工学、管理学、经济学门类大学本科学历或学位，从事工程造价业务工作满5年。③具有工学、管理学、经济学门类硕士学位或者第二学士学位，从事工程造价业务工作满3年。④具有工学、管理学、经济学门类博士学位，从事工程造价业务工作满1年。⑤具有其他专业相应学历或者学位的人员，从事工程造价业务工作年限相应增加1年。

凡遵守中华人民共和国宪法、法律、法规，具有良好的业务素质和道德品行，具备下列条件之一者，可以申请参加二级造价工程师职业资格考试：①具有工程造价专业大学专科（或高等职业教育）学历，从事工程造价业务工作满2年；具有土木建筑、水利、装备制造、交通运输、电子信息、财经商贸大类大学专科（或高等职业教育）学历，从事工程造价业务工作满3年。②具有工程管理、工程造价专业大学本科及以上学历或学位，从事工程造价业务工作满1年；具有工学、管理学、经济学门类大学本科及以上学历或学位，从事工程造价业务工作满2年。③具有其他专业相应学历或学位的人员，从事工程造价业务工作年限相应增加1年。

一级造价工程师职业资格考试设《建设工程造价管理》《建设工程计价》《建设工程技术与计量》《建设工程造价案例分析》4个科目。其中，《建设工程造价管理》和《建设工程计价》为基础科目，《建设工程技术与计量》和《建设工程造价案例分析》为专业科目。

二级造价工程师职业资格考试设《建设工程造价管理基础知识》《建设工程计量与计价实务》2个科目。其中，《建设工程造价管理基础知识》为基础科目，《建设工程计量与计价实务》为专业科目。

一级造价工程师职业资格考试成绩实行4年为一个周期的滚动管理办法，在连续的4个考试年度内通过全部考试科目，方可取得一级造价工程师职业资格证书。

二级造价工程师职业资格考试成绩实行2年为一个周期的滚动管理办法，参加全部2个科目考试的人员必须在连续的2个考试年度内通过全部科目，方可取得二级造价工程师职业资格证书。

一级造价工程师职业资格考试合格者，由各省、自治区、直辖市人力资源社会保障行政主管部门颁发中华人民共和国一级造价工程师职业资格证书。该证书由人力资源社会保障部统一印制，住房城乡建设部、交通运输部、水利部按专业类别分别与人力资源社会保障部用印，在全国范围内有效。

二级造价工程师职业资格考试合格者，由各省、自治区、直辖市人力资源社会保障行政主管部门颁发中华人民共和国二级造价工程师职业资格证书。该证书由各省、自治区、直辖市住房城乡建设、交通运输、水利行政主管部门按专业类别分别与人力资源社会保障行政主管部门用印，原则上在所在行政区域内有效。各地可根据实际情况制定跨区域认可办法。

2. 注册造价工程师

国家对造价工程师职业资格实行执业注册管理制度。取得造价工程师职业资格证书且从事工程造价相关工作的人员，经注册方可以造价工程师名义执业。住房城乡建设部、交通运输部、水利部分别负责一级造价工程师注册及相关工作。各省、自治区、直辖市住房城乡建设、交通运输、水利行政主管部门按专业类别分别负责二级造价工程师注册及相关工作。

造价工程师执业时应持注册证书和执业印章。注册证书、执业印章样式以及注册证书编号规则由住房城乡建设部会同交通运输部、水利部统一制定。执业印章由注册造价工程师按照统一规定自行制作。

3. 造价工程师执业

造价工程师在工作中，必须遵纪守法，恪守职业道德和从业规范，诚信执业，主动接受有关主管部门的监督检查，加强行业自律。

造价工程师不得同时受聘于两个或两个以上单位执业，不得允许他人以本人名义执业，严禁"证书挂靠"。出租出借注册证书的，依据相关法律法规进行处罚；构成犯罪的，依法追究刑事责任。

一级造价工程师的执业范围包括建设项目全过程的工程造价管理与咨询等，具体工作内容：①项目建议书、可行性研究投资估算与审核，项目评价造价分析；②建设工程设计概算、施工预算编制和审核；③建设工程招标投标文件工程量和造价的编制与审核；④建设工程合同价款、结算价款、竣工决算价款的编制与管理；⑤建设工程审计、仲裁、诉讼、保险中的造价鉴定，工程造价纠纷调解；⑥建设工程计价依据、造价指标的编制与管理；⑦与工程造价管理有关的其他事项。

二级造价工程师主要协助一级造价工程师开展相关工作，可独立开展以下具体工作：①建设工程工料分析、计划、组织与成本管理，施工图预算、设计概算编制；②建设工程量清单、最高投标限价、投标报价编制；③建设工程合同价款、结算价款和竣工决算价款的编制。

造价工程师应在本人工程造价咨询成果文件上签章，并承担相应责任。工程造价咨询成果文件应由一级造价工程师审核并加盖执业印章。对出具虚假工程造价咨询成果文件或者有重大工作过失的造价工程师，不再予以注册，造成损失的依法追究其责任。

取得造价工程师注册证书的人员，应当按照国家专业技术人员继续教育的有关规定接受继续教育，更新专业知识，提高业务水平。

**（四）监理工程师**

2006年4月1日起施行的《注册监理工程师管理规定》，注册监理工程师，是指经考试取得中华人民共和国监理工程师资格证书，并按照本规定注册，取得中华人民共和国注册监理工程师注册执业证书和执业印章，从事工程监理及相关业务活动的专业技术人员。

1. 监理工程师考试

凡中华人民共和国公民，遵纪守法，具有工程技术或工程经济专业大专以上（含大专）学历，并符合下列条件之一者，可申请参加监理工程师执业资格考试。①具有按照国家有关规定评聘的工程技术或工程经济专业中级专业技术职务，并任职满三年。②具有按照国家有关规定评聘的工程技术或工程经济专业高级专业技术职务。

考试设4个科目，具体是：《建设工程监理基本理论与相关法规》《建设工程合同管理》《建设工程质量、投资、进度控制》《建设工程监理案例分析》。监理工程师执业资格考试合格者，由各省、自治区、直辖市人事（职改）部门颁发人事部（现为人力资源社会保障部）统一印制，人事部（现为人力资源社会保障部）和建设部（现为住房城乡建设部）共同用印的《中华人民共和国监理工程师执业资格证书》，该证书在全国范围有效。

2. 监理工程师注册

注册监理工程师实行注册执业管理制度。取得资格证书的人员，经过注册方能以注册监理工程师的名义执业。

取得资格证书的人员申请注册，由省、自治区、直辖市人民政府建设主管部门初审，国务院建设主管部门审批。

取得资格证书并受聘于一个建设工程勘察、设计、施工、监理、招标代理、造价咨询等单位的人员，应当通过聘用单位向单位工商注册所在地的省、自治区、直辖市人民政府建设主管部门提出注册申请；省、自治区、直辖市人民政府建设主管部门受理后提出初审意见，并将初审意见和全部申报材料报国务院建设主管部门审批；符合条件的，由国务院建设主管部门核发注册证书和执业印章。

注册证书和执业印章是注册监理工程师的执业凭证，由注册监理工程师本人保管、使用。注册证书和执业印章的有效期为3年。注册监理工程师每一注册有效期为3年，注册有效期满需继续执业的，应当在注册有效期满30日前，按照本规定第七条规定的程序申请延续注册。延续注册有效期3年。

3. 监理工程师执业

取得资格证书的人员，应当受聘于一个具有建设工程勘察、设计、施工、监理、招标代理、造价咨询等一项或者多项资质的单位，经注册后方可从事相应的执业活动。从事工程监理执业活动的，应当受聘并注册于一个具有工程监理资质的单位。

注册监理工程师可以从事工程监理、工程经济与技术咨询、工程招标与采购咨询、工程项目管理服务以及国务院有关部门规定的其他业务。工程监理活动中形成的监理文件由注册监理工程师按照规定签字盖章后方可生效。修改经注册监理工程师签字盖章的工程监理文件，应当由该注册监理工程师进行；因特殊情况，该注册监理工程师不能进行修改的，应当由其他注册监理工程师修改，并签字、加盖执业印章，对修改部分承担责任。

注册监理工程师从事执业活动，由所在单位接受委托并统一收费。因工程监理事故及相关业务造成的经济损失，聘用单位应当承担赔偿责任；聘用单位承担赔偿责任后，可依法向负有过错的注册监理工程师追偿。

注册监理工程师在每一注册有效期内应当达到国务院建设主管部门规定的继续教育要求。继续教育作为注册监理工程师逾期初始注册、延续注册和重新申请注册的条件之一。

（五）建造师

注册建造师，是指通过考核认定或考试合格取得中华人民共和国建造师资格证书，并按照规定注册，取得中华人民共和国建造师注册证书和执业印章，担任施工单位项目负责人及从事相关活动的专业技术人员。未取得注册证书和执业印章的，不得担任大中型建设工程项目的施工单位项目负责人，不得以注册建造师的名义从事相关活动。《建造师执业资格制度暂行规定》《建造师执业资格考试实施办法》《注册建造师管理规定》等规章，对注册建造师执业资格作出具体规定。

1. 建造师考试

建造师分为一级建造师和二级建造师。英文分别译为：Constructor 和 Associate Constructor。一级建造师执业资格实行统一大纲、统一命题、统一组织的考试制度，由人事部（现为人力资源社会保障部）、建设部（现为住房城乡建设部）共同组织实施，原则上每年举行一次考试。

凡遵守国家法律、法规，具备下列条件之一者，可以申请参加一级建造师执业资格考试：①取得工程类或工程经济类大学专科学历，工作满6年，其中从事建设工程项目施工管理工作满4年；②取得工程类或工程经济类大学本科学历，工作满4年，其中从事建设工程项目施工管理工作满3年；③取得工程类或工程经济类双学士学位或研究生班毕业，工作满 3 年，其中从事建设工程项目施工管理工作满 2 年；④取得工程类或工程经济类硕士学位，工作满 2 年，其中从事建设工程项目施工管理工作满 1 年；⑤取得工程类或工程经济类博士学位，从事建设工程项目施工管理工作满 1 年。

参加一级建造师执业资格考试合格，由各省、自治区、直辖市人事部门颁发人事部统一印制，人事部（现为人力资源社会保障部）、建设部（现为住房城乡建设部）用印的《中华人民共和国一级建造师执业资格证书》。该证书在全国范围内有效。

二级建造师执业资格实行全国统一大纲，各省、自治区、直辖市命题并组织考试的制度。凡遵纪守法并具备工程类或工程经济类中等专科以上学历并从事建设工程项目施工管理工作满 2 年，可报名参加二级建造师执业资格考试。二级建造师执业资格考试合格者，由省、自治区、直辖市人事部门颁发由人事部（现为人力资源社会保障部）、建设部（现为住房城乡建设部）统一格式的《中华人民共和国二级建造师执业资格证书》。该证书在所在行政区域内有效。

一级建造师执业资格考试设《建设工程经济》《建设工程法规及相关知识》《建设工程项目管理》和《专业工程管理与实务》4 个科目。二级建造师执业资格考试设《建设工程施工管理》《建设工程法规及相关知识》《专业工程管理与实务》3 个科目。

2. 建造师注册

取得建造师执业资格证书的人员，必须经过注册登记，方可以建造师名义执业。建设部或其授权的机构为一级建造师执业资格的注册管理机构。省、自治区、直辖市建设行政主管部门或其授权的机构为二级建造师执业资格的注册管理机构。

申请注册的人员必须同时具备以下条件：①取得建造师执业资格证书；②无犯罪记录；③身体健康，能坚持在建造师岗位上工作；④经所在单位考核合格。

一级建造师执业资格注册，由本人提出申请，由各省、自治区、直辖市建设行政主管部门或其授权的机构初审合格后，报建设部（现为住房城乡建设部）或其授权的机构注册。准予注册的申请人，由建设部（现为住房城乡建设部）或其授权的注册管理机构发放由建设部（现为住房城乡建设部）统一印制的《中华人民共和国一级建造师注册证》。

二级建造师执业资格的注册办法，由省、自治区、直辖市建设行政主管部门制定，颁发辖区内有效的《中华人民共和国二级建造师注册证》，并报建设部（现为住房城乡建设部）或其授权的注册管理机构备案。

建造师执业资格注册有效期一般为 3 年，有效期满前 3 个月，持证者应到原注册管理机构办理再次注册手续。在注册有效期内，变更执业单位者，应当及时办理变更手续。

3. 建造师的执业

一级建造师的执业技术能力：具有一定的工程技术、工程管理理论和相关经济理论水平，并具有丰富的施工管理专业知识；能够熟练掌握和运用与施工管理业务相关的法律、法规、工程建设强制性标准和行业管理的各项规定；具有丰富的施工管理实践经验和资历，有较强的施工组织能力，能保证工程质量和安全生产；有一定的外语水平。

二级建造师的执业技术能力：了解工程建设的法律、法规、工程建设强制性标准及有关行业管理的规定；具有一定的施工管理专业知识；具有一定的施工管理实践经验和资历，有一定的施工组织能力，能保证工程质量和安全生产。

取得资格证书的人员应当受聘于一个具有建设工程勘察、设计、施工、监理、招标代理、造价咨询等一项或者多项资质的单位，经注册后方可从事相应的执业活动。担任施工单位项目负责人的，应当受聘并注册于一个具有施工资质的企业。按照建设部（现为住房城乡建设部）颁布的《建筑业企业资质等级标准》，一级建造师可以担任特级、一级建筑业企业资质的建设工程项目施工的项目经理；二级建造师可以担任二级及以下建筑业企业资质的建设工程项目施工的项目经理。注册建造师不得同时在两个及两个以上的建设工程项目上担任施工单位项目负责人。注册建造师的具体执业范围按照《注册建造师执业工程规模标准》执行。

建设工程施工活动中形成的有关工程施工管理文件，应当由注册建造师签字并加盖执业印章。施工单位签署质量合格的文件上，必须有注册建造师的签字盖章。

注册建造师在每一个注册有效期内应当达到国务院建设主管部门规定的继续教育要求。继续教育分为必修课和选修课，在每一注册有效期内各为60学时。经继续教育达到合格标准的，颁发继续教育合格证书。

（六）房地产估价师

注册房地产估价师，是指通过全国房地产估价师执业资格考试或者资格认定、资格互认，取得中华人民共和国房地产估价师执业资格，并按照规定注册，取得中华人民共和国房地产估价师注册证书，从事房地产估价活动的人员。

2007年3月1日起施行的《注册房地产估价师管理办法》对注册房地产估价师执业资格作出了具体规定。

1. 房地产估价师考试

房地产估价师执业资格考试从1995年开始实施，每两年举行一次。考试科目为《房地产基本制度与政策》《房地产投资经营与管理》《房地产估价理论与实务》《房地产估价案例与分析》。

房地产估价师执业资格考试合格者，由人事部（现为人力资源社会保障部）或其授权的部门颁发人事部（现为人力资源社会保障部）统一印制，人事部（现为人力资源社会保障部）和建设部（现为住房城乡建设部）用印的《中华人民共和国房地产估价师执业资格证书》，经注册后全国范围有效。

2. 房地产估价师注册

注册房地产估价师实行注册执业管理制度。取得执业资格的人员，经过注册方能以注册房地产估价师的名义执业。注册证书是注册房地产估价师的执业凭证。注册有效期为3年。

3. 房地产估价师执业

取得执业资格的人员，应当受聘于一个具有房地产估价机构资质的单位，经注册后方可从事房地产估价执业活动。注册房地产估价师可以在全国范围内开展与其聘用单位业务范围相符的房地产估价活动。注册房地产估价师从事执业活动，由聘用单位接受委托并统一收费。

在房地产估价过程中给当事人造成经济损失，聘用单位依法应当承担赔偿责任的，可依法向负有过错的注册房地产估价师追偿。

注册房地产估价师在每一注册有效期内应当达到国务院建设主管部门规定的继续教育要求。注册房地产估价师继续教育分为必修课和选修课，每一注册有效期各为60学时。经继续教育达到合格标准的，颁发继续教育合格证书。

**（七）注册城乡规划师**

注册城乡规划师，是指通过全国统一考试取得注册城乡规划师职业资格证书，并依法注册后，从事城乡规划编制及相关工作的专业人员。从事城乡规划实施、管理、研究工作的国家工作人员及相关人员，可以通过考试取得注册城乡规划师职业资格证书。

2017年5月22日实施的《注册城乡规划师职业资格制度规定》和《注册城乡规划师职业资格考试实施办法》，对注册城乡规划师执业资格作出了具体规定。

1. 注册城乡规划师考试

注册城乡规划师职业资格实行全国统一大纲、统一命题、统一组织的考试制度。原则上每年举行一次考试。

凡中华人民共和国公民，遵守国家法律、法规，恪守职业道德，并符合下列条件之一的，均可申请参加注册城乡规划师职业资格考试：①取得城乡规划专业大学专科学历，从事城乡规划业务工作满6年；②取得城乡规划专业大学本科学历或学位，或取得建筑学学士学位（专业学位），从事城乡规划业务工作满4年；③取得通过专业评估（认证）的城乡规划专业大学本科学历或学位，从事城乡规划业务工作满3年；④取得城乡规划专业硕士学位，或取得建筑学硕士学位（专业学位），从事城乡规划业务工作满2年；⑤取得通过专业评估（认证）的城乡规划专业硕士学位或城市规划硕士学位（专业学位），或取得城乡规划专业博士学位，从事城乡规划业务工作满1年。除上述规定的情形外，取得其他专业的相应学历或者学位的人员，从事城乡规划业务工作年限相应增加1年。

注册城乡规划师职业资格考试设《城乡规划原理》《城乡规划管理与法规》《城乡规划相关知识》和《城乡规划实务》4个科目。

考试成绩实行4年为一个周期的滚动管理办法，在连续的4个考试年度内参加应试科目的考试并合格，方可取得注册城乡规划师资格证书。

注册城乡规划师职业资格考试合格，由各省、自治区、直辖市人力资源社会保障行政主管部门，颁发人力资源社会保障部统一印制，人力资源社会保障部、住房城乡建设部共同用印的《中华人民共和国注册城乡规划师职业资格证书》，该证书在全国范围有效。

2. 注册城乡规划师注册

国家对注册城乡规划师职业资格实行注册执业管理制度。取得注册城乡规划师职业资格证书且从事城乡规划编制及相关工作的人员，经注册方可以注册城乡规划师名义执业。经批准注册的申请人，由中国城市规划协会核发该协会用印的《中华人民共和国注册城乡规划师注册证书》。

注册证书的每一注册有效期为3年。注册证书在有效期内是注册城乡规划师的执业凭证，由注册城乡规划师本人保管、使用。

申请初始注册的，应当自取得注册城乡规划师职业资格证书之日起3年内提出申请。逾期申请初始注册的，应符合继续教育有关要求。

3. 注册城乡规划师执业

注册城乡规划师的执业能力：熟悉相关法律、法规及规章；熟悉我国城乡规划相关技术标准与规范体系，并能熟练运用；具有良好的与社会公众、相关管理部门沟通协调的能力；具有较强的科研和技术创新能力；了解国际相关标准和技术规范，及时掌握技术前沿发展动态。

注册城乡规划师的执业范围：城乡规划编制；城乡规划技术政策研究与咨询；城乡规划技术分析；住房城乡建设部规定的其他工作。

《中华人民共和国城乡规划法》要求编制的城镇体系规划、城市规划、镇规划、乡规划和村庄规划的成果应有注册城乡规划师签字。注册城乡规划师在执业活动中，须对所签字的城乡规划编制成果中的图件、文本的图文一致、标准规范的落实等负责，并承担相应责任。

# 第三章

# 工程发承包与招标投标制度

| |
|---|
| **教学目的与要求：**<br>1. 熟悉工程发承包的基本要求；<br>2. 掌握工程招标范围、招投标程序、评标定标制度；<br>3. 了解联合投标、投标担保、投标无效等规定。 |
| **教学重点与难点：**<br>1. 发包模式；<br>2. 招标范围、招投标程序、评标定标；<br>3. 投标无效。 |
| **教学方法和手段：**<br>1. PPT 教学模式；<br>2. 引入案例。 |
| **教学内容与设计：**<br>1. 案例导入；<br>2. 穿插课堂提问讨论、案例、小作业等；<br>3. 注重启发式教学手段的运用，加强与学生的互动。 |

【内容导读】

工程发包与承包是工程建设活动中的重要阶段，是形成建筑市场交易的核心内容，关系着工程建设目标能否正常实现。因此，工程发包与承包活动作为重点规制的对象。学习本章，既要熟悉工程发承包的基本法律规定，更要熟悉工程招标、投标、定标及签订合同的程序及制度，获得工程招投标的法律知识和能力。

## 第一节 工程发包与承包概述

### 一、工程发包与承包的概念

工程发包与承包，是指发包方通过合同委托承包方为其完成某一工程的全部或其中一部分工程的交易行为。其中，把某项工作交给他人完成并接受工作成果、支付工作报酬的是发包方。承揽他人交付某项工作并完成该项工作任务、有权利接受工作报酬的是承包方。建设工程发包与承包活动是一项特殊的商品交易活动，同时又是一项重要的法律活动。

## 二、工程发包与承包的模式

### （一）平行发包（DBB）模式

平行发包（DBB）模式，即设计-招标-建造模式（Design-Bid-Build，简称DBB），由业主委托建筑师或咨询工程师进行前期的各项工作（如进行机会研究、可行性研究等），待项目评估立项后再进行设计。在设计阶段编制施工招标文件，随后通过招标选择承包商；而有关单项工程的分包和设备、材料的采购一般都由承包商与分包商和供应商单独订立合同并组织实施。在工程项目实施阶段，工程师则为业主提供施工管理服务。这种模式是一种在国际上比较通用且应用最早的工程项目发包模式之一，其最突出的特点是强调工程项目的实施必须按照D-B-B的顺序进行，只有一个阶段全部结束另一个阶段才能开始。

平行发包（DBB）模式的优点表现在管理方法较成熟，各方对有关程序都很熟悉，缺点是项目周期较长，业主与设计、施工方分别签约，自行管理项目，管理费较高；设计的可施工性差，工程师控制项目目标能力不强；不利于工程事故的责任划分，由于图纸问题，产生的争端多索赔多等。

该模式在国际上最为通用，以世界银行、亚洲开发银行贷款项目和国际咨询工程师联合会（缩写：FIDIC）的合同条件为依据的项目，均采用这种模式。中国目前普遍采用的"项目法人责任制""招标投标制""建设监理制""合同管理制"基本上参照世界银行、亚洲开发银行和国际工程师联合会的这种传统模式。

### （二）工程总承包（EPC）模式

工程总承包（Engineering Procurement Construction，简称EPC）模式，又称设计、采购、施工一体化模式。指在项目决策阶段以后，从设计开始，经招标，委托一家工程公司对设计-采购-建造进行总承包。在这种模式下，按照承包合同规定的总价或可调总价方式，由工程公司负责对工程项目的进度、费用、质量、安全进行管理和控制，并按合同约定完成工程。EPC有很多种衍生和组合。

采取工程总承包（EPC）模式，业主把工程的设计、采购、施工和开工服务工作全部托付给工程总承包商负责组织实施，业主只负责整体的、原则的、目标的管理和控制，总承包商更能发挥主观能动性，能运用其先进的管理经验为业主和承包商自身创造更多的效益，提高了工作效率，减少了协调工作量。这种模式设计变更少，工期较短。另外，由于采用的是总价合同，基本上不用再支付索赔及追加项目费用，项目的最终价格和要求的工期具有更大程度的确定性。

这种模式的缺点是，业主不能对工程进行全程控制。总承包商对整个项目的成本工期和质量负责，加大了总承包商的风险，由于采用的是总价合同，承包商获得业主变更令及追加费用的弹性很小。

## (三) 项目管理承包（PMC）模式

项目管理承包（Project Management Consultant，简称 PMC），指项目管理承包商代表业主对工程项目进行全过程、全方位的项目管理，包括进行工程的整体规划、项目定义、工程招标、选择 EPC 承包商，并对设计、采购、施工、试运行进行全面管理，一般不直接参与项目的设计、采购、施工和试运行等阶段的具体工作。PMC 模式体现了初步设计与施工图设计的分离，施工图设计进入技术竞争领域，只不过初步设计是由 PMC 完成的。

这种模式可以充分发挥管理承包商在项目管理方面的专业技能，统一协调和管理项目的设计与施工，减少矛盾，有利于建设项目投资的节省。该模式可以对项目的设计进行优化，可以实现项目生存期内成本最低。缺点是业主参与工程的程度低，变更权利有限，协调难度大。业主方很大的风险在于能否选择一个高水平的项目管理公司。

## (四) 设计-建造（DB）模式

设计-建造（Design and Build，简称 DB）模式，指在项目原则确定之后，业主选定一家公司负责项目的设计和施工。这种方式在投标和订立合同时是以总价合同为基础的。设计-建造总承包商对整个项目的成本负责，他首先选择一家咨询设计公司进行设计，然后采用竞争性招标方式选择分包商，也可以利用本公司的设计和施工力量完成一部分工程。

这种模式避免了设计和施工的矛盾，可显著降低项目的成本和缩短工期。在选定承包商时，把设计方案的优劣作为主要的评标因素，可保证业主得到高质量的工程项目。承包商可在参与初期将其材料、施工方法、结构、价格和市场等知识和经验融入设计中，有利于控制成本，降低造价。从总体来说，建设项目的合同关系是业主和承包商之间的关系，业主的责任是按合同规定的方式付款，总承包商的责任是按时提供业主所需的产品，总承包商对于项目建设的全过程负有全部的责任。

## (五) 施工管理承包（CM）模式

施工管理承包（Construction Management Approach，简称 CM）模式又称"边设计、边施工"方式。由业主委托 CM 单位，以一个承包商的身份，采取有条件的"边设计、边施工"，着眼于缩短项目周期，也称快速路径法。即 Fast Track 的生产组织方式来进行施工管理，直接指挥施工活动，在一定程度上影响设计活动，而它与业主的合同通常采用"成本＋利润"这样一种承发包模式。此方式通过施工管理商来协调设计和施工的矛盾，使决策公开化。

其特点是由业主和业主委托的工程项目经理与工程师组成一个联合小组共同负责组织和管理工程的规划、设计和施工。完成一部分分项（单项）工程设计后，即对该部分进行招标，发包给一家承包商，无总承包商，由业主直接按每个单项工程与承包商分别签订承包合同。

这是近年在国外广泛流行的一种合同管理模式，这种模式与过去那种设计图纸全都完成之后才进行招标的连续建设生产模式不同。

在项目进度控制方面，由于 CM 模式采用分散发包，集中管理，使设计与施工充分搭接，有利于缩短建设周期；在投资控制方面，通过协调设计，CM 单位还可以帮助业主采用价值工程等方法向设计提出合理化建议，以挖掘节约投资的潜力，还可以大大减少施工阶段的设计变更。在质量控制方面，设计与施工的结合和相互协调，在项目上采用新工艺、新方法时，有利于工程施工质量的提高；分包商的选择由业主和承包人共同决定，因而更为明智。CM 模式一般采用"成本加酬金"合同，对合同范本要求比较高。

### （六）建造-运营-移交（BOT）模式

建造-运营-移交（Build-Operate-Transfer，简称 BOT）模式，是指投资人为项目的发起人，从一个政府获得某项目基础设施的建设特许权，然后由其独立地联合其他方组建项目公司，负责项目的融资、设计、建造和经营。在整个特许期内，项目公司通过项目的经营获得利润，并用此利润偿还债务。在特许期满之时，整个项目由项目公司无偿或以极少的名义价格移交给政府。

BOT 模式的最大特点是由于获得政府许可和支持，有时可得到优惠政策，拓宽了融资渠道。BOOT、BOO、DBOT、BTO、TOT、BT、ROO、MOT、BOD 和 FBOOT 等，均是标准 BOT 操作的不同演变方式，但其基本特点是一致的，即项目公司必须得到政府有关部门授予的特许权。该模式主要用于机场、隧道、发电厂、港口、收费公路、电信、供水和污水处理等一些投资较大、建设周期长和可以运营获利的基础设施项目。

BOT 项目通常都由外国的公司来承包，这会给项目所在国带来先进的技术和管理经验，既给本国的承包商带来较多的发展机会，也促进了国际经济的融合。缺点是在特许权期限内，政府将失去对项目所有权和经营权的控制；参与方多，结构复杂，项目前期过长且融资成本高等。

### （七）公共部门与私人企业合作（PPP）模式

民间参与公共基础设施建设和公共事务管理的模式统称为公私（民）伙伴关系（Public Private Partnership，简称 PPP），具体是指政府、私人企业基于某个项目而形成的相互间合作关系的一种特许经营项目融资模式。由该项目公司负责筹资、建设与经营。政府通常与提供贷款的金融机构达成一个直接协议，该协议不是对项目进行担保，而是政府向借贷机构做出的承诺，将按照政府与项目公司签订的合同支付有关费用。这个协议使项目公司能比较顺利地获得金融机构的贷款。而项目的预期收益、资产以及政府的扶持力度将直接影响贷款的数量和形式。采取这种融资形式的实质是，政府通过给予民营企业长期的特许经营权和收益权，来换取基础设施的加快建设及有效运营。

PPP 模式适用于投资额大、建设周期长、资金回报慢的项目，包括铁路、公路、桥梁、隧道等交通运输部门，电力煤气等能源部门以及电信网络等通信事业等。

无论是在发达国家或发展中国家，PPP 模式的应用越来越广泛。项目成功的关键是参与者和股东都清晰了解项目的所有风险、要求和机会，才有可能充分享受 PPP 模式带来的收益。

## 三、工程发包与承包的基本要求

建设单位与承包单位应严格依法签订合同，明确双方权利、义务、责任，严禁违法发包、转包、违法分包和挂靠，确保工程质量和施工安全。

（1）发包方式必须合法。《建筑法》第 19 条规定，建筑工程依法实行招标发包，对不适于招标发包的可以直接发包。因此，建设工程的发包方式可分为招标发包和直接发包两种。

招标发包是指建设单位通过招标确定承包单位的一种发包方式，招标发包又分为公开招标发包与邀请招标发包两种方式。一个特定工程项目是否要通过招标方式发包，应当依据《招标投标法》的相关规定进行判断。

直接发包是指发包方直接与承包方签订建设工程合同的一种发包方式。如建设单位直接同一个有资质的建筑施工企业商谈建设工程事宜，通过商谈来确定承包单位。

（2）提倡对建筑工程实行总承包，禁止将建筑工程肢解发包。《建筑法》规定，建筑工程的发包单位可以将建筑工程的勘察、设计、施工、设备采购一并发包给一个工程总承包单位，也可以将建筑工程勘察、设计、施工、设备采购的一项或者多项发包给一个工程总承包单位；但是，不得将应当由一个承包单位完成的建筑工程肢解成若干部分发包给几个承包单位。

2019年1月3日，住房城乡建设部发布的《建筑工程施工发包与承包违法行为认定查处管理办法》规定，存在下列情形之一的，属于违法发包：①建设单位将工程发包给个人的；②建设单位将工程发包给不具有相应资质的单位的；③依法应当招标未招标或未按照法定招标程序发包的；④建设单位设置不合理的招标投标条件，限制、排斥潜在投标人或者投标人的；⑤建设单位将一个单位工程的施工分解成若干部分发包给不同的施工总承包或专业承包单位的。

（3）承包单位应当在其资质等级许可的业务范围内承揽工程，不得以挂靠方式承包工程。《建筑法》规定，禁止建筑施工企业超越本企业资质等级许可的业务范围或者以任何形式用其他建筑施工企业的名义承揽工程。禁止建筑施工企业以任何形式允许其他单位或者个人使用本企业的资质证书、营业执照，以本企业的名义承揽工程。

挂靠，是指单位或个人以其他有资质的施工单位的名义承揽工程的行为，包括参与投标、订立合同、办理有关施工手续、从事施工等活动。

《建筑工程施工发包与承包违法行为认定查处管理办法》规定，存在下列情形之一的，属于挂靠：①没有资质的单位或个人借用其他施工单位的资质承揽工程的；②有资质的施工单位相互借用资质承揽工程的，包括资质等级低的借用资质等级高的，资质等级高的借用资质等级低的，相同资质等级相互借用的；③有证据证明属于挂靠的其他情形。

**【阅读案例】出借资质单位的责任承担**

李某1与赵某系合伙关系，二人以某建工公司名义承包某建筑安装工程，后二人将案涉工程中的混凝土、贴台阶砖等工程分包给李某2施工。案涉工程施工完毕后，李某1、赵某对李某2的工程量进行核对，对工程量、已付款以及下欠款予以确认。后李某2多次催要，李某1、赵某均拒绝支付。李某2遂诉至法院，请求判令李某1、赵某支付剩余工程款，某建工公司承担连带责任。

二审郑州中院认为，某建工公司出借资质给不具备劳务施工资质的李某1和赵某，其应对李某1、赵某欠付李某2的工程款承担连带责任。判决作出后，某建工公司申请再审。省法院经审查认为，连带责任的产生要基于法律规定或者当事人约定，原审法院以某建工公司出借资质为由判令其承担连带责任，于法无据，遂裁定指令再审。

（4）大型建筑工程或者结构复杂的建筑工程，可以由两个以上的承包单位联合共同承包。共同承包的各方对承包合同的履行承担连带责任。两个以上不同资质等级的单位实行联合共同承包的，应当按照资质等级低的单位的业务许可范围承揽工程。

（5）禁止转包工程。《建筑法》规定，禁止承包单位将其承包的全部建筑工程转包给他人，禁止承包单位将其承包的全部建筑工程肢解以后以分包的名义分别转包给他人。

转包，是指承包单位承包工程后，不履行合同约定的责任和义务，将其承包的全部工程或者将其承包的全部工程肢解后以分包的名义分别转给其他单位或个人施工的行为。

《建筑工程施工发包与承包违法行为认定查处管理办法》规定，存在下列情形之一的，应当认定为转包，但有证据证明属于挂靠或者其他违法行为的除外：①承包单位将其承包的全部工程转给其他单位（包括母公司承接建筑工程后将所承接工程交由具有独立法人资格的子公司施工的情形）或个人施工的；②承包单位将其承包的全部工程肢解以后，以分包的名义分别转给其他单位或个人施工的；③施工总承包单位或专业承包单位未派驻项目负责人、技术负责人、质量管理负责人、安全管理负责人等主要管理人员，或派驻的项目负责人、技术负责人、质量管理负责人、安全管理负责人中一人及以上与施工单位没有订立劳动合同且没有建立劳动工资和社会养老保险关系，或派驻的项目负责人未对该工程的施工活动进行组织管理，又不能进行合理解释并提供相应证明的；④合同约定由承包单位负责采购的主要建筑材料、构配件及工程设备或租赁的施工机械设备，由其他单位或个人采购、租赁，或施工单位不能提供有关采购、租赁合同及发票等证明，又不能进行合理解释并提供相应证明的；⑤专业作业承包人承包的范围是承包单位承包的全部工程，专业作业承包人计取的是除上缴给承包单位"管理费"之外的全部工程价款的；⑥承包单位通过采取合作、联营、个人承包等形式或名义，直接或变相将其承包的全部工程转给其他单位或个人施工的；⑦专业工程的发包单位不是该工程的施工总承包或专业承包单位的，但建设单位依约作为发包单位的除外；⑧专业作业的发包单位不是该工程承包单位的；⑨施工合同主体之间没有工程款收付关系，或者承包单位收到款项后又将款项转拨给其他单位和个人，又不能进行合理解释并提供材料证明的。

两个以上的单位组成联合体承包工程，在联合体分工协议中约定或者在项目实际实施过程中，联合体一方不进行施工也未对施工活动进行组织管理的，并且向联合体其他方收取管理费或者其他类似费用的，视为联合体一方将承包的工程转包给联合体其他方。

（6）不得违法分包工程。根据《建筑法》的规定，工程分包应当遵守如下规定：①建筑工程总承包单位可以将承包工程中的部分工程发包给具有相应资质条件的分包单位；②除总承包合同中约定的分包外，必须经建设单位认可；③施工总承包的，建筑工程主体结构的施工必须由总承包单位自行完成；④建筑工程总承包单位按照总承包合同的约定对建设单位负责；分包单位按照分包合同的约定对总承包单位负责，总承包单位和分包单位就分包工程对建设单位承担连带责任；⑤禁止总承包单位将工程分包给不具备相应资质条件的单位；⑥禁止分包单位将其承包的工程再分包。

违法分包，是指承包单位承包工程后违反法律法规规定，把单位工程或分部分项工程分包给其他单位或个人施工的行为。

《建筑工程施工发包与承包违法行为认定查处管理办法》规定，存在下列情形之一的，属于违法分包：①承包单位将其承包的工程分包给个人的；②施工总承包单位或专业承包单位将工程分包给不具备相应资质单位的；③施工总承包单位将施工总承包合同范围内工程主体结构的施工分包给其他单位的，钢结构工程除外；④专业分包单位将其承包的专业工程中非劳务作业部分再分包的；⑤专业作业承包人将其承包的劳务再分包的；⑥专业作业承包人除计取劳务作业费用外，还计取主要建筑材料款和大中型施工机械设备、主要周转材料费用的。

（7）建设工程合同应当采用书面形式。工程建设活动涉及的内容复杂，建造周期长。发包人与承包人采取书面形式订立合同，有利于明确双方的权利义务，有助于工程建设的顺利进行。

### 四、工程发包与承包违法行为应承担的法律责任

**（一）违反《建筑法》的法律责任**

（1）发包单位将工程发包给不具有相应资质条件的承包单位的，或者违反本法规定将建筑工程肢解发包的，责令改正，处以罚款。

（2）建筑施工企业超越本单位资质等级承揽工程的，责令停止违法行为，处以罚款，可以责令停业整顿，降低资质等级；情节严重的，吊销资质证书；有违法所得的，予以没收。未取得资质证书承揽工程的，予以取缔，并处罚款；有违法所得的，予以没收。以欺骗手段取得资质证书的，吊销资质证书，处以罚款；构成犯罪的，依法追究刑事责任。建筑施工企业转让、出借资质证书或者以其他方式允许他人以本企业的名义承揽工程的，责令改正，没收违法所得，并处罚款，可以责令停业整顿，降低资质等级；情节严重的，吊销资质证书。对因该项承揽工程不符合规定的质量标准造成的损失，建筑施工企业与使用本企业名义的单位或者个人承担连带赔偿责任。承包单位将承包的工程转包的，或者违反本法规定进行分包的，责令改正，没收违法所得，并处罚款，可以责令停业整顿，降低资质等级；情节严重的，吊销资质证书。承包单位对因转包工程或者违法分包的工程不符合规定的质量标准造成的损失，与接受转包或者分包的单位承担连带赔偿责任。

（3）工程监理单位转让监理业务的，责令改正，没收违法所得，可以责令停业整顿，降低资质等级；情节严重的，吊销资质证书。

**（二）违反《建设工程质量管理条例规定》的法律责任**

（1）违反《建设工程质量管理条例规定》（下称本条例）规定，建设单位将建设工程发包给不具有相应资质等级的勘察、设计、施工单位或者委托给不具有相应资质等级的工程监理单位的，责令改正，处50万元以上100万元以下的罚款。

（2）违反本条例规定，建设单位将建设工程肢解发包的，责令改正，处工程合同价款百分之零点五以上百分之一以下的罚款；对全部或者部分使用国有资金的项目，并可以暂停项目执行或者暂停资金拨付。

（3）违反本条例规定，建设单位未取得施工许可证或者开工报告未经批准，擅自施

工的，责令停止施工，限期改正，处工程合同价款百分之一以上百分之二以下的罚款。

（4）违反本条例规定，勘察、设计、施工、工程监理单位超越本单位资质等级承揽工程的，责令停止违法行为，对勘察、设计单位或者工程监理单位处合同约定的勘察费、设计费或者监理酬金1倍以上2倍以下的罚款；对施工单位处工程合同价款百分之二以上百分之四以下的罚款，可以责令停业整顿，降低资质等级；情节严重的，吊销资质证书；有违法所得的，予以没收。

（5）未取得资质证书承揽工程的，予以取缔，依照前款规定处以罚款；有违法所得的，予以没收。

（6）以欺骗手段取得资质证书承揽工程的，吊销资质证书，依照规定处以罚款；有违法所得的，予以没收。

（7）违反本条例规定，勘察、设计、施工、工程监理单位允许其他单位或者个人以本单位名义承揽工程的，责令改正，没收违法所得，对勘察、设计单位和工程监理单位处合同约定的勘察费、设计费和监理酬金1倍以上2倍以下的罚款；对施工单位处工程合同价款百分之二以上百分之四以下的罚款；可以责令停业整顿，降低资质等级；情节严重的，吊销资质证书。

（8）违反本条例规定，承包单位将承包的工程转包或者违法分包的，责令改正，没收违法所得，对勘察、设计单位处合同约定的勘察费、设计费百分之二十五以上百分之五十以下的罚款；对施工单位处工程合同价款百分之零点五以上百分之一以下的罚款；可以责令停业整顿，降低资质等级；情节严重的，吊销资质证书。

（9）工程监理单位转让工程监理业务的，责令改正，没收违法所得，处合同约定的监理酬金百分之二十五以上百分之五十以下的罚款；可以责令停业整顿，降低资质等级；情节严重的，吊销资质证书。

依照本条例规定，给予单位罚款处罚的，对单位直接负责的主管人员和其他直接责任人员处单位罚款数额百分之五以上百分之十以下的罚款。

## 第二节 工程招标

### 一、工程招标概述

招投标制度将竞争机制引入工程建设领域，将工程项目的发包方、承包方和中介方统一纳入市场，实行交易公开，给市场主体的交易行为赋予了极大的透明度，鼓励竞争，防止和反对垄断，通过平等竞争，优胜劣汰，进而实现投资效益的最优化。《招标投标法》（2017修正）是规范招投标活动的基本法律。

（一）建设招标投标的概念

建设工程招标投标，是建设单位对拟建的建设工程项目通过法定的程序和方式，吸引承包单位进行公平竞争，从中选择条件优越者来完成建设工程任务的活动。

工程招标投标是一种方法,它既延续了人类商品交易原始的思想,又运用竞争机制和技术经济的评价方法,将技术比较、经济分析和效果评价运用于工程建设交易,有助于工程建设活动实现最优效果。

**(二) 招标投标活动的基本原则**

《招标投标法》第5条规定:"招标投标活动应当遵循公开、公平、公正和诚实信用的原则。"

1. 公开原则

公开原则,首先要求招标信息公开。《招标投标法》规定,依法必须进行招标的项目的招标公告,应当通过国家指定的报刊、信息网络或者其他媒介发布。无论是招标公告、资格预审公告还是投标邀请书,都应当载明招标人的名称和地址、招标项目的性质、数量、实施地点和时间以及获取招标文件的办法等事项。公开原则还要求招标投标过程公开。《招投标法》规定,开标时招标人应当邀请所有投标人参加,招标人在招标文件要求提交截止时间前收到的所有投标文件,开标时都应当当众予以拆封、宣读。中标人确定后,招标人应当在向中标人发出中标通知书的同时,将中标结果通知所有未中标的投标人。

2. 公平原则

公平原则,要求给予所有投标人平等的机会,使其享有同等的权利,履行同等的义务。《招投标法》第6条明确规定:"依法必须进行招标的项目,其招标投标活动不受地区或者部门的限制,任何单位和个人不得违法限制或者排斥本地区、本系统以外的法人或者其他组织参加投标,不得以任何方式非法干涉招标投标活动。"

3. 公正原则

公正原则,要求招标人在招标投标活动中应当按照统一的标准衡量每一个投标人的优劣。如进行资格审查时,招标人应当按照资格预审文件或招标文件中载明的资格审查的条件、标准和方法对潜在投标人或者投标人进行资格审查,不得改变载明的条件或者以没有载明的资格条件进行资格审查。《招投标法》还规定评标委员会应当按照招标文件确定的评标标准和方法,对投标文件进行评审和比较。评标委员会成员应当客观、公正地履行职务,遵守职业道德。

4. 诚实信用原则

诚实信用原则,是我国民事活动所应当遵循的一项重要基本原则。《民法典》第7条规定:"民事主体从事民事活动,应当遵循诚信原则,秉持诚实,恪守承诺。"招标投标活动作为民事活动的一种特殊方式,同样应当遵循诚实信用原则。例如,在招标过程中,招标人不得发布虚假的招标信息,不得擅自终止招标。在投标过程中,投标人不得以他人名义投标,不得与招标人或其他投标人串通投标。中标通知书发出后,招标人不得擅自改变中标结果,中标人不得擅自放弃中标项目。

**(三) 招标方式**

建设工程招标方式根据《招投标法》第10条规定,招标方式分为公开招标和邀请招标。

1. 公开招标

公开招标,也称无限竞争招标,是指招标人以招标公告的方式邀请不特定的法人或者其他组织投标。采用公开招标方式的，应当发布招标公告。

《招标投标法实施条例》第15条规定：公开招标的项目，应当依照招标投标法和本条例的规定发布招标公告、编制招标文件。招标人采用资格预审办法对潜在投标人进行资格审查的，应当发布资格预审公告、编制资格预审文件。依法必须进行招标的项目的资格预审公告和招标公告，应当在国务院发展改革部门依法指定的媒介发布。在不同媒介发布的同一招标项目的资格预审公告或者招标公告的内容应当一致。指定媒介发布依法必须进行招标的项目的境内资格预审公告、招标公告，不得收取费用。

2. 邀请招标

邀请招标，也称有限竞争招标，是指招标人以投标邀请书的方式邀请特定的法人或者其他组织投标。采用这种招标方式，由于被邀请参加竞争的潜在的投标人数量有限，而且事先已经对投标人进行了调查了解，因此不仅可以节省招标人的招标成本，而且能提高投标人的中标概率，因此潜在投标人的投标积极性会较高。当然，由于邀请招标的对象被限定在特定范围内，可能使其他优秀的潜在投标人被排斥在外。《招标投标法》第11条规定，国务院发展计划部门确定的国家重点项目和省、自治区、直辖市人民政府确定的地方重点项目不适宜公开招标的，经国务院发展计划部门或者省、自治区、直辖市人民政府批准，可以进行邀请招标。

《招标投标法实施条例》第8条规定，国有资金占控股或者主导地位的依法必须进行招标的项目，应当公开招标；但有下列情形之一的，可以邀请招标：①技术复杂、有特殊要求或者受自然环境限制，只有少量潜在投标人可供选择；②采用公开招标方式的费用占项目合同金额的比例过大。

采取邀请招标方式，由项目审批、核准部门在审批、核准项目时作出认定；或者由招标人申请有关行政监督部门作出认定。

为了保证邀请招标的竞争性，我国法律对邀请招标的对象，有最低数量的规定。《招标投标法》第17条规定：招标人采用邀请招标方式的，应当向三个以上具备承担招标项目的能力、资信良好的特定的法人或者其他组织发出投标邀请书。

（四）招标组织形式

招标组织形式包括自行招标和委托招标。

1. 自行招标

自行招标，是指招标人自身具有编制招标文件和组织评标能力，依法自行办理招标事宜的招标组织形式。《招标投标法》第12条规定的招标人具有编制招标文件和组织评标能力，是指招标人具有与招标项目规模和复杂程度相适应的技术、经济等方面的专业人员。原国家计委《工程建设项目自行招标试行办法》第4条规定了招标人自行办理招标事宜所应当具备的具体条件：招标人自行办理招标事宜，应当具有编制招标文件和组织评标的能力，具体包括：①具有项目法人资格（或者法人资格）；②具有与招标项目规模和复杂程度相适应的工程技术、概预算、财物和工程管理等方面专业技术力量；③有从事同类工程建设项目招标的经验；④拥有3名以上取得招标职业资格的专职招标业务人员；⑤熟悉和掌握招标投标法及有关法规规章。《招标投标法》规定，招标人具有编制招标文件和组织评标能力的，可以自行办理招标事宜。任何单位和个人不得强制其委托招标代理机构办理招标事宜。依法必须进行招标的项目，招标人自行办理招标事宜的,应当向有关行政监督部门备案。

2. 委托招标

委托招标,是指招标人委托招标代理机构办理招标事宜的招标组织形式。《招标投标法》第12条规定,招标人有权自行选择招标代理机构,委托其办理招标事宜。任何单位和个人不得以任何方式为招标人指定招标代理机构。不具备自行招标条件的,招标人应当与招标代理机构签订书面委托合同,委托招标代理机构招标。《招标投标法》第13条规定,招标代理机构是依法设立、从事招标代理业务并提供相关服务的社会中介组织。招标代理机构应当具备下列条件:①有从事招标代理业务的营业场所和相应资金;②有能够编制招标文件和组织评标的相应专业力量。《招标投标法》第14条规定,招标代理机构与行政机关和其他国家机关不得存在隶属关系或者其他利益关系。招标代理机构应当在招标人委托的范围内办理招标事宜,并遵守法律关于招标人的规定。招标代理机构在其资格许可和招标人委托的范围内开展招标代理业务,任何单位和个人不得非法干涉。招标代理机构不得在所代理的招标项目中投标或者代理投标,也不得为所代理的招标项目的投标人提供咨询。招标代理机构不得涂改、出租、出借、转让资格证书。

《招标投标法实施条例》规定,招标代理机构应当拥有一定数量的具备编制招标文件、组织评标等相应能力的专业人员。招标代理机构在招标人委托的范围内开展招标代理业务,任何单位和个人不得非法干涉。招标代理机构代理招标业务,应当遵守招标投标法和本条例关于招标人的规定。招标代理机构不得在所代理的招标项目中投标或者代理投标,也不得为所代理的招标项目的投标人提供咨询。招标人应当与被委托的招标代理机构签订书面委托合同,合同约定的收费标准应当符合国家有关规定。

## 二、必须招标的工程

### (一)必须招标工程的范围

《招标投标法》第3条规定,在中华人民共和国境内进行下列工程建设项目包括项目的勘察、设计、施工、监理以及与工程建设有关的重要设备、材料等的采购,必须进行招标:①大型基础设施、公用事业等关系社会公共利益、公众安全的项目;②全部或者部分使用国有资金投资或者国家融资的项目;③使用国际组织或者外国政府贷款、援助资金的项目。前款所列项目的具体范围和规模标准,由国务院发展计划部门会同国务院有关部门制订,报国务院批准。法律或者国务院对必须进行招标的其他项目的范围有规定的,依照其规定。《招标投标法》第4条规定,任何单位和个人不得将依法必须进行招标的项目化整为零或者以其他任何方式规避招标。

《工程建设项目招标范围和规模标准规定》将《招标投标法》第3条规定的必须招标工程范围作了进一步界定。

1. 关系社会公共利益、公众安全的基础设施项目

此类项目的范围包括:煤炭、石油、天然气、电力、新能源等能源项目;铁路、公路、管道、水运、航空以及其他交通运输业等交通运输项目;邮政、电信枢纽、通信、信息网络等邮电通信项目;防洪、灌溉、排涝、引(供)水、滩涂治理、水土保持、

水利枢纽等水利项目；道路、桥梁、地铁和轻轨交通、污水排放及处理、垃圾处理、地下管道、公共停车场等城市设施项目；生态环境保护项目；其他基础设施项目。

2. 关系社会公共利益、公众安全的公用事业项目

此类项目的范围包括：供水、供电、供气、供热等市政工程项目；科技、教育、文化等项目；体育、旅游等项目；卫生、社会福利等项目；商品住宅，包括经济适用住房；其他公用事业项目。

3. 使用国有资金投资的项目

此类项目的范围包括：使用各级财政预算资金的项目；使用纳入财政管理的各种政府性专项建设基金的项目；使用国有企业事业单位自有资金，并且国有资产投资者实际拥有控制权的项目。

4. 国家融资的项目

此类项目的范围包括：使用国家发行债券所筹资金的项目；使用国家对外借款或者担保所筹资金的项目；使用国家政策性贷款的项目；国家授权投资主体融资的项目；国家特许的融资项目。

5. 使用国际组织或者外国政府资金的项目

此类项目的范围包括：使用世界银行、亚洲开发银行等国际组织贷款资金的项目；使用外国政府及其机构贷款资金的项目；使用国际组织或者外国政府援助资金的项目。

**（二）必须招标工程的规模标准**

（1）2018年6月1日起施行的《必须招标的工程项目规定》规定，全部或者部分使用国有资金投资或者国家融资的项目包括：①使用预算资金200万元人民币以上，并且该资金占投资额10%以上的项目；②使用国有企业事业单位资金，并且该资金占控股或者主导地位的项目。

（2）《必须招标的工程项目规定》规定，必须招标工程范围内的项目，其勘察、设计、施工、监理以及与工程建设有关的重要设备、材料等的采购达到下列标准之一的，必须招标：①施工单项合同估算价在400万元人民币以上；②重要设备、材料等货物的采购，单项合同估算价在200万元人民币以上；③勘察、设计、监理等服务的采购，单项合同估算价在100万元人民币以上。同一项目中可以合并进行的勘察、设计、施工、监理以及与工程建设有关的重要设备、材料等的采购，合同估算价合计达到前款规定标准的，必须招标。

**（三）可以不进行招标的工程**

《招标投标法》第66条规定，涉及国家安全、国家秘密、抢险救灾或者属于利用扶贫资金实行以工代赈、需要使用农民工等特殊情况，不适宜进行招标的项目，按照国家有关规定可以不进行招标。

《招标投标法实施条例》第9条规定，除招标投标法第66条规定的可以不进行招标的特殊情况外，有下列情形之一的，可以不进行招标：①需要采用不可替代的专利或者专有技术；②采购人依法能够自行建设、生产或者提供；③已通过招标方式选定的特许经营项目投资人依法能够自行建设、生产或者提供；④需要向原中标人采购工程、货物或者服务，否则将影响施工或者功能配套要求；⑤国家规定的其他特殊情形。

## 三、招标应当具备的条件

建设工程招标必须具备一定的条件，不具备这些条件就不能进行招标。《招标投标法》第9条规定：招标项目按照国家有关规定需要履行项目审批手续的，应当先履行审批手续，取得批准。招标人应当有进行招标项目的相应资金或者资金来源已经落实，并应当在招标文件中如实载明。

《工程建设项目施工招标投标办法》第8条进一步规定，依法必须招标的工程建设项目，应当具备下列条件才能进行施工招标：①招标人已经依法成立；②初步设计及概算应当履行审批手续的，已经批准；③有相应资金或者资金来源已经落实；④有招标所需的设计图纸及技术资料。《工程建设项目施工招标投标办法》第10条规定，按照国家有关规定需要履行项目审批、核准手续的依法必须进行施工招标的工程建设项目，其招标范围、招标方式、招标组织形式应当报项目审批部门审批、核准。项目审批、核准部门应当及时将审批、核准确定的招标内容通报有关行政监督部门。

## 四、招标一般程序

### （一）成立招标组织
建设单位根据情况决定自行招标或委托招标代理机构招标。

### （二）编制招标文件
成立招标组织后，即可编制招标文件和标底。2013年修订的《工程建设项目施工招标投标办法》第24条规定，招标人根据施工招标项目的特点和需要编制招标文件。招标文件一般包括下列内容：①招标公告或投标邀请书；②投标人须知；③合同主要条款；④投标文件格式；⑤采用工程量清单招标的，应当提供工程量清单；⑥技术条款；⑦设计图纸；⑧评标标准和方法；⑨投标辅助材料。

《招标投标法》第19条规定，招标文件应当包括招标项目的技术要求、对投标人资格审查的标准、投标报价要求和评标标准等所有实质性要求和条件以及拟签订合同的主要条款。国家对招标项目的技术、标准有规定的，招标人应当按照其规定在招标文件中提出相应要求。招标项目需要划分标段、确定工期的，招标人应当合理划分标段、确定工期，并在招标文件中载明。《招标投标法》第20条规定，招标文件不得要求或者标明特定的生产供应者以及含有倾向或者排斥潜在投标人的其他内容。《招标投标法》第23条规定，招标人对已发出的招标文件进行必要的澄清或者修改的，应当在招标文件要求提交投标文件截止时间至少十五日前，以书面形式通知所有招标文件收受人。该澄清或者修改的内容为招标文件的组成部分。《招标投标法》第24条规定，招标人应当确定投标人编制投标文件所需要的合理时间；但是，依法必须进行招标的项目，自招标文件开始发出之日起至投标人提交投标文件截止之日止，最短不得少于二十日。

《招标投标法实施条例》进一步规定，招标人应当在招标文件中载明投标有效期。投标有效期从提交投标文件的截止之日起算。招标人可以自行决定是否编制标底。一个招标项目只能有一个标底。标底必须保密。接受委托编制标底的中介机构不得参加受托编制标底项目的投标，也不得为该项目的投标人编制投标文件或者提供咨询。招标人设有最高投标限价的，应当在招标文件中明确最高投标限价或者最高投标限价的计算方法。招标人不得规定最低投标限价。编制依法必须进行招标的项目的招标文件，应当使用国务院发展改革部门会同有关行政监督部门制定的标准文本。

《工程建设项目施工招标投标办法》规定，招标人可根据项目特点决定是否编制标底。编制标底的，标底编制过程和标底在开标前必须保密。招标项目编制标底的，应根据批准的初步设计、投资概算，依据有关计价办法，参照有关工程定额，结合市场供求状况，综合考虑投资、工期和质量等方面的因素合理确定。标底由招标人自行编制或委托中介机构编制。一个工程只能编制一个标底。任何单位和个人不得强制招标人编制或报审标底，或干预其确定标底。招标项目可以不设标底，进行无标底招标。

住房城乡建设部《建筑工程施工发包与承包计价管理办法》第6条规定，全部使用国有资金投资或者以国有资金投资为主的建筑工程，应当采用工程量清单计价；非国有资金投资的建筑工程，鼓励采用工程量清单计价。国有资金投资的建筑工程招标的，应当设有最高投标限价；非国有资金投资的建筑工程招标的，可以设有最高投标限价或者招标标底。最高投标限价及其成果文件，应当由招标人报工程所在地县级以上地方人民政府住房城乡建设主管部门备案。

### （三）发布招标公告或发出招标邀请书

招标人采用公开招标方式的，应当发布招标公告。依法必须进行招标的项目的招标公告，应当通过国家指定的报刊、信息网络或者其他媒介发布。招标公告应当载明招标人的名称和地址、招标项目的性质、数量、实施地点和时间以及获取招标文件的办法等事项。

招标人采用邀请招标方式的，应当向三个以上具备承担招标项目的能力、资信良好的特定的法人或者其他组织发出投标邀请书。

招标人可以根据招标项目本身的要求，在招标公告或者投标邀请书中，要求潜在投标人提供有关资质证明文件和业绩情况，并对潜在投标人进行资格审查；国家对投标人的资格条件有规定的，依照其规定。招标人不得以不合理的条件限制或者排斥潜在投标人，不得对潜在投标人实行歧视待遇。

招标人有下列行为之一的，属于以不合理条件限制、排斥潜在投标人或者投标人：①就同一招标项目向潜在投标人或者投标人提供有差别的项目信息；②设定的资格、技术、商务条件与招标项目的具体特点和实际需要不相适应或者与合同履行无关；③依法必须进行招标的项目以特定行政区域或者特定行业的业绩、奖项作为加分条件或者中标条件；④对潜在投标人或者投标人采取不同的资格审查或者评标标准；⑤限定或者指定特定的专利、商标、品牌、原产地或者供应商；⑥依法必须进行招标的项目非法限定潜在投标人或者投标人的所有制形式或者组织形式；⑦以其他不合理条件限制、排斥潜在投标人或者投标人。

### （四）资格审查

资格审查分为资格预审和资格后审两种方式。进行资格预审的，一般不再进行资格后审，但招标文件另有规定的除外。

1. 资格预审的要求

《招标投标法实施条例》规定，招标人采用资格预审办法对潜在投标人进行资格审查的，应当发布资格预审公告、编制资格预审文件。依法必须进行招标的项目的资格预审公告，应当在国务院发展改革部门依法指定的媒介发布。在不同媒介发布的同一招标项目的资格预审公告的内容应当一致。指定媒介发布依法必须进行招标的项目的境内资格预审公告，不得收取费用。编制依法必须进行招标的项目的资格预审文件，应当使用国务院发展改革部门会同有关行政监督部门制定的标准文本。

招标人应当按照资格预审公告规定的时间、地点发售资格预审文件。资格预审文件的发售期不得少于 5 日。招标人发售资格预审文件收取的费用应当限于补偿印刷、邮寄的成本支出，不得以营利为目的。

招标人应当合理确定提交资格预审申请文件的时间。依法必须进行招标的项目提交资格预审申请文件的时间，自资格预审文件停止发售之日起不得少于 5 日。

资格预审应当按照资格预审文件载明的标准和方法进行。国有资金占控股或者主导地位的依法必须进行招标的项目，招标人应当组建资格审查委员会审查资格预审申请文件。资格审查委员会及其成员应当遵守《招标投标法》和《招标投标法实施条例》有关评标委员会及其成员的规定。

《工程建设项目施工招标投标办法》第 20 条规定，资格审查应主要审查潜在投标人或者投标人是否符合下列条件：①具有独立订立合同的权利；②具有履行合同的能力，包括专业、技术资格和能力，资金、设备和其他物质设施状况，管理能力，经验、信誉和相应的从业人员；③没有处于被责令停业，投标资格被取消，财产被接管、冻结，破产状态；④在最近三年内没有骗取中标和严重违约及重大工程质量问题；⑤国家规定的其他资格条件。

资格预审结束后，招标人应当及时向资格预审申请人发出资格预审结果通知书。未通过资格预审的申请人不具有投标资格。通过资格预审的申请人少于 3 个的，应当重新招标。

招标人可以对已发出的资格预审文件进行必要的澄清或者修改。澄清或者修改的内容可能影响资格预审申请文件编制的，招标人应当在提交资格预审申请文件截止时间至少 3 日前，以书面形式通知所有获取资格预审文件的潜在投标人；不足 3 日的，招标人应当顺延提交资格预审申请文件的截止时间。

潜在投标人或者其他利害关系人对资格预审文件有异议的，应当在提交资格预审申请文件截止时间 2 日前提出。招标人应当自收到异议之日起 3 日内作出答复；作出答复前，应当暂停招标投标活动。

招标人编制的资格预审文件、招标文件的内容违反法律、行政法规的强制性规定，违反公开、公平、公正和诚实信用原则，影响资格预审结果或者潜在投标人投标的，依法必须进行招标的项目的招标人应当在修改资格预审文件或者招标文件后重新招标。

2. 资格后审的要求

招标人采用资格后审办法对投标人进行资格审查的，应当在开标后由评标委员会按照招标文件规定的标准和方法对投标人的资格进行审查。经资格后审不合格的投标人的投标应予否决。

### (五) 发售招标文件

招标人应当按照招标公告或者投标邀请书规定的时间、地点发售招标文件。招标文件的发售期不得少于 5 日。

招标人发售招标文件收取的费用应当限于补偿印刷、邮寄的成本支出，不得以营利为目的。

### (六) 组织投标单位踏勘现场，并对招标文件答疑

《工程建设项目施工招标投标办法》规定，招标人根据招标项目的具体情况，可以组织潜在投标人踏勘项目现场，向其介绍工程场地和相关环境的有关情况。潜在投标人依据招标人介绍情况作出的判断和决策，由投标人自行负责。招标人不得单独或者分别组织任何一个投标人进行现场踏勘。

对于潜在投标人在阅读招标文件和现场踏勘中提出的疑问，招标人可以书面形式或召开投标预备会的方式解答，但需同时将解答以书面方式通知所有购买招标文件的潜在投标人。该解答的内容为招标文件的组成部分。

## 第三节 工程投标

投标，是与招标相对应的概念，指投标人（卖方）应招标人的邀请，对招标公告或投标邀请书提出的条件和要求进行响应的行为。

### 一、投标人

《招标投标法》规定，投标人是响应招标、参加投标竞争的法人或者其他组织。投标人应当具备承担招标项目的能力；国家有关规定对投标人资格条件或者招标文件对投标人资格条件有规定的，投标人应当具备规定的资格条件。

《招标投标法实施条例》进一步规定，投标人参加依法必须进行招标的项目的投标，不受地区或者部门的限制，任何单位和个人不得非法干涉。

与招标人存在利害关系可能影响招标公正性的法人、其他组织或者个人，不得参加投标。单位负责人为同一人或者存在控股、管理关系的不同单位，不得参加同一标段投标或者未划分标段的同一招标项目投标。否则，相关投标均无效。

《工程建设项目施工招标投标办法》规定，招标人的任何不具独立法人资格的附属机构（单位），或者为招标项目的前期准备或者监理工作提供设计、咨询服务的任何法人及其任何附属机构（单位），都无资格参加该招标项目的投标。

### 二、投标文件

#### (一) 投标文件编制要求

《招标投标法》规定，投标人应当按照招标文件的要求编制投标文件。投标文件应

当对招标文件提出的实质性要求和条件作出响应。招标项目属于建设施工的,投标文件的内容应当包括拟派出的项目负责人与主要技术人员的简历、业绩和拟用于完成招标项目的机械设备等。

《工程建设项目施工招标投标办法》规定,投标人应当按照招标文件的要求编制投标文件。投标文件应当对招标文件提出的实质性要求和条件作出响应。投标文件一般包括下列内容:①投标函;②投标报价;③施工组织设计;④商务和技术偏差表。

投标人根据招标文件载明的项目实际情况,拟在中标后将中标项目的部分非主体、非关键性工作进行分包的,应当在投标文件中载明。

《建筑工程施工发包与承包计价管理办法》规定,投标报价不得低于工程成本,不得高于最高投标限价。投标报价应当依据工程量清单、工程计价有关规定、企业定额和市场价格信息等编制。

### (二) 投标文件的递交与签收

《招标投标法》规定,投标人应当在招标文件要求提交投标文件的截止时间前,将投标文件送达投标地点。招标人收到投标文件后,应当签收保存,不得开启。在招标文件要求提交投标文件的截止时间后送达的投标文件,招标人应当拒收。投标人少于三个的,招标人应当依法重新招标。

《招标投标法实施条例》进一步规定,未通过资格预审的申请人提交的投标文件,以及逾期送达或者不按照招标文件要求密封的投标文件,招标人应当拒收。招标人应当如实记载投标文件的送达时间和密封情况,并存档备查。

### (三) 投标文件的补充、修改与撤回

《招标投标法》规定,投标人在招标文件要求提交投标文件的截止时间前,可以补充、修改或者撤回已提交的投标文件,并书面通知招标人。补充、修改的内容为投标文件的组成部分。

《招标投标法实施条例》进一步规定,投标人撤回已提交的投标文件,应当在投标截止时间前书面通知招标人。招标人已收取投标保证金的,应当自收到投标人书面撤回通知之日起 5 日内退还。投标截止后投标人撤销投标文件的,招标人可以不退还投标保证金。

## 三、投标保证金

投标保证金,是指投标人按照招标文件的要求向招标人出具的、以一定金额表示的投标责任担保。其实质是为了避免因投标人在投标有效期内随意撤回、撤销投标或中标后不能提交履约保证金和签署合同等行为而给招标人造成损失。投标保证金除现金外,可以是银行出具的银行保函、保兑支票、银行汇票或现金支票。

《招标投标法实施条例》规定,招标人在招标文件中要求投标人提交投标保证金的,投标保证金不得超过招标项目估算价的 2%。投标保证金有效期应当与投标有效期一致。依法必须进行招标的项目的境内投标单位,以现金或者支票形式提交的投标保证金应当从其基本账户转出。招标人不得挪用投标保证金。招标人最迟应当在书面合同签订后 5 日内向中标人和未中标的投标人退还投标保证金及银行同期存款利息。

《工程建设项目施工招标投标办法》规定，招标人可以在招标文件中要求投标人提交投标保证金。投标保证金除现金外，可以是银行出具的银行保函、保兑支票、银行汇票或现金支票。投标保证金不得超过项目估算价的百分之二，但最高不得超过八十万元人民币。投标保证金有效期应当与投标有效期一致。投标人应当按照招标文件要求的方式和金额，将投标保证金随投标文件提交给招标人或其委托的招标代理机构。

《国务院办公厅关于清理规范工程建设领域保证金的通知》（国办发〔2016〕49号）中规定，对建筑业企业在工程建设中需缴纳的保证金，除依法依规设立的投标保证金、履约保证金、工程质量保证金、农民工工资保证金外，其他保证金一律取消。对取消的保证金，自本通知印发之日起，一律停止收取。对保留的投标保证金、履约保证金、工程质量保证金、农民工工资保证金，推行银行保函制度，建筑业企业可以银行保函方式缴纳。对保留的保证金，要严格执行相关规定，确保按时返还。未按规定或合同约定返还保证金的，保证金收取方应向建筑业企业支付逾期返还违约金。未经国务院批准，各地区、各部门一律不得以任何形式在工程建设领域新设保证金项目。

### 四、联合体投标

联合体投标是指两个或两个以上法人或者其他组织通过协议组成一个联合体，以一个投标人的身份参加投标的情形。实践中，大型复杂项目，对资金和技术要求比较高，单靠一个投标人的力量难以顺利完成的，可以联合几家企业集中各自的优势以一个投标人的身份参加投标。联合体内部成员是相对松散的独立单位，法律或者招标文件对投标人资格条件有要求的，联合体各方均应具备规定的相应的资格条件，而不能相互替代。

《招标投标法》规定，两个以上法人或者其他组织可以组成一个联合体，以一个投标人的身份共同投标。联合体各方均应当具备承担招标项目的相应能力；国家有关规定或者招标文件对投标人资格条件有规定的，联合体各方均应当具备规定的相应资格条件。由同一专业的单位组成的联合体，按照资质等级较低的单位确定资质等级。

联合体各方应当签订共同投标协议，明确约定各方拟承担的工作和责任，并将共同投标协议连同投标文件一并提交招标人。联合体中标的，联合体各方应当共同与招标人签订合同，就中标项目向招标人承担连带责任。招标人不得强制投标人组成联合体共同投标，不得限制投标人之间的竞争。

《招标投标法实施条例》规定，招标人应当在资格预审公告、招标公告或者投标邀请书中载明是否接受联合体投标。招标人接受联合体投标并进行资格预审的，联合体应当在提交资格预审申请文件前组成。资格预审后联合体增减、更换成员的，其投标无效。联合体各方在同一招标项目中以自己名义单独投标或者参加其他联合体投标的，相关投标均无效。

### 五、投标禁止行为

**（一）禁止投标人之间相互串通投标**

《招标投标法》规定，投标人不得相互串通投标报价，不得排挤其他投标人的公平竞争，损害招标人或者其他投标人的合法权益。

《招标投标法实施条例》进一步明确，有下列情形之一的，属于投标人相互串通投标：①投标人之间协商投标报价等投标文件的实质性内容；②投标人之间约定中标人；③投标人之间约定部分投标人放弃投标或者中标；④属于同一集团、协会、商会等组织成员的投标人按照该组织要求协同投标；⑤投标人之间为谋取中标或者排斥特定投标人而采取的其他联合行动。

有下列情形之一的，视为投标人相互串通投标：①不同投标人的投标文件由同一单位或者个人编制；②不同投标人委托同一单位或者个人办理投标事宜；③不同投标人的投标文件载明的项目管理成员为同一人；④不同投标人的投标文件异常一致或者投标报价呈规律性差异；⑤不同投标人的投标文件相互混装；⑥不同投标人的投标保证金从同一单位或者个人的账户转出。

（二）禁止招标人与投标人之间相互串通投标

《招标投标法》规定，投标人不得与招标人串通投标，损害国家利益、社会公共利益或者他人的合法权益。

《招标投标法实施条例》进一步明确，有下列情形之一的，属于招标人与投标人串通投标：①招标人在开标前开启投标文件并将有关信息泄露给其他投标人；②招标人直接或者间接向投标人泄露标底、评标委员会成员等信息；③招标人明示或者暗示投标人压低或者抬高投标报价；④招标人授意投标人撤换、修改投标文件；⑤招标人明示或者暗示投标人为特定投标人中标提供方便；⑥招标人与投标人为谋求特定投标人中标而采取的其他串通行为。

（三）禁止投标人以行贿手段谋取中标

《招标投标法》规定，禁止投标人以向招标人或者评标委员会成员以行贿的手段谋取中标。投标人以行贿手段谋取中标，违背了招标投标的基本原则，对其他投标人是不公平的，即使中标也是无效的。有关单位和责任人应当承担相应的行政或者刑事责任，给他人造成损失的，还应当承担民事赔偿责任。

（四）禁止以低于成本的报价竞标

《招标投标法》规定，投标人不得以低于成本的报价竞标。以低于成本的报价竞标，破坏了公平竞争的招投标秩序。投标人的主要目的是排挤其他竞争对手，投标人为弥补低于成本报价的损失，中标后很容易产生粗制滥造、偷工减料行为，从而引起工程质量安全问题。

（五）禁止弄虚作假，骗取中标

《招标投标法》规定，投标人不得以他人名义投标或者以其他方式弄虚作假，骗取中标。以他人名义投标，指投标人挂靠其他施工单位，或从其他单位通过受让或租借的方式获取资格或资质证书，或者由其他单位及其法定代表人在自己编制的投标文件上加盖印章和签字等行为。

《招标投标法实施条例》进一步明确，使用通过受让或者租借等方式获取的资格、资质证书投标的，属于招标投标法第33条规定的以他人名义投标。

投标人有下列情形之一的，属于《招标投标法》第33条规定的以其他方式弄虚作假的行为：①使用伪造、变造的许可证件；②提供虚假的财务状况或者业绩；③提供虚假的项目负责人或者主要技术人员简历、劳动关系证明；④提供虚假的信用状况；⑤其他弄虚作假的行为。

## 第四节 工程决标

开标、评标、定标属于工程决标阶段的三个重要环节。《建筑法》规定，建筑工程招标的开标、评标、定标由建设单位依法组织实施，并接受有关行政主管部门的监督。

### 一、开标

开标是指投标截止后，招标人按照招标文件所确定的时间和地点，开启投标人提交的投标文件，公开宣布投标人的名称、投标价格及投标文件中的其他主要内容的活动。

#### （一）开标的时间与地点

《招标投标法》规定，开标应当在招标文件确定的提交投标文件截止时间的同一时间公开进行。这一规定是为了防止招标人或者投标人利用提交投标文件的截止时间与开标时间存在时间差而做手脚，进行暗箱操作，防范串通投标。

开标地点应当为招标文件中预先确定的地点。这样所有的投标人都能事先知道开标地点，做好充分准备，按时到达。

《招标投标法实施条例》规定，招标人应当按照招标文件规定的时间、地点开标。投标人少于3个的，不得开标；招标人应当重新招标。投标人对开标有异议的，应当在开标现场提出，招标人应当当场作出答复，并制作记录。

#### （二）开标的主持人和参加人

开标由招标人或其委托的招标代理机构主持，并邀请所有投标人参加。

#### （三）开标程序

开标时，由投标人或者其推选的代表检查投标文件的密封情况，也可以由招标人委托的公证机构检查并公证；经确认无误后，由工作人员当众拆封，宣读投标人名称、投标价格和投标文件的其他主要内容。

招标人在招标文件要求提交投标文件的截止时间前收到的所有投标文件，开标时都应当当众予以拆封、宣读。开标过程应当记录，并存档备查。

### 二、评标

评标是指评标委员会依据招标文件规定的评标标准和方法对投标文件进行审查、评审和比较的行为。评标是招标投标活动的重要阶段，评标的质量决定着能否从众多投标竞争者中选出最能满足招标项目各项要求的中标者。

#### （一）评标委员会的组建

《招标投标法》规定，评标由招标人依法组建的评标委员会负责。依法必须进行招标的项目，其评标委员会由招标人的代表和有关技术、经济等方面的专家组成，成员人数为五人以上单数，其中技术、经济等方面的专家不得少于成员总数的三分之二。

评标专家应当从事相关领域工作满八年并具有高级职称或者具有同等专业水平，由招标人从国务院有关部门或者省、自治区、直辖市人民政府有关部门提供的专家名册或者招标代理机构的专家库内的相关专业的专家名单中确定；一般招标项目可以采取随机抽取方式，特殊招标项目可以由招标人直接确定。与投标人有利害关系的人不得进入相关项目的评标委员会；已经进入的应当更换。评标委员会成员的名单在中标结果确定前应当保密。

《招标投标法实施条例》规定，依法必须进行招标的项目，其评标委员会的专家成员应当从评标专家库内相关专业的专家名单中以随机抽取方式确定。任何单位和个人不得以明示、暗示等任何方式指定或者变相指定参加评标委员会的专家成员。

依法必须进行招标的项目的招标人非因招标投标法和招标投标法实施条例规定的事由，不得更换依法确定的评标委员会成员。更换评标委员会的专家成员应当依照规定进行。评标委员会成员与投标人有利害关系的，应当主动回避。

有关行政监督部门应当按照规定的职责分工，对评标委员会成员的确定方式、评标专家的抽取和评标活动进行监督。行政监督部门的工作人员不得担任本部门负责监督项目的评标委员会成员。

《评标委员会和评标方法暂行规定》规定，评标专家应符合下列条件：①从事相关专业领域工作满八年并具有高级职称或者同等专业水平；②熟悉有关招标投标的法律法规，并具有与招标项目相关的实践经验；③能够认真、公正、诚实、廉洁地履行职责。

有下列情形之一的，不得担任评标委员会成员：①投标人或者投标人主要负责人的近亲属；②项目主管部门或者行政监督部门的人员；③与投标人有经济利益关系，可能影响对投标公正评审的；④曾因在招标、评标以及其他与招标投标有关活动中从事违法行为而受过行政处罚或刑事处罚的。

（二）评标要求

评标委员会成员应当遵守职业道德，依照《招标投标法》和《招标投标法实施条例》的规定，按照招标文件规定的评标标准和方法，客观、公正地对投标文件提出评审意见。招标文件没有规定的评标标准和方法不得作为评标的依据。

评标委员会成员应当对所提出的评审意见承担个人责任。评标委员会成员不得与任何投标人或者与招标结果有利害关系的人进行私下接触，不得收受投标人、中介人、其他利害关系人的财物或者其他好处，不得向招标人征询其确定中标人的意向，不得接受任何单位或者个人明示或者暗示提出的倾向或者排斥特定投标人的要求，不得有其他不客观、不公正履行职务的行为。

招标项目设有标底的，招标人应当在开标时公布。标底只能作为评标的参考，不得以投标报价是否接近标底作为中标条件，也不得以投标报价超过标底上下浮动范围作为否决投标的条件。

（三）评标准备

招标人应当采取必要的措施，保证评标在严格保密的情况下进行。任何单位和个人不得非法干预、影响评标的过程和结果。

评标委员会成员应当编制供评标使用的相应表格，认真研究招标文件，至少应了解和熟悉以下内容：①招标的目标；②招标项目的范围和性质；③招标文件中规定的主要技术要求、标准和商务条款；④招标文件规定的评标标准、评标方法和在评标过程中考虑的相关因素。

招标人或者其委托的招标代理机构应当向评标委员会提供评标所需的重要信息和数据，但不得带有明示或者暗示倾向或者排斥特定投标人的信息。

（四）初步评审

初步评审，是从所有的投标文件中筛选出符合最低要求的合格投标文件，剔除所有无效投标文件和严重违反规定的投标文件的评审活动。初步评审的目的主要是减少详细评审的工作量。

工程施工招标项目初步评审分为形式评审、资格评审和响应性评审，分别是对投标文件的外在形式、投标资格、投标文件是否响应招标文件实质性要求进行评审。

评标委员会应当按照投标报价的高低或者招标文件规定的其他方法对投标文件排序。以多种货币报价的，应当按照中国银行在开标日公布的汇率中间价换算成人民币。招标文件应当对汇率标准和汇率风险作出规定。未作规定的，汇率风险由投标人承担。

评标委员会可以书面方式要求投标人对投标文件中含义不明确、对同类问题表述不一致或者有明显文字和计算错误的内容作必要的澄清、说明或者补正。澄清、说明或者补正应以书面方式进行并不得超出投标文件的范围或者改变投标文件的实质性内容。

投标文件中的大写金额和小写金额不一致的，以大写金额为准；总价金额与单价金额不一致的，以单价金额为准，但单价金额小数点有明显错误的除外；对不同文字文本投标文件的解释发生异议的，以中文文本为准。

评标委员会应当审查每一投标文件是否对招标文件提出的所有实质性要求和条件作出响应。未能在实质上响应的投标，应当予以否决。

经过初步评审，否决投标的情形：

（1）在评标过程中，评标委员会发现投标人以他人的名义投标、串通投标、以行贿手段谋取中标或者以其他弄虚作假方式投标的，应当否决该投标人的投标。

（2）在评标过程中，评标委员会发现投标人的报价明显低于其他投标报价或者在设有标底时明显低于标底，使得其投标报价可能低于其个别成本的，应当要求该投标人作出书面说明并提供相关证明材料。投标人不能合理说明或者不能提供相关证明材料的，由评标委员会认定该投标人以低于成本报价竞标，应当否决其投标。

（3）投标人资格条件不符合国家有关规定和招标文件要求的，或者拒不按照要求对投标文件进行澄清、说明或者补正的，评标委员会可以否决其投标。

（4）投标文件存在重大偏差，未能在实质上响应的投标，应当予以否决。《评标委员会和评标方法暂行规定》规定，下列情况属于重大偏差：①没有按照招标文件要求提供投标担保或者所提供的投标担保有瑕疵；②投标文件没有投标人授权代表签字和加盖公章；③投标文件载明的招标项目完成期限超过招标文件规定的期限；④明显不符合技术规格、技术标准的要求；⑤投标文件载明的货物包装方式、检验标准和方法等不符合招标文件的要求；⑥投标文件附有招标人不能接受的条件；⑦不符合招标文件中规定的其他实质性要求。

细微偏差不影响投标文件的有效性。细微偏差是指投标文件在实质上响应招标文件要求，但在个别地方存在漏项或者提供了不完整的技术信息和数据等情况，并且补正这些遗漏或者不完整不会对其他投标人造成不公平的结果。评标委员会应当书面要求存在细微偏差的投标人在评标结束前予以补正。拒不补正的，在详细评审时可以对细微偏差作不利于该投标人的量化，量化标准应当在招标文件中规定。

**（五）详细评审**

详细评审，是指评标委员会根据招标文件确定的评标标准和方法，对初步评审合格的投标文件的技术部分、商务部分作进一步的评审和比较，以确定投标文件竞争性的评审活动。

详细评审通常分为两个部分：技术标评审和商务标评审。评标方法包括经评审的最低投标标价法、综合评估法或者法律、行政法规允许的其他评价方法。

（1）经评审的最低投标价法，一般适用于具有通用技术、性能标准或者招标人对其技术、性能没有特殊要求的招标项目。根据经评审的最低投标价法，能够满足招标文件的实质性要求，并且经评审的最低投标价的投标，应当推荐为中标候选人。

采用经评审的最低投标价法的，评标委员会应当根据招标文件中规定的评标价格调整方法，以所有投标人的投标报价以及投标文件的商务部分作必要的价格调整。中标人的投标应当符合招标文件规定的技术要求和标准，但评标委员会无需对投标文件的技术部分进行价格折算。根据经评审的最低投标价法完成详细评审后，评标委员会应当拟定一份"标价比较表"，连同书面评标报告提交招标人。"标价比较表"应当载明投标人的投标报价、对商务偏差的价格调整和说明以及经评审的最终投标价。

（2）不宜采用经评审的最低投标价法的招标项目，一般应当采取综合评估法进行评审。根据综合评估法，最大限度地满足招标文件中规定的各项综合评价标准的投标，应当推荐为中标候选人。

衡量投标文件是否最大限度地满足招标文件中规定的各项评价标准，可以采取折算为货币的方法、打分的方法或者其他方法。需量化的因素及其权重应当在招标文件中明确规定。评标委员会对各个评审因素进行量化时，应当将量化指标建立在同一基础或者同一标准上，使各投标文件具有可比性。对技术部分和商务部分进行量化后，评标委员会应当对这两部分的量化结果进行加权，计算出每一投标的综合评估价或者综合评估分。根据综合评估法完成评标后，评标委员会应当拟定一份"综合评估比较表"，连同书面评标报告提交招标人。"综合评估比较表"应当载明投标人的投标报价、所作的任何修正、对商务偏差的调整、对技术偏差的调整、对各评审因素的评估以及对每一投标的最终评审结果。

《招标投标法实施条例》还规定，有下列情形之一的，评标委员会应当否决其投标：①投标文件未经投标单位盖章和单位负责人签字；②投标联合体没有提交共同投标协议；③投标人不符合国家或者招标文件规定的资格条件；④同一投标人提交两个以上不同的投标文件或者投标报价，但招标文件要求提交备选投标的除外；⑤投标报价低于成本或者高于招标文件设定的最高投标限价；⑥投标文件没有对招标文件的实质性要求和条件作出响应；⑦投标人有串通投标、弄虚作假、行贿等违法行为。

评标和定标应当在投标有效期内完成。不能在投标有效期内完成评标和定标的，招标人应当通知所有投标人延长投标有效期。拒绝延长投标有效期的投标人有权收回投标保证金。同意延长投标有效期的投标人应当相应延长其投标担保的有效期，但不得修改投标文件的实质性内容。因延长投标有效期造成投标人损失的，招标人应当给予补偿，但因不可抗力需延长投标有效期的除外。

### （六）评标结果

评标结束后，评标委员会应向投标人提交书面评标报告，评标报告应包括评标情况说明、对各个合格投标书的评价、经评审得到的投标人排序、废标情况说明、推荐合格的中标候选人等内容。评标报告应当由评标委员会全体成员签字。对评标结果有不同意见的评标委员会成员应当以书面形式说明其不同意见和理由，评标报告应当注明该不同意见。评标委员会成员拒绝在评标报告上签字又不书面说明其不同意见和理由的，视为同意评标结果。

评标报告结果主要分三种情形：①推荐中标候选人。评标委员会应当向招标人提交书面评标报告和中标候选人名单。中标候选人应当不超过3个，并标明排序。②直接确定中标人。在得到招标人授权的情况下，评标委员会可在评标报告中直接确定中标人。③否决所有投标人。评标委员会经评审，认为所有投标都不符合招标文件要求的，可以否决所有投标。依法必须进行招标的项目的所有投标被否决的，招标人应当依法重新招标。

## 三、定标

### （一）确定中标人

《招标投标法实施条例》规定，依法必须进行招标的项目，招标人应当自收到评标报告之日起3日内公示中标候选人，公示期不得少于3日。投标人或者其他利害关系人对依法必须进行招标的项目的评标结果有异议的，应当在中标候选人公示期间提出。招标人应当自收到异议之日起3日内作出答复；作出答复前，应当暂停招标投标活动。

国有资金占控股或者主导地位的依法必须进行招标的项目，招标人应当确定排名第一的中标候选人为中标人。排名第一的中标候选人放弃中标、因不可抗力不能履行合同、不按照招标文件要求提交履约保证金，或者被查实存在影响中标结果的违法行为等情形，不符合中标条件的，招标人可以按照评标委员会提出的中标候选人名单排序依次确定其他中标候选人为中标人，也可以重新招标。

中标候选人的经营、财务状况发生较大变化或者存在违法行为，招标人认为可能影响其履约能力的，应当在发出中标通知书前由原评标委员会按照招标文件规定的标准和方法审查确认。

### （二）发中标通知书

《招标投标法》规定，中标人确定后，招标人应当向中标人发出中标通知书，并同时将中标结果通知所有未中标的投标人。中标通知书对招标人和中标人具有法律效力。中标通知书发出后，招标人改变中标结果的，或者中标人放弃中标项目的，应当依法承担法律责任。

依法必须进行招标的项目，招标人应当自确定中标人之日起十五日内，向有关行政监督部门提交招标投标情况的书面报告。

### （三）签订书面合同

《招标投标法》及《招标投标法实施条例》规定，招标人和中标人应当自中标通知书发出之日起30天内，按照招标文件和中标人的投标文件订立书面合同。合同的标的、价款、质量、履行期限等主要条款应当与招标文件和中标人的投标文件的内容一致。招标人和中标人不得再行订立背离合同实质性内容的其他协议。

招标人最迟应当在书面合同签订后5日内向中标人和未中标的投标人退还投标保证金及银行同期存款利息。

### （四）履行合同及法定义务

招标文件要求中标人提交履约保证金的，中标人应当按照招标文件的要求提交。履约保证金不得超过中标合同金额的10%。

中标人应当按照合同约定履行义务，完成中标项目。中标人不得向他人转让中标项目，也不得将中标项目肢解后分别向他人转让。

中标人按照合同约定或者经招标人同意，可以将中标项目的部分非主体、非关键性工作分包给他人完成。接受分包的人应当具备相应的资格条件，并不得再次分包。中标人应当就分包项目向招标人负责，接受分包的人就分包项目承担连带责任。

### （五）投诉及处理

投标人或者其他利害关系人认为招标投标活动不符合法律、行政法规规定的，可以自知道或者应当知道之日起10日内向有关行政监督部门投诉。投诉应当有明确的请求和必要的证明材料。

投诉人就同一事项向两个以上有权受理的行政监督部门投诉的，由最先收到投诉的行政监督部门负责处理。行政监督部门应当自收到投诉之日起3个工作日内决定是否受理投诉，并自受理投诉之日起30个工作日内作出书面处理决定；需要检验、检测、鉴定、专家评审的，所需时间不计算在内。投诉人捏造事实、伪造材料或者以非法手段取得证明材料进行投诉的，行政监督部门应当予以驳回。

行政监督部门处理投诉，有权查阅、复制有关文件、资料，调查有关情况，相关单位和人员应当予以配合。必要时，行政监督部门可以责令暂停招标投标活动。

## 四、违反招标投标规定的法律责任

根据《招标投标法》的规定，招投标活动的参与各方违反《招标投标法》的相关规定，应当承担相应法律责任。

（1）必须进行招标的项目而不招标的，将必须进行招标的项目化整为零或者以其他任何方式规避招标的，责令限期改正，可以处项目合同金额千分之五以上千分之十以下的罚款；对全部或者部分使用国有资金的项目，可以暂停项目执行或者暂停资金拨付；对单位直接负责的主管人员和其他直接责任人员依法给予处分。

（2）招标代理机构违反本法规定，泄露应当保密的与招标投标活动有关的情况和资料的，或者与招标人、投标人串通损害国家利益、社会公共利益或者他人合法权益的，处五万元以上二十五万元以下的罚款，对单位直接负责的主管人员和其他直接责任人员处单位罚款数额百分之五以上百分之十以下的罚款；有违法所得的，并处没收违法所得；情节严重的，禁止其一年至二年内代理依法必须进行招标的项目并予以公告，直至由工商行政管理机关吊销营业执照；构成犯罪的，依法追究刑事责任。给他人造成损失的，依法承担赔偿责任。影响中标结果的，中标无效。

（3）招标人以不合理的条件限制或者排斥潜在投标人的，对潜在投标人实行歧视待遇的，强制要求投标人组成联合体共同投标的，或者限制投标人之间竞争的，责令改正，可以处一万元以上五万元以下的罚款。

（3）依法必须进行招标的项目的招标人向他人透露已获取招标文件的潜在投标人的名称、数量或者可能影响公平竞争的有关招标投标的其他情况的，或者泄露标底的，给予警告，可以并处一万元以上十万元以下的罚款；对单位直接负责的主管人员和其他直接责任人员依法给予处分；构成犯罪的，依法追究刑事责任。影响中标结果的，中标无效。

（4）投标人相互串通投标或者与招标人串通投标的，投标人以向招标人或者评标委员会成员行贿的手段谋取中标的，中标无效，处中标项目金额千分之五以上千分之十以下的罚款，对单位直接负责的主管人员和其他直接责任人员处单位罚款数额百分之五以上百分之十以下的罚款；有违法所得的，并处没收违法所得；情节严重的，取消其一年至二年内参加依法必须进行招标的项目的投标资格并予以公告，直至由工商行政管理机关吊销营业执照；构成犯罪的，依法追究刑事责任。给他人造成损失的，依法承担赔偿责任。

（5）投标人以他人名义投标或者以其他方式弄虚作假，骗取中标的，中标无效，给招标人造成损失的，依法承担赔偿责任；构成犯罪的，依法追究刑事责任。依法必须进行招标的项目的投标人有前款所列行为尚未构成犯罪的，处中标项目金额千分之五以上千分之十以下的罚款，对单位直接负责的主管人员和其他直接责任人员处单位罚款数额百分之五以上百分之十以下的罚款；有违法所得的，并处没收违法所得；情节严重的，取消其一年至三年内参加依法必须进行招标的项目的投标资格并予以公告，直至由工商行政管理机关吊销营业执照。

（6）依法必须进行招标的项目，招标人与投标人就投标价格、投标方案等实质性内容进行谈判的，给予警告，对单位直接负责的主管人员和其他直接责任人员依法给予处分。影响中标结果的，中标无效。

（7）评标委员会成员收受投标人的财物或者其他好处的，评标委员会成员或者参加评标的有关工作人员向他人透露对投标文件的评审和比较、中标候选人的推荐以及与评标有关的其他情况的，给予警告，没收收受的财物，可以并处三千元以上五万元以下的罚款，对有所列违法行为的评标委员会成员取消担任评标委员会成员的资格，不得再参加任何依法必须进行招标的项目的评标；构成犯罪的，依法追究刑事责任。

（8）招标人在评标委员会依法推荐的中标候选人以外确定中标人的，依法必须进行招标的项目在所有投标被评标委员会否决后自行确定中标人的，中标无效。责令改正，可以处中标项目金额千分之五以上千分之十以下的罚款；对单位直接负责的主管人员和其他直接责任人员依法给予处分。

（9）中标人将中标项目转让给他人的，将中标项目肢解后分别转让给他人的，违反本法规定将中标项目的部分主体、关键性工作分包给他人的，或者分包人再次分包的，转让、分包无效，处转让、分包项目金额千分之五以上千分之十以下的罚款；有违法所得的，并处没收违法所得；可以责令停业整顿；情节严重的，由工商行政管理机关吊销营业执照。

（10）招标人与中标人不按照招标文件和中标人的投标文件订立合同的，或者招标人、中标人订立背离合同实质性内容的协议的，责令改正；可以处中标项目金额千分之五以上千分之十以下的罚款。

（11）中标人不履行与招标人订立的合同的，履约保证金不予退还，给招标人造成的损失超过履约保证金数额的，还应当对超过部分予以赔偿；没有提交履约保证金的，应当对招标人的损失承担赔偿责任。中标人不按照与招标人订立的合同履行义务，情节严重的，取消其二年至五年内参加依法必须进行招标的项目的投标资格并予以公告，直至由工商行政管理机关吊销营业执照。因不可抗力不能履行合同的除外。

（12）任何单位、个人违反规定，限制或者排斥本地区、本系统以外的法人或者其他组织参加投标的，为招标人指定招标代理机构的，强制招标人委托招标代理机构办理招标事宜的，或者以其他方式干涉招标投标活动的，责令改正；对单位直接负责的主管人员和其他直接责任人员依法给予警告、记过、记大过的处分，情节较重的，依法给予降级、撤职、开除的处分。对招标投标活动依法负有行政监督职责的国家机关工作人员徇私舞弊、滥用职权或者玩忽职守，构成犯罪的，依法追究刑事责任；不构成犯罪的，依法给予行政处分。

**【阅读案例】串通投标案**

被告人陈某某、李某某，系工程项目经理；被告人张某某、施某某等人，系职业串标"黄牛"。

被告人陈某某、李某某等人长期在浙江绍兴地区从事建设工程施工。2020年3月至2020年12月期间，陈某某、李某某等人在投标时同时挂靠多家资信分高的公司进行"围标"，以梯队设置下浮率方式错开报价，确保商务标获得高分，再通过张某某、施某某等串标"黄牛"联络、贿赂评标专家，获得技术标高分，以确保成功中标。经查，陈某某、李某某等人通过上述方式中标浙江绍兴地区重大建设工程项目10个，中标金额累计达81亿余元。

被告人张某某、施某某等人经各级"黄牛"层层单线联系，向"黑客"廖某某（另案处理）购得其通过非法入侵浙江省综合性评标专家库获取的项目评标专家姓名、联系方式、工作单位等信息。其后，张某某、施某某贿赂收买评标专家叶某某、薛某某（另案处理）等人为陈某某、李某某等人挂靠的多家投标单位打高分。中标后，陈某某、李某某将约1%项目中标金额的"好处费"给予参与的各级"黄牛"。张某某、施某某等串标"黄牛"分别获取好处费人民币50万元至400万元不等。

2021年6月18日，浙江省诸暨市公安局以被告人陈某某、李某某等15人涉嫌串通投标罪、对非国家工作人员行贿罪、侵犯公民个人信息罪移送检察机关审查起诉。2021年9月30日，诸暨市检察院对陈某某、李某某、张某某、施某某等人以串通投标罪、对非国家工作人员行贿罪、侵犯公民个人信息罪提起公诉。2022年7月7日，诸暨市人民法院以串通投标罪、对非国家工作人员行贿罪、侵犯公民个人信息罪判处被告人陈某某、李某某、张某某、施某某等人有期徒刑八个月至八年三个月，并处罚金二十万元至九百五十五万元不等刑罚。一审判决后，被告人陈某某、施某某等人提出上诉，绍兴市中级人民法院裁定驳回上诉，维持原判。

# 第四章

# 建设工程合同法律制度

**教学目的与要求：**
1. 熟悉合同的概念、特征、分类；
2. 掌握合同订立规则、合同效力、合同履行、违约责任；
3. 掌握建设工程合同、买卖合同等规定；
4. 了解建设工程合同司法解释的规定。

**教学重点与难点：**
1. 合同概念、合同分类；
2. 合同订立规则、合同效力、合同履行、违约责任；
3. 建设工程合同司法解释。

**教学方法和手段：**
1. PPT 教学模式；
2. 引入案例。

**教学内容与设计：**
1. 案例导入；
2. 穿插课堂提问、讨论、案例、小作业等；
3. 注重启发式教学手段的运用，加强与学生的互动。

## 【内容导读】

合同是法治社会背景下市场经济交易的重要法律手段和载体。工程建设中的勘察、设计、施工、监理、原材料及设备采购等任务，均需通过签订、履行相关合同来完成。合同作为工程参与各方之间的纽带，贯穿工程建设的始终。本章主要介绍了合同概念、合同订立、合同效力、合同履行、违约责任及建设工程合同等内容，通过学习，有助于提升工程从业人员处理工程合同事务、防范法律风险的素质和能力。

# 第一节　合同制度概述

## 一、合同的概念与特征

### （一）合同的概念

合同是适应商品经济的客观要求而出现的，是商品交换在法律上的表现形式。商品生产出来后，为了交换的安全和信誉，人们在长期的交换实践中逐渐形成了许多关于交换的习惯和仪式。这些商品交换的习惯和仪式便逐渐成为调整商品交换的一般规则。随着私有制的确立和国家的产生，把有利于商品交换的习惯和规则用法律形式加以规定，并以国家强制力保障实行。商品交换的合同法律形成便应运而生。

《民法典》第464条规定，合同是民事主体之间设立、变更、终止民事法律关系的协议。婚姻、收养、监护等有关身份关系的协议，适用有关该身份关系的法律规定；没有规定的，可以根据其性质参照适用民法典合同编的规定。

学理上合同有广义、中义和狭义之分。广义合同包括民法中的民事合同、行政法中的行政合同和劳动法中的劳动合同等。中义合同指民事合同，包括财产合同、身份合同，财产合同又分为债权合同、物权合同、准物权合同等。狭义上的合同指债权合同。民法典合同编调整的主要是狭义上的合同，即债权合同。

### （二）合同的特征

（1）合同是一种民事法律行为。法律行为是法律事实的一种。法律事实是能够引起权利义务关系发生、变更或消灭的自然事件或人的行为。法律事实既可以是人的行为，比如合同行为、遗嘱行为等，也可以是与人无关的事件，如建筑物的坍塌等。民法上关于民事法律行为的一般规定，如民事法律行为的有效要件、民事法律行为的无效和撤销的规定等都可适用于合同。

（2）合同以设立、变更和终止民事权利义务关系为目的。任何民事法律行为都有其特定的目的，合同的目的就在于设立、变更和终止民事权利义务关系。所谓设立民事权利义务关系，是指合同依法成立后，即在当事人之间原始地发生一定的民事权利义务关系；所谓变更民事权利义务关系，是指当事人通过成立合同，使他们之间原有的民事权利义务关系发生变化，形成新的民事权利义务关系；所谓终止民事权利义务关系，是指当事人通过成立合同，使他们之间原有的民事权利义务关系消灭。

（3）合同是当事人之间的意思表示一致的协议。所谓意思表示，是行为人将其希望发生某种法律效果的内心意愿以一定的方式表达于外部的行为。意思表示一致又叫合意，指当事人各方作出的意思表示在内容上相互吻合。合意是合同成立的一个标志。比如：甲要卖给乙一头牛，乙以为甲要把这头牛送给他，就到甲的牛棚里把牛牵回了家，双方发生了争议。显然双方未成立合同，不是因重大误解成立的合同。两个表示意思没有取得一致，也就是说，没有达成合意，这个合同没有成立。

（4）合同是商品交换的法律形式。商品交换是通过建立债的关系来实现的，所以说，合同是商品交换的法律形式。从交换的角度看，合同是当事人通过自己的意志建立起来的交易关系。有偿合同就是一个交易关系。当然，无偿合同不是交易关系。合同法实际上也是市场交易法。

## 二、合同的分类

### （一）双务合同和单务合同

依双方当事人是否互负义务，合同可分为双务合同和单务合同。

双务合同是当事人双方互负义务的合同，当事人双方相互承担对待给付义务。如买卖合同、租赁合同、有偿保管合同等。在双务合同中，当事人双方均承担合同义务，并且双方的义务具有对应关系，一方的义务就是对方的权利。因此，从另一个角度来看，双务合同就是当事人双方互享债权的合同。双务合同是合同的主要形态，合同法上规定的合同多数是双务合同。

单务合同是指只有一方当事人承担给付义务的合同。如赠与合同、借用合同。在单务合同中，当事人双方不存在对待给付义务，一方仅承担义务而不享有权利，另一方则相反。

### （二）有偿合同和无偿合同

根据当事人取得权利有无代价（对价），可以将合同区分为有偿合同和无偿合同。

有偿合同，是指当事人一方享有合同规定的权益，需向对方当事人偿付相应代价的合同。有偿合同是商品交换最典型的法律形式，实践中常见的买卖、租赁、运输、承揽、建设工程等合同都是有偿合同。

无偿合同是指当事人一方向对方给予某种利益，对方取得该利益时不支付任何代价的合同。无偿合同不是典型的交易形式，实践中主要有赠与合同、无偿借用合同、无偿保管合同。

法律一般把有偿合同规定为诺成合同，因为双方都承担义务，所以，双方两个诺言取得一致的情况下，双务合同成立并生效。在一般情况下，双务合同除了要经过批准、登记的以外，成立时生效。而无偿合同，因为一方要付出财产或者劳务却没有获得对价，因此，法律在一般情况下，把无偿合同规定为实践合同，或者规定为有任意撤销权的诺成合同。其意义在于给无偿付出的一方以反悔权，以鼓励人们的无偿行为、助人行为。对于实践合同，当事人交付标的物或者开始履行的时候，才开始成立或者生效。无偿合同的债务人（付出财产、劳务的一方）可以通过不交付标的物、不履行合同行使反悔权。对于有任意撤销权的诺成合同（如赠与合同），赠与人（债务人）的反悔权是通过通知对方撤销来体现的，在赠与的财产权利转移之前，赠与人可以任意撤销赠与合同。

对于有偿合同来讲，因为存在着对价关系，当事人所承担的注意义务相对来讲比较重。如有偿保管合同的保管人因其过失造成保管物灭失的应负全部赔偿责任。而对于无偿合同，因为没有获得对价，因此，债务人原则上只承担较低程度的注意义务，无偿合同的债务人轻过失免责。如在无偿保管合同中，保管人因其过失造成保管物灭失的，应酌情减轻责任。

### （三）要式合同和不要式合同

以合同的成立是否需采取特定的形式或程序为标准，合同可分为要式合同和不要式合同。

所谓要式合同，是指法律规定合同具备特定的形式才能成立或生效的合同。要式这个"要"字是指要件，缺了它不行。比如，支票或者其他票据，上边的格式是中国人民银行规定的，这种格式不能改变，否则就取不出钱，格式是个要件，是不允许变的。书面形式的合同不等于绝对要式合同，因为法律规定要采用书面形式的当事人没有采用，合同照样可以生效。比如，一方履行，另一方受领，行为可以排除法定的书面形式。也就是说，对于合同法规定的书面形式，它不是绝对要件，可以通过行为排除。

不要式合同是指法律不要求采取特定形式或程序就可以成立或生效的合同。根据合同自由原则，当事人有权选择合同的形式，故合同以不要式为常态，但对于一些重要的交易，如不动产的买卖，法律常规定当事人应当采取特定的形式订立合同。

要式合同和不要式合同区分的意义在于：二者成立、生效要件不同。如果为要式合同，则只有在符合法律规定或当事人约定的特别形式或程序时，合同才能成立或生效；如果是不要式合同，则只要符合合同的一般成立或生效要件，合同就能成立或生效。

### （四）有名合同和无名合同

根据法律是否赋予特定名称并设有规范，合同可分为有名合同和无名合同。

有名合同，又称为典型合同，是指法律对某类合同赋予名称并为其设定具体规范的合同。我国《民法典》合同编规定的十九类合同就是有名合同。

无名合同，又称为非典型合同，是指法律尚未确立一定的名称和具体规则，由当事人自由创立的合同。

根据合同自由规则，在不违反强行法及公序良俗的前提下，允许当事人订立任何内容的合同。因此，当事人订立法律未规定的非典型合同是允许的。同时，社会的发展和交易关系的日益复杂，无名合同也是社会现实的需要。无名合同经过一定的发展阶段，法律适时地加以规范，就转化为有名合同。

有名合同和无名合同分类的意义主要在于两者适用的法律规则不同。有名合同应直接适用《民法典》的规定。对无名合同首先应当适用合同法的一般规则，若无名合同涉及其他有名合同的内容，应当比照类似的有名合同规则，参照合同的目的及当事人的意思加以处理。《民法典》第467条第一款规定："本法或者其他法律没有明文规定的合同，适用本编通则的规定，并可以参照适用本编或者其他法律最相类似合同的规定。"《民法典》第468条规定："非因合同产生的债权债务关系，适用有关该债权债务关系的法律规定；没有规定的，适用本编通则的有关规定，但是根据其性质不能适用的除外。"

### （五）束己合同和涉他合同

根据订约人是否仅为自己设定权利义务为标准，可分为束己合同和涉他合同。

束己合同是指严格遵循合同相对性原则，当事人为自己设定并承受权利义务，第三人不能向合同当事人主张权利，当事人也不得向第三人主张权利的合同。束己合同是合同的常态。

涉他合同是指突破了合同的相对性原则，合同当事人在合同中为第三人设定了权利或约定了义务的合同。狭义的涉他合同又可以分为两种：一是为第三人设定债权的合同；二是为第三人设定债务的合同。为第三人设定债权的合同叫为第三人利益的合同，如人身保险合同，可以以第三人为受益人；为第三人设定债务的合同叫由第三人履行的合同，要经第三人同意，否则第三人不承担债务。原理是，当事人可以为自己设定债务，不能为第三人设定债务。

束己合同和涉他合同两者的缔约目的和效力范围不同，从而当事人的权利和责任不同。束己合同是为缔约当事人自己设定权利义务，涉他合同是为第三人设定权利或义务。束己合同对缔约当事人有约束力，涉他合同对第三人不能当然地有约束力。涉他合同对合同的相对性原则有所突破，但不能完全背离这一原则，因第三人原因而发生违约的情形下，仍由债务人向债权人承担违约责任，债务人和第三人之间的关系则另案处理。

### （六）格式合同和非格式合同

以合同中是否存在格式条款为标准，合同可分为格式合同和非格式合同。

格式合同是以格式条款为基础的合同。"格式条款"是当事人为了重复使用而预先拟定，并在订立合同时未与对方协商的条款。格式条款的运用，可以降低交易成本。格式合同中也可能存在非格式条款，格式合同中经常有一些空白条款由当事人填写，如保险合同就是如此。当事人填写的条款就是非格式条款。《民法典》第 496 条规定："采用格式条款订立合同的，提供格式条款的一方应当遵循公平原则确定当事人之间的权利和义务，并采取合理的方式提示对方注意免除或者减轻其责任等与对方有重大利害关系的条款，按照对方的要求，对该条款予以说明。"

法律对格式条款有三个特别规定：

（1）提供格式条款的一方应该按照公平原则来确定当事人的权利与义务。因为格式条款是一方当事人事先拟定、事先设计的，而且相对人不能更改（如飞机票上的格式条款），相对人的合同自由受到了限制。这样，法律要求格式条款提供人按照公平原则来设计合同的条款。

（2）提供格式条款的一方有提示义务。所谓提示义务，就是格式条款制作人对于免责条款要向相对人提示，使对方注意到免责条款。免责条款是免除或者限制自己责任的条款。在格式合同中，提供格式合同的一方往往规定免除或者限制自己本应负的义务或责任，实际上就是对消费者权利的一种限制或剥夺。所以，提供格式合同的当事人应当提请消费者注意此类条款，而且提请注意应当采取合理的方式。对因老、弱、病、残而认知事物受到影响的人要尽特殊提示义务，要求格式合同提供人明确地向对方指出免责条款。

（3）说明义务。提供格式条款的当事人应当按照对方要求说明免除或者限制责任的条款。《民法典》规定：有下列情形之一的，该格式条款无效：①具有本法第一编第六章第三节和本法第五百零六条规定的无效情形；②提供格式条款一方不合理地免除或者减轻其责任、加重对方责任、限制对方主要权利；③提供格式条款一方排除对方主要权利。提供格式条款的一方未履行提示或者说明义务，致使对方没有注意或者理解与其有重大利害关系的条款的，对方可以主张该条款不成为合同的内容。

对格式条款的理解发生争议的，应当按照通常理解予以解释。对格式条款有两种以上解释的，应当作出不利于提供格式条款一方的解释。格式条款和非格式条款不一致的，应当采用非格式条款。

区分格式合同和非格式合同的意义在于：格式合同具有不同于非格式合同的特别规制制度和解释原则，以保护非格式条款提供方的权利，体现"契约正义"原则。原因在于格式合同具有手续简便、节省交易费用和时间等优点，但是还存在一定的弊端。如免除或限制条款提供者的责任、加重合同相对人的责任、限制或剥夺相对人的权利行使、不合理分配合同风险等。

(七) 诺成合同和实践合同

从合同的成立是否以交付标的物为要件，可把合同分为诺成合同和实践合同。

所谓诺成合同，是指缔约当事人双方意思表示一致为充分成立条件，不依赖于标的物的交付的合同。即一旦当事人双方意思表示一致，合同即告成立。如买卖合同、承揽合同、委托合同等。

实践合同，又称要物合同，是指除当事人意思表示一致外尚需交付标的物或完成其他给付才能成立的合同。在这种合同中，仅有当事人的合意，合同尚不能成立，还必须有一方实际交付标的物或者为其他给付，合同关系才能成立。如保管合同、借用合同。

实践中，大多数合同为诺成合同，实践合同只限于法律规定的少数合同，如保管合同、自然人之间的借款合同。

区分诺成合同与实践合同的意义：第一，二者成立的要件不同。诺成合同自当事人意思表示一致时即告成立，不以交付标的物或完成其他给付为成立要件；而实践合同除需当事人达成合意外，尚需交付标的物或者为其他给付，合同关系才能成立。第二，交付标的物的意义不同。在诺成合同，交付标的物或者为其他给付是当事人的合同义务，违反该义务就产生违约责任；而在实践合同，交付标的物或者为其他给付是先合同义务，违反该义务不产生违约责任，可构成缔约过失责任。

(八) 一时性合同和持续性合同

根据合同所确定的给付形态，可以把合同分为一时性合同和持续性合同。

所谓一时性合同，是指债务因一次给付即履行完毕的合同。如买卖合同、赠与合同、承揽合同等。值得注意的是，分期交付合同只要其总给付自始确定，分期给付的时间因素对给付的内容和范围不发生影响时，仍属一时性合同，只是在给付方面，债务人的履行方式可以分期给付而已。

所谓持续性合同，是指合同的内容非一次给付，而是须经持续的给付才能履行完毕的合同。如租赁合同、委托合同、供电合同等。持续性合同的特点在于，时间因素在合同履行上居于重要地位，总给付的内容取决于应为给付时间的长短。

持续性合同不同于分期交付合同，前者自始没有一个确定的总给付，在一定时间提出的给付不是总给付的部分，而是履行当时所付的债务。后者自始有一个确定的总给付，只是分期履行而已，每期给付皆为总给付的一部分。

持续性合同债务不履行一般发生合同终止效果，且应向将来发生效力，一般不具有溯及既往的效力；而一时性合同不履行时，合同可因违约而解除，具有溯及既往的效力。

### （九）主合同和从合同

根据合同相互间的主从关系，可以把合同分成主合同和从合同。

这种分类方法与上述的分类方法不同。上述分类的合同，均可以独立存在。如诺成合同与实践合同可以各自独立存在。而主合同与从合同不能各自独立存在，因为只有两个合同结合在一起，才有主从之分。没有主合同，就没有从合同，反之亦然。

在关联合同中，不依赖其他合同的存在即可独立存在的合同叫主合同。在关联合同中，以其他合同的存在为前提而存在的合同叫从合同。如借款合同与保证合同（抵押合同）间，前者为主合同，后者为从合同。

主合同与从合同区分的主要意义在于两者在效力上的关联性和从合同的从属性，主合同的效力决定了从合同的效力。从合同不能独立存在，必须以主合同的成立为其成立和生效的前提；主合同转让，从合同不能单独存在；主合同终止，从合同也随之终止。主合同无效，从合同也无效，当事人另有约定的除外。也就是说，主、从合同具有效力上的从属关系。

### （十）确定合同和射幸合同

根据合同的效果在缔约时是否确定为标准，合同可以分为确定合同和射幸合同。

确定合同，又称实定合同，是指合同的法律效果在缔约时已经确定的合同。大多数合同都属于确定合同。

射幸合同，是指合同的法律效果在缔约时尚未确定的合同。该类合同的特点在于合同订立时，法律效果是否发生取决于偶然事件的出现。保险合同、博彩合同是典型的射幸合同。

区分确定合同和射幸合同的意义在于，确定合同一般要求等价有偿，若不等价则可能被撤销乃至无效；射幸合同一般不从等价与否的角度衡量其是否公平，法律往往从维护公序良俗出发，对其种类、效力等加以限制，只有在法律许可的场合或领域才可订立射幸合同。

## 三、合同法的基本原则

合同法律是关于市场交易规则的法律，不仅与经营者的经营活动密切相关，也与人民群众的生活密切相关。在我国，合同法是调整平等主体之间的交易关系的法律，它主要规定合同的订立、合同的效力、合同的履行及合同保全、变更、转让、终止、违约责任等问题。我国于1999年3月15日第九届全国人民代表大会第二次会议通过颁布《中华人民共和国合同法》。2020年5月28日，第十三届全国人大第三次会议表决通过了《中华人民共和国民法典》，自2021年1月1日起施行，《中华人民共和国合同法》同时废止。合同法的基本原则是制定和执行合同法律制度的总的指导思想，是合同法的灵魂，集中体现了合同法的基本特征。

### （一）合同自由原则

合同自由原则，是指合同主体在进行合同活动时意志独立、自由和行为自主，即合同主体在从事合同活动时，以自己的真实身份来充分表达自己的意愿，根据自己的意愿来设立、变更和终止民事权利义务关系。当事人的合法的合意具有优先于法定的任意性规范适用的效力，尊重当事人在订立合同、确定合同内容和形式、确定违约责任等方面的选择自由等，都体现合同自由原则。需要指出的是我国合同法确定的合同自由是一种相对的自由，而非绝对的自由，当事人所享有的合同自由也必须受到法律的必要的限制。

**（二）诚实信用原则**

诚实信用原则，是指当事人在从事民事活动时，应诚实信用，以善意的方式履行其义务，不得滥用权利及规避法律或合同的规定的义务。在大陆法系国家，它通常被称为债法中的最高指导原则、"帝王规则"。

**（三）合法原则**

当事人在订约和履行中必须遵守法律和行政法规的要求，遵守社会公德，不得损害社会公共利益。《民法典》第465条规定："依法成立的合同，受法律保护。"《民法典》第494条规定："国家根据抢险救灾、疫情防控或者其他需要下达国家订货任务、指令性任务的，有关民事主体之间应当依照有关法律、行政法规规定的权利和义务订立合同。依照法律、行政法规的规定负有发出要约义务的当事人，应当及时发出合理的要约。依照法律、行政法规的规定负有作出承诺义务的当事人，不得拒绝对方合理的订立合同要求。"

**（四）鼓励交易原则**

鼓励交易原则是指法律对交易中合同的效力最大可能地予以维护，在法律的具体制度设计上，在合理的范围里，给予交易以最大程度的支持，鼓励当事人从事自愿交易行为。《民法典》合同编严格区分合同的无效和可撤销，严格区分无效和效力待定的合同，严格区分合同的成立和合同生效，严格限制违约解除的条件等，都是对鼓励交易原则的体现。

## 第二节 合同订立

### 一、合同订立的一般方式

《民法典》第471条规定："当事人订立合同，可以采取要约、承诺方式或者其他方式。"

合同作为关于债的合意，需要当事人相互交换意思表示，以求相互取得一致。订立合同的过程，就是双方当事人采用要约和承诺方式进行协商的过程。往往一方提出要约，另一方又提出新要约，反复多次，最后有一方完全接受了对方的要约，这样才能使合同得以成立。

**（一）要约**

1. 要约的概念

要约，是指一方当事人提出订立合同的条件，并希望对方接受的意思表示。要约以追求合同成立为目的。《联合国国际货物销售合同公约》在肯定要约是向一个或一个以上的人提出的订立合同的建议的同时，也不否认在特定情况下向不特定人提出的建议，也可以构成要约。

要约，在许多场合又称为发价、出价、报价、发盘、出盘，是订立合同过程中的首要环节和必经阶段。发出要约的人称为要约人，接受要约的人称为受要约人或相对人。没有要约，就不存在承诺，合同也就无从产生。没有承诺，要约没有获得响应，也就失去了存在的价值。

2. 要约的要件

《民法典》第472条规定："要约是希望与他人订立合同的意思表示，该意思表示应当符合下列条件：①内容具体确定；②表明经受要约人承诺，要约人即受该意思表示约束。"对要约作具体分析，其应当具备以下要件：

第一，要约是由特定当事人作出的意思表示。所谓特定的当事人，是指要约人能为外界所确定。要约旨在与他人订立合同，这就要求要约人必须是特定人。只有这样，受要约人才能对其作出承诺，从而订立合同。

第二，要约必须是向相对人作出的订立合同的意思表示。相对人，一般是指特定的相对人。要约一般是向特定的相对人发出的，受要约人也可以是不特定的相对人。如正在工作的自动售货机、自选市场标价陈列由消费者自取的商品（现物要约）等，都是针对不特定当事人发出的要约。

第三，要约必须具有订立合同的意图。即要约应表明，一经受要约人承诺，要约人即受该意思表示约束，与之建立合同关系。这是要约与要约邀请的一个重要区别。要约以追求合同的成立为直接目的，要约是为了唤起承诺，并接受承诺的约束。要约在获得承诺后，当事人双方之间成立合同，进入债的锁链。若一项提议没有这样的法律效果，那么，这项提议可能是要约引诱（要约邀请），而不可能是要约。

在实践中，应根据要约所使用的语言、文字和其他情况进行判断其是否决定与受要约人订立合同。如果某甲对某乙称"我正考虑卖掉一套祖传家具"不是要约；如果某乙问"你真的愿意卖吗？"某甲回答说"我愿意卖"则表明其已决定订立合同。

第四，要约的内容必须具体明确，能够在当事人之间建立起债权债务关系。所谓具体，是指要约的内容必须是合同成立所必需的条款。合同的内容是以条款表现出来的，要约中应包含足以使合同成立的全部必要条款（主要条款）。哪些是必要条款，应当根据合同的性质和当事人的合同目的来确定，不能一概而论。标的条款是所有合同应当具备的条款，但只有标的尚不能构成合意，还需要设定其他条款。比如，买卖合同除标的条款外，还应有数量、价金条款。如果没有对数量、价金的具体约定，而有确定数量、价金的方法，合同也可以成立。如果有合理补救的基础和机会，合同中的某些条款可以暂付阙如。所谓明确，是指合同条款的内容要明确，不能含糊不清，使相对人无法明白其意思。

3. 要约的方式

要约的方式，一般采用通知方式。通知，可以是口头通知，也可以是书面通知。口头方式可以当面提出，也可以用打电话的方式提出。书面方式，一般是通过寄送订货单、书信以及发送电子邮件、电报等形式提出。一方当事人也可以向相对人发出加盖公章或者签字的合同书作为要约。

**4. 要约的生效**

《民法典》第474条规定："要约生效的时间适用本法第一百三十七条的规定。"根据《民法典》第137条规定："以对话方式作出的意思表示，相对人知道其内容时生效。以非对话方式作出的意思表示，到达相对人时生效。以非对话方式作出的采用数据电文形式的意思表示，相对人指定特定系统接收数据电文的，该数据电文进入该特定系统时生效；未指定特定系统的，相对人知道或者应当知道该数据电文进入其系统时生效。当事人对采用数据电文形式的意思表示的生效时间另有约定的，按照其约定。"

要约生效，要约人即受到拘束，不能随意撤回、撤销或对要约加以限制、变更和扩张。对受要约人的效力即拘束力又称为实质拘束力，要约生效，即意味着受要约人获得依其承诺而成立合同的地位。

**5. 要约的撤回**

要约的撤回，是指要约人阻止要约发生效力的意思表示。即要约人在发出要约后，于要约到达受要约人之前或同时取消其要约的行为。《民法典》第475条规定："要约可以撤回。要约的撤回适用本法第一百四十一条的规定。"根据《民法典》第141条的规定，行为人可以撤回意思表示。撤回意思表示的通知应当在意思表示到达相对人前或者与意思表示同时到达相对人。

被撤回的要约是尚未生效的要约。要约撤回有两种情况：①撤回通知先于要约到达受要约人，此时不会给受要约人造成任何损害，自然应当允许以撤回通知抵销要约，要约不发生效力。②撤回通知与要约同时到达受要约人，此时，受要约人也不会因信赖要约而行事，不会产生损害，撤回通知也足以抵销要约。

要约撤回的通知，其传递速度要超过要约的速度，存在一个追赶的问题。因此，要约撤回通知的传递方式一般与要约的传递方式不一致。如果证据充分，一个电话也可以撤销书面要约。

在要约生效前对发送的要约的修改，其效果等于旧要约撤回，新要约产生。比如，甲方对乙方发出要约，要以2万元一吨的价格出卖100吨矿石，在要约生效之前，甲方又发出通知把2万元一吨改成1.8万元一吨。这就等于以新要约撤回了旧要约。

**6. 要约的撤销**

要约的撤销，是要约人消灭要约效力的意思表示。即在要约发生法律效力后，要约人取消要约从而使要约归于消灭的行为。

《民法典》第476条规定："要约可以撤销，但是有下列情形之一的除外：①要约人以确定承诺期限或者其他形式明示要约不可撤销；②受要约人有理由认为要约是不可撤销的，并已经为履行合同做了合理准备工作。"

要约的撤销采用通知的方式。《民法典》第477条规定："撤销要约的意思表示以对话方式作出的，该意思表示的内容应当在受要约人作出承诺之前为受要约人所知道；撤销要约的意思表示以非对话方式作出的，应当在受要约人作出承诺之前到达受要约人。"在要约生效后、承诺发出前对要约的修改，其效果等于旧要约撤销，新要约产生。要约到达受要约人后，要约对要约人产生拘束力，此时不发生撤回的问题，但要约人尚有可能撤销要约。

要约撤销和要约撤回的区别是：目的上，要约的撤销在于消灭要约的效力；要约的撤回在于阻止要约生效。时间上，要约的撤销是在要约生效之后，承诺发出之前；要约的撤回是在要约生效之前。如果承诺发出，要约既不能撤回，也不能撤销。否则，就等于允许侵害受要约人的信赖利益。如果承诺生效，则合同成立，要约既不能撤回，也不能撤销，否则就等于允许当事人撕毁合同。

7. 要约的失效

要约的失效即要约失去拘束力。《民法典》第 478 条规定："有下列情形之一的，要约失效：①要约被拒绝；②要约被依法撤销；③承诺期限届满，受要约人未作出承诺；④受要约人对要约的内容作出实质性变更。"

8. 要约邀请

要约邀请，又称为要约引诱，是指希望他人向自己发出要约的意思表示。《民法典》第 473 条规定："要约邀请是希望他人向自己发出要约的表示。拍卖公告、招标公告、招股说明书、债券募集办法、基金招募说明书、商业广告和宣传、寄送的价目表等为要约邀请。商业广告和宣传的内容符合要约条件的，构成要约。"

要约邀请具有以下特点：①要约邀请是一种意思表示；②要约邀请的目的是诱使他人向自己发出要约，而非与他人订立合同，只是订立合同的预备行为，而非订立合同；③要约邀请只是引诱他人发出要约，既不能因相对人的承诺而成立合同，也不能因自己作出某种承诺而约束他人，行为人撤回其要约邀请只要没有给善意相对人造成信赖利益的损失，一般不承担法律责任。

### （二）承诺

1. 承诺的概念

承诺是指受要约人向要约人作出的同意按要约成立合同的意思表示。承诺与要约结合，方能构成合同。《民法典》第 479 条规定："承诺是受要约人同意要约的意思表示。"承诺是一种意思表示而非法律行为。

2. 承诺的要件

构成承诺必须具备以下要件：

（1）承诺是对要约同意的意思表示，承诺必须针对要约进行。对于有偿合同，要约与承诺是互为对价关系的两项允诺，一项不符合要约条件的提议，对其答复不是承诺，双方不能建立对价关系。没有有效的要约存在，承诺也就是无的之矢了。

（2）承诺必须由受要约人作出。非受要约人向要约人作出的表示接受的意思表示不是承诺，要约人并不因此与其成立合同。承诺可以由受要约人本人作出，也可以由其代理人作出。

（3）承诺必须在合理期限内向要约人发出。《民法典》第 481 条规定："承诺应当在要约确定的期限内到达要约人。要约没有确定承诺期限的，承诺应当依照下列规定到达：①要约以对话方式作出的，应当即时作出承诺；②要约以非对话方式作出的，承诺应当在合理期限内到达。"据此，受要约人在承诺期限届满后作出的任何答复都不是承诺，而应视为新要约。

（4）承诺的内容必须与要约的内容相一致。《民法典》第 488 条规定："承诺的内容应当与要约的内容一致。受要约人对要约的内容作出实质性变更的，为新要约。有关合同标的、数量、质量、价款或者报酬、履行期限、履行地点和方式、违约责任和解决争议方法等的变更,是对要约内容的实质性变更。"

所谓内容一致,具体表现在:承诺是无条件的同意,不得限制、扩张或者变更要约的内容,否则不构成承诺,而应视为对要约的拒绝并作出一项出新的要约(亦称反要约)。但承诺的内容并不要求与要约的内容绝对一致或完全等同,即允许承诺对要约的内容作非实质性变更。《民法典》第489条规定:"承诺对要约的内容作非实质性变更的,除要约人及时表示反对或者要约表明承诺不得对要约的内容作出任何变更的以外,该承诺有效,合同的内容以承诺的内容为准。"

例如,甲给乙发出一个要约,乙全部承诺,但又加了一个条款,要求甲提供原产地证明。这是非实质性变更,如果甲没有表示反对,就产生两个效力:合同成立;甲方提供原产地证明这个义务订入合同,成为合同的内容。

3. 承诺的方式

《民法典》第480条规定:"承诺应当以通知的方式作出;但是,根据交易习惯或者要约表明可以通过行为作出承诺的除外。"根据这一规定,承诺原则上应当以通知的方式作出。要约人对通知的方式有特殊要求的,应当按其要求予以通知。如果根据交易习惯或者要约表明可以通过行为方式作出的,则该行为也构成承诺。

在实践中,有的当事人在要约中规定沉默视为承诺。这种规定对受要约人不具有约束力。比如,甲方向乙方以信函方式提出要约:"如不同意,请在7日内答复,否则视为接受。"对含有这种规定的要约,受要约人保持沉默,仍构成拒绝。因为,要约人不能把自己的意志强加给受要约人。

构成承诺的行为主要是作为,单纯的缄默或不作为通常不能作为承诺的意思表示。但是,如果交易习惯或要约表明可以采取此种方式进行承诺的,也可以作为承诺的方式。例如,某建筑公司急需水泥,向甲、乙两个水泥厂发出要约,要求购买300吨水泥,货到付款。甲水泥厂当即回电报承诺。乙水泥厂为解建筑公司的燃眉之急,将水泥直接送至建筑公司。建筑公司以已经与甲水泥厂成立合同为由拒收。此案中,乙水泥厂的行为构成有效承诺,双方成立了合同,建筑公司无权拒收。

4. 承诺的生效

承诺的生效即承诺产生法律效力。承诺生效时合同成立。具体说来,对于诺成合同,承诺生效合同即告成立;对于实践合同,若交付标的物先于承诺生效,承诺同样使合同成立,若交付标的物后于承诺生效,则合同自交付标的物时成立。因此承诺生效的时间在合同法上有重要意义。

《民法典》第484条规定:"以通知方式作出的承诺,生效的时间适用本法第一百三十七条的规定。承诺不需要通知的,根据交易习惯或者要约的要求作出承诺的行为时生效。"根据《民法典》第137条的规定,承诺以对话方式作出的,相对人知道其内容时生效。承诺以非对话方式作出的,到达相对人时生效。以非对话方式作出的采用数据电文形式的承诺,相对人指定特定系统接收数据电文的,该数据电文进入该特定系统时生效;未指定特定系统的,相对人知道或者应当知道该数据电文进入其系统时生效。当事人对采用数据电文形式的承诺的生效时间另有约定的,按照其约定。

5. 承诺的撤回

承诺的撤回,是指受要约人在其作出的承诺生效前将其撤回的行为。

《民法典》第485条规定："承诺可以撤回。承诺的撤回适用本法第一百四十一条的规定。"《民法典》第141条规定："行为人可以撤回意思表示。撤回意思表示的通知应当在意思表示到达相对人前或者与意思表示同时到达相对人。"

承诺可以撤回，但不能撤销。也就是说，承诺尚未生效时，可以取消承诺；承诺于到达要约人时生效，如果承诺已经生效，即不能撤销。因为承诺生效，合同成立，如果允许撤销承诺，等于赋予承诺人任意撕毁合同的权利。要约人的利益就得不到实现，交易安全就得不到保护。

6. 迟发的承诺

《民法典》第486条规定："受要约人超过承诺期限发出承诺，或者在承诺期限内发出承诺，按照通常情形不能及时到达要约人的，为新要约；但是，要约人及时通知受要约人该承诺有效的除外。"

承诺的表示应当在承诺的期限内发出并到达，否则不能构成承诺，而只能构成新要约。迟发的承诺不发生承诺的效力，但因其符合要约的条件，故可以视为新要约。但是，如果要约人希望成立合同，及时发出了对"迟发承诺"的承认通知，则迟发的承诺取得与承诺相同的效果。

7. 迟到的承诺

迟到的承诺，是指承诺的表示在发出时虽然不构成迟延，但由于传递故障等原因，到达要约人时超过了承诺的期限。迟到的承诺与迟发的承诺不同。迟发的承诺，发出承诺的意思表示时就已经超过了期限；迟到的承诺在发出承诺时尚未超过规定的期限。

《民法典》第487条规定："受要约人在承诺期限内发出承诺，按照通常情形能够及时到达要约人，但是因其他原因致使承诺到达要约人时超过承诺期限的，除要约人及时通知受要约人因承诺超过期限不接受该承诺外，该承诺有效。"对于迟到的承诺，以承诺生效为原则，以承诺不生效为例外。发出否认通知，承诺才无效。

## 二、合同订立的特殊方式

### （一）竞争性缔约程序

当事人通过竞争性缔约程序成立合同的，要约与承诺要符合特别法的规定。《招标投标法》和《中华人民共和国拍卖法》（以下简称《拍卖法》）分别对招标投标缔约程序和竞买缔约程序作了规定。

1. 招标投标

招标投标是一种竞争缔约方式，由招标人向数个相对人或不特定的多数人发出招标邀请，并在诸投标人中选择最优者与其订立合同。投标人之间相互进行竞争，因此，招标投标是一种竞争性缔约程序。

招标投标一般包括以下几个阶段：①招标。招标是一方当事人采取发出投标邀请书或招标公告的形式，向数个相对人或不特定的多数人发出的投标邀请。招标具有公开性，使相对人能够据此提出要约。其性质为要约邀请（要约引诱）。②投标。投标是投标人按照招标文件的要求，向招标人提出报价的行为。报价应当秘密进行，投标人之间不得串通。投标的性质是要约，应当具备足以使合同成立的全部必要条款。③开标、评标、定标。开标,是指招标人在规定的时间、地点,按规定的方式,公开所有的投标资料和全部投标人的名称、投标价格等情况。开标必须公开进行,当众启封标书,宣布报价及其他主要内容。评标,是指招标人对各投标人的投标进行审查、鉴别、比较分析,选择最优条件的投标人。定标,又称决标,是招标人在评标的基础上从诸投标人中选择最佳者为中标人。决标应当公开。招标人的定标如果是对投标的完全接受,则构成承诺。中标通知书送达,是承诺的送达。

2. 拍卖

拍卖是指以公开竞价的方式,将特定物品或者财产权利转让给最高应价者的买卖方式。拍卖也体现了以要约、承诺方式订立合同的过程。拍卖的标的应当是委托人所有或者依法可以处分的物品或者财产权利。依照法律或者国务院规定需经审批才能转让的物品或者财产权利,应当依法办理审批手续。拍卖当事人包括拍卖人、委托人、竞买人和买受人。拍卖人是指依照拍卖法、公司法设立的从事拍卖活动的企业法人。委托拍卖人拍卖物品或者权利的人称为委托人。参加竞购拍卖标的的人称为竞买人。买受人是指以最高应价购得拍卖标的的竞买人。

(二) 悬赏广告

悬赏广告,是广告主以广告形式声明对完成广告中规定的特定行为的任何人给予广告中约定报酬的意思表示。

《民法典》第 499 条规定:"悬赏人以公开方式声明对完成特定行为的人支付报酬的,完成该行为的人可以请求其支付。"悬赏广告发布之时,即应视为意思表示送达。一般不存在撤回的问题。但广告主在广告规定的行为完成之前,可再以广告的形式撤销悬赏广告。广告受众开始实施广告规定的行为,但未完成,仍可要求广告主予以适当的补偿,但其要证明自己已经开始实施广告规定的行为。

(三) 强制订立合同

强制订立合同是指个人或企业负有应对方的请求与其订立合同的义务。一方当事人负有必须承诺的义务,这是为了保障公共利益而对合同自由的限制。

《民法典》第 494 条规定:"国家根据抢险救灾、疫情防控或者其他需要下达国家订货任务、指令性任务的,有关民事主体之间应当依照有关法律、行政法规规定的权利和义务订立合同。依照法律、行政法规的规定负有发出要约义务的当事人,应当及时发出合理的要约。依照法律、行政法规的规定负有作出承诺义务的当事人,不得拒绝对方合理的订立合同要求。"强制订立合同的情形主要体现在公共事业领域,如邮政、电信、电力、天然气、自来水、铁路、公共汽车等公用事业单位负有缔结合同的义务,非有正当理由不得拒绝用户缔结合同的请求。

### 三、合同成立的时间和地点

(一) 合同成立的含义

合同成立,是指当事人就合同的必要内容达成合意的法律事实。从这个意义上看,无效合同也可以是成立的合同,而可撤销的合同都是已经成立的合同。一般认为,成立本身是个事实,不是价值判断标准,有效、无效才是价值判断问题。依法成立的合同,在当事人之间建立起他们追求的法律关系。这种法律关系对当事人具有法律约束力。依法成立的合同，受法律保护。

合同成立与合同订立不同。合同订立强调的是订约的过程，即强调的是要约和承诺的过程。订立所追求的目标，就是成立合同，合同成立是订立的结果。当然，有订立行为合同不一定成立。

（二）合同成立的时间

承诺生效是合同成立的要件，也是判断合同成立时间的标准。承诺是对要约的接受，承诺生效，两个意思表示取得一致，合同成立。《民法典》第483条规定："承诺生效时合同成立，但是法律另有规定或者当事人另有约定的除外。"

《民法典》第490条规定："当事人采用合同书形式订立合同的，自当事人均签名、盖章或者按指印时合同成立。在签名、盖章或者按指印之前，当事人一方已经履行主要义务，对方接受时，该合同成立。法律、行政法规规定或者当事人约定合同应当采用书面形式订立，当事人未采用书面形式但是一方已经履行主要义务，对方接受时，该合同成立。"签字或者盖章，是当事人达成合意的外在标志，也可以称为形式上的标志。当事人采用合同书形式订立合同，但并未签字盖章，意味着当事人的意思表示未能最后达成一致，因而一般不能认为合同成立。双方当事人签字盖章不在同一时间的，最后签字或盖章时合同成立。实际履行义务的行为，可以推定当事人已经形成了合意和合同关系，当事人一方不得以未采取什么形式或未签字盖章为由，否认合同关系的实际存在。

《民法典》第491条规定："当事人采用信件、数据电文等形式订立合同要求签订确认书的，签订确认书时合同成立。当事人一方通过互联网等信息网络发布的商品或者服务信息符合要约条件的，对方选择该商品或者服务并提交订单成功时合同成立，但是当事人另有约定的除外。"签订确认书是当事人附加的程序。在此情况下，确认书具有最终承诺的效力。

**【阅读案例】资料章效力的认定**

2014年2月18日，A公司与B公司签订《莆田市房屋建筑和市政基础设施工程合同条款》一份，约定：A公司将枫亭万星城市广场8#、9#楼的建设工程发包给B公司施工。2014年5月16日，陈某某与B公司万星项目部（甲方）签订《钢管脚手架施工合同》（合同末页落款处甲方加盖的印章为宏峰集团（福建）有限公司枫亭万星城市广场-万星国际影院8#、9#工程内业资料章，且下方注明：签订经济合同无效）一份。该合同约定：B公司万星项目部将枫亭万星城市广场8#、9#楼的钢管脚手架工程分包给陈某某施工。合同对承包方式、承包范围、工程量计算、工期结算等作了约定。合同签订后，陈某某组织工人进行施工，8#楼钢管脚手架从2014年9月26日开始搭设，9#楼钢管脚手架从2014年6月1日开始搭设。同时，陈某某增加施工转料平台11个，9#楼通道1个。

2018年2月1日，陈某某诉至法院，请求B公司支付工程款。并申请对8#楼、9#楼钢管脚手架的工程租金、超期工程租金进行鉴定。法院依法委托鉴定，鉴定机构作出两种鉴定意见，第一种鉴定意见：在双方签订合同成立情况下，万星城市广场8#、9#

楼脚手架工程造价鉴定为 3842787.26 元（其中未超期租金造价：727882.7 元，超期租金造价：3114904.56 元）。第二种鉴定意见：在双方签订合同不成立情况下，万星城市广场 8#、9#楼脚手架工程造价鉴定为 213652 元 + 1355426 元 + 22403 元 = 1591481 元（其中未超期租金造价 566580 元，超期租金造价 1024901 元）。

## 【裁判结果】

一审判决：一、B 公司应在判决生效后十日内支付给陈某某未超期、超期工程租金 1397321 元；二、驳回陈某某的其他诉讼请求。

二审法院调整了超期租金的计算期限，并委托一审作出鉴定意见的鉴定机构对该部分内容进行补充鉴定，作出二审判决：一、维持一审判决第二项；二、撤销一审判决第一项；三、B 公司应在判决生效后十日内支付给陈某某未超期、超期工程租金 661424.49 元；四、驳回 B 公司的其他上诉请求；五、驳回陈某某的上诉请求。

## 【裁判理由】

关于陈某某主张其与 B 公司于 2014 年 5 月 16 日签订的《钢管脚手架施工合同》能否成立问题，即合同落款处内业资料章的下方明确载明"签订经济合同无效"如何认定问题。《中华人民共和国合同法》（2021 年 1 月 1 日起废止）第三十二条规定"当事人采用合同书形式订立合同的，自双方当事人签字或者盖章时合同成立"。本案中，陈某某提供的 2014 年 5 月 16 日《钢管脚手架施工合同》末页落款处甲方代表虽签有"李某某"的名字，但其自认系 B 公司派驻涉案工地负责人欧某某代签的，而 B 公司认为欧某某并非 B 公司的员工或工地负责人。陈某某无法对合同书末页落款处甲方代表系 B 公司授权的有关人员签名承担举证责任，故其应自行承担举证不能的不利后果。

虽合同书末页落款处还盖有 B 集团（福建）有限公司枫亭万星城市广场-万星国际影院 8#、9#工程内业资料章，但该内业资料章的下方明确载明"签订经济合同无效"，即以声明方式表明该内业资料章对外不具有签订经济合同的效力。陈某某不审查就予以签订合同，导致合同中约定的权利义务对 B 公司不发生法律拘束力，责任在于陈某某一方。故陈某某主张双方于 2014 年 5 月 16 日签订《钢管脚手架施工合同》的事实不能成立，其主张适用鉴定意见书的第一种意见即合同成立情况下作出的造价，缺乏依据，不予支持。故一审采纳合同不成立的意见，并无不当。

### （三）合同的成立地点

确定合同成立地，对于合同纠纷的诉讼管辖、交易习惯的适用、价格的确定、有关费用的承担以及涉外合同的法律适用等，具有重要的意义。合同的成立地点，是当事人达成合意的地点。承诺生效的地点为合同成立的地点。这是确定合同成立地点的根本依据，不论是采用数据电文形式订立合同，还是采用合同书形式订立合同，或者是以行为成立合同，合同的成立地点都不能摆脱这一规则的制约。

《民法典》第 492 条规定："承诺生效的地点为合同成立的地点。采用数据电文形式订立合同的，收件人的主营业地为合同成立的地点；没有主营业地的，其住所地为合同成立的地点。当事人另有约定的，按照其约定。"《民法典》第 493 条规定："当事人采用合同书形式订立合同的,最后签名、盖章或者按指印的地点为合同成立的地点,但是当事人另有约定的除外。"

### 四、合同的内容和形式

#### (一) 合同的内容

合同的内容,在实质意义上是指当事人的权利和义务,在形式上则表现为合同的条款。根据合同自由原则,合同的内容由当事人约定。

《民法典》第470条规定:"合同的内容由当事人约定,一般包括下列条款:①当事人的名称或者姓名和住所;②标的;③数量;④质量;⑤价款或者报酬;⑥履行期限、地点和方式;⑦违约责任;⑧解决争议的方法。"

合同条款可以分为必要条款和一般条款。

必要条款又叫主要条款,是指合同必须具备的条款。它决定着合同的类型和当事人的基本权利义务,因而具有重要意义。合同应当包含足以使合同成立的必要条款。比如,对一个买卖合同而言,应当包括标的、数量和价金条款。如果没有数量和价金条款,但有确定数量和价金的方法,也可以使合同成立。标的是任何合同应当具备的条款,否则合同不能成立。

一般条款即合同必要条款以外的条款。一般条款包括两种情况:①法律未直接规定,也不是合同的类型或性质要求必须具备,当事人也无意使其成为主要条款的合同条款。如关于包装物返还的约定;②当事人并未写入合同,甚至从未协商过,但基于当事人的行为,或基于合同的明示条款,或基于法律规定,理应存在的条款,如交易惯例和行业惯例的遵守等。

当事人可以参照各类合同文本订立合同。合同的示范文本与格式合同有本质区别。合同示范文本,是由无利害关系的第三方事先拟订的,格式合同是由一方当事人事先拟订的。

#### (二) 合同的形式

合同的形式是合意的外在表现方式。合意是缔约当事人意思表示的结合。这种结合不能只停留在脑海之中,需要外在的形式表现出来。这种外在的表现形式就是合同的形式。

《民法典》第469条规定:"当事人订立合同,可以采用书面形式、口头形式或者其他形式。"据此,合同的形式可以分为口头形式、书面形式和其他形式。

1. 口头形式

口头形式是以口头语言表达合意。口头形式多用于即时清结的合同。所谓即时清结的合同,是指订立与履行同时完成的合同。口头形式的优点是迅速、简便,提高交易的效率。缺点是发生纠纷的时候举证困难,不易分清是非,不利于交易安全的保护。口头形式的运用具有局限性。比如,进行不动产交易的时候,要办理过户手续,只有口头协议,没有书面形式的合同主管登记的部门不予办理过户手续。

2. 书面形式

书面形式的合同是当事人以书面文字形式达成合意的合同。《民法典》第469条规定:"书面形式是合同书、信件、电报、电传、传真等可以有形地表现所载内容的形式。以电子数据交换、电子邮件等方式能够有形地表现所载内容,并可以随时调取查用的数据电文,视为书面形式。"书面形式包括两种:①纸面形式。纸面形式的特点是首先有"纸",其次,纸面形式所记载的文字是作用于视觉的。但是也有例外,即盲文。合同书、信件、确认书等一般表现为纸面形式。合同书是规范的书面形式,它可以由当事人同时、同地签订,也可以由当事人在异地分别签订。②数据形式。数据形式所反映的信息,与纸面形式一样,是作用于视觉的。但数据形式不要求必须落实在纸面上。电子数据交换(Electronic Data Interchange,简称EDI)和电子邮件等是数据形式,是书面形式的一种。

3. 其他形式

(1) 默示形式。以行为表示意思而成立的合同为默示形式的合同。行为可以构成要约,也可以构成承诺。默示合同是与明示合同相对应的概念。用语言、文字为意思表示的合同为明示合同。

(2) 混合形式。混合形式是明示与默示形式的混合。如一方以书面通知的方式发出要约,另一方以行为承诺。这种情况在实践中也比较常见,它并不影响合同的成立。

### 五、缔约过失责任

#### (一) 缔约过失责任的概念

所谓缔约过失责任,缔约过失责任是指当事人在订立合同过程中,因过错违反依诚实信用原则负有的先合同义务,导致合同不成立,或者合同虽然成立,但不符合法定的生效条件而被确认无效、被变更或被撤销,给对方造成损失时所应承担的民事责任。

所谓先合同义务,又称先契约义务或缔约过程中的附随义务,是指自缔约当事人因签订合同而相互接触磋商,至合同有效成立之前,双方当事人依诚实信用原则负有协助、通知、告知、保护、照管、保密、忠实等义务。

缔约过失责任既不同于违约责任,也有别于侵权责任,是一种独立的责任。

#### (二) 缔约过失责任的法律特征

缔约过失责任具有如下法律特征:

(1) 法定性。缔约过失责任是基于法律的规定而产生的一种民事责任。只有当事人的行为符合法律规定的情形,并给对方造成经济损失的,才应依法承担缔约过失责任。

(2) 相对性。缔约过失责任只能存在于缔约阶段(也称先契约阶段),即合同订立的磋商阶段,而不能存在于其他阶段。同时,缔约过失责任也只能在缔约当事人之间产生。

(3) 补偿性。缔约过失责任的补偿性,是指缔约过失责任旨在弥补或补偿缔约过失行为所造成的财产损害后果。我国《民法典》将损害赔偿作为缔约过失责任的救济方式,是缔约过失责任补偿性的法律体现。缔约过失责任补偿性是民法意义上平等、等价原则的具体体现,也是市场交易关系在法律上的内在要求。

### (三) 缔约过失责任的构成要件

缔约过失责任的构成应当具备如下要件：

(1) 缔约一方当事人有违反法定附随义务或先合同义务的行为。在缔约阶段，当事人为缔结契约而接触协商之际，已由原来的普通关系进入到一种特殊的关系（即信赖关系），双方均应依诚实信用原则互负一定的义务，一般称之为附随义务，即互相协助、互相照顾、互相告知、互相诚实等义务。若当事人违背了其所负有的附随义务，并破坏了缔约关系，就构成了缔约过失，才有可能承担责任。

(2) 一方当事人违反法定附随义务或先合同义务的行为给对方造成了信赖利益的损失。如果没有损失，就不会存在赔偿问题，而所谓信赖利益损失，指相对人因信赖合同会有效成立却由于合同最终不成立或无效而受到的利益损失。这种信赖利益必须是基于合理的信赖而产生的利益，即在缔约阶段因为一方的行为已使另一方足以相信合同能成立或生效。若从客观的事实中不能对合同的成立或生效产生信赖，即使已经支付了大量费用，这是因为缔约人自身判断失误造成的，不能视为信赖利益的损失。

(3) 违反法定附随义务或先合同义务一方缔约人在主观上必须存在过错。这里的过错既包括故意也包括过失。无论是故意还是过失，只要在缔约阶段违反了附随义务，并对合同最终不能成立或被确认无效或被撤销负有过错，就应当承担缔约过失责任。

(4) 缔约人一方当事人违反法定附随义务或先合同义务的行为与对方所受到的损失之间必须存在因果关系。即相对方的信赖利益损失是由行为人的缔约过失行为造成的，而不是其他行为造成的。如果这二者之间不存在因果关系，则不能让其承担缔约过失责任。

### (四) 缔约过失行为主要类型

依照我国《民法典》第 500、501 条规定，缔约过失行为主要有以下四种类型：

1. 假借订立合同，恶意进行磋商

所谓"假借"就是根本没有与对方订立合同的意思，与对方进行谈判只是个借口，目的是损害订约对方当事人的利益。此处所说的"恶意"，是指假借磋商、谈判，而故意给对方造成损害的主观心理状态。恶意必须包括两个方面内容，一是行为人主观上并没有谈判意图，二是行为人主观上具有给对方造成损害的目的和动机。恶意是此种缔约过失行为构成的最核心的要件。

2. 故意隐瞒与订立合同有关的重要事实或者提供虚假情况

此种情况属于缔约过程中的欺诈行为。欺诈是指一方当事人故意实施某种欺骗他人的行为，并使他人陷入错误而订立的合同。

3. 泄露或不正当地使用商业秘密

所谓泄露，是指将商业秘密透露给他人，包括在要求对方保密的条件下向特定人、少部分人透露商业秘密，以及以不正当的手段获取的商业秘密，其披露当然是违背权利人的意思的。所谓不正当使用是指未经授权而使用该秘密或将该秘密转让给他人。如将商业秘密用于自己的生产经营，由自己直接利用商业秘密的使用价值的行为或状态，或非法允许他人使用。无论行为人是否因此而获取一定的利益，都有可能构成缔约过失责任。

4. 有其他违背诚实信用原则的行为

其他违背诚实信用原则的行为，包括除了前三种情形以外的违背先契约义务的行为。在缔约过程中常表现为，一方当事人未尽到通知、协助、告知、照顾和保密等义务而造成对方当事人人身或财产损失的情形。

**（五）赔偿范围**

1. 固有利益

固有利益是合同法和侵权法共同保护的对象，它与正在缔结的合同本身无关，它是相对独立的。固有利益若受到侵害，即使合同成立并得到履行也无法恢复，因而必须通过缔约过失责任来予以救济。固有利益的损害在缔约过失责任中主要是于缔约之际未尽保护义务而致相对方人身权、财产权的损害，应由加害人承担全额赔偿责任，不存在是否以履行利益为最高限额问题。

固有利益赔偿范围主要指赔偿身体、健康、生命丧失等的损害或损失。基本内容一般应包括：医疗费、误工费、护理费、交通费、住宿费、住院伙食补助费和必要的营养费等的赔偿。此外致残的还应包括残疾人生活补偿补助费、残疾用具费损失、被扶养人扶养来源丧失的损失等赔偿，致死的还应包括丧葬费的损失，死者生前扶养的人扶养来源丧失的损失等赔偿。固有利益不应包括精神利益，因为在缔约过失责任中，精神损害赔偿难以确定，法律亦无明文规定，且缔约过失责任的本质是对信赖利益的保护，倘若缔约过失责任包括了精神损害赔偿，无疑过分扩大了适用范围，加重了过错方的责任，不利于交易的进行。

2. 信赖利益

信赖利益的损失包括直接损失和间接损失，而直接损失主要包括：缔约费用，如为了订约而赴实地考察所支付的合理费用；准备履约和实际履约所支付的费用，如运送标的物至购买方所支付的合理费用；因缔约过失导致合同无效、被变更或被撤销所造成的实际损失；因支出缔约费用或准备履约和实际履行支出费用所失去的利息等。

间接损失主要包括：因信赖合同有效成立而放弃的获利机会损失，亦即丧失与第三人签订合同机会所蒙受的损失；利润损失，即无过错方在现有条件下从事正常经营活动所获得的利润损失；因身体受到伤害而减少的误工收入。

其他可得利益损失。赔偿的上限不得超过缔约非过错方在订立合同时应当预见的因合同不成立或被撤销可能给对方造成的损失，同时也不能超过合同成立及履行后所能获得的利益。

# 第三节 合同效力

合同的效力是指依法成立的合同对合同当事人乃至第三人的法律拘束力。由于当事人订立合同的目的在于追求自身的利益，这就有可能使合同与国家意志和社会公共利益相违背。国家通过立法来加强对合同的干预，对已成立的合同作出评价。合同的成立和生效是两个既有联系又有区别的概念。合同的成立是合同生效的前提，只有合同成立了才能谈得上合同有效无效等问题。合同成立只解决合同存在与否的问题，而合同成立后是否发生效力则是法律价值的判断问题。当然，对于那些依法成立而且符合生效要件的合同而言，合同自成立之时便产生法律拘束力。

## 一、有效合同

### （一）有效合同的要件

有效合同，是指具备了合同的生效要件，能够产生合同当事人预期法律效果的合同。

《民法典》合同编对合同的有效要件并没有直接作出规定，但合同是双方或多方当事人的民事行为，因此，有效的合同应符合一般民事法律行为应具备的要件。

根据《民法典》第143条的关于民事法律行为的规定，合同的有效要件包括以下几项：

（1）行为人具有相应的民事行为能力。任何合同都是以当事人的意思表示为基础，并且以产生一定的法律效果为目的。因此，合同的当事人须具备正确理解自己行为的性质及后果，独立表达自己意思的能力。也就是说，必须具备与订立某项合同相应的民事行为能力。《民法典》第145条规定："限制民事行为能力人实施的纯获利益的民事法律行为或者与其年龄、智力、精神健康状况相适应的民事法律行为有效；实施的其他民事法律行为经法定代理人同意或者追认后有效。"《民法典》第144条规定："无民事行为能力人实施的民事法律行为无效。"

（2）意思表示真实。意思表示是指向外部表明意欲发生一定私法上法律效果之意思的行为。意思表示包括效果意思和表示行为两个要素。效果意思是指意思表示人欲使其表示内容引起法律上效力的内在意思要素；表示行为是指行为人将其内在意思以一定方式表现于外部，并足以使外界所客观理解的行为要素。意思表示真实是指当事人的表示行为真实地反映了其内心的效果意思，且其内心的效果意思形成是行为人自己的真实意愿，效果意思与表示行为相一致。合同的本质在于当事人的合意，因此，意思表示真实是合同生效的一个重要条件，也是意思自治原则的当然要求。

（3）不违反法律、行政法规的强制性规定，不违背公序良俗。合同不违反法律或者社会公共利益，体现了法律对当事人合同自由的限制。合同作为当事人自由协商订立的产物，不仅要反映当事人的意志，还要受到强制性法规的合法性审查。这是当事人订立合同受法律确认和保护的前提条件。只有那些目的和内容符合法律的强制性规定的合同才能够得到法律的认可和保障；反之，那些目的和内容违反法律强行性规定的合同不仅得不到法律的认可和保障，还会发生当事人承担责任的问题。公序良俗，即公共秩序与善良风俗的简称。公序良俗指民事主体的行为应当遵守公共秩序，符合善良风俗，不得违反国家的公共秩序和社会的一般道德。当遇有损害国家利益、社会公益和社会道德秩序的行为，而又缺乏相应的禁止性法律规定时，法院可直接依据公序良俗原则认定该行为无效。

（4）合同标的须确定、可能。合同的标的必须是确定的、可能的，合同才能发生法律效力。因为只有标的确定、可能，才能按照合同划分当事人的权利义务范围，当事人才能按照合同行使权利，履行给付义务。标的的确定是指合同的标的自始确定，或可以确定。当合同的标的是给付特定物时，该标的物的确定性是毫无疑问的。但当其为给付种类物时，标的物的确定性就表现为物之类别的确定。标的的可能是指合同的给付是可以实现的，合同的权利义务在客观上有成为现实的可能性，如果标的无法实现，则不发生法律上的效力。

**（二）附条件与附期限的合同**

1. 附条件的合同

附条件的合同，是指当事人在合同中约定一定的条件，以条件的成就与否来决定合同效力的发生或消灭的合同。《民法典》第 158 条规定："民事法律行为可以附条件，但是根据其性质不得附条件的除外。附生效条件的民事法律行为，自条件成就时生效。附解除条件的民事法律行为，自条件成就时失效。"在附条件的合同中，合同已经具备了法律所要求的成立要件和有效要件，因为附有条件，所以合同要等到条件成就之时才发生效力或失去效力。

当事人对合同附加条件，是意思自治原则的表现。按法律要求，作为条件的事实必须是按其自然进程发生或不发生，如果一方以不正当行为对条件的成就与否施加影响，可能会对对方当事人产生不公平的结果。因此，《民法典》第 159 条规定："附条件的民事法律行为，当事人为自己的利益不正当地阻止条件成就的，视为条件已经成就；不正当地促成条件成就的，视为条件不成就。"

2. 附期限合同

附期限合同，是指当事人以确定到来的事实作为合同效力的发生或消灭依据的合同。《民法典》第 160 条规定："民事法律行为可以附期限，但是根据其性质不得附期限的除外。附生效期限的民事法律行为，自期限届至时生效。附终止期限的民事法律行为，自期限届满时失效。"合同所附期限的目的在于在时间上限制合同的效力。所以附始期的合同，当期限到来时合同发生效力；附终期的合同，当期限到来时合同丧失效力。在期限来到之前当事人虽然未实际取得一定的权利或使一定的权利回复，但存在着取得权利或回复权利的可能性，因此与附条件的合同一样，当事人享有期待权，这种权利同样受法律保护。

## 二、效力待定合同

效力待定合同，是指合同虽已成立，但因有效要件欠缺，是否能发生效力尚未确定，有待于其他行为或事实使其确定的合同。

效力待定合同是因自身具有瑕疵，于合同成立时是否有效是不确定的。如果有权人通过追认来消除该瑕疵，则合同就有效，否则就归于无效。根据《民法典》的规定，效力待定合同有如下几种情形：

**（一）限制民事行为能力人依法不能独立订立的合同**

《民法典》第 145 条规定："限制民事行为能力人实施的纯获利益的民事法律行为或者与其年龄、智力、精神健康状况相适应的民事法律行为有效；实施的其他民事法律行为经法定代理人同意或者追认后有效。相对人可以催告法定代理人自收到通知之日起三十日内予以追认。法定代理人未作表示的，视为拒绝追认。民事法律行为被追认前，善意相对人有撤销的权利。撤销应当以通知的方式作出。"在限制民事行为能力人订立了依法不能独立订立的合同时，其法定代理人享有追认权，可以追认合同使该合同有效。当然，限制民事行为能力人取得民事行为能力后，也有权追认合同。该追认权的行使，由限制民事行为能力人的法定代理人以意思表示的方式向合同相对人为之。法定代理人的追认权受除斥期间的限制，该期间为30天。法定代理人在该期限内未作追认表示的，视为拒绝追认。善意相对人在合同被追认之前，也可行使撤销权，以通知的方式告知对方当事人要撤销合同。相对人撤销的意思表示一经作出，即发生撤销合同的效力。

### （二）无权代理人订立的合同

无权代理有广义与狭义之分。广义的无权代理包括狭义的无权代理和表见代理。表见代理人所订立的合同属于效力确定的合同，狭义的无权代理人所订立的合同属于效力待定合同。《民法典》第171条规定"行为人没有代理权、超越代理权或者代理权终止后，仍然实施代理行为，未经被代理人追认的，对被代理人不发生效力。相对人可以催告被代理人自收到通知之日起三十日内予以追认。被代理人未作表示的，视为拒绝追认。行为人实施的行为被追认前，善意相对人有撤销的权利。撤销应当以通知的方式作出。行为人实施的行为未被追认的，善意相对人有权请求行为人履行债务或者就其受到的损害请求行为人赔偿。但是，赔偿的范围不得超过被代理人追认时相对人所能获得的利益。相对人知道或者应当知道行为人无权代理的，相对人和行为人按照各自的过错承担责任。"

需要强调的是，《民法典》实施后，无权处分人订立的合同不再按效力待定处理，无权处分人签订的合同也可能是有效的。

无权处分人订立的合同是指行为人没有处分他人财产的权利而以自己名义与相对人订立了处分他人财产的合同。原《合同法》第51条规定："无处分权的人处分他人财产，经权利人追认或者无处分权的人订立合同后取得处分权的，该合同有效。"该条规定与民法原理不符，造成司法实践中产生许多困惑。《民法典》已经放弃了这一规定。因为，订立合同只是在当事人之间产生债权法的约束力的法律行为，根本就没民法意义上的任何处分。合同成立之后，在当事人之间产生了债权的法律关系，而不发生处分性质的物权变动。到了履行的时候，当事人履行合同才发生物权变动。如果当事人因无处分权不能履行合同义务，法律就认定合同无效，那么造成相对方无法追究其违约责任，显然有违公允。

## 三、无效合同

### （一）无效合同的概念和特征

无效合同是指虽然已经成立，但因严重欠缺法律规定的合同有效要件，在法律上不承认其效力的合同。

无效合同有下列特征：①合同已经成立。合同成立是确定合同效力的前提。如果合同不成立，则无所谓效力问题。②合同具有违法性。导致合同无效的原因很多，但归结起来，无效合同都具有违法性，即合同之所以无效，在于其违反了法律和行政法规的强制性规定以及社会公共利益。③无效合同当然的、确定的、自始不发生效力。无效合同是当然的无效，不以任何人的意志为转移，任何人均可提出主张。

合同涉及当事人的意思自治，对认定合同无效应当保持谦抑的态度，尽量尊重当事人的意思，不轻易认定合同无效，以维护交易的稳定。因此，《民法典》没有像原《合同法》那样，对无效合同做列举性规定，而是规定在合同编对合同效力没有规定时，合同效力适用总则编民事法律行为的规定。

**（二）无效合同的类型**

依《民法典》总则编和合同编的规定，无效合同可以梳理出如下几种情形：

（1）无民事行为能力人签订的合同。《民法典》第 144 条规定："无民事行为能力人实施的民事法律行为无效。"无民事行为能力人需要签订合同的，依法由他的监护人代理。另外，根据《民法典》第 145 条的规定，限制民事行为能力人签订的与其年龄、智力、精神健康状况不相适应的合同，法定代理人没有追认，或者善意相对人依法撤销的，该合同无效。

（2）合同双方以虚假的意思签订的合同。《民法典》第 146 条规定："行为人与相对人以虚假的意思表示实施的民事法律行为无效。以虚假的意思表示隐藏的民事法律行为的效力，依照有关法律规定处理。"

（3）违反法律、法规强制性规定的合同。《民法典》第 153 条第一款规定："违反法律、行政法规的强制性规定的民事法律行为无效。但是，该强制性规定不导致该民事法律行为无效的除外。"

（4）违背公序良俗的民事法律行为无效。《民法典》第 153 条第二款规定："违背公序良俗的民事法律行为无效。"

（5）恶意串通，损害他人合法权益的合同。《民法典》第 154 条规定："行为人与相对人恶意串通，损害他人合法权益的民事法律行为无效。"

**（三）合同免责条款的无效**

免责条款是指当事人以协议排除或限制其未来责任的合同条款。免责条款有效的，违约当事人可以依该条款免除责任。但免责条款也并非全部有效，法律对免责条款设有严格限制，规定某些免责条款无效。

《民法典》第 506 条规定："合同中的下列免责条款无效：①造成对方人身损害的；②因故意或者重大过失造成对方财产损失的。"人身伤害的免责条款无效，体现了以人为终极目的和终极关怀的价值取向，表明了法律将对人的保护置于中心。因故意和重大过失责任造成对方财产损失的免责条款无效，体现了法律维护合同效力的严肃性。因为重大过失视同故意，而在任何情形下，行为人均应对其故意造成的损害负责。如果许可当事人事先免除故意或重大过失的违约行为的责任，也就等于允许当事人任意毁约，严重违反诚实信用原则。

如果免责条款是以格式条款的方式订入合同的，则还要受法律对格式条款的约束。提供格式条款的一方免除其责任、加重对方责任、排除对方主要权利的，该条款无效。

**（四）合同无效的法律后果**

合同无效只是不发生当事人预期的法律后果，即不发生合同履行的效力，而并不意味着不发生任何法律后果。《民法典》第 157 条规定："民事法律行为无效、被撤销或者确定不发生效力后，行为人因该行为取得的财产，应当予以返还；不能返还或者没有必要返还的，应当折价补偿。有过错的一方应当赔偿对方由此所受到的损失；各方都有过错的，应当各自承担相应的责任。法律另有规定的，依照其规定。"合同被确定无效后，当事人应依法承担如下责任：

（1）返还财产。合同无效的，当事人不得履行。合同当事人在合同被确认无效前已经履行或部分履行的，受领给付的人有返还财产的义务。返还财产旨在使财产关系恢复到订约前的状况，无论接受财产的一方有无过错，均应返还。返还财产为特定的所有物的返还，应为原物返还。原物有孳息的，还应返还孳息。返还财产分为单方返还和双方返还两种情况。如果双方当事人都取得了对方交付的财产，则应当双方返还财产。

当财产不能返还或者没有必要返还时，应当折价补偿。"不能返还"有事实上的不能返还和法律上的不能返还两种情形。事实上的不能返还是由于某种客观事实而导致财产无法返还，如原物灭失且无代替品，原物已经被使用或者已经转化为其他性质的财产等。法律上的不能返还是法律规定因合同取得的某种财产不能返还，如已给付的财产已由取得财产的当事人转让给了善意第三人。"没有必要返还"是指根据实际情况的需要，当事人经协商认为不必采用返还原物的方式。

（2）赔偿损失。合同被确认无效以后，有过错的一方给对方当事人造成损失的，应承担损害赔偿的责任。双方都有过错的，应各自承担相应的责任。

（3）返还第三人。当事人因恶意串通损害他人合法权利而导致合同无效，所取得的财产应当返还第三人。

### 四、可撤销合同

#### （一）可撤销合同的概念和特征

可撤销合同，是指当事人的意思表示不真实，当事人可以请求人民法院或仲裁机构予以撤销的合同。

可撤销合同的特征表现如下几个方面：①可撤销合同是意思表示不真实的合同。可撤销合同也是不符合合同有效要件的，但这种不符合体现在意思表示不真实上。如因重大误解、因欺诈、因胁迫而成立的合同。对于当事人意思表示不真实的合同，因只涉及当事人的利益关系，不涉及合同的合法性以及社会公共利益问题，法律并不直接否认其效力，而是赋予当事人以撤销权。这既体现了法律对公平交易的要求，又体现了意思自治原则。②可撤销合同在未撤销之前为有效合同，只有在被撤销后才归于无效。可撤销合同自成立之时起就发生效力，只是因存在可撤销的事由，经撤销后才自始无效。如果撤销权人在规定时间内不行使撤销权，合同仍为有效，当事人仍受合同约束，不得以合同具有可撤销的因素为由而拒不履行合同义务。这与无效合同不同。③合同的撤销与否取决于撤销权人是否行使撤销权。由于可撤销合同主要涉及的是当事人意思表示不真实的问题，而当事人意思表示是否真实，其他人难以知晓，即使他人知道，而当事人自愿承受该行为的后果，根据意思自治原则，法律也没有干涉的必要。

#### （二）可撤销合同的类型

（1）重大误解。《民法典》第147条的规定："基于重大误解实施的民事法律行为，行为人有权请求人民法院或者仲裁机构予以撤销。"所谓重大误解是指行为人对行为的性质，对方当事人，标的物的品种、质量、规格和数量等的错误认识，使行为的后果与自己的意思相悖，造成较大损失的意思表示。

（2）欺诈。根据《民法典》第148条、149条的规定，一方以欺诈手段，使对方在违背真实意思的情况下实施的民事法律行为，或者第三人实施欺诈行为，使一方在违背真实意思的情况下实施的民事法律行为且对方知道或者应当知道该欺诈行为的，受欺诈方有权请求人民法院或者仲裁机构予以撤销。欺诈，指当事人一方故意编造虚假情况或者隐瞒真实情况，使对方陷入错误而违背自己真实意思表示的行为。

（3）胁迫。根据《民法典》第150条的规定，一方或者第三人以胁迫手段，使对方在违背真实意思的情况下实施的民事法律行为，受胁迫方有权请求人民法院或者仲裁机构予以撤销。受胁迫而为的民事法律行为，指以给公民或其亲友的生命健康、荣誉、名誉、财产等造成损害或者以给法人的荣誉、名誉、财产等造成损害相要挟，迫使对方作出违背真实意愿的意思表示。

（4）显失公平。根据《民法典》第151条的规定，一方利用对方处于危困状态、缺乏判断能力等情形，致使民事法律行为成立时显失公平的，受损害方有权请求人民法院或者仲裁机构予以撤销。"危困"是指由于一时的紧迫，大多数为经济上的窘境而需要他人提供实物或者金钱；"缺乏判断能力"是指未能按照理性的动机行事或正确评价双方的给付以及交易在经济上的结果。显失公平之判断时点，为"法律行为成立时"。法律行为成立生效之后因情事变更导致双方对待给付显失公平的，不能撤销。

（三）撤销权的行使及后果

（1）撤销权的行使应当通过诉讼方式或者仲裁方式行使。在法律规定的导致合同可撤销的事由中，大多数可撤销事由的具体内涵不确定，是否导致合同撤销容易在当事人之间发生争议，如果任由一方当事人自行认定，合同的约束力原则将难以免遭损害。因此，需要通过诉讼或者仲裁方式对撤销权的行使进行控制。

撤销权因有可撤销的事由而发生，因有消灭事由而消灭。《民法典》第152条规定，有下列情形之一的，撤销权消灭：①当事人自知道或者应当知道撤销事由之日起一年内、重大误解的当事人自知道或者应当知道撤销事由之日起九十日内没有行使撤销权；②当事人受胁迫，自胁迫行为终止之日起一年内没有行使撤销权；③当事人知道撤销事由后明确表示或者以自己的行为表明放弃撤销权。当事人自民事法律行为发生之日起五年内没有行使撤销权的，撤销权消灭。

（2）可撤销合同被撤销的后果。《民法典》第155条规定："无效的或者被撤销的民事法律行为自始没有法律约束力。"撤销权人行使撤销权，请求撤销的，经法院或仲裁机构确认后，合同溯及自成立时起无效，发生与无效合同相同的返还财产、赔偿损失等法律后果。

# 第四节 合同履行

## 一、合同履行概述

### （一）合同履行的概念

合同履行，是指债务人依据法律和合同的规定全面地、适当地履行其合同义务，以使合同债权得到实现的行为。当事人订立合同的目的在于实现合同利益，而合同的履行是合同债权得以实现的必要条件。只有合同得到履行，才能形成良好的市场秩序，建立信用经济。

（二）合同履行的原则

合同履行原则，是指导当事人履行合同时所遵循的行为准则，是民法基本原则在合同履行中的具体体现。合同履行的原则不同于民法的基本原则，其适用范围主要局限在履行领域。根据《民法典》的规定，合同履行原则包括适当履行原则、诚实信用原则、绿色生态原则和情势变更原则。

1. 适当履行原则

适当履行原则又称正确履行原则或全面履行原则，是指合同当事人按照合同关于履行主体、履行标的、数量及质量、履行时间、地点、方式、履行费用等内容的约定，全面准确地履行合同义务。《民法典》第 509 条第一款规定："当事人应当按照约定全面履行自己的义务。"合同必须严守，当事人必须正确地履行合同规定的内容。合同是双方当事人意思表示一致的产物，它一经依法成立便在当事人之间产生法律效力。因此，当事人须严格按照合同的内容正确地履行合同规定的义务，否则会构成违约。当事人要履行合同规定的全部义务，任何部分履行合同的行为都不符合按合同约定履行的规定。债务人的履行在质量、数量、履行方法、地点、时间等方面都必须符合合同的约定或法律的规定，否则也会承担违约责任。

2. 诚实信用原则

《民法典》第 509 条第二款规定："当事人应当遵循诚信原则，根据合同的性质、目的和交易习惯履行通知、协助、保密等义务。"依此规定，诚实信用原则作为民法的基本原则，自然也为合同履行的原则。双方当事人不仅要全面、正确、适当地履行合同的义务，而且要依诚实信用原则，协助对方当事人履行债务。合同履行，如果只有债务人的给付行为，没有债权人的受领，合同的内容将无法实现。因此，合同履行，不仅是债务人的事，也是债权人的事。

附随义务是法律没有具体规定，当事人也未约定，但基于诚实信用原则和一般交易观念，当事人应负担的附随于给付的义务。它适当地扩大了当事人负担的义务，可以弥补合同的遗漏和缺陷。在合同的履行中，当事人不仅应当全面适当地履行合同约定的给付义务，而且还应当履行依诚实信用原则产生的法定附随义务。例如，当事人在履行中应尽合理的注意，即有偿合同的当事人应尽善良管理人的注意，无偿合同的当事人应尽如同处理自己事务一样的注意；债务人对涉及债权人利益的重大事项等应善意告知；不论在合同履行前、履行过程中还是合同终止后，当事人均应履行为对方保密的义务。

3. 绿色生态原则

《民法典》第 509 条第三款规定："当事人在履行合同过程中，应当避免浪费资源、污染环境和破坏生态。"环境问题关乎每个人的切身利益，保护生态环境、节约资源也是私法上的义务。绿色生态原则作为一项极具鲜明时代特色的新原则被《民法典》所确认。把"避免浪费资源、污染环境和破坏生态"作为民事主体应该承担的基本义务写入合同篇，是保障个人及后代幸福生活的必然要求。

改革开放以来，我国经济社会高速发展，资源紧张、环境污染等问题日益突出，每位公民从事的民事活动都可能对环境产生影响，融入绿色原则是民法发展的基本趋势。民法虽然强调个人的意志自由、私权保护，但人却是社会的总和，其民事活动不可能孤立于国家和社会。确定"绿色生态原则"，有利于合同当事人树立生态环保意识，对解决日益严重的资源短缺和环境污染等问题具有重要的意义。

4. 情势变更原则

所谓情势变更原则，是指在合同有效成立以后，非因当事人双方的过错而发生情势变更，致使合同不能履行或如果履行会显失公平，因此根据诚实信用原则，当事人可以请求变更或解除合同。

《民法典》第533条规定："合同成立后，合同的基础条件发生了当事人在订立合同时无法预见的、不属于商业风险的重大变化，继续履行合同对于当事人一方明显不公平的，受不利影响的当事人可以与对方重新协商；在合理期限内协商不成的，当事人可以请求人民法院或者仲裁机构变更或者解除合同。人民法院或者仲裁机构应当结合案件的实际情况，根据公平原则变更或者解除合同。"合同依法成立之时，有其信赖的客观环境，当事人在合同中约定的权利义务应与这种客观环境相适应。合同中约定的权利义务的对等，是就该环境而言的。在合同成立之后，该客观环境发生改变或不复存在，原来约定的权利义务与新的情势、客观环境不适应，就会不再公平。于此情形下，只有将合同加以改变或解除，才能符合诚实信用原则，实现实质的公平。

(三) 合同约定不明的处理

《民法典》第510条规定："合同生效后，当事人就质量、价款或者报酬、履行地点等内容没有约定或者约定不明确的，可以协议补充；不能达成补充协议的，按照合同有关条款或者交易习惯确定。"

《民法典》第511条规定："当事人就有关合同内容约定不明确，依据前条的规定仍不能确定的，适用下列规定：①质量要求不明确的，按照强制性国家标准履行；没有强制性国家标准的，按照推荐性国家标准履行；没有推荐性国家标准的，按照行业标准履行；没有国家标准、行业标准的，按照通常标准或者符合合同目的的特定标准履行。②价款或者报酬不明确的，按照订立合同时履行地的市场价格履行；依法应当执行政府定价或者政府指导价的，依照规定履行。③履行地点不明确，给付货币的，在接受货币一方所在地履行；交付不动产的，在不动产所在地履行；其他标的，在履行义务一方所在地履行。④履行期限不明确的，债务人可以随时履行，债权人也可以随时请求履行，但是应当给对方必要的准备时间。⑤履行方式不明确的，按照有利于实现合同目的的方式履行。⑥履行费用的负担不明确的，由履行义务一方负担；因债权人原因增加的履行费用，由债权人负担。"

《民法典》第513条规定："执行政府定价或者政府指导价的，在合同约定的交付期限内政府价格调整时，按照交付时的价格计价。逾期交付标的物的，遇价格上涨时，按照原价格执行；价格下降时，按照新价格执行。逾期提取标的物或者逾期付款的，遇价格上涨时，按照新价格执行；价格下降时，按照原价格执行。"

## 二、双务合同履行中的抗辩权

双务合同履行中的抗辩权是指双务合同的当事人在符合法定条件时，暂时拒绝履行其债务的权利。包括同时履行抗辩权、先履行抗辩权和不安抗辩权。

合同履行中的抗辩权，在性质上属于延期的抗辩权，不是消灭的抗辩权。它只是延缓或阻止对方请求权的发生，而不是变更或消灭相对人的权利。抗辩权的行使不必经对方当事人同意，也不必经诉讼或仲裁程序，当事人只要符合法定条件，就可以自己行使这种权利，当然也可放弃。行使履行抗辩权的一方对法定条件的存在负举证责任，对方可以提出反证。

**（一）同时履行抗辩权**

同时履行抗辩权，是指双务合同中未约定债务先后履行顺序时一方当事人在对方未为对待给付前，可以拒绝履行自己债务的权利。

《民法典》第525条规定："当事人互负债务，没有先后履行顺序的，应当同时履行。一方在对方履行之前有权拒绝其履行请求。一方在对方履行债务不符合约定时，有权拒绝其相应的履行请求。"同时履行抗辩权的构成要件包括以下几项：

（1）须因同一双务合同互负债务。由于同时履行抗辩权发生的根据是双务合同履行上的牵连性，因此它只适用于双务合同，不适用于单务合同。

（2）须双方互负的债务没有先后履行顺序且均已届清偿期。同时履行抗辩权的适用，是双方对待给付的交换关系的反映，并旨在使双方所负的债务同时履行，双方享有的债权同时实现，所以，只有在双方的债务同时到期时，才能行使同时履行抗辩权。

（3）须对方未履行或未按约定履行债务。一方向另一方请求履行债务时，须自己已为履行或已提出履行，否则，对方可行使同时履行抗辩权，拒绝履行自己的债务。

（4）须对方的对待给付是可能的。同时履行抗辩权旨在敦促当事人同时履行债务，而不是消灭合同的效力。同时履行是以能够履行为前提的，如果一方已经履行，而另一方的履行已不可能（如标的物已遭到毁损灭失等），则已履行一方只能借助债务不履行的规定寻求救济，而不发生同时履行抗辩权问题。

同时履行抗辩权的行使，一方面保护了权利人的利益；另一方面也给对方造成压力，促使对方同时履行合同义务。在对方履行后，权利人必须履行自己的义务。行使同时履行抗辩权不以明示方式为限。对方如未给付，一方即可以暂时拒绝履行自己的义务，于此情形下，一方虽未明确表示行使同时履行抗辩权，但也未为给付的，不负迟延履行的责任。

**（二）先履行抗辩权**

先履行抗辩权，是指当事人互负债务，有先后履行顺序的，先履行一方未履行之前，后履行一方有权拒绝其履行请求；先履行一方履行债务不符合约定的，后履行一方有权拒绝其相应的履行请求。

先履行抗辩权本质上是对先履行一方违约的抗辩权，它和其他违约形式的请求权相结合，构成了对非违约方更为广泛的违约救济。

《民法典》第526条规定："当事人互负债务，有先后履行顺序，应当先履行债务一方未履行的，后履行一方有权拒绝其履行请求。先履行一方履行债务不符合约定的，后履行一方有权拒绝其相应的履行请求。"先履行抗辩权的构成条件包括如下几项：

（1）因同一双务合同互负债务。因为只有双务合同才存在履行上的牵连性，单务合同不存在履行上的牵连性，故只有因同一双务合同而双方互负债务，才能产生先履行抗辩权。

（2）两个债务须有先后履行顺序。当事人的债务履行顺序，应当按法律规定、当事人约定或交易习惯予以确定。如果法律对双务合同的履行顺序作了规定，或者当事人在合同中约定履行顺序，则履行顺序依法律的规定或当事人的约定。当法律未作规定，当事人亦未约定的情况下，履行顺序应根据交易习惯确定。

（3）先履行一方未履行债务或未适当履行债务。在合同履行存在先后顺序时，负有先履行义务的一方应当先履行，若先履行义务方的债务已届清偿期而不履行债务，则属违约，后履行一方有权拒绝先履行一方的履约要求。如果先履行一方履行不合约定，则后履行方有权拒绝先履行一方的相应履行要求，即与先履行方履行债务不符合约定部分的相应部分。

先履行抗辩权也属于延期的抗辩权。如果先履行方完全履行了合同义务，则后履行方抗辩权消灭，后履行方应当恢复履行其债务。后履行一方因行使先履行抗辩权致使合同履行迟延的，不承担迟延履行的责任。

**【阅读案例】** 未依约交付竣工资料是否可以拒付工程价款

A 公司中标 B 公司年产 3 万吨电池级硫酸锰工程，双方于 2016 年 5 月 18 日签订《建设工程施工合同》后，A 公司依约进场施工并于 2017 年 4 月 5 日完工，工程未组织竣工验收，B 公司在工程完工后即将工程投入使用。双方于 2017 年 8 月 28 日签订《协议书》，约定 A 公司应在 2017 年 12 月 1 日前向 B 公司提供工程竣工报告相关材料，若 A 公司逾期未向 B 公司提供工程竣工报告相关材料，则 A 公司自愿每天按合同总价款的 0.5% 向 B 公司支付违约金直至工程尾款扣完止。该协议签订后，A 公司因 B 公司欠付工程价款，于 2017 年 10 月 9 日起诉请求 B 公司支付施工工程款 4172951.18 元及相应利息。案经一审、二审法院判决，支持 A 公司要求 B 公司支付工程价款及利息的诉讼请求。B 公司不服，认为 A 公司请求支付工程价款的条件尚不具备，原判决认定欠付工程价款数额及利息有误，向福建省高级人民法院申请再审。

福建省高级人民法院裁定提审后，对 B 公司关于 A 公司请求支付工程价款的条件尚不具备的抗辩不予支持，但在查明欠付工程价款数额及利息后予以改判。

**【裁判理由】**

案涉工程于 2017 年 4 月 5 日由 B 公司实际投入使用，应视为已竣工。A 公司履行了合同的主要义务，B 公司依法应履行支付工程价款的义务。根据双务合同的本质，合同抗辩的范围仅限于对价义务，一方不履行对价义务的，相对方才享有抗辩权。本案中，交付竣工资料作为附随义务，支付工程款作为合同主要义务，两者不具有对等关系。双方于 2017 年 8 月 28 日签订案涉《协议书》，设定 A 公司未依约交付竣工资料的违约责任，但并未明确约定交付竣工资料作为支付工程款的前提条件，应当视为双方未就交付竣工资料与支付工程价款系同等义务达成一致意见，故 B 公司以 A 公司未交付竣工资料为由，主张行使先履行抗辩权没有事实及法律依据，原判决对其抗辩不予支持并无不当，B 公司关于 A 公司请求支付欠付工程款的条件尚未成就的主张不能成立。福建省高级人民法院在查明欠付工程价款数额及利息后，认为 B 公司的再审请求部分成立，遂予以改判。

先履行抗辩权的发生，需具备以下条件：一是需基于同一双务合同。二是该合同需由一方当事人先为履行。三是应当先履行的当事人不履行合同或者不适当履行合同。建设工程施工合同作为一种双务合同，依据双方合同的本质，合同抗辩的范围仅限于对价义务，也就是说，一方不履行对价义务的，相对方才享有抗辩权。只有对等关系的义务才存在先履行抗辩权的适用条件。本案先履行义务是交付竣工资料，后履行义务是支付工程价款，两者性质不同，前者并非建设工程施工合同的主要义务，后者则是建设工程施工合同的主要义务，二者不具有对等关系，原则上不能适用先履行抗辩权。

但意思自治原则是原《合同法》中的重要原则之一，在不违反法律、行政法规的强制性规定，不违背公序良俗的情况下，当事人可以基于自身实际，在合同中对双方的权利义务作出新的安排。竣工资料涉及合同项下已完工程的产权办理，关系发包方资产盘活和融资。因此，当事人明确约定：承包方未及时交付竣工资料，发包方有权拒绝支付工程价款。在此情况下，未交付竣工资料构成拒付工程价款的抗辩事由。本案中，双方当事人于2017年8月28日签订案涉《协议书》，设定A公司未依约交付竣工资料的违约责任，但并未明确约定交付竣工资料作为支付工程款的前提条件，故B公司以A公司未交付竣工资料为由，主张行使先履行抗辩权，不能成立。

### （三）不安抗辩权

不安抗辩权，是指在异时履行的双务合同中，应当先履行的一方有确切证据证明后履行方在履行期限到来后，将不能或不会履行债务时，得暂时中止自己债务履行的权利。

不安抗辩权与先履行抗辩权一样都适用于异时履行的情况，但先履行抗辩权是为了保护后履行一方，而不安抗辩权主要是为了保护先履行一方。不安抗辩权的构成应具备如下条件。

（1）因同一双务合同而互负债务。只有在双务合同中，才有可能使当事人之间的债务履行具有先后顺序之分。因此，不安抗辩权只有在双务合同中发生。

（2）须当事人约定一方应先履行债务且先履行方的债务已届履行期。如果双务合同无先后履行顺序的，当事人应同时履行，只发生同时履行抗辩权。合同债务有先后履行顺序的，先履行方应先为给付。但是，如果后履行一方难以作出对待履行时，先履行方履行义务后，则有可能使自己的利益受损。因此，为保护先履行一方的利益，法律赋予先履行的一方在符合法律规定的条件下享有拒绝履行的权利。只有在债务已届履行期时，先履行的一方才应履行其义务，此时如其履行后得不到相应的对待给付，才能发生是否中止履行的问题。不安抗辩权的设置，可以有效地防止先履行一方的利益受损。

（3）后履行一方有丧失或可能丧失履行债务能力的情形。后履行一方的履行能力明显降低，有难为对待给付之现实危险的，先履行的一方方可行使不安抗辩权。根据《民法典》第527条的规定，应当先履行债务的当事人，有确切证据证明对方有下列情形之一的，可以中止履行：①经营状况严重恶化。②转移财产、抽逃资金，以逃避债务。此种状况直接影响后履行一方的履行能力，同时也表明他并无履行的诚意。③丧失商业信誉。商业信誉既是合同订立、存续的基础，也是合同履行的基础或保障。既然后履行一方的履行基础已丧失，则先履行一方有权行使不安抗辩权。④有丧失或者可能丧失履行债务能力的其他情形。此为兜底条款以防法律漏洞。

为防止先履行一方滥用不安抗辩权，先履行一方行使不安抗辩权时负有两项义务：一是举证的义务。先履行的一方必须有确切的证据证明对方具有法律规定的不能或不会对待履行的情况，而不能凭空臆测对方不能或不会对待履行。没有确切证据而中止合同履行，只能表明先履行一方无正当理由中止履行自己的义务。因此，《民法典》第527条中规定，当事人没有确切证据中止履行的，应当承担违约责任。二是通知的义务。由于先履行的一方在行使不安抗辩权时无须征得对方的同意，而不安抗辩权的行使又会导致先履行的一方暂时中止合同的履行，如果在中止合同履行后，不及时通知对方，对方有可能受到损失。因此，《民法典》第528条规定，"当事人依据前条规定中止履行的，应当及时通知对方。对方提供适当担保的，应当恢复履行。中止履行后，对方在合理期限内未恢复履行能力且未提供适当担保的，视为以自己的行为表明不履行主要债务，中止履行的一方可以解除合同并可以请求对方承担违约责任。"

在不安抗辩权具备成立要件的情况下，行使不安抗辩权应当遵守如下程序：首先，在后履行一方提供适当担保前，先履行一方有权中止履行合同。其次，如果后履行一方对履行合同提供了适当担保，则不安抗辩权即归于消灭，先履行一方应恢复履行。担保是否适当，应以能充分保障先履行一方的履行利益得到实现为标准加以判断。最后，在先履行义务人中止履行后，对方在合理期限内未恢复履行能力，并且未提供适当担保的，中止履行的一方可以解除合同，并可以追究对方的违约责任。

### 三、合同保全

合同的保全，又称合同履行的保全或合同债权的保全，是指为防止因债务人的不当行为给债权人的债权实现带来危害，允许债权人代债务人之位向第三人行使债务人的权利，或者请求法院撤销债务人与第三人的法律行为的法律制度。其中，债权人以自己的名义向第三人行使债务人的权利，为债权人代位权制度；债权人请求法院撤销债务人与第三人的法律行为，为债权人撤销权制度。

债权需要债务的适当履行才能实现，而债务的履行又通常体现为从债务人的总财产即责任财产中分离出一定财产给债权人。责任财产不仅为某一债权人债权的一般担保，而且是全体债权人债权的共同担保。因此，责任财产的增损对债权的实现至关重要。因此，为了保护一般人的利益，弥补债的担保的不足，保障债权人债权的实现，我国《民法典》规定了合同保全制度。

#### （一）债权人代位权

1. 债权人代位权的概念

债权人代位权，是指当债务人怠于行使其对第三人享有的权利而害及债权人债权时，债权人为保全自己的债权，得以自己的名义行使债务人对第三人的该项权利之权。

2. 债权人代位权的性质

债权人代位权为实体权利，当具备代位权的发生要件时，债权人即可以自己的名义代债务人向第三人主张权利。代位权发生的基础来源于法律的规定，与债务人的意思无关。代位权是债权人代替债务人向债务人的债务人主张权利，为债权的对外效力，其行使对第三人产生法律上的约束力。

3. 债权人代位权的成立条件

我国《民法典》第535条规定："因债务人怠于行使其债权或者与该债权有关的从权利，影响债权人的到期债权实现的，债权人可以向人民法院请求以自己的名义代位行使债务人对相对人的权利，但是该权利专属于债务人自身的除外。代位权的行使范围以债权人的到期债权为限。债权人行使代位权的必要费用，由债务人负担。相对人对债务人的抗辩，可以向债权人主张。"根据以上规定，代位权的成立应满足如下要件：

（1）债务人对第三人享有到期债权。债务人对于第三人享有的到期债权，为债权人代位权的标的。专属于债务人自身的债权，如基于扶养关系、抚养关系、赡养关系、继承关系产生的给付请求权和劳动报酬、退休金、养老金、抚恤金、安置费、人寿保险、人身伤害赔偿请求权等权利，不得代位行使。此外，该债权应具有金钱给付内容，对于非金钱债权（如不作为债权和以劳务为给付标的的债权）原则上不得行使代位权。

（2）债务人怠于行使其债权。债务人怠于行使其债权是指债务人应行使且能行使而不行使其债权。债务人已经行使权利，虽其行使方法有所不当或结果并非有利，债权人也不得再行使其代位权，否则构成对债务人行使权利的不当干涉。

（3）债务人已陷于迟延。当债务人已陷于迟延仍怠于行使对第三人的债权，其又无资力清偿自己负担的债务，债权不能实现的危险即已客观存在，此时方有保全债权的必要。

（4）债务人怠于行使其债权的行为对债权人造成损害。如果不行使代位权，债权人的债权确有无法获得清偿的危险时，债权人才有行使代位权以保全自己债权的必要。根据最高人民法院相关司法解释的规定，债务人怠于行使到期债权，是指不以诉讼方式或仲裁方式向其债务人主张其享有的到期债权。

4. 债权人代位权的行使方式

债权人代位权的行使主体是债权人。若一个债权人已就某项债权行使了代位权，则其他债权人不得就该项权利再行使代位权。债权人行使代位权必须通过诉讼方式进行。《民法典》第537条规定："人民法院认定代位权成立的，由债务人的相对人向债权人履行义务，债权人接受履行后，债权人与债务人、债务人与相对人之间相应的权利义务终止。债务人对相对人的债权或者与该债权有关的从权利被采取保全、执行措施，或者债务人破产的，依照相关法律的规定处理。"

（二）债权人撤销权

1. 债权人撤销权的概念

债权人撤销权，又称废罢诉权，是指债权人对于债务人所为的危害债权的行为，可请求法院予以撤销的权利。债权人撤销权适用于债务人与他人实施某种行为，使其作为债务担保的责任财产不当减少，因而害及债权人的利益，使债权有不能实现的危险的情形。在此情形下，债权人可申请法院撤销债务人与他人之间的法律关系，恢复债务人的责任财产，使债权得到保障。

2. 债权人撤销权的成立条件

《民法典》第538条规定："债务人以放弃其债权、放弃债权担保、无偿转让财产等方式无偿处分财产权益，或者恶意延长其到期债权的履行期限，影响债权人的债权实现的,债权人可以请求人民法院撤销债务人的行为。"《民法典》第 539 条规定:"债务人以明显不合理的低价转让财产、以明显不合理的高价受让他人财产或者为他人的债务提供担保,影响债权人的债权实现,债务人的相对人知道或者应当知道该情形的,债权人可以请求人民法院撤销债务人的行为。"

3. 撤销权行使

《民法典》第 540 条规定:"撤销权的行使范围以债权人的债权为限。债权人行使撤销权的必要费用,由债务人负担。"撤销权的行使范围不能超出债权人的债权。债权人行使撤销权的律师代理费、差旅费等必要费用,由债务人承担。

《民法典》第 541 条规定:"撤销权自债权人知道或者应当知道撤销事由之日起一年内行使。自债务人的行为发生之日起五年内没有行使撤销权的,该撤销权消灭。"一年行使期间为特殊的诉讼时效期间。五年期间为撤销权的预存期间,从行为发生之日起经过五年债权人不行使撤销权,其实体权利便告消灭。

《民法典》第 542 条规定:"债务人影响债权人的债权实现的行为被撤销的,自始没有法律约束力。"债务人的行为在被撤销以前,并非当然无效。一旦被撤销,该行为即视为自始无效。债务人的行为被撤销以后,受益人已受领债务人财产的,应负返还的义务,原物不能返还的,应折价赔偿。受益人支付对价的,对债务人有不当得利返还请求权。受益人有过错的,应当适当分担债权人行使撤销权的必要费用。

## 第五节 合同变更、转让与终止

### 一、合同变更

#### (一) 合同变更的概念

广义的合同变更包括合同的主体变更和合同的内容变更。合同主体的变更,是指合同债权或者债务的转让,即以新的债权人、债务人代替原来的债权人、债务人,但合同内容并未发生变化。本节所述合同变更是指狭义的合同变更,即合同内容的变更。

#### (二) 合同变更的特征

合同的变更具有以下特征:

(1) 合同的变更仅是合同的内容发生变化,而合同的当事人保持不变。合同内容的变化,可表现为合同标的物的数量或质量、规格、价金、履行时间和地点、履行方式等合同内容的某一项或数项发生变化。

(2) 合同的变更是合同内容的局部变更,是合同的非根本性变化。合同变更只是对原合同关系的内容作某些修改和补充,而不是对合同内容的全部变更。变更后的合同关系与原有的合同关系在性质上不变,属于同一法律关系,具有"同一性"。如果合同的要素内容发生变化,即给付发生重大变化,如合同标的的改变,履行数量或价款的巨大变化,合同性质的变化等,将导致合同关系失去同一性,构成合同的根本性变更,称为合同的更新。

（3）合同的变更只能发生在合同成立后，尚未履行或尚未完全履行之前。合同未成立，当事人之间根本不存在合同关系，也就谈不上合同的变更。合同履行完毕后，当事人之间的合同关系已经消灭，也不存在变更的问题。

**（三）合同变更的要件**

《民法典》第543条规定："当事人协商一致，可以变更合同。"合同变更须具备以下条件：

（1）原已存在有效的合同关系。无原合同关系就无变更的对象，合同的变更离不开原已存在合同关系这一前提条件。同时，原合同关系若非合法有效，如合同无效、合同被撤销或者追认权人拒绝追认效力未定的合同，合同便自始失去法律约束力，即不存在合同关系，也就谈不上合同变更。

（2）合同变更须依当事人双方的约定。合同变更主要是当事人双方协商一致的结果。在协商变更合同的情况下，变更合同的协议必须符合民事法律行为的有效要件，任何一方不得采取欺诈、胁迫的方式来欺骗或强制他方当事人变更合同。如果变更合同的协议不能成立或不能生效，则当事人仍然应按原合同的内容履行。如果当事人对变更的内容约定不明确的，应视为未变更。

（3）须有合同内容的变化。合同变更仅指合同的内容发生变化，不包括合同主体的变更，因而合同内容发生变化是合同变更不可或缺的条件。当然，合同变更必须是非实质性内容的变更，变更后的合同关系与原合同关系应当保持同一性。

**（四）合同变更的效力**

合同的变更是在保持原合同关系的基础上，合同的部分内容发生变化。因此，在合同发生变更后，当事人应当按照变更后的合同的内容履行，任何一方违反变更后的合同内容都构成违约。合同的变更原则上仅向将来发生效力，未变更的权利义务继续有效，已经履行的债务不因合同的变更而失去法律依据。合同的变更不影响当事人要求赔偿的权利。

## 二、合同转让

**（一）合同转让的概念**

合同转让，是指合同当事人一方将其合同的权利和义务全部或者部分地转让给第三人。合同的转让实质上是合同的主体发生变更，即合同权利的受让人成为合同之债的新债权人，合同义务的受让人成为合同之债的新债务人，而合同的内容仍然保持不变。因此，合同的转让可以纳入广义的合同变更之中。

合同的转让，依其转让的权利义务之不同，可以分为合同权利的转让、合同义务的转让以及合同权利义务的概括转让三种形态。其中合同权利的转让又称为合同权利的让与，合同义务的转让又称为合同义务的承担，合同权利义务的概括转让又称为合同承受。

**（二）合同权利转让**

合同权利的转让，也称为合同债权转让，是指合同债权人通过协议将其债权全部或部分地转让给第三人的行为。《民法典》第545条规定:"债权人可以将债权的全部或者部分转让给第三人,但是有下列情形之一的除外:①根据债权性质不得转让;②按照当事人约定不得转让;③依照法律规定不得转让。当事人约定非金钱债权不得转让的,不得对抗善意第三人。当事人约定金钱债权不得转让的,不得对抗第三人。"合同权利的转让既可以是全部的转让,也可以是部分的转让。在权利全部转让时,受让人将完全取代转让人的地位而成为合同当事人;在权利部分转让情况下,受让人作为第三人将加入到原合同关系之中,与原债权人共同享有债权。

债权人转让债权,应当通知债务人,未通知债务人的,该转让对债务人不发生效力。债权转让的通知不得撤销,但是经受让人同意的除外。债权人转让债权的,受让人取得与债权有关的从权利,但是该从权利专属于债权人自身的除外。受让人取得从权利不因该从权利未办理转移登记手续或者未转移占有而受到影响。债务人接到债权转让通知后,债务人对让与人的抗辩,可以向受让人主张。因债权转让增加的履行费用,由让与人负担。

### (三) 债务承担

债务承担,是指基于债权人、债务人与第三人之间达成的协议将债务移转给第三人承担。债务承担时,承担人为新的债务人,债务承担的发生是基于债务人或债权人与第三人达成的转让协议,且在免责的债务承担,须征得债权人的同意。债务承担中,承担人不履行债务时,债权人可以直接请求其履行债务和承担违约责任。《民法典》第551条规定:"债务人将债务的全部或者部分转移给第三人的,应当经债权人同意。债务人或者第三人可以催告债权人在合理期限内予以同意,债权人未作表示的,视为不同意。"

第三人与债务人约定加入债务并通知债权人,或者第三人向债权人表示愿意加入债务,债权人未在合理期限内明确拒绝的,债权人可以请求第三人在其愿意承担的债务范围内和债务人承担连带债务。

债务人转移债务的,新债务人可以主张原债务人对债权人的抗辩;原债务人对债权人享有债权的,新债务人不得向债权人主张抵销。

债务人转移债务的,新债务人应当承担与主债务有关的从债务,但是该从债务专属于原债务人自身的除外。

### (四) 合同权利义务的概括移转

合同权利义务的概括移转,是指由原合同当事人一方将其债权债务一并移转给第三人,由第三人概括地继受这些债权债务。因此又叫合同承受。此种移转不是单纯的移转债权或债务,而是概括地移转债权债务。

《民法典》第555条规定:"当事人一方经对方同意,可以将自己在合同中的权利和义务一并转让给第三人。"合同的权利和义务一并转让的,适用债权转让、债务转移的有关规定。

合同权利义务概括移转不同于转租、转包等行为。在财产转租、合同转包中,承租人与转包人在未终止与原出租人和原发包人所订立合同的情况下,而与第三人订立转租或转包合同,实际上存在两个合同关系,当事人也各不相同。但是在合同权利义务概括移转发生之后,由于第三人已完全取代了原合同当事人一方的地位,因此,合同关系在原当事人间已发生消灭,而在新当事人间产生。

## 三、合同终止

合同的终止又称合同的消灭，是指当事人之间合同关系的结束和当事人债权债务的不复存在。

基于合同而产生的财产关系是最典型的动态财产关系，它与静态的财产归属关系的区别之一，即它不可能是永恒不变的，每一个合同都要经历从产生到消灭的过程，只是消灭的原因不同。《民法典》第557条规定："有下列情形之一的，债权债务终止：①债务已经履行；②债务相互抵销；③债务人依法将标的物提存；④债权人免除债务；⑤债权债务同归于一人；⑥法律规定或者当事人约定终止的其他情形。"另外，合同解除的，该合同的权利义务关系终止。

债权债务终止后，当事人应当遵循诚实信用等原则，根据交易习惯履行通知、协助、保密、旧物回收等义务。合同终止引起合同关系归于消灭，自合同终止之日起，当事人不再享有合同约定的权利，也不负有合同约定的义务。但合同终止未必免除所有义务，当事人仍应当承担法律规定的义务。依据诚实信用原则，合同法规定的保密、协助、通知、告知的义务不以合同有效存在为要件，无论合同是否成立、是否消灭，当事人均应履行，未履行此项义务而给对方当事人造成损失的，该当事人有权起诉要求损害赔偿。

## 四、合同解除

### （一）合同解除概述

合同解除，是指在合同的有效存续期间内，因为客观情况的变化，或法律规定、当事人约定的情况发生，基于一方或双方当事人的意思表示，使尚未因清偿而终止的合同消灭的制度。

合同义务的清偿与合同权利的实现是当事人订立合同的预期目的，无论是债权人还是债务人，都会在给付清偿或接受清偿中受益。但是，在一些特殊的情况下，合同义务的清偿会给债权人带来不利和负担，或者给债务人带来巨大损失，合同解除就是为了避免这些不利因素而设置的制度。作为合同消灭的原因，合同解除是合同终止的特殊情形。

### （二）合同解除的种类

1. 单方解除与双方解除

以合同解除主体的不同为根据，可以将合同解除分为单方解除和双方解除。当事人一方享有解除权，一经该方当事人行使解除权，即可发生合同解除后果的，为单方解除；当事人不享有解除权，当事人双方达成解除合同的合意，双方发生解除合同后果的，为双方解除。单方解除是以解除权的行使终止一个完全有效的合同，而双方解除则是以一个新合同终止尚具效力的旧合同。

2. 约定解除与法定解除

以解除权的发生原因不同为根据，可将合同解除分为约定解除与法定解除。解除权若基于当事人约定的条件而发生的,为约定解除。《民法典》第 562 条规定:"当事人协商一致,可以解除合同。当事人可以约定一方解除合同的事由。解除合同的事由发生时,解除权人可以解除合同。"解除权如果基于法律规定的条件而发生的,为法定解除。《民法典》第 563 条规定:"有下列情形之一的,当事人可以解除合同:①因不可抗力致使不能实现合同目的;②在履行期限届满前,当事人一方明确表示或者以自己的行为表明不履行主要债务;③当事人一方迟延履行主要债务,经催告后在合理期限内仍未履行;④当事人一方迟延履行债务或者有其他违约行为致使不能实现合同目的;⑤法律规定的其他情形。以持续履行的债务为内容的不定期合同,当事人可以随时解除合同,但是应当在合理期限之前通知对方。"

3. 有溯及力的解除与无溯及力的解除

以合同解除是否有溯及力为根据,可以将合同解除分为有溯及力的解除和无溯及力的解除。合同解除的效力溯及至合同成立之时,合同自始不发生效力,当事人依据合同已经取得的财产应当原物返还的,为有溯及力的解除;合同自解除之时起消灭,即合同的权利义务向将来消灭,当事人依据合同已经取得的财产无须返还的,为无溯及力的解除。

(三) 合同解除的程序

合同解除的程序因单方解除和双方解除之分而有不同。

1. 单方解除的程序

单方解除无须当事人双方意思表示一致,仅解除权人一方行使解除权便可使合同归于消灭。解除权人以行使解除权消灭合同的,须按照我国法律规定的步骤进行,否则,不生合同解除的效力。《民法典》第 565 条规定:"当事人一方依法主张解除合同的,应当通知对方。合同自通知到达对方时解除;通知载明债务人在一定期限内不履行债务则合同自动解除,债务人在该期限内未履行债务的,合同自通知载明的期限届满时解除。对方对解除合同有异议的,任何一方当事人均可以请求人民法院或者仲裁机构确认解除行为的效力。当事人一方未通知对方,直接以提起诉讼或者申请仲裁的方式依法主张解除合同,人民法院或者仲裁机构确认该主张的,合同自起诉状副本或者仲裁申请书副本送达对方时解除。"依此规定,解除权人所为的解除合同的意思表示到达对方当事人后,对方当事人有异议的,可以向人民法院起诉或向仲裁机关申请仲裁,经过人民法院或仲裁机关的审理认定解除权成立的,合同解除应当溯及至解除权人向对方当事人为解除的意思表示之时。

2. 双方解除的程序

当事人双方平等协商,自愿达成协议,解除原有合同的,为合同的双方解除。双方解除是当事人之间订立一个新合同,废止旧合同。法律合同成立与生效的所有规定也均适用于双方解除。需要注意的是,当事人在合同中约定解除合同的条件,若解除合同的条件成就时,解除权人解除合同的,根据《民法典》的规定,也应当通知对方,合同自通知到达对方时解除。对方有异议的,可以请求人民法院或者仲裁机构确认解除合同的效力。

(四) 解除权行使的期间

根据《民法典》第 564 条的规定,法律规定或者当事人约定解除权行使期限,期限届满当事人不行使的,该权利消灭。

法律没有规定或者当事人没有约定解除权行使期限,自解除权人知道或者应当知道解除事由之日起一年内不行使,或者经对方催告后在合理期限内不行使的,该权利消灭。

**(五)合同解除的效力**

合同解除,合同之债是否溯及地消灭,取决于合同的性质和当事人的履行情况。合同的权利义务关系终止,不影响合同中结算和清理条款的效力。

《民法典》第566条规定:"合同解除后,尚未履行的,终止履行;已经履行的,根据履行情况和合同性质,当事人可以请求恢复原状或者采取其他补救措施,并有权请求赔偿损失。合同因违约解除的,解除权人可以请求违约方承担违约责任,但是当事人另有约定的除外。主合同解除后,担保人对债务人应当承担的民事责任仍应当承担担保责任,但是担保合同另有约定的除外。"

1. 有溯及力的合同解除效力

合同一经解除,合同关系溯及既往地归于消灭。这是合同解除有溯及效力时首先发生的法律后果,恢复原状、赔偿损失等后果均以此为逻辑起点。根据合同的性质,因合同解除而溯及之始消灭的,主要是非继续性合同。

合同因解除而溯及既往地归于消灭,当事人依据合同而取得的财产应当原物返还,原物不在,应折价返还,以使当事人的财产状况恢复至原来的状态。恢复原状是合同解除溯及效力的直接后果和重要标志。

2. 无溯及力的合同解除效力

合同解除无溯及力,是指合同解除仅仅使合同关系向将来消灭。继续性合同被解除时,只要当事人没有相反的约定,合同均自解除之日起消灭。合同的义务是若干多次连续性给付构成,或者合同的义务虽为一次性给付,但权利义务状态须保持相当长一段时间的,为继续性合同。例如,租赁合同、保管合同等,标的物及租金、保管费均为一次性给付,但合同权利义务须存续相当长的时间;供电合同、供水合同、连续交易的买卖合同等等均为多次给付的继续性合同。继续性合同解除,无溯及力是原则,但也有例外。

# 第六节 违约责任

## 违约责任概述

**(一)违约责任的概念**

违约责任,是合同当事人一方违反合同义务而应承担的民事责任。违约责任是对权利人因义务人违约受到损害的一种救济措施。

《民法典》第577条规定:"当事人一方不履行合同义务或者履行合同义务不符合

约定的,应当承担继续履行、采取补救措施或者赔偿损失等违约责任。"合同权利受法律保护,而合同权利的实现又有待于合同义务的履行。当事人一方不履行合同义务或者履行合同义务不符合约定,就会损害合同权利人的权利,因此,违反义务的当事人应当承担相应的民事责任,该责任就是违约责任。

**(二)违约责任的特征**

违约责任属于民事责任,具有如下特征:

(1)违约责任以违反有效合同义务为前提。没有合同义务,不会发生合同义务的违反,也就不会产生违约责任。当事人是否负有合同义务,是确定其是否会承担违约责任的一个根本标准。只有当事人负有合同义务而又未履行该义务,才会发生违约责任。因此,违约责任虽可称为合同责任,但不同于法律上的责任。例如,法律上规定了缔约过失责任,但如前所述,缔约过失责任是缔约当事人违反缔约中的法定义务而应承担的民事责任,而不是违反合同义务的责任。因为在缔约过程中,合同义务还未产生,当事人不负有合同义务。

(2)违约责任具有相对性。合同义务是特定的合同义务人向合同权利人负担的义务,因此,违约责任也只能是合同义务人向合同权利人承担的责任,既不能是合同义务人以外的第三人承担的责任,也不能是合同义务人向合同权利人以外的第三人承担的责任。《民法典》第593条规定:"当事人一方因第三人的原因造成违约的,应当依法向对方承担违约责任。当事人一方和第三人之间的纠纷,依照法律规定或者按照约定处理。"

**【阅读案例】 工程多层转包下的责任承担**

发包人某铝业公司与某铝业服务公司签订《建设工程施工合同》,约定某铝业服务公司总承包某综合修理车间工程。后某铝业服务公司又与某建设公司签订《分包协议》,将该工程转包给某建设公司。某建设公司又与张某签订《协议书》,将工程转包给张某施工。张某未实际完工即退场,剩余工程由总包方某铝业服务公司完工。因某建设公司下欠张某工程款988058元,张某诉至法院,要求某建设公司支付下欠工程款及利息,某铝业服务公司和某铝业公司在未付款范围内承担给付责任。

郑州中院第一次审理判决某建设公司支付张某工程款及利息,总承包方某铝业服务公司在其欠付某建设公司工程款范围内承担责任,发包方某铝业公司在其欠付总包方某铝业服务公司工程款范围内承担责任。该一审判决后,某铝业服务公司不服,提起上诉。河南省高院经审理认为一审法院适用法律错误,遂裁定发回重审。郑州中院重审后认为,实际施工人应基于合同相对性主张权利,其无权请求与自己没有合同关系的总承包人某铝业服务公司在欠付工程款范围内承担责任,遂改判某建设公司单独向张某承担责任。某建设公司不服,提出上诉,河南省高院驳回上诉,维持原判。

(3)违约责任具有任意性。违约责任与其他民事责任一样属于法律责任,具有强制性,但违约责任又具有任意性的特点。合同当事人不仅可以约定合同义务,而且也可以约定违反合同的责任。合同当事人既可以约定承担违约责任的情况,也可以约定限制或者免除违约责任的情况;既可以约定承担责任的范围,也可以约定承担责任的方式;既可以约定违约赔偿损失的数额,也可以约定违约赔偿损失的计算方法。当然,当事人对违约责任的约定也不能违反法律的强行性规定。

（4）违约责任具有补偿性。违约责任主要是一种补偿性的财产责任，即以补偿因违约行为造成的损害后果为目的。违约责任的财产性也是由合同的目的所决定的。合同中的权利义务一般是具有经济内容的，违反合同给权利人造成的损害一般也就是经济利益的损失。因此违约责任作为一种救济措施也只能是财产性的，以补偿权利人因违约所受的损害为目的，当事人约定的违约责任过高或过低时，法院或仲裁机构可以予以调整。当然，这并非说违约责任不能有惩罚性。为实现实质平等和实质公正，法律对于某些违约行为也可以规定惩罚性赔偿。

**（三）违约形态**

违约形态，亦即违约的类型，是根据违约当事人违反合同义务的不同情况的一种分类。

1. 预期违约

预期违约，又称先期违约、期前违约等，是指合同当事人在履行期限届满前没有正当理由表示不履行合同。

合同当事人是否违约本来应以其在履行期限内是否适当履行义务为判断标准。因为在履行期限到来前，义务人无履行的责任，其不履行义务应属符合法律和合同要求的行为，不会构成违约；在履行期限届满前，义务人是否履行义务不能确定，也就不能判定义务人不履行合同。因此，在合同当事人应履行义务前是不会发生违约的。但是，当事人若在履行期限届满前表示不履行合同，应许可权利人及早采用救济措施。《民法典》第578条规定："当事人一方明确表示或者以自己的行为表明不履行合同义务的，对方可以在履行期限届满前请求其承担违约责任。"在履行期到来前，当事人不履行义务本是正常的，但如果该当事人表示不履行，也就是毁约，履行期限到来后，该当事人将不可能履行合同即实际违约，应承担违约责任。

预期违约侵害权利人的期待利益，与实际违约的救济措施不同。由于预期违约与实际违约所侵害的权利人的利益不同，因此，预期违约的救济措施也就不同于实际违约的救济措施。当事人一方预期不履行主要债务的，另一方根据法律规定有权解除合同。一般说来，权利人解除合同并要求赔偿的，赔偿的范围为信赖利益的损失。如果在一方预期违约的情形下，对方不是要求违约当事人按预期违约承担责任，而是于履行期限届满后要求违约当事人按实际违约承担责任，则赔偿的范围为履行利益的损失。

2. 实际违约

实际违约，是指当事人一方在合同履行期限到来后不履行合同义务或者履行合同义务不符合约定。

实际违约首先分为不履行合同与不适当履行。不履行合同，是指当事人根本就没有实施履行义务的履行行为；不适当履行，是指当事人虽有履行行为，但其履行不符合要求即履行是不适当的。其次，不履行合同义务依不履行的原因又可分为拒不履行与不能履行；不适当履行又可分为迟延履行、部分履行、瑕疵履行、加害履行以及其他不适当履行。

（1）不履行合同。不履行合同，是指当事人根本就没有实施履行合同义务的行为。例如，应交付货物的当事人根本未交付货物；应提供劳务的当事人根本没提供劳务等，均属于不履行合同。不履行合同有如下几种情形。

拒不履行。拒不履行，是指在合同履行期限到来后当事人能够履行义务而无正当理由地拒绝履行。

不能履行。又称履行不能，是指合同当事人一方已经不可能履行自己的义务，也就是说，债务人在客观上已经不具备履行合同义务的条件。例如，以特定物为标的物的，该特定物已毁损灭失；提供劳务的债务人已经失去劳动能力。不能履行与拒不履行虽都为债务人不可能履行的情形，但两者不同。拒不履行是因义务人主观上的原因致使合同不可能履行；而不能履行是因债务人以外的客观原因致使合同不可能履行。不能履行还可分为法律不能与事实不能。所谓法律不能是指基于法律的规定而不能履行，如出卖的标的物因法律规定为禁止流通物；事实不能则是基于法律规定以外的原因而不能履行，如标的物毁损灭失。无论是事实不能还是法律不能，均不影响不能履行的违约行为的构成。发生不能履行的违约行为时，除债务人有免除违约责任的事由外，不能履行的当事人一方仍应承担违约责任。

（2）不适当履行。

迟延履行。迟延履行，是指当事人在合同履行期限届满时能够履行而未履行合同义务。迟延履行属于履行期限不适当即未按合同约定的期限履行的一种违约行为。违反合同的履行期限可以有两种情形：一是提前履行，即在履行期限到来前履行。当事人提前履行的，应经对方当事人同意，否则，对方当事人有权拒绝接受；二是延期履行，即在履行期限届满后履行。实务中违反合同履行期限的行为主要是迟延履行。

部分履行。部分履行，是指债务人虽有履行但其履行在数量上不足。债务人履行债务应按照合同中约定的数量履行，若数量上不符合约定，则为履行数量不适当。数量上不适当有两种情形：一是债务人给付的标的数量超过约定的数量，即所谓多交。于此情形下债权人对于债务人多交的部分可以拒收，也可以接受，债权人接受的，应按照约定的价格支付价款；二是债务人给付的标的数量不足，即所谓少交。部分履行就属于后一种情形。

瑕疵履行。瑕疵履行，广义上包括加害履行，狭义上是指债务人有履行行为但其履行在质量上不符合要求。例如，当事人一方交付的标的物在品质、品种、规格、型号、花色等方面不符合约定或者提供的服务不符合要求。在瑕疵履行时，违约行为人承担物的瑕疵担保责任，对补救方式有明确规定的，对方应按照规定采取相应的补救措施；没有明确规定的，对方有权根据情况选择救济方式，但其选择应当合理。如给付的标的物质量不合要求，债务人无另外的标的物可换的，则债权人不能采取请求更换的救济措施。

加害履行。加害履行，又称为加害给付，为瑕疵履行中的一种特殊情形，指因债务人履行的标的不符合要求而给债权人造成人身或者其他财产损害。加害履行的构成条件有三方面：一是债务人有履行行为。若当事人不是履行合同而是实施履行行为以外的行为造成债权人的人身或财产损害的，不属于加害履行；二是债务人的履行标的质量不符合规定，即有缺陷；三是因债务人履行标的的瑕疵给债权人的人身或者其他财产造成损失。例如，债务人交付的电视机质量不合格，因该电视机爆炸使债权人受伤或者使债权人的其他财产受损。这是加害履行与狭义瑕疵履行的根本区别。在瑕疵履行中，债权人受损害的仅为履行利益;而在加害履行中,债权人受损害的不是履行利益,而是履行利益以外的其他利益。由于债权人的人身或者财产是任何人不得非法侵害的,不论何人以何种形式侵害债权人的人身或者财产,都应承担赔偿责任。这种责任属于侵权责任。在加害履行的情形下,一方面,因债务人的履行行为不合要求,构成违约行为;另一方面,因该履行行为又使债权人受到履行利益以外的其他利益损失,债务人的行为可构成侵权行为。因此,发生加害履行时,会发生违约责任与侵权责任的竞合。

其他不适当履行。按照合同的履行规则,债务人除应按照约定的时间、质量完全履行自己的义务外,还应当按照约定的地点、方式方法等履行其义务。除上述违约行为外,债务人虽有履行行为但其履行的地点或者方式方法等不符合约定的,也属于不适当履行的违约行为。例如,履行地点不合要求的,债权人有权要求债务人在约定的地点履行;履行方式不合要求的,债权人有权要求债务人按约定的方式履行。

（四）违约责任形式

违约责任形式,是违约当事人承担违约责任的方式。根据《民法典》第577条的规定,违约责任的形式主要有以下几种。

1. 继续履行

继续履行,是当事人一方违反合同后,应当承担的继续履行其合同义务的违约责任。合同当事人应当按照合同的约定标的完全地履行自己的义务。当事人一方未履行或者未完全履行其义务时,对方有权要求其继续履行,对方当事人享有的该项权利为履行请求权。违约当事人应对方的请求自愿继续履行的,对方也就没有必要请求法院强制违约当事人履行;如果违约当事人应对方的请求仍不履行的,则对方可以请求法院强制违约当事人履行。

关于适用继续履行责任的条件,我国《民法典》第579条和第580条就金钱债务与非金钱债务分别作了规定。《民法典》第579条规定:"当事人一方未支付价款、报酬、租金、利息,或者不履行其他金钱债务的,对方可以请求其支付。"当事人一方只要不履行或不完全履行支付价款或者报酬的义务,对方就有权要求其支付,违约方就应当承担继续履行支付价款或者报酬的义务。

对于非金钱债务,《民法典》第580条规定:"当事人一方不履行非金钱债务或者履行非金钱债务不符合约定的,对方可以请求履行,但是有下列情形之一的除外:①法律上或者事实上不能履行;②债务的标的不适于强制履行或者履行费用过高;③债权人在合理期限内未请求履行。有前款规定的除外情形之一,致使不能实现合同目的的,人民法院或者仲裁机构可以根据当事人的请求终止合同权利义务关系,但是不影响违约责任的承担。"《民法典》第581条规定:"当事人一方不履行债务或者履行债务不符合约定,根据债务的性质不得强制履行的,对方可以请求其负担由第三人替代履行的费用。"当债务的性质属于不得强制履行的情形时,债权人可以委托第三人履行合同约定的非金钱债务,然后请求债务人负担由第三人替代履行的费用。民事诉讼法规定了诸多执行措施。依据人民法院的判决、裁定、其他法律文书以及仲裁机构的仲裁裁决,债务人应当履行而不履行的,债权人可以依法请求强制执行。

2. 采取补救措施

补救措施是矫正合同不适当履行的责任方式。适用补救措施的条件是当事人一方履行合同义务不符合要求，且不属于量上的不适当。如果当事人一方不履行义务，或者不完全履行，违约当事人采取矫正措施，有利于维持当事人之间的合同关系。

如果债务人和债权人对违约有事先约定的，应当按照当事人的约定承担违约责任。比如，双方约定的"三包"规定中，对不同瑕疵的后果进行了详细的约定，此时违约方就应当按照当事人之间的约定承担违约责任。如果当事人对违约责任没有约定，或者虽有约定但约定不明确的，此时就应当依据《民法典》第510条的规定予以确定，即合同生效后，当事人就质量、价款或者报酬、履行地点等内容没有约定或者约定不明确的，可以协议补充；不能达成补充协议的，按照合同相关条款或者交易习惯确定。如果当事人对此既无约定，也无法依据《民法典》第510条的规定予以确定的，则受损害方根据标的的性质以及损失的大小，可以合理选择请求对方承担修理、重作、更换、退货、减少价款或者报酬等违约责任。补救措施不能与继续履行并用，但可以与赔偿损失并用。

3. 赔偿损失

赔偿损失，是违约当事人应承担的赔偿对方损失的违约责任。《民法典》第583条规定："当事人一方不履行合同义务或者履行合同义务不符合约定的，在履行义务或者采取补救措施后，对方还有其他损失的，应当赔偿损失。"

适用赔偿损失的违约责任，须具备以下条件：①一方当事人有违约行为，即当事人一方不履行合同义务或者履行合同义务不符合约定。赔偿损失，不仅为违反合同的责任形式，也为侵权责任以及缔约过失责任的责任方式。若一方非因违约而因有其他不法行为而承担赔偿损失的民事责任，其所承担的赔偿损失责任不属于违约责任。②违约行为造成了对方的损失。赔偿损失以有损失为前提条件，无损失则无赔偿。因此，只有在违约当事人实施违约行为给对方造成损失时，才可适用赔偿损失的违约责任。违约责任中损害是因违约而给另一方所造成的不利益，损失则是以金钱计算出的损害。③违约行为与对方损失之间有因果关系，对方的损失是违约行为所导致的。违约当事人仅对因违约而给对方造成的损失负赔偿责任。④无免责事由。

认定违约当事人应承担赔偿损失的违约责任后，进而应当确定违约当事人应赔偿损失的范围。在当事人对于赔偿损失的范围有约定时，只要该约定有效，就应当按照约定来确定赔偿的数额。只有在当事人没有约定或者约定无效的情形下，才有必要按照法律规定确定赔偿损失的范围。

这里所说的仅指法定赔偿损失的范围，而不包括约定赔偿损失的范围。在确定赔偿损失的范围时应当适用法律规定的以下规则。①完全赔偿规则。完全赔偿规则，指的是违约方应当对因其违约给对方造成的全部损失予以赔偿。《民法典》第584条规定："当事人一方不履行合同义务或者履行合同义务不符合约定，造成对方损失的，损失赔偿额应当相当于因违约所造成的损失，包括合同履行后可以获得的利益。"凡因违约行为给对方造成的损失，违约方均应赔偿。完全赔偿规则要求违约方赔偿因违约所造成的全部损失，但也只有违约造成的损失才在赔偿范围内，因其他原因造成的权利人的损失则不在赔偿范围内。因此，在适用完全赔偿规则时还应同时适用以下规则，以确定与违约有法律上因果关系的损失。②合理预见规则。合理预见规则，指的是违反合同的当事人承担赔偿损失责任的赔偿范围以当事人于订约时应当预见到的违约会造成的损失为限。根据《民法典》第 584 条后半段规定，损失赔偿额不得超过违约一方订立合同时预见到或者应当预见到的因违约可能造成的损失。③减轻损失规则。减轻损失规则简称为减损规则，指的是因债权人一方的原因而扩大的损失，违约方不承担赔偿损失的责任。《民法典》第 591 条规定："当事人一方违约后，对方应当采取适当措施防止损失的扩大；没有采取适当措施致使损失扩大的，不得就扩大的损失请求赔偿。当事人因防止损失扩大而支出的合理费用，由违约方负担。"④与有过失规则。与有过失规则，指的是受害人对于违约损失的发生也有过错的，可以减轻或者免除违约方赔偿损失的责任。《民法典》第 592 条规定："当事人都违反合同的，应当各自承担相应的责任。当事人一方违约造成对方损失，对方对损失的发生有过错的，可以减少相应的损失赔偿额。"⑤损益相抵规则。损益相抵规则又称损益同销规则，是指债权人基于与损失发生的同一违约行为而受有利益时，应将其由此所受利益从所受损失中扣减去以确定赔偿损失范围的规则。也就是说，依损益相抵规则，违约行为人承担赔偿损失责任的范围应为债权人所受损失减去其因此违约所受利益的差额。损益相抵，并不是两个债权的相互抵销，也不是对违约行为人赔偿责任的限制或者减轻，而是要准确地确定违约行为给债权人所造成的真正损失。尽管《民法典》上未明确规定损益相抵规则，但从其第 584 条中关于"损失赔偿额应当相当于因违约所造成的损失"的规定看，只有适用损益相抵规则才能确定债权人因债务人违约所造成的真正损失。适用损益相抵规则，要求须从债权人因违约所发生的损失中扣除其因违约所受的利益。

4. 支付违约金

违约金，是当事人约定的或者依法律规定的在一方当事人违约时应向另一方当事人支付的一定数额的款项。《民法典》第 585 条规定："当事人可以约定一方违约时应当根据违约情况向对方支付一定数额的违约金，也可以约定因违约产生的损失赔偿额的计算方法。约定的违约金低于造成的损失的，人民法院或者仲裁机构可以根据当事人的请求予以增加；约定的违约金过分高于造成的损失的，人民法院或者仲裁机构可以根据当事人的请求予以适当减少。当事人就迟延履行约定违约金的，违约方支付违约金后，还应当履行债务。"

违约金具有以下特点：①违约金是由当事人事先在合同中约定的。违约金只能是在违约的情形下支付，而不能在违约前支付。若在违约前一方向另一方支付一定款项，则该款项只能为定金或者预付款，而不属于违约金。②违约金是违约方向另一方支付的一定数额的款项。违约金是违约的一方给付给对方的金钱，也就是说支付违约金的客体为金钱，而不是其他。至于违约方在不给付金钱，而为其他的给付以代金钱给付的，应当属于违约金债务的代物清偿。③支付违约金是一种违约责任，而非典型的担保方式。

《民法典》第 585 条中规定的违约金属于排他性违约金。一方违约后，当事人可以就违约金的数额请求增加或减少，但违约方支付违约金后不再承担赔偿损失的责任。违约金具有预定赔偿金的性质。但是，当事人就迟延履行约定违约金的，违约方支付违约金后，还应当履行债务。

依最高人民法院相关司法解释的规定，当事人请求增加违约金的，增加后的违约金数额以不超过实际损失额为限。增加违约金以后，当事人又请求赔偿损失的，法院不予支持。当事人主张约定的违约金过高请求予以适当减少的，法院应当以实际损失为基础，兼顾合同的履行情况、当事人的过错程度以及预期利益等综合因素，根据公平原则和诚实信用原则予以衡量并作出裁决。当事人约定的违约金超过造成损失的30%的，一般可以认定为"过分高于造成的损失"。

除当事人另有约定或者法律另有规定外，支付违约金不以违约方的过错为条件。

5. 没收或者双倍返还定金

定金是指当事人双方为了保证债务的履行，约定由当事人一方先行支付给对方一定数额的货币作为合同的担保。《民法典》第586条规定："当事人可以约定一方向对方给付定金作为债权的担保。定金合同自实际交付定金时成立。定金的数额由当事人约定；但是，不得超过主合同标的额的百分之二十，超过部分不产生定金的效力。实际交付的定金数额多于或者少于约定数额的，视为变更约定的定金数额。"

作为一种担保方式，定金具有下列特征：①定金具有从属性。定金随着主合同的存在而存在，随着主合同的消灭而消灭。②定金的成立具有实践性。定金是由合同当事人约定的，但只有当事人关于定金的约定，而无定金的实际交付，定金担保并不能成立。当事人将定金实际交付给对方，定金才能成立。③定金具有预先支付性。只有在合同成立后，未履行前交付，才能起到担保的作用。因此，定金具有预先支付性。④定金具有双重担保性。即同时担保合同双方当事人的债权。交付定金的一方不履行债务的，丧失定金；而收受定金的一方不履行债务的，则应双倍返还定金。

当事人交付的定金，应当根据合同履行情况做不同处理。债务人履行债务的，定金应当抵作价款或者收回。给付定金的一方不履行债务或者履行债务不符合约定，致使不能实现合同目的的，无权请求返还定金；收受定金的一方不履行债务或者履行债务不符合约定，致使不能实现合同目的的，应当双倍返还定金。

违约金与定金两者不能同时并用，只可以选择适用。当事人既约定违约金，又约定定金的，一方违约时，对方可以选择适用违约金或者定金条款。定金不足以弥补一方违约造成的损失的，对方可以请求赔偿超过定金数额的损失。

违约金与定金条款的选择适用，是以同一违约行为既可以适用违约金条款又可以适用定金条款为前提的。如果违约方的违约行为属于应支付违约金的违约情形，但不属于适用定金罚则的违约情形，当然不发生两者的选择适用。

**（五）违约责任的免责事由**

违约责任的免责事由，是法律规定的或者当事人约定的减轻或者免除违约当事人承担违约责任的情况。

违约责任的免责事由可以分为两类：一类是当事人在合同中约定的免责事由。当事人在合同中约定免除或者限制当事人的违约责任的条款，通常称为免责条款。另一类是法律规定的免除违约当事人承担违约责任的事由，即法定免责条件。法定免责条件是由法律规定的，而不是由当事人约定的，但当事人可以排除其适用。

一般法定免责事由包括以下两个：

（1）不可抗力。不可抗力是不能预见、不能避免并不能克服的客观现象。不可抗力是一种客观现象而不是主观现象，它既包括自然现象，如地震；也包括社会现象，如动乱。但并非客观现象就属于不可抗力，只有不能预见、不能避免并不能克服的客观现象，才可构成不可抗力。

《民法典》第 590 条规定："当事人一方因不可抗力不能履行合同的，根据不可抗力的影响，部分或者全部免除责任，但是法律另有规定的除外。因不可抗力不能履行合同的，应当及时通知对方，以减轻可能给对方造成的损失，并应当在合理期限内提供证明。当事人迟延履行后发生不可抗力的，不免除其违约责任。"依此规定，因不可抗力不能履行合同的，可根据不同情形免除责任：因不可抗力致使合同全部不能履行的，可免除全部责任；因不可抗力致使合同部分不能履行的，可免除部分责任，对于可以履行的部分，当事人仍应履行，否则，应就该部分的不履行承担违约责任。

当事人一方因不可抗力不能履行合同的，负有以下两项义务：①通知义务。因不可抗力不能履行合同的一方当事人应当及时将因不可抗力的发生而不能履行合同的事实及时通知对方，以使对方及时采取措施减少损失。该当事人未及时通知对方的，对于对方当事人因未能及时收到通知而未采取措施可以减轻的损失，应负赔偿责任；②提供证明的义务。因不可抗力不能履行合同的当事人应当在合理的期限内提供因不可抗力不能履行合同的证明。该当事人未能提供因不可抗力不能履行合同的证明的，不能免除其不履行合同的违约责任。

（2）债权人的过错。《民法典》第 592 条第二款规定："当事人一方违约造成对方损失，对方对损失的发生有过错的，可以减少相应的损失赔偿额。"债权人的过错应为一般免责条件，因为在任何情形下，当事人都应对自己过错的损害负责，如果当事人一方违约的后果是由债权人的过错造成的，就应当免除或者减轻该违约当事人的责任。

（六）违约责任与侵权责任的竞合

违约责任与侵权责任的竞合，是指合同当事人实施的某一行为同时具有违约行为与侵权行为的双重特征，形成请求权的竞合的情形。《民法典》第 186 条规定："因当事人一方的违约行为，损害对方人身权益、财产权益的，受损害方有权选择请求其承担违约责任或者侵权责任。"

违约责任与侵权责任竞合具有如下特征：①竞合责任必须是同一不法行为引起。一个不法行为产生数个法律责任是责任竞合构成的前提条件，如果行为人分别实施了数个违法行为，分别违反不同的法律规定并符合不同的责任构成要件，则行为人承担不同的法律责任，而不是责任竞合。②竞合责任必须是同一不法行为既符合侵权责任的构成要件，又符合违约责任的构成要件，使两个民事责任在同一不法行为上并存。③竞合责任必须是同一民事主体。引起违约责任与侵权责任同时发生的同一不法行为，是由同一个民事主体实施的。④权利人只能在违约责任与侵权责任中选择一种责任提出请求，而不能同时基于两种责任提出两种请求。

违约责任与侵权责任属于两类不同性质的民事责任，二者在构成要件、归责原则、举证责任、赔偿范围、免责事由、诉讼管辖等方面都有不同。当发生二者竞合情形时，受损害方有权根据具体案件情况，选择要求对方承担违约责任或者承担侵权责任。

# 第七节 建设工程合同

## 一、建设工程合同概述

**（一）建设工程合同概念**

《民法典》第788条规定："建设工程合同是承包人进行工程建设，发包人支付价款的合同。建设工程合同是承揽合同的一种特殊形式。"《民法典》第808条规定："本章没有规定的，适用承揽合同的有关规定。"

**（二）建设工程合同的特征**

建设工程合同除具有承揽合同的一般特征外，如建设工程合同也为诺成合同、双务合同、有偿合同，更具有与承揽合同不同的特征。

（1）建设工程合同的标的物具有特定性。建设工程合同的标的物是基本建设工程。也就是说，只有承包基本建设工程，才能形成建设工程承包合同。个人为建造住宅而订立的合同，只能为承揽合同，而不为建设工程合同。所谓建设工程，是指土木建筑工程和建筑业范围内的线路、管道、设备安装和装修工程，主要包括房屋、铁路、公路、机场、港口、桥梁、矿井、水库、电站、通讯线路等。

（2）建设工程合同的主体具有限定性。基本建设工程具有投资大、周期长、技术要求高、涉及面广等特点，一般的民事主体很难完成。在建设工程合同中，发包人是投资建设该项工程的单位。如果按照规定需要组建项目法人的，应当以该项目法人为发包人。承包人只能是具有从事勘察、设计、建筑、安装任务资质的法人，并且承包人是按照其拥有的注册资本、专业技术人员、技术装备和完成的建筑工程业绩等资质条件分为不同的资质等级，只有取得相应的资质等级，才能在其资质等级许可的范围内承包相应的工程。

（3）建设工程合同的管理具有较强的行政干预性。基于建设工程的特殊地位和作用，国家对建设工程合同实行严格的监督和管理制度。从合同的签订到合同的履行，从资金的投放到最终的成果验收，都受到国家的严格的管理和监督。例如，建设工程合同的签订应当采取招标投标的方式进行；合同的履行要实行监理制度等。

（4）建设工程合同的形式具有要式性。《民法典》第789条规定："建设工程合同应当采取书面形式。"因此，建设工程合同是要式合同。建设工程合同的要式性是国家对基本建设进行监督管理的需要，也是由建设工程合同履行的特点所决定的。

**（三）建设工程合同的种类**

建设工程合同包括勘察合同、设计合同、施工合同，实践中，监理合同也按建设工程合同对待。其中，建设工程施工合同最为典型和复杂。

1. 建设工程勘察合同

建设工程勘察合同，是指委托方与承包方为查明、分析、评价建设场地的地质地理环境特征和岩土水文工程条件，明确相互权利义务关系的协议。住房城乡建设部与原国家工商总局制定的《建设工程勘察合同（示范文本）》（GF—2016—0203）供当事人参考使用。

2. 建设工程设计合同

建设工程设计合同，是指委托方与承包方为编制工程设计文件，明确相互权利义务关系的协议。《民法典》第794条规定："勘察、设计合同的内容一般包括提交有关基础资料和概预算等文件的期限、质量要求、费用以及其他协作条件等条款。"住房城乡建设部与原国家工商总局制定有《建设工程设计合同示范文本（房屋建筑工程）》（GF—2015—0209）和《建设工程设计合同示范文本（专业建设工程）》（GF—2015—0210），供当事人参考使用。

3. 建设工程施工合同

建设工程施工合同，是指发包人与承包人之间订立的关于由施工人完成工程的建筑、安装工作，发包人接受该工程并支付价款的合同。住房城乡建设部与原国家工商总局制定有《建设工程施工合同（示范文本）》（GF—2017—0201）。

4. 建设工程监理合同

建设工程监理合同，是指建设单位与取得了监理资质证书的监理单位签订的、委托监理单位承担监理业务的协议。住房城乡建设部与原国家工商总局制定有《建设工程监理合同（示范文本）》（GF—2012—0202）。

## 二、建设工程合同订立的一般要求

建设工程合同的特殊性，决定了其订立程序不同于一般的合同。根据《民法典》的有关规定，建设工程合同的订立，应符合以下要求：

1. 建设工程合同按照国家规定的程序订立

根据《民法典》第792条的规定，国家重大建设工程合同，应当按照国家规定的程序和国家批准的投资计划、可行性研究报告等文件订立。

2. 建设工程合同一般应采取招标投标的方式订立

建设工程的招标投标活动，应当依照有关法律的规定公开、公平、公正进行。建设工程合同的订立还应当按照《建筑法》《招标投标法》等法律的规定进行。

3. 建设工程合同可以采取总承包和分别承包的方式订立

《民法典》第791条规定："发包人可以与总承包人订立建设工程合同，也可以分别与勘察人、设计人、施工人订立勘察、设计、施工承包合同。发包人不得将应当由一个承包人完成的建设工程支解成若干部分发包给数个承包人。总承包人或者勘察、设计、施工承包人经发包人同意，可以将自己承包的部分工作交由第三人完成。第三人就其完成的工作成果与总承包人或者勘察、设计、施工承包人向发包人承担连带责任。承包人不得将其承包的全部建设工程转包给第三人或者将其承包的全部建设工程支解以后以分包的名义分别转包给第三人。禁止承包人将工程分包给不具备相应资质条件的单位。禁止分包单位将其承包的工程再分包。建设工程主体结构的施工必须由承包人自行完成。"

### 三、建设工程施工合同

**（一）建设工程施工合同概述**

建设工程施工合同是承包人完成工程建设施工与安装任务，发包人验收合格后支付工程款的合同。建设工程施工是将建筑材料和劳务物化于建筑产品中的过程，是将设计文件付诸实施的过程，是工程建设的中心环节。

根据《民法典》第795条的规定，施工合同的内容一般包括工程范围、建设工期、中间交工工程的开工和竣工时间、工程质量、工程造价、技术资料交付时间、材料和设备供应责任、拨款和结算、竣工验收、质量保修范围和质量保证期、相互协作等条款。

**（二）发包人与承包人的权利义务**

1. 发包人的权利义务

（1）按照合同约定做好施工前准备工作，提供原材料、设备、场地、资金和技术资料。发包人未按照约定的时间和要求提供的，承包人可以顺延工程日期，并有权要求赔偿停工、窝工的损失。

（2）与承包人相互配合，保证工程建设顺利进行。因发包人原因致使工程中途停建、缓建的，发包人应当及时采取弥补措施以减少损失，并赔偿承包人因此造成的停工、窝工、倒运、机械设备调迁、材料和构件积压等实际损失和费用。

（3）组织工程验收。隐蔽工程在隐蔽以前，发包人接到通知后应及时检查，没有及时检查造成工期拖延的，承包人可以顺延工期，并有权要求赔偿停工、窝工的损失。建设工程竣工后，发包人应当根据施工图纸、施工验收规范和质量检验标准及时进行验收。建设工程竣工经验收合格后，方可交付使用；未经验收或者验收不合格的，不得交付使用。

（4）接受建设工程并且按照约定支付工程价款。建筑工程完成并经验收合格，发包人应当及时接受并支付工程价款。未支付价款的，经催告后在合理期限内仍未支付的，承包人可以根据《民法典》第807条的规定行使优先受偿权，以工程折价或者拍卖的价款优先受偿。

2. 承包人的权利义务与责任

（1）按照施工合同和设计文件严格施工。严格按照工程设计图纸、施工技术标准和施工合同进行施工，不得擅自修改工程设计，不得偷工减料。对建筑材料、建筑构配件、设备和商品混凝土应当进行检验，未经检验或者检验不合格的，不得使用。因施工人原因致使建设工程质量不符合约定的，应当在合理期限内无偿修理或者返工、改建。

（2）接受发包人的必要监督。发包人在不妨碍承包人正常作业的情况下，可以随时对作业进度和工程质量进行检查。承包人应当进行协助和支持发包人的监督工作，接到整改指令后及时进行修复或返工。

（3）按期完成和交付合格工程。完成和交付合格工程是发包人的缔约目的，也是承包人取得工程款的前提。因承包人原因致使建设工程质量不符合约定的，发包人有权要求施工人在合理期限内无偿修理或者返工、改建。承包人拒绝的，发包人可以要求承包人支付修复费用或请求减少工程价款。经过修理或者返工、改建后，造成逾期交付的，施工人应当承担违约责任。

（4）保修责任和损害赔偿责任。建设工程实行质量保修制度。建筑工程竣工验收后，在保修范围和保修期限内出现质量问题的，承包人应当及时履行保修义务，因保修不及时造成人身或财产损害的，应当承担赔偿责任。因承包人原因致使建设工程在合理使用期限内造成人身和财产损害的，承包人应当承担损害赔偿责任。

**【阅读案例】未取得建设工程规划许可证的施工合同效力**

2014年3月18日，A公司与B公司签订一份《工程建设施工合同》。合同对工程概况、工程承包范围、合同工期、质量标准、合同价款等双方之间的权利义务进行了相应约定。A公司依约进行施工，因B公司未办理相关许可证件导致相关行政主管部门多次责令A公司停止施工。B公司至今已支付给A公司款项1.13亿元。因A公司向一审法院提出司法鉴定申请，一审法院依法委托福建省某工程咨询有限公司进行相关鉴定，其出具《工程造价鉴定报告书》载明："1. 根据法院提供的鉴定资料及现场勘查，本工程已完成项目工程造价为260567418元；2. 我司根据A公司提供的证据清单中的索赔资料进行鉴定，鉴定出索赔造价为10883552元，是否赔付由法院判决"。A公司为此预付本案鉴定费用共计1132611元。

一审法院依法向泉州市城乡规划局调查核实案涉工程是否依法取得建设工程规划许可证等证件。泉州市城乡规划局至今未书面函复，但电话函复案涉工程并无相关规划许可证件。

一审判决认定讼争《工程建设施工合同》无效，A公司对讼争工程不享有优先受偿权。二审判决就该两项内容予以维持。

城市规划事关经济、社会发展等社会公共利益。《中华人民共和国城乡规划法》第四十条第一款规定："在城市、镇规划区内进行建筑物、构筑物、道路、管线和其他工程建设的，建设单位或者个人应当向城市、县人民政府城乡规划主管部门或者省、自治区、直辖市人民政府确定的镇人民政府申请办理建设工程规划许可证。"该规定系效力性强制规范。因此，对于未取得建设工程规划许可证等审批手续的工程项目，当事人签订建设工程施工合同的，应当认定合同无效。本案中，双方当事人均确认，本案建设工程项目至今未取得建设工程规划许可证。A公司主张案涉工程建设工程规划许可证已经具备办理条件，B公司却迟迟不办理。但是A公司未举证证明B公司能够办理审批手续而未办理。且讼争工程至今尚未取得建设工程规划许可证是客观事实，因此，讼争《工程建设施工合同》无效。讼争建设工程因未取得规划部门颁发的许可证，涉案建筑工程系不可折价、拍卖的工程。因此，A公司对讼争工程不享有优先受偿权。

### （三）建设工程优先受偿权

建设工程优先受偿权（Priority of construction project）是指承包人对于建设工程的价款就该工程折价或者拍卖的价款享有优先于一般债权受偿的权利。《民法典》第807条规定，"发包人未按照约定支付价款的，承包人可以催告发包人在合理期限内支付价款。发包人逾期不支付的，除根据建设工程的性质不宜折价、拍卖外，承包人可以与发包人协议将该工程折价，也可以请求人民法院将该工程依法拍卖。建设工程的价款就该工程折价或者拍卖的价款优先受偿。"

建设工程款优先受偿权是一种特殊的、独立的优先受偿权利。具有如下特点：①承包人为标的物增值付出了对价，无须对建筑物存在实际占据（区别于留置权）；②无须登记就取得优先权利（不同于抵押权）；③这种权利效力是法定的，无须得到双方的合意。

根据最高人民法院建设工程施工合同司法解释等的规定，行使该权利的注意事项：①建设工程质量合格，承包人请求其承建工程的价款就工程折价或者拍卖的价款优先受偿的，人民法院应予支持。未竣工的建设工程质量合格，承包人请求其承建工程的价款就其承建工程部分折价或者拍卖的价款优先受偿的，人民法院应予支持。②工程性质不属于不宜折价、拍卖的工程。③承包人建设工程价款优先受偿的范围依照国务院有关行政主管部门关于建设工程价款范围的规定确定，主要包括承包人为建设工程应当支付的工作人员报酬、材料款等实际支出的费用。承包人就逾期支付建设工程价款的利息、违约金、损害赔偿金等主张优先受偿的，人民法院不予支持。④承包人应当在合理期限内行使建设工程价款优先受偿权，但最长不得超过十八个月，自发包人应当给付建设工程价款之日起算。⑤建筑工程的承包人的优先受偿权优于抵押权和其他债权。但消费者交付购买商品房的全部或者大部分款项后，承包人就该商品房享有的工程价款优先受偿权不得对抗买受人。⑥发包人与承包人约定放弃或者限制建设工程价款优先受偿权，损害建筑工人利益，发包人根据该约定主张承包人不享有建设工程价款优先受偿权的，人民法院不予支持。

**（四）建设工程施工合同常见实务问题**

最高人民法院《关于审理建设工程施工合同纠纷案件适用法律问题的解释（一）》自2021年1月1日起施行。根据该司法解释的规定，就施工合同几个重要实务问题的处理介绍如下。

1. 合同效力问题

建设工程施工合同具有下列情形之一的，应当依据《民法典》第153条第一款的规定，认定无效：①承包人未取得建筑业企业资质或者超越资质等级的；②没有资质的实际施工人借用有资质的建筑施工企业名义的；③建设工程必须进行招标而未招标或者中标无效的。承包人因转包、违法分包建设工程与他人签订的建设工程施工合同，应当依据《民法典》第153条第一款及第791条第二款、第三款的规定，认定无效。

招标人和中标人另行签订的建设工程施工合同约定的工程范围、建设工期、工程质量、工程价款等实质性内容，与中标合同不一致，一方当事人请求按照中标合同确定权利义务的，人民法院应予支持。

招标人和中标人在中标合同之外就明显高于市场价格购买承建房产、无偿建设住房配套设施、让利、向建设单位捐赠财物等另行签订合同，变相降低工程价款，一方当事人以该合同背离中标合同实质性内容为由请求确认无效的，人民法院应予支持。

当事人以发包人未取得建设工程规划许可证等规划审批手续为由，请求确认建设工程施工合同无效的，人民法院应予支持，但发包人在起诉前取得建设工程规划许可证等规划审批手续的除外。发包人能够办理审批手续而未办理，并以未办理审批手续为由请求确认建设工程施工合同无效的，人民法院不予支持。

承包人超越资质等级许可的业务范围签订建设工程施工合同，在建设工程竣工前取得相应资质等级，当事人请求按照无效合同处理的，人民法院不予支持。

具有劳务作业法定资质的承包人与总承包人、分包人签订的劳务分包合同，当事人请求确认无效的，人民法院依法不予支持。

建设工程施工合同无效，一方当事人请求对方赔偿损失的，应当就对方过错、损失大小、过错与损失之间的因果关系承担举证责任。

损失大小无法确定，一方当事人请求参照合同约定的质量标准、建设工期、工程价款支付时间等内容确定损失大小的，人民法院可以结合双方过错程度、过错与损失之间的因果关系等因素作出裁判。

缺乏资质的单位或者个人借用有资质的建筑施工企业名义签订建设工程施工合同，发包人请求出借方与借用方对建设工程质量不合格等因出借资质造成的损失承担连带赔偿责任的，人民法院应予支持。

2. 工期争议的处理

当事人对建设工程开工日期有争议的，人民法院应当分别按照以下情形予以认定：①开工日期为发包人或者监理人发出的开工通知载明的开工日期；开工通知发出后，尚不具备开工条件的，以开工条件具备的时间为开工日期；因承包人原因导致开工时间推迟的，以开工通知载明的时间为开工日期。②承包人经发包人同意已经实际进场施工的，以实际进场施工时间为开工日期。③发包人或者监理人未发出开工通知，亦无相关证据证明实际开工日期的，应当综合考虑开工报告、合同、施工许可证、竣工验收报告或者竣工验收备案表等载明的时间，并结合是否具备开工条件的事实，认定开工日期。

当事人对建设工程实际竣工日期有争议的，人民法院应当分别按照以下情形予以认定：①建设工程经竣工验收合格的，以竣工验收合格之日为竣工日期；②承包人已经提交竣工验收报告，发包人拖延验收的，以承包人提交验收报告之日为竣工日期；③建设工程未经竣工验收，发包人擅自使用的，以转移占有建设工程之日为竣工日期。

当事人约定顺延工期应当经发包人或者监理人签证等方式确认，承包人虽未取得工期顺延的确认，但能够证明在合同约定的期限内向发包人或者监理人申请过工期顺延且顺延事由符合合同约定，承包人以此为由主张工期顺延的，人民法院应予支持。当事人约定承包人未在约定期限内提出工期顺延申请视为工期不顺延的，按照约定处理，但发包人在约定期限后同意工期顺延或者承包人提出合理抗辩的除外。

建设工程竣工前，当事人对工程质量发生争议，工程质量经鉴定合格的，鉴定期间为顺延工期期间。

3. 工程质量纠纷的处理

因承包人的原因造成建设工程质量不符合约定，承包人拒绝修理、返工或者改建，发包人请求减少支付工程价款的，人民法院应予支持。

发包人具有下列情形之一，造成建设工程质量缺陷，应当承担过错责任：①提供的设计有缺陷；②提供或者指定购买的建筑材料、建筑构配件、设备不符合强制性标准；③直接指定分包人分包专业工程。承包人有过错的，也应当承担相应的过错责任。

建设工程未经竣工验收，发包人擅自使用后，又以使用部分质量不符合约定为由主张权利的，人民法院不予支持；但是承包人应当在建设工程的合理使用寿命内对地基基础工程和主体结构质量承担民事责任。

因建设工程质量发生争议的，发包人可以以总承包人、分包人和实际施工人为共同被告提起诉讼。发包人在承包人提起的建设工程施工合同纠纷案件中，以建设工程质量不符合合同约定或者法律规定为由，就承包人支付违约金或者赔偿修理、返工、改建的合理费用等损失提出反诉的，人民法院可以合并审理。

4. 质量保证金返还期限的确定

有下列情形之一，承包人请求发包人返还工程质量保证金的，人民法院应予支持：①当事人约定的工程质量保证金返还期限届满；②当事人未约定工程质量保证金返还期限的，自建设工程通过竣工验收之日起满二年；③因发包人原因建设工程未按约定期限进行竣工验收的，自承包人提交工程竣工验收报告九十日后当事人约定的工程质量保证金返还期限届满；当事人未约定工程质量保证金返还期限的，自承包人提交工程竣工验收报告九十日后起满二年。

发包人返还工程质量保证金后，不影响承包人根据合同约定或者法律规定履行工程保修义务。

5. 计价标准与计价方法争议处理

当事人对建设工程的计价标准或者计价方法有约定的，按照约定结算工程价款。因设计变更导致建设工程的工程量或者质量标准发生变化，当事人对该部分工程价款不能协商一致的，可以参照签订建设工程施工合同时当地建设行政主管部门发布的计价方法或者计价标准结算工程价款。建设工程施工合同有效，但建设工程经竣工验收不合格的，依照《民法典》第577条规定处理。

6. 工程量争议的处理

当事人对工程量有争议的，按照施工过程中形成的签证等书面文件确认。承包人能够证明发包人同意其施工，但未能提供签证文件证明工程量发生的，可以按照当事人提供的其他证据确认实际发生的工程量。

7. 竣工结算文件的认可

当事人约定，发包人收到竣工结算文件后，在约定期限内不予答复，视为认可竣工结算文件的，按照约定处理。承包人请求按照竣工结算文件结算工程价款的，人民法院应予支持。

8. 黑白合同的处理

当事人签订的建设工程施工合同与招标文件、投标文件、中标通知书载明的工程范围、建设工期、工程质量、工程价款不一致，一方当事人请求将招标文件、投标文件、中标通知书作为结算工程价款的依据的，人民法院应予支持。

发包人将依法不属于必须招标的建设工程进行招标后，与承包人另行订立的建设工程施工合同背离中标合同的实质性内容，当事人请求以中标合同作为结算建设工程价款依据的，人民法院应予支持，但发包人与承包人因客观情况发生了在招标投标时难以预见的变化而另行订立建设工程施工合同的除外。

9. 无效合同工程款的确定

当事人就同一建设工程订立的数份建设工程施工合同均无效，但建设工程质量合格，一方当事人请求参照实际履行的合同关于工程价款的约定折价补偿承包人的，人民法院应予支持。

实际履行的合同难以确定，当事人请求参照最后签订的合同关于工程价款的约定折价补偿承包人的，人民法院应予支持。

10. 垫资及利息的处理

当事人对垫资和垫资利息有约定，承包人请求按照约定返还垫资及其利息的，人民法院应予支持，但是约定的利息计算标准高于垫资时的同类贷款利率或者同期贷款市场报价利率的部分除外。

当事人对垫资没有约定的，按照工程欠款处理。当事人对垫资利息没有约定，承包人请求支付利息的，人民法院不予支持。当事人对欠付工程价款利息计付标准有约定的，按照约定处理。没有约定的，按照同期同类贷款利率或者同期贷款市场报价利率计息。

利息从应付工程价款之日开始计付。当事人对付款时间没有约定或者约定不明的，下列时间视为应付款时间：①建设工程已实际交付的，为交付之日；②建设工程没有交付的，为提交竣工结算文件之日；③建设工程未交付，工程价款也未结算的，为当事人起诉之日。

11. 工程争议的司法鉴定

当事人约定按照固定价结算工程价款，一方当事人请求对建设工程造价进行鉴定的，人民法院不予支持。

当事人在诉讼前已经对建设工程价款结算达成协议，诉讼中一方当事人申请对工程造价进行鉴定的，人民法院不予准许。当事人在诉讼前共同委托有关机构、人员对建设工程造价出具咨询意见，诉讼中一方当事人不认可该咨询意见申请鉴定的，人民法院应予准许，但双方当事人明确表示受该咨询意见约束的除外。

当事人对部分案件事实有争议的，仅对有争议的事实进行鉴定，但争议事实范围不能确定，或者双方当事人请求对全部事实鉴定的除外。当事人对工程造价、质量、修复费用等专门性问题有争议，人民法院认为需要鉴定的，应当向负有举证责任的当事人释明。当事人经释明未申请鉴定，虽申请鉴定但未支付鉴定费用或者拒不提供相关材料的，应当承担举证不能的法律后果。

一审诉讼中负有举证责任的当事人未申请鉴定，虽申请鉴定但未支付鉴定费用或者拒不提供相关材料，二审诉讼中申请鉴定，人民法院认为确有必要的，应当依照《民事诉讼法》（2023年9月1日修正）第79条的规定处理。

人民法院准许当事人的鉴定申请后，应当根据当事人申请及查明案件事实的需要，确定委托鉴定的事项、范围、鉴定期限等，并组织当事人对争议的鉴定材料进行质证。人民法院应当组织当事人对鉴定意见进行质证。鉴定人将当事人有争议且未经质证的材料作为鉴定依据的，人民法院应当组织当事人就该部分材料进行质证。经质证认为不能作为鉴定依据的，根据该材料作出的鉴定意见不得作为认定案件事实的依据。

12. 合同相对性的突破

实际施工人以转包人、违法分包人为被告起诉的，人民法院应当依法受理。实际施工人以发包人为被告主张权利的，人民法院应当追加转包人或者违法分包人为本案第三人，在查明发包人欠付转包人或者违法分包人建设工程价款的数额后，判决发包人在欠付建设工程价款范围内对实际施工人承担责任。

13. 实际施工人的代位权

实际施工人依据《民法典》第535条规定，以转包人或者违法分包人怠于向发包人行使到期债权或者与该债权有关的从权利，影响其到期债权实现，提起代位权诉讼的，人民法院应予支持。

【阅读案例】

A房地产开发公司于2001年5月与B建筑工程公司签订了《建筑工程承包合同》，约定由B公司为A公司开发的C高层住宅楼进行施工，施工期限为一年，B公司包工包料，付款方式为开工后三日付工程预付款500万元，主体工程封顶后按工程形象进度付款，工程造价以决算为准。施工过程中A公司未按合同约定向B公司支付工程预付款及工程形象进度款，B公司垫款施工，且按期交工，经验收合格。但A公司一直拖延与B公司进行决算并拒绝支付工程款。2002年9月，A公司为经营需要，以C高层楼作抵押（办理了抵押登记手续），向D银行贷款1500万元，贷款期限为6个月，贷款到期后，A公司未偿还贷款本息。

2003年7月，B公司向法院提起诉讼，要求A公司给付工程欠款并承担逾期付款给B公司造成的经济损失，同时还要求法院认定其享有优先受偿权。2003年9月，D银行亦向法院提起诉讼，要求A公司偿还借款本息，并要求拍卖抵押楼房偿还贷款。在此期间A公司因购销合同欠款纠纷，被债权人E公司诉至法院。三案原告均胜诉并申请法院强制执行。

经查C楼有10套房屋已被A公司售出，部分买受人已交付了全额房款，其余买受人也交付了大部分房款，但均未办理产权；A公司的主要资产为尚未全部售出的C住宅楼，经评估不足以支付上述债务。

分析：B公司、D银行和E公司对A公司同时享有债权。债权人的受偿顺序就显得尤为重要。

C楼住宅内已售出的10套房屋的买受人因交付了全部或大部分房款，B公司在行使优先受偿权时不能要求执行上述房屋。在抛除已售出的10套住宅以外，B公司对C楼享有的工程价款应优先受偿，在以该楼折价或拍卖还清工程款后，如有剩余部分应优先偿还D银行的借款本息，最后才能偿付B公司因A公司违约所遭受的损失和对E公司的欠款，这两部分无优先顺序按比例受偿。

## 第五章

# 工程安全生产制度

**教学目的与要求：**
1. 了解工程建设安全生产的意义、原则、方针；
2. 熟悉安全生产许可证、安全生产事故调查与处理等管理制度；
3. 掌握建设单位、施工单位、勘察设计单位、监理单位等主体的安全生产责任。

**教学重点与难点：**
1. 安全生产许可证、安全生产事故调查与处理等管理制度；
2. 建设单位、施工单位、勘察设计单位、监理单位等主体的安全生产责任。

**教学方法和手段：**
1. PPT 教学模式；
2. 引入案例。

**教学内容与设计：**
1. 案例导入；
2. 穿插课堂提问讨论、案例、小作业等；
3. 注重启发式教学手段的运用，加强与学生的互动。

【内容导读】

工程建设过程中存在诸多危险因素，而安全是工程建设顺利开展的前提条件和基本要求。搞好安全工作，改善劳动条件，可以促进企业生产发展，提升经济效益。本章介绍了工程建设安全生产管理制度，以及工程建设参与各方的安全生产责任，通过学习，应当树立安全生产理念，掌握相关安全生产的法律知识。

## 第一节 工程安全生产制度概述

### 一、工程安全生产的含义

安全生产，是指在生产经营活动中，为了避免造成人员伤害和财产损失的事故而采取相应的事故预防和控制措施，使生产过程在符合规定的条件下进行，以保证从业人员的人身安全与健康，设备和设施免受遭损坏，环境免遭破坏，保证生产经营活动得以顺利进行的相关活动。

人的生命是最宝贵的，安全生产工作应当以人为本。保护劳动者的生命安全和职业健康是安全生产的核心。我国是社会主义国家，我们的发展不能以牺牲生态环境为代价，更不能以牺牲人的健康、生命为代价。安全生产工作事关人民群众的生命和财产安全这一最根本利益，安全生产工作始终要把人的因素放在首位，把保障人民群众生命和财产安全作为根本出发点和落脚点。

## 二、工程安全生产管理的方针

《安全生产法》第 3 条规定，安全生产工作应当以人为本，树牢安全发展理念，坚持安全第一、预防为主、综合治理的方针。

（一）安全第一

安全是人类生存发展最基本的需求和价值目标，没有安全一切都无从谈起。安全第一，就是要坚持人民群众的生命财产安全特别是生命安全高于一切，在处理保证安全与发展生产关系的问题上，始终把安全放在首位，坚决做到生产必须安全、不安全不生产，把安全生产作为一条不可逾越的"红线"，坚决不要"带血的 GDP"。

（二）预防为主

安全生产任何时候都不允许"试错"，必须未雨绸缪，防患于未然，把工作的重心放在预防上，采取各种行之有效的措施，及时消除可能引发事故的各类隐患，防止和减少事故的发生。这一方针事关整个安全生产工作的方向和重心，要求各个方面时刻居安思危，关口前移，从平时、从细微处严格落实各项安全生产责任，切实从源头上防范和遏制事故的发生。

（三）综合治理

安全生产是一项系统工程，需要多方面统筹协调、齐抓共管、综合施策、标本兼治，运用法律、经济、行政、技术、管理等手段，充分调动全社会力量，群防群治，才能达到预期目标。

## 三、安全生产的工作机制

安全生产工作涉及方方面面，需要建立有效的机制，明确各方面的权利义务和责任，形成齐抓共管的工作格局。《安全生产法》第 3 条规定，安全生产工作应当强化和落实生产经营单位的主体责任和政府监管责任，建立生产经营单位负责、职工参与、政府监管、行业自律和社会监督的机制。

（一）生产经营单位负责

做好安全生产工作，落实生产经营单位主体责任是根本。建立安全生产工作机制，要首先强调生产经营单位负责，这是安全生产工作机制的根本。

### （二）职工参与

一方面，职工是生产经营活动的直接操作者，安全生产首先涉及职工的人身安全。保障职工对安全生产工作的参与权、知情权、监督权和建议权，是我国基层民主的重要组成部分和建立现代企业制度的要求，是保障职工切身利益的需要，有利于充分调动职工的积极性，发挥其主人翁作用。另一方面，做好安全生产工作需要职工积极配合，承担遵章守纪、按章操作等义务。没有职工的参与和配合，不可能真正做好安全生产工作。

### （三）政府监管

在强化和落实生产经营单位主体责任、保障职工参与的同时，还必须充分发挥政府在安全生产方面的监管作用，以国家强制力为后盾，保证安全生产法律、法规以及相关标准得到切实遵守，及时查处、纠正安全生产违法行为，消除事故隐患。这是保障安全生产不可或缺的重要方面。

### （四）行业自律

市场经济条件下，必须充分发挥行业协会等社会组织的作用，强化行业自律，使其真正成为提供服务、反映诉求、规范行为的重要社会自治力量。

### （五）社会监督

安全生产工作涉及方方面面，必须充分发挥包括工会、基层群众自治组织、新闻媒体以及社会公众的监督作用，将安全生产工作置于全社会的监督之下。

## 四、工程安全管理基本制度

### （一）安全生产责任制度

所谓安全生产责任制度，是指将各项保障生产安全的责任具体落实到各有关管理人员和不同岗位人员身上的制度。这一制度是安全第一、预防为主方针的具体体现。在建筑活动中，只有明确安全责任，分工负责，才能形成完整有效的安全管理体系，激发每个人保证生产安全的责任感，严格执行保证建筑生产安全的法律、法规和安全规程、技术规范，防患于未然，减少和杜绝建筑生产活动中的安全事故，为建筑生产活动创造一个良好的环境。

就建筑施工企业而言，企业的安全生产责任制度，是由企业内部各个不同层次的安全生产责任制度所构成的保障生产安全的责任体系，主要包括：

（1）建筑施工企业主要负责人的安全生产责任制。企业的法定代表人应对本企业的生产安全负全面责任。

（2）企业各职能机构的负责人及其工作人员的安全生产责任制。就建筑施工企业来讲，企业中的生产、技术、材料供应、设备管理、财务、教育、劳资、卫生等各职能机构，都应在各自业务范围内，对实现安全生产的要求负责。生产部门要合理组织生产，贯彻安全规章制度，加强现场平面管理，建立安全生产、文明生产秩序；技术部门要严格按照国家有关安全标准、技术规程编制设计、施工、工艺等技术文件，提出相应的保证生产安全的技术措施，负责安全设备、仪表等的技术鉴定和安全技术科研项目的研究工作；设备管理部门应当对有关机电设备配齐安全防护保险装置，加强机电设备、锅炉和压力容器的经常检查、维修、保养，确保安全运转；材料供应部门对实现安全技术措施所需材料应当保证供应，对绳杆架木、安全帽、安全带、安全网等要定期检验，不合格的要报废更新；财务部门要按照规定提供实现安全技术措施的经费，并监督其合理使用；教育部门负责将安全教育纳入全员培训计划，组织职工的安全技术训练；劳动工资部门要配合安全部门做好新工人、调换岗位工人、特殊工种工人的培训、考核、发证工作，贯彻劳逸结合，严格控制加班加点，对因工伤残和患职业病职工及时安排适合的工作；卫生部门负责对职工的定期健康检查和现场劳动卫生工作，监测有毒有害作业场所的尘毒浓度，提出职业病预防和改善卫生条件的措施。

(3) 岗位人员的安全生产责任制。岗位人员必须对安全负责，从事特种作业的人员必须经过安全培训，考试合格后方能上岗作业。就建筑施工企业来讲：一是企业技术负责人对本企业劳动保护和安全生产的技术工作负总的责任。在组织编制和审批施工组织设计（施工方案）和采用新技术、新工艺、新设备时，必须制定相应的安全技术措施；负责提出改善劳动条件的项目和实施措施，并付诸实现；对职工进行安全技术教育；及时解决施工中的安全技术问题；参加重大伤亡事故的调查分析，提出技术鉴定意见和改进措施。二是工区（工程处、厂、站）主任、施工队长应对本单位劳动保护和安全生产工作负具体领导责任。认真执行安全生产规章制度，不违章指挥；制定和实施安全技术措施；经常进行安全检查，消除事故隐患，制止违章作业；对职工进行安全技术和安全纪律教育；发生伤亡事故要及时上报，并认真分析事故原因。提出和实现改进措施。三是工长、施工员、车间主任对所管工程的安全生产负直接责任。组织实施安全技术措施，进行技术安全交底；对施工现场搭设的架子和安装的电气、机械设备等安全防护装置，都要组织验收，合格后方能使用；不违章指挥；组织工人学习安全操作规程，教育工人不违章作业；认真消除事故隐患，发生工伤事故要立即上报，保护现场，参加调查处理。四是班组长要模范遵守安全生产规章制度，领导本组安全作业；认真执行安全交底，有权拒绝违章指挥。班前要对所使用的机具、设备、防护用具及作业环境进行安全检查，发现问题立即采取改进措施；组织班组安全活动日，开好班前安全生产会；发生工伤事故要立即向工长报告。

### （二）群防群治制度

所谓群防群治制度，是指由广大职工群众共同参与的预防安全事故的发生、治理各种安全事故隐患的制度。这一制度也是安全第一、预防为主方针的具体体现，同时也是群众路线在安全工作中的具体体现，是企业进行民主管理的重要内容。实践证明，搞好安全生产只靠少数人是不成的，安全工作必须发动群众，使得大家懂得安全生产的重要性，注意安全生产，才能防患于未然。

### （三）安全生产教育培训制度

安全生产教育培训是建筑施工企业实现安全生产的一项基础性工作，是保证安全生产的重要手段。安全生产，人人有责。只有通过对广大职工进行安全教育、培训，才能使广大职工真正认识到安全生产的重要性、必要性，才能使广大职工掌握更多更有效的安全生产的科学技术知识，牢固树立安全第一的思想，自觉遵守各项安全生产和规章制度。从众多建筑安全事故的分析中，不难发现一个重要的原因就是有关人员安全意识不强，安全技能不够，这些都是没有搞好安全教育培训工作的后果。针对一些施工单位安全生产教育培训投入不足，许多新入场农民工未经培训即上岗作业，造成一线作业人员安全意识和操作技能普遍不足，往往违章作业、冒险蛮干的问题。

《建筑法》明确规定，建筑施工企业应当建立健全劳动安全生产教育培训制度，加强对职工安全生产的教育培训；未经安全生产教育培训的人员，不得上岗作业。《国务院安委会关于进一步加强安全培训工作的决定》指出，建立以企业投入为主、社会资金积极资助的安全培训投入机制。企业要在职工培训经费和安全费用中足额列支安全培训经费，实施技术改造和项目引进时要专门安排培训资金。企业对职工进行劳动安全生产教育培训的主要内容应当包括以下四类。

1. 三类管理人员的培训考核

《建设工程安全生产管理条例》规定，施工单位的主要负责人、项目负责人、专职安全生产管理人员应当经建设行政主管部门或者其他部门考核合格后方可任职。

施工单位的主要负责人要对本单位的安全生产工作全面负责，项目负责人对所负责的建设工程项目的安全生产工作全面负责，安全生产管理人员更是要具体承担本单位日常的安全生产管理工作。这三类人员的施工安全知识水平和管理能力直接关系到本单位、本项目的安全生产管理水平。如果这三类人员缺乏基本的施工安全生产知识，施工安全生产管理和组织能力不强，甚至违章指挥，将可能导致施工生产安全事故的发生。因此，他们必须经安全生产知识和管理能力考核合格后方可任职。

2. 施工单位全员的安全生产教育培训

《建设工程安全生产管理条例》规定，施工单位应当对管理人员和作业人员每年至少进行一次安全生产教育培训，其教育培训情况记入个人工作档案。安全生产教育培训考核不合格的人员，不得上岗。《国务院关于坚持科学发展安全发展促进安全生产形势持续稳定好转的意见》规定，企业用工要严格依照劳动合同法与职工签订劳动合同，职工必须全部经培训合格后上岗。施工单位应当根据实际需要，对不同岗位、不同工种的人员因人施教。安全教育培训可采取多种形式，包括安全形势报告会、事故案例分析会、安全法治教育、安全技术交流、安全竞赛、师傅带徒弟等。

根据《建设工程安全生产管理条例》的规定，垂直运输机械作业人员、安装拆卸工、爆破作业人员、起重信号工、登高架设作业人员等特种作业人员，还必须按照国家有关规定经过专门的安全作业培训，并取得特种作业操作资格证书后，方可上岗作业。

3. 进入新岗位或者新施工现场前的安全生产教育培训

由于新岗位、新工地往往各有特殊性，施工单位须对新录用或转场的职工进行安全教育培训，包括施工安全生产法律法规、施工工地危险源识别、安全技术操作规程、机械设备电气及高处作业安全知识、防火防毒防尘防爆知识、紧急情况安全处理与安全疏散知识、安全防护用品知识以及发生事故时自救排险、抢救伤员、保护现场和及时报告等。《建设工程安全生产管理条例》规定，作业人员进入新的岗位或者新的施工现场前，应当接受安全生产教育培训。未经教育或者教育培训考核不合格的人员，不得上岗作业。高危企业要严格班前安全培训制度，有针对性地讲述岗位安全生产与应急救援知识、安全隐患和注意事项等，使班前安全培训成为安全生产第一道防线。要大力推广"手指口述"等安全确认法，帮助员工通过心想、眼看、手指、口述确保按规程作业。要加强班组长培训，提高班组长现场安全管理水平和现场安全风险管控能力。

**4. 采用新技术、新工艺、新设备、新材料前的安全生产教育培训**

《建设工程安全生产管理条例》规定，施工单位在采用新技术、新工艺、新设备、新材料时，应当对作业人员进行相应的安全生产教育培训。

### （四）安全生产许可制度

《安全生产许可证条例》规定，国家对矿山企业、建筑施工企业和危险化学品、烟花爆竹、民用爆破器材生产企业实行安全生产许可制度。企业未取得安全生产许可证的，不得从事生产活动。

根据《建筑施工企业安全生产许可证管理规定》，建筑施工企业取得安全生产许可证，应当具备下列安全生产条件：①建立、健全安全生产责任制，制定完备的安全生产规章制度和操作规程；②保证本单位安全生产条件所需资金的投入；③设置安全生产管理机构，按照国家有关规定配备专职安全生产管理人员；④主要负责人、项目负责人、专职安全生产管理人员经住房城乡建设主管部门或者其他有关部门考核合格；⑤特种作业人员经有关业务主管部门考核合格，取得特种作业操作资格证书；⑥管理人员和作业人员每年至少进行一次安全生产教育培训并考核合格；⑦依法参加工伤保险，依法为施工现场从事危险作业的人员办理意外伤害保险，为从业人员交纳保险费；⑧施工现场的办公、生活区及作业场所和安全防护用具、机械设备、施工机具及配件符合有关安全生产法律、法规、标准和规程的要求；⑨有职业危害防治措施，并为作业人员配备符合国家标准或者行业标准的安全防护用具和安全防护服装；⑩有对危险性较大的分部分项工程及施工现场易发生重大事故的部位、环节的预防、监控措施和应急预案；⑪有生产安全事故应急救援预案、应急救援组织或者应急救援人员，配备必要的应急救援器材、设备；⑫法律、法规规定的其他条件。

建筑施工企业从事建筑施工活动前，应当依照规定向省级以上建设主管部门申请领取安全生产许可证。建设主管部门在审核发放施工许可证时，应当对已经确定的建筑施工企业是否有安全生产许可证进行审查，对没有取得安全生产许可证的，不得颁发施工许可证。

建筑施工企业取得安全生产许可证后，不得降低安全生产条件，并应当加强日常安全生产管理，接受建设主管部门的监督检查。安全生产许可证颁发管理机关发现企业不再具备安全生产条件的，应当暂扣或者吊销安全生产许可证。

### （五）安全设施三同时制度

《安全生产法》第31条规定，生产经营单位新建、改建、扩建工程项目（以下统称建设项目）的安全设施，必须与主体工程同时设计、同时施工、同时投入生产和使用。安全设施投资应当纳入建设项目概算。

**【阅读案例】江西丰城发电厂"11·24"事故**

2016年11月24日，江西丰城发电厂三期扩建工程发生冷却塔施工平台坍塌特别重大事故，造成73人死亡、2人受伤，直接经济损失10197.2万元。国务院调查组查明，冷却塔施工单位河北亿能烟塔工程有限公司施工现场管理混乱，未按要求制定拆模作业管理控制措施，对拆模工序管理失控。事发当日，在7号冷却塔第50节筒壁混凝土强度不足的情况下，违规拆除模板，致使筒壁混凝土失去模板支护，不足以承受上部荷载，造成第 50 节及以上筒壁混凝土和模架体系连续倾塌坠落。

## 第二节 工程建设参与单位的安全责任

《建设工程安全生产管理条例》规定，建设单位、勘察单位、设计单位、施工单位、工程监理单位及其他与建设工程安全生产有关的单位，必须遵守安全生产法律、法规的规定，保证建设工程安全生产、依法承担建设工程安全生产责任。因此，为了保障建筑生产的安全，参与建筑生产活动的各方均应承担相应的安全生产的责任和义务。

### 一、建设单位的安全生产责任

建设单位是工程建设的投资主体或者管理主体，在整个建设活动中处于主导地位。《建筑法》《建设工程安全生产管理条例》对建设单位在工程建设活动中应承担的安全责任和义务，以及违法行为应承担的法律责任都作出了明确规定，为工程建设的安全生产管理提供了有力的法律保证。建设单位承担以下安全生产责任：

**（一）依法办理安全施工的有关批准手续**

《建筑法》规定，有下列情形之一的，建设单位应当按照国家有关规定办理申请批准手续：①需要临时占用规划批准范围以外场地的；②可能损坏道路、管线、电力、邮电通信等公共设施的；③需要临时停水、停电、中断道路交通的；④需要进行爆破作业的；⑤法律、法规规定需要办理报批手续的其他情形。

施工活动不仅涉及工程建设的顺利进行和施工现场作业人员的安全，也会影响到周边区域人们的安全或是正常的工作生活，还需要有关方面给予支持和配合。因此，为了保证因工程建设活动所涉及的有关重要设施的安全，避免因建设工程施工影响正常的社会生活秩序，建设单位应当向有关部门申请办理批准手续。

**（二）向建筑施工企业提供真实、准确、完整的施工资料**

建设工程在开始施工前，施工单位需要搞清楚施工现场及周边毗邻区域地下的详细情况。所谓施工现场及毗邻区域，是指施工单位从事工程建设活动时经批准占用的施工现场。虽然法规未具体规定毗邻区域的范围，但在实际工作中应当明确与施工现场相连的、有公用地下管线、有相邻建筑物、构筑物和地下工程的区域，都包含在这个范围之中。所谓地下管线，包括供水、排水、供电、供气、供热、通信、广播电视等管线，资料包括线路管道在地下的走向及其地下埋设深度等数据。同时，建设单位还应当提供气象和水文观测资料，这也是考虑到施工周期比较长，大部分时间又是露天作业，受气候条件的影响相当大，在不同的季节和天气下，对施工安全需要采取不同的措施，涉及的安全生产费用也是不同的；同样，水文观测资料对施工安全也是至关重要的，不同的水文条件下，所采取的措施和所需要的费用都是不同的。因此，《建筑法》第 40 条规定："建设单位应当向建筑施工企业提供与施工现场相关的地下管线资料，建筑施工企业应当采取措施加以保护。"《建设工程安全生产管理条例》第 6 条进一步规定："建设单位应当向施工单位提供施工现场及毗邻区域内供水、排水、供电、供气、供热、通信、广播电视等地下管线资料，气象和水文观测资料，相邻建筑物和构筑物、地下工程的有关资料，并保证资料的真实、准确、完整。"

### （三）不得对相关单位提出不合理要求，不得压缩合同约定的工期

《建设工程安全生产管理条例》规定，建设单位不得对勘察、设计、施工、工程监理等单位提出不符合建设工程安全生产法律、法规和强制性标准规定的要求，不得压缩合同约定的工期。

国家关于建设工程安全生产方面的法律、法规和工程强制性标准，许多内容是保证人民群众生命和财产安全、环境保护和公共利益的规定，参与工程建设的建设、勘察、设计、施工、工程监理等各方均必须严格执行。建设单位不得对勘察、设计、施工、工程监理等单位提出任何违反建设工程安全生产法律、法规和强制性标准规定的要求。否则，要承担相应的法律责任。

合同约定的工期是建设单位和施工单位共同签订的、具有法律效力的合同内容。在实际工作中，盲目赶工期，简化工序，不按规程操作，诱发了很多施工安全事故和工程结构安全隐患，不仅损害了承包单位的利益，也损害了建设单位的根本利益，具有很大的危害性。当然，在符合法律法规和强制性标准的前提下，建设单位与施工单位就提前工期的技术措施费和奖励等协商一致后，可以对合同工期进行适当调整。

### （四）应当提供建设工程安全生产作业环境及安全施工措施所需的费用

《安全生产法》第18条规定："生产经营单位应当具备的安全生产条件所必需的资金投入，由生产经营单位的决策机构、主要负责人或者个人经营的投资人予以保证，并对由于安全生产所必需的资金投入不足导致的后果承担责任。"《建设工程安全生产管理条例》规定，建设单位在编制工程概算时，应当确定建设工程安全作业环境及安全施工措施所需费用。

安全作业环境及安全施工措施所需费用是保证建设工程安全和质量的重要条件，该费用应是工程总造价的组成部分，应当由建设单位支付。实践中，由于建设单位压价，在工程预算中没有确定安全作业环境及安全施工措施费用，施工企业无法保证安全施工所需投入，诱发了不少安全生产事故的发生。因此，建设单位在编制建设工程概算时，应当充分考虑并确定工程建设过程中安全作业环境及安全施工措施所需费用，并在工程建设过程中足额支付给施工单位。

### （五）不得明示或者暗示施工单位购买、租赁和使用不符合安全施工要求的设备用具

《建设工程安全生产管理条例》规定，建设单位不得明示或者暗示施工单位购买、租赁、使用不符合安全施工要求的安全防护用具、机械设备、施工机具及配件、消防设施和器材。

建设单位不得为降低工程成本而滥用权力，干涉施工单位对施工设备、机具等的选择和采购，以保证工程质量和施工的安全。

### （六）办理施工许可证或者开工报告时，应当报送安全施工措施的资料

《建设工程安全生产管理条例》规定，建设单位在申请领取施工许可证时，应当提供建设工程有关安全施工措施的资料。依法批准开工报告的建设工程，建设单位应当自开工报告批准之日15日内，将保证安全施工的措施报送建设工程所在地的县级以上地

方人民政府建设行政主管部门或者其他有关部门备案。

建设行政主管部门在审核发放施工许可证时,应当对建设工程是否有安全施工措施进行审查,对没有安全施工措施的,不得颁发施工许可证。

**(七) 装修和拆除工程必须遵守法律规定**

《建筑法》规定,涉及建筑主体和承重结构变动的装修工程,建设单位应当在施工前委托原设计单位或者具有相应资质条件的设计单位提出设计方案;没有设计方案的,不得施工。房屋拆除应当由具备保证安全条件的建筑施工单位承担,由建筑施工单位负责人对安全负责。

《建设工程安全生产管理条例》规定,建设单位应当将拆除工程发包给具有相应资质等级的施工单位。建设单位应当在拆除工程施工15日前,将下列资料报送建设工程所在地的县级以上地方人民政府建设行政主管部门或者其他有关部门备案:①施工单位资质等级证明;②拟拆除建筑物、构筑物及可能危及毗邻建筑的说明;③拆除施工组织方案;④堆放、清除废弃物的措施。实施爆破作业的,应当遵守国家有关民用爆炸物品管理的规定。

## 二、施工单位的安全生产责任

施工阶段是工程建设的最关键、最重要的阶段,人员、机械、材料等生产要素高度集中,危险因素多。保障建设工程安全生产,施工单位的责任重大,必须严格履行安全生产义务,承担安全生产责任。根据《建筑法》《建设工程安全生产条例》的规定,施工单位承担如下安全生产责任。

**(一) 在资质许可范围内承揽工程**

《建设工程安全生产管理条例》规定,施工单位从事建设工程的新建、扩建、改建和拆除等活动,应当具备国家规定的注册资本、专业技术人员、技术装备和安全生产等条件,依法取得相应等级的资质证书,并在其资质等级许可的范围内承揽工程。

**(二) 设立安全生产管理机构并配备管理人员**

施工单位应当设立安全生产管理机构,配备专职安全生产管理人员。专职安全生产管理人员负责对安全生产进行现场监督检查。发现安全事故隐患,应当及时向项目负责人和安全生产管理机构报告;对违章指挥、违章操作的,应当立即制止。

**(三) 施工总承包单位与分包单位对分包工程连带承担安全生产责任**

(1) 建设工程实行施工总承包的,由总承包单位对施工现场的安全生产负总责。总承包单位应当自行完成建设工程主体结构的施工。

(2) 总承包单位依法将建设工程分包给其他单位的,分包合同中应当明确各自的安全生产方面的权利、义务。总承包单位和分包单位对分包工程的安全生产承担连带责任。分包单位应当服从总承包单位的安全生产管理,分包单位不服从管理导致生产安全事故的,由分包单位承担主要责任。

**(四) 依法制定施工安全技术方案**

安全技术方案,是指在编制的施工组织设计中,为了防止发生人身伤亡和财产损失事故以及预防职业病,针对建筑工程的特点、施工方法、使用的机械、动力设备及现场道路、周围环境等条件所制定的安全技术应对方案。

《建筑法》规定，建筑施工企业在编制施工组织设计时，应当根据建筑工程的特点制定相应的安全技术措施；对专业性较强的工程项目，应当编制专项安全施工组织设计，并采取安全技术措施。

《建设工程安全生产条例》进一步规定，施工单位应当在施工组织设计中编制安全技术措施和施工现场临时用电方案，对下列达到一定规模的危险性较大的分部分项工程编制专项施工方案，并附具安全验算结果，经施工单位技术负责人、总监理工程师签字后实施，由专职安全生产管理人员进行现场监督：①基坑支护与降水工程；②土方开挖工程；③模板工程；④起重吊装工程；⑤脚手架工程；⑥拆除、爆破工程；⑦国务院建设行政主管部门或者其他有关部门规定的其他危险性较大的工程。

对上列工程中涉及深基坑、地下暗挖工程、高大模板工程的专项施工方案，施工单位还应当组织专家进行论证、审查。

**（五）做好施工技术交底**

建设工程施工前，施工单位负责项目管理的技术人员应当对有关安全施工的技术要求向施工作业班组、作业人员作出详细说明，并由双方签字确认。

**（六）施工现场危险部位应当设置警示标志**

施工单位应当在施工现场入口处、施工起重机械、临时用电设施、脚手架、出入通道口、楼梯口、电梯井口、孔洞口、桥梁口、隧道口、基坑边沿、爆破物及有害危险气体和液体存放处等危险部位，设置明显的安全警示标志。安全警示标志必须符合国家标准。

**（七）针对施工特点采取安全防护措施**

（1）建筑施工企业应当在施工现场采取维护安全、防范危险、预防火灾等措施；有条件的，应当对施工现场实行封闭管理。施工现场对毗邻的建筑物、构筑物和特殊作业环境可能造成损害的，建筑施工企业应当采取安全防护措施。

（2）施工单位应当根据不同施工阶段和周围环境及季节、气候的变化，在施工现场采取相应的安全施工措施。施工现场暂时停止施工的，施工单位应当做好现场防护，所需费用由责任方承担，或者按照合同约定执行。

（3）施工单位对因建设工程施工可能造成损害的毗邻建筑物、构筑物和地下管线等，应当采取专项防护措施。

（4）施工单位应当将施工现场的办公、生活区与作业区分开设置，并保持安全距离；办公、生活区的选址应当符合安全性要求。职工的膳食、饮水、休息场所等应当符合卫生标准。施工单位不得在尚未竣工的建筑物内设置员工集体宿舍。施工现场临时搭建的建筑物应当符合安全使用要求。施工现场使用的装配式活动房屋应当具有产品合格证。

**（八）加强施工现场环境保护**

施工单位应当遵守有关环境保护法律、法规的规定，在施工现场采取措施，防止或者减少粉尘、废气、废水、固体废物、噪声、振动和施工照明对人和环境的危害和污染。

在城市市区内的建设工程，施工单位应当对施工现场实行封闭围挡。

**（九）建立施工现场消防安全责任制**

施工单位应当在施工现场建立消防安全责任制度，确定消防安全责任人，制定用火、用电、使用易燃易爆材料等各项消防安全管理制度和操作规程，设置消防通道、消防水源，配备消防设施和灭火器材，并在施工现场入口处设置明显标志。

**（十）落实作业人员劳动保护规定**

（1）施工单位应当向作业人员提供安全防护用具和安全防护服装，并书面告知危险岗位的操作规程和违章操作的危害。作业人员应当遵守安全施工的强制性标准、规章制度和操作规程，正确使用安全防护用具、机械设备等。

（2）施工单位采购、租赁的安全防护用具、机械设备、施工机具及配件，应当具有生产（制造）许可证、产品合格证，并在进入施工现场前进行查验。施工现场的安全防护用具、机械设备、施工机具及配件必须由专人管理，定期进行检查、维修和保养，建立相应的资料档案，并按照国家有关规定及时报废。

（3）作业人员有权对施工现场的作业条件、作业程序和作业方式中存在的安全问题提出批评、检举和控告，有权拒绝违章指挥和强令冒险作业。在施工中发生危及人身安全的紧急情况时，作业人员有权立即停止作业或者在采取必要的应急措施后撤离危险区域。

（4）施工单位应当为施工现场从事危险作业的人员办理意外伤害保险。意外伤害保险费由施工单位支付。实行施工总承包的，由总承包单位支付意外伤害保险费。意外伤害保险期限自建设工程开工之日起至竣工验收合格止。

**【阅读案例】上海"11·15"大火案**

2010年11月15日14时许，上海静安区一幢高层住宅楼发生大火，造成58人死亡，71人受伤，直接经济损失1.58亿元。大楼起火前处于综合改造阶段，正在进行外墙节能改造工程。

这起事故暴露出的问题：电焊工无特种作业人员资格证，严重违反操作规程，引发大火后逃离现场；施工作业现场管理混乱，存在明显的抢工期、突击施工的行为；违规使用大量尼龙网、聚氨酯泡沫等易燃材料，导致大火迅速蔓延；有关部门安全监管不力。

上海市第二中级人民法院对造成58人死亡的"11·15"特别重大火灾事故相关6起刑事案件作出一审判决，分别判处高某某等26名被告人有期徒刑十六年至免予刑事处罚。

### 三、勘察单位的安全责任

工程勘察是工程建设活动的先行官。勘察成果是工程项目规划、选址、设计的重要依据，也是保证施工安全的基础性资料和前提条件。勘察单位必须对勘察成果的真实性和准确性负责，对由于勘察成果的不真实、不准确所造成的不利后果承担相应的法律责任。

根据《建设工程安全生产管理条例》的规定，勘察单位的安全责任包括：

（1）勘察单位应当按照法律、法规和工程建设强制性标准进行勘察，提供的勘察文件应当真实、准确，满足建设工程安全生产的需要。

（2）勘察单位在勘察作业时，应当严格执行操作规程，采取措施保证各类管线、设施和周边建筑物、构筑物的安全。

### 四、设计单位的安全责任

工程设计是工程建设的灵魂。设计单位的设计文件是工程施工的直接依据，设计文件质量关系到建设工程的主体结构安全，施工安全操作、安全防护以及作业人员的安全等，因此，建设工程设计不仅专业性强，而且责任重大。设计单位在编制设计文件时，应严格按照法律、法规和工程建设各方面的强制性标准进行设计，从源头上保障工程建设的安全。

根据《建设工程安全生产管理条例》的规定，设计单位的安全责任包括：

（1）设计单位应当按照法律、法规和工程建设强制性标准进行设计，防止因设计不合理导致生产安全事故的发生。

（2）设计单位应当考虑施工安全操作和防护的需要，对涉及施工安全的重点部位和环节在设计文件中注明，并对防范生产安全事故提出指导意见。

（3）采用新结构、新材料、新工艺的建设工程和特殊结构的建设工程，设计单位应当在设计中提出保障施工作业人员安全和预防生产安全事故的措施建议。

（4）设计单位和注册建筑师等注册执业人员应当对其设计负责。

### 五、监理单位的安全责任

#### （一）对安全技术措施及专项施工方案进行审查

根据《建设工程安全生产管理条例》的规定，工程监理单位应当审查施工组织设计中的安全技术措施或者专项施工方案是否符合工程建设强制性标准。

#### （二）对安全生产事故隐患依法进行处置

根据《建设工程安全生产管理条例》的规定，工程监理单位在实施监理过程中，发现存在安全事故隐患的，应当要求施工单位整改；情况严重的，应当要求施工单位暂时停止施工，并及时报告建设单位。施工单位拒不整改或者不停止施工的，工程监理单位应当及时向有关主管部门报告。

#### （三）依法承担安全生产的监理责任

根据《建设工程安全生产管理条例》的规定，工程监理单位和监理工程师应当按照法律、法规和工程建设强制性标准实施监理，并对建设工程安全生产承担监理责任。

工程监理单位在实施监理的过程中，不仅要对施工质量、进度等实行监理，还要对施工单位在安全生产法律、法规和强制性标准的执行情况进行监理。如果因监理工作不到位造成生产安全事故的，应当承担相应法律责任。

### 六、机械设备及配件供应单位的安全责任

根据《建设工程安全生产管理条例》的规定，为建设工程提供机械设备和配件的

单位，应当按照安全施工的要求配备齐全有效的保险、限位等安全设施和装置。

施工机械设备主要包括起重机械、挖掘机械、凿岩机械、基础及凿井机械、钢筋和混凝土机械、筑路机械等。工程机械设备和配件的生产制造单位应当严格按照国家标准进行生产，保证产品的质量和安全性能。施工机械设备的安全保护装置直接影响施工机械设备的安全运行，如塔吊的力矩限制器、质量限制器、高度限位、变幅限位，施工升降机的安全器、安全钩、极限开关、防松绳开关，物料提升机的安全停靠装置、断绳保护装置等。生产单位应当将上述安全保护装置配备齐全，并符合国家和行业有关技术标准和规范的要求。

### 七、机械设备、施工机具及配件出租单位的安全责任

出租单位出租的机械设备和施工机具及配件，必须是合格的产品。出租单位在出租机械设备和施工机具及配件时，应当对其安全性能进行检测，以保证出租的产品安全性能符合规定要求。

根据《建设工程安全生产管理条例》的规定，机械设备、施工机具及配件出租单位的安全责任有如下几点。

（1）出租的机械设备和施工机具及配件，应当具有生产（制造）许可证、产品合格证。

（2）出租单位应当对出租的机械设备和施工机具及配件的安全性能进行检测，在签订租赁协议时，应当出具检测合格证明。

（3）禁止出租检测不合格的机械设备和施工机具及配件。

### 八、起重机械和脚手架、模板等设施安装拆卸单位的安全责任

根据《建设工程安全生产管理条例》的规定，起重机械和脚手架、模板等设施安装拆卸单位的安全责任包括如下几点。

（1）在施工现场安装、拆卸施工起重机械和整体提升脚手架、模板等自升式架设设施，必须由具有相应资质的单位承担。

（2）安装、拆卸施工起重机械和整体提升脚手架、模板等自升式架设设施，应当编制拆装方案、制定安全施工措施，并由专业技术人员现场监督。

（3）施工起重机械和整体提升脚手架、模板等自升式架设设施安装完毕后，安装单位应当自检，出具自检合格证明，并向施工单位进行安全使用说明，办理验收手续并签字。

（4）施工起重机械和整体提升脚手架、模板等自升式架设设施的使用达到国家规定的检验检测期限的，必须经具有专业资质的检验检测机构检测。经检测不合格的，不得继续使用。

### 九、检验检测机构的安全责任

根据《建设工程安全生产管理条例》的规定，检验检测机构对检测合格的施工起

重机械和整体提升脚手架、模板等自升式架设设施，应当出具安全合格证明文件，并对检测结果负责。

检验检测机构是经国家认可的第三方检测服务机构。检验检测机构应当认真履行职责，严格按照国家有关法律、法规、安全技术标准和规范，公正、客观地出具检测结论，并对检验检测结果负责。

## 第三节　工程安全事故救援与调查处理

工程建设施工过程中发生生产安全事故，应当立即实施抢险救援特别是抢救遇险人员，迅速控制事态，防止伤亡事故进一步扩大，并依法向有关部门报告事故。事故调查处理应当坚持实事求是、尊重科学的原则，及时准确地查清事故经过、事故原因和事故损失，查明事故性质，认定事故责任，总结事故教训，提出整改措施，并对事故责任者依法追究责任。

### 一、生产安全事故的等级划分标准

根据国务院颁布的《生产安全事故报告和调查处理条例》规定，生产安全事故（以下简称事故）依据造成的人员伤亡或者直接经济损失划分为以下等级。

（1）特别重大事故，是指造成30人以上死亡，或者100人以上重伤（包括急性工业中毒，下同），或者1亿元以上直接经济损失的事故；

（2）重大事故，是指造成10人以上30人以下死亡，或者50人以上100人以下重伤，或者5000万元以上1亿元以下直接经济损失的事故；

（3）较大事故，是指造成3人以上10人以下死亡，或者10人以上50人以下重伤，或者1000万元以上5000万元以下直接经济损失的事故；

（4）一般事故，是指造成3人以下死亡，或者10人以下重伤，或者1000万元以下直接经济损失的事故。

分类标准所称的"以上"包括本数，"以下"不包括本数。

没有造成人员伤亡，但是社会影响恶劣的事故，国务院或者有关地方人民政府认为需要调查处理的，依照《生产安全事故报告和调查处理条例》的有关规定执行。据此，生产安全事故等级的划分包括了人身、经济和社会3个因素：人身要素就是人员伤亡的数量；经济要素就是直接经济损失的数额；社会要素则是社会影响。这三个要素依法可以单独适用。

### 二、施工生产安全事故应急救援预案的制定与演练

施工生产安全事故多具有突发性、群体性等特点，如果施工单位事先根据本单位和施工现场的实际情况，针对可能发生事故的类别、性质、特点和范围等，事先制定当事

故发生时有关的组织、技术措施和其他应急措施，做好充分的应急救援准备工作，不但可以采用预防技术和管理手段，降低事故发生的可能性，而且一旦发生事故时，还可以在短时间内就组织有效抢救，防止事故扩大，减少人员伤亡和财产损失。

### （一）施工安全事故应急预案的编制

《安全生产法》规定，生产经营单位的主要负责人具有组织制定并实施本单位的生产安全事故应急救援预案的职责。《建设工程安全生产管理条例》规定，县级以上地方人民政府建设行政主管部门应当根据本级人民政府的要求，制定本行政区域内建设工程特大生产安全事故应急救援预案。施工单位应当制定本单位生产安全事故应急救援预案，并根据建设工程施工的特点、范围，对施工现场易发生重大事故的部位、环节进行监控，制定施工现场生产安全事故应急救援预案，建立应急救援组织或者配备应急救援人员，配备必要的应急救援器材、设备，并定期组织演练。

应急救援预案是指事先制定的关于生产安全事故发生时进行紧急救援的组织、程序、措施、责任以及协调等方面的方案和计划。

生产经营单位的预案按照针对情况的不同，分为综合应急预案、专项应急预案和现场处置方案。生产经营单位编制的综合应急预案、专项应急预案和现场处置方案之间应当相互衔接，并与所涉及的其他单位的应急预案相互衔接。综合应急预案，应当包括本单位的应急组织机构及其职责、预案体系及相应程序、事故预防及应急保障、应急培训预案演练等主要内容；专项应急预案，应当包括危险性分析、可能发生的事故特征、应急组织机构与职责、预防措施、应急处置程序和应急保障等内容；现场处置方案，应当包括危险性分析、可能发生的事故特征、应急处置程序、应急处置要点和注意事项等内容。

### （二）施工生产安全事故应急预案的培训和演练

《国务院关于坚持科学发展安全发展促进安全生产形势持续稳定好转的意见》规定，定期开展应急预案演练，切实提高事故救援实战能力。企业生产现场带班人员、班组长和调度人员在遇到险情时，要按照预案规定，立即组织停产撤人。《生产安全事故应急预案管理办法》进一步规定，生产经营单位应当采取多种形式开展应急预案的宣传教育，普及生产安全事故预防、避险、自救和互救知识，提高从业人员安全意识和应急处置技能。生产经营单位应当组织开展本单位的应急预案培训活动，让有关人员了解应急预案内容，熟悉应急职责、应急程序和岗位应急处置方案。应急预案的要点和程序应当张贴在应急地点和应急指挥场所，并设有明显的标志。生产经营单位应当制定本单位的应急预案演练计划，根据本单位的事故预防重点，每年至少组织一次综合应急预案演练或者专项应急预案演练，每半年至少组织一次现场处置方案演练。应急预案演练结束后，应急预案演练组织单位应当对应急预案演练效果进行评估，撰写应急预案演练评估报告，分析存在的问题，并对应急预案提出修订意见。

《建设工程安全生产管理条例》规定，施工单位应当根据建设工程施工的特点、范围，对施工现场易发生重大事故的部位、环节进行监控，制定施工现场生产安全事故应急救援预案。实行施工总承包的，由总承包单位统一组织编制建设工程生产安全事故应急救援预案，工程总承包单位和分包单位按照应急救援预案，各自建立应急救援组织或者配备应急救援人员，配备救援器材、设备，并定期组织演练。

### （三）施工生产安全事故应急预案的修订

《生产安全事故应急预案管理办法》规定，生产经营单位制定的应急预案应当至少每3年修订一次，预案修订情况应有记录并归档。有下列情形之一的，应急预案应当及时修订：①生产经营单位因兼并、重组、转制等导致隶属关系、经营方式、法定代表人发生变化的；②生产经营单位生产工艺和技术发生变化的；③周围环境发生变化，形成新的重大危险源的；④应急组织指挥体系或者职责已经调整的；⑤依据的法律、法规、规章和标准发生变化的；⑥应急预案演练评估报告要求修订的；⑦应急预案管理部门要求修订的。

## 三、施工生产安全事故报告

《建筑法》规定，施工中发生事故时，建筑施工企业应当采取紧急措施减少人员伤亡和事故损失，并按照国家有关规定及时向有关部门报告。《安全生产法》规定，生产经营单位发生生产安全事故后，事故现场有关人员应当立即报告本单位负责人。单位负责人接到事故报告后，按照国家有关规定立即如实报告当地负有安全生产监督管理职责的部门。《建设工程安全生产管理条例》规定，施工单位发生生产安全事故，应当按照国家有关伤亡事故报告和调查处理的规定，及时、如实地向负责安全生产监督管理的部门、建设行政主管部门或者其他有关部门报告；特种设备发生事故的，还应当同时向特种设备安全监督管理部门报告。接到报告的部门应当按照国家有关规定，如实上报。实行施工总承包的建设工程，由总承包单位负责上报事故。

### （一）事故报告的时间要求

《生产安全事故报告和调查处理条例》规定，事故发生后，事故现场有关人员应当立即向本单位负责人报告；单位负责人接到报告后，应当于1小时内向事故发生地县级以上人民政府安全生产监督管理部门和负有安全生产监督管理职责的有关部门报告。情况紧急时，事故现场有关人员可以直接向事故发生地县级以上人民政府安全生产监督管理部门和负有安全生产监督管理职责的有关部门报告。

所谓事故现场，是指事故具体发生地点及事故能够影响和波及的区域，以及该区域内的物品、痕迹等所处的状态。所谓有关人员，主要是指事故发生单位在事故现场的有关工作人员，可以是事故的负伤者，或是在事故现场的其他工作人员；对于发生人员死亡或重伤无法报告，且事故现场又没有其他工作人员时，任何首先发现事故的人都负有立即报告事故的义务。所谓立即报告，是指在事故发生后的第一时间用最快捷的报告方式进行报告。所谓单位负责人，可以是事故发生单位的主要负责人，也可以是事故发生单位主要负责人管理职责的有关部门报告。

《生产安全事故报告和调查处理条例》规定，安全生产监督管理部门和负有安全生产监督管理职责的有关部门接到事故报告后，应当依照下列规定上报事故情况，并通知公安机关、劳动保障行政部门、工会和人民检察院：①特别重大事故、重大事故逐级上报至国务院安全生产监督管理部门和负有安全生产监督管理职责的有关部门；②较大事故逐级上报至省、自治区、直辖市人民政府安全生产监督管理部门和负有安全生产监督管理职责的有关部门；③一般事故上报至设区的市级人民政府安全生产监督管理部门和负有安全生产监督管理职责的有关部门。

安全生产监督管理部门和负有安全生产监督管理职责的有关部门依照前款规定上报事故情况，应当同时报告本级人民政府。国务院安全生产监督管理部门和负有安全生产监督管理职责的有关部门以及省级人民政府接到发生特别重大事故、重大事故的报告后，应当立即报告国务院。必要时，安全生产监督管理部门和负有安全生产监督管理职责的有关部门可以越级上报事故情况。

**（二）事故报告的内容要求**

《生产安全事故报告和调查处理条例》规定，报告事故应当包括下列内容：①事故发生单位概况；②事故发生的时间、地点以及事故现场情况；③事故的简要经过；④事故已经造成或者可能造成的伤亡人数（包括下落不明的人数）和初步估计的直接经济损失；⑤已经采取的措施；⑥其他应当报告的情况。事故报告后出现新情况的，应当及时补报。新情况是指：自事故发生之日起 30 日内，事故造成的伤亡人数发生变化的；道路交通事故、火灾事故自发生之日起 7 日内，事故造成的伤亡人数发生变化的。

### 四、发生施工生产安全事故后的救援与现场保护措施

**（一）事故救援**

《安全生产法》规定，生产经营单位发生生产安全事故后，单位负责人在向上级政府部门报告的同时，应当迅速采取有效措施，组织抢救，防止事故扩大，减少人员伤亡和财产损失。有关地方人民政府和负有安全生产监督管理职责的部门的负责人接到生产安全事故报告后，应当按照生产安全事故应急救援预案的要求立即赶到事故现场，组织事故抢救。参与事故抢救的部门和单位应当服从统一指挥，加强协同联动，采取有效的应急救援措施，并根据事故救援的需要采取警戒、疏散等措施，防止事故扩大和次生灾害的发生，减少人员伤亡和财产损失。事故抢救过程中应当采取必要措施，避免或者减少对环境造成的危害。任何单位和个人都应当支持、配合事故抢救，并提供一切便利条件。

《生产安全事故报告和调查处理条例》也规定，事故发生单位负责人接到事故报告后，应当立即启动事故相应应急预案，或者采取有效措施，组织抢救，防止事故扩大，减少人员伤亡和财产损失。事故发生地有关地方人民政府、安全生产监督管理部门和负有安全生产监督管理职责的有关部门接到事故报告后，其负责人应当立即赶赴事故现场，组织事故救援。

**（二）事故现场保护**

《建设工程安全生产管理条例》规定，发生生产安全事故后，施工单位应当采取措施防止事故扩大，保护事故现场。需要移动现场物品时，应当做出标记和书面记录，妥善保管有关证物。《生产安全事故报告和调查处理条例》规定，事故发生后，有关单位和人员应当妥善保护事故现场以及相关证据，任何单位和个人不得破坏事故现场、毁灭相关证据。因抢救人员、防止事故扩大以及疏通交通等原因，需要移动事故现场物件的，应当做出标志，绘制现场简图并做出书面记录，妥善保存现场重要痕迹、物证。保护事故现场，就是根据事故现场的具体情况和周围环境，既不要减少任何痕迹、物品，

也不能增加任何痕迹、物品。即使是保护现场的人员，也不要无故进入，更不能擅自进行勘察，或者随意触摸、移动事故现场的任何物品。任何单位和个人都不得破坏事故现场，毁灭相关证据。故意破坏事故现场、毁灭有关证据，为将来进行事故调查、确定事故责任制造障碍者，要承担相应的责任。

### 五、施工生产安全事故调查

《安全生产法》规定，事故调查处理应当按照科学严谨、依法依规、实事求是、注重实效的原则，及时、准确地查清事故原因，查明事故性质和责任，评估应急处理工作，总结事故教训，提出整改措施，并对事故责任单位和人员提出处理建议。

#### （一）事故调查的管辖

《生产安全事故报告和调查处理条例》规定，特别重大事故由国务院或者国务院授权有关部门组织事故调查组进行调查。重大事故、较大事故、一般事故分别由事故发生地省级人民政府、设区的市级人民政府、县级人民政府负责调查。省级人民政府、设区的市级人民政府、县级人民政府可以直接组织事故调查组进行调查，也可以授权或者委托有关部门组织事故调查组进行调查。未造成人员伤亡的一般事故，县级人民政府也可以委托事故发生单位组织事故调查组进行调查。上级人民政府认为必要时，可以调查由下级人民政府负责调查的事故。自事故发生之日起30日内（道路交通事故、火灾事故自发生之日起7日内），因事故伤亡人数变化导致事故等级发生变化，依照规定应当由上级人民政府负责调查的，上级人民政府可以另行组织事故调查组进行调查。特别重大事故以下等级的事故，事故发生地与事故发生单位不在同一个县级以上行政区域的，由事故发生地人民政府负责调查，事故发生单位所在地人民政府应当派人参加。

#### （二）事故调查组的组成与职责

《生产安全事故报告和调查处理条例》规定，事故调查组的成员应当遵循精简、高效的原则。根据事故的具体情况，事故调查组由有关人民政府、安全生产监督管理部门、负有安全生产监督管理职责的有关部门、监察机关、公安机关以及工会派人组成，并应当邀请人民检察院派人参加。事故调查组可以聘请有关专家参与调查。

事故调查组组长由负责事故调查的人民政府指定。事故调查组组长主持事故调查组的工作。事故调查组成员应当具有事故调查所需要的知识和专长，并与所调查的事故没有直接利害关系。

事故调查组履行下列职责：①查明事故发生的经过、原因、人员伤亡情况及直接经济损失；②认定事故的性质和事故责任；③提出对事故责任者的处理建议；④总结事故教训，提出防范和整改措施；⑤提交事故调查报告。

事故调查组有权向有关单位和个人了解与事故有关的情况，并要求其提供相关文件、资料，有关单位和个人不得拒绝。事故发生单位的负责人和有关人员在事故调查期间不得擅离职守，并应当随时接受事故调查组的询问，如实提供有关情况。事故调查中发现涉嫌犯罪的，事故调查组应当及时将有关材料或者其复印件移交司法机关处理。

事故调查中需要进行技术鉴定的，事故调查组应当委托具有国家规定资质的单位进行技术鉴定。必要时，事故调查组可以直接组织专家进行技术鉴定。技术鉴定所需时间不计入事故调查期限。

事故调查组成员在事故调查工作中应当诚信公正、恪尽职守，遵守事故调查组的纪律，保守事故调查的秘密。未经事故调查组组长允许，事故调查组成员不得擅自发布有关事故的信息。

（三）事故调查报告的期限与内容

《生产安全事故报告和调查处理条例》规定，事故调查组应当自事故发生之日起60日内提交事故调查报告；特殊情况下，经负责事故调查的人民政府批准，提交事故调查报告的期限可以适当延长，但延长的期限最长不超过60日。事故调查报告应当包括下列内容：①事故发生单位概况；②事故发生经过和事故救援情况；③事故造成的人员伤亡和直接经济损失；④事故发生的原因和事故性质；⑤事故责任的认定以及对事故责任者的处理建议；⑥事故防范和整改措施。事故调查报告应当附具有关证据材料，事故调查组成员应当在事故调查报告上签名。

## 六、施工生产安全事故的处理

（一）事故处理报告的批复

《生产安全事故报告和调查处理条例》规定，重大事故、较大事故、一般事故，负责事故调查的人民政府应当自收到事故调查报告之日起15日内做出批复；特别重大事故，30日内做出批复，特殊情况下，批复时间可以适当延长，但延长的时间最长不超过30日。

（二）事故发生单位的防范和整改措施

事故发生单位应当认真吸取事故教训，落实防范和整改措施，防止事故再次发生。防范和整改措施的落实情况应当接受工会和职工的监督。

安全生产监督管理部门和负有安全生产监督管理职责的有关部门应当对事故发生单位落实防范和整改措施的情况进行监督检查。

（三）处理结果的公布

事故处理的情况由负责事故调查的人民政府或者其授权的有关部门、机构向社会公布，依法应当保密的除外。

## 七、生产安全事故法律责任

根据《生产安全事故报告和调查处理条例》的规定，有关单位和人员承担如下法律责任。

（1）事故发生单位主要负责人有下列行为之一的，处上一年年收入40%至80%的罚款；属于国家工作人员的，并依法给予处分；构成犯罪的，依法追究刑事责任：①不立即组织事故抢救的；②迟报或者漏报事故的；③在事故调查处理期间擅离职守的。

（2）事故发生单位及其有关人员有下列行为之一的，对事故发生单位处100万元以上500万元以下的罚款；对主要负责人、直接负责的主管人员和其他直接责任人员处上一年年收入60%至100%的罚款；属于国家工作人员的，并依法给予处分；构成违反治安管理行为的，由公安机关依法给予治安管理处罚；构成犯罪的，依法追究刑事责任：①谎报或者瞒报事故的；②伪造或者故意破坏事故现场的；③转移、隐匿资金、财产，或者销毁有关证据、资料的；④拒绝接受调查或者拒绝提供有关情况和资料的；⑤在事故调查中作伪证或者指使他人作伪证的；⑥事故发生后逃匿的。

（3）事故发生单位对事故发生负有责任的，依照下列规定处以罚款：①发生一般事故的，处10万元以上20万元以下的罚款；②发生较大事故的，处20万元以上50万元以下的罚款；③发生重大事故的，处50万元以上200万元以下的罚款；④发生特别重大事故的，处200万元以上500万元以下的罚款。

（4）事故发生单位主要负责人未依法履行安全生产管理职责，导致事故发生的，依照下列规定处以罚款；属于国家工作人员的，并依法给予处分；构成犯罪的，依法追究刑事责任：①发生一般事故的，处上一年年收入30%的罚款；②发生较大事故的，处上一年年收入40%的罚款；③发生重大事故的，处上一年年收入60%的罚款；④发生特别重大事故的，处上一年年收入80%的罚款。

（5）有关地方人民政府、安全生产监督管理部门和负有安全生产监督管理职责的有关部门有下列行为之一的，对直接负责的主管人员和其他直接责任人员依法给予处分；构成犯罪的，依法追究刑事责任：①不立即组织事故抢救的；②迟报、漏报、谎报或者瞒报事故的；③阻碍、干涉事故调查工作的；④在事故调查中作伪证或者指使他人作伪证的。

（6）事故发生单位对事故发生负有责任的，由有关部门依法暂扣或者吊销其有关证照；对事故发生单位负有事故责任的有关人员，依法暂停或者撤销其与安全生产有关的执业资格、岗位证书；事故发生单位主要负责人受到刑事处罚或者撤职处分的，自刑罚执行完毕或者受处分之日起，5年内不得担任任何生产经营单位的主要负责人。

为发生事故的单位提供虚假证明的中介机构，由有关部门依法暂扣或者吊销其有关证照及其相关人员的执业资格；构成犯罪的，依法追究刑事责任。

（7）参与事故调查的人员在事故调查中有下列行为之一的，依法给予处分；构成犯罪的，依法追究刑事责任：①对事故调查工作不负责任，致使事故调查工作有重大疏漏的；②包庇、袒护负有事故责任的人员或者借机打击报复的。

违反《生产安全事故报告和调查处理条例》规定，有关地方人民政府或者有关部门故意拖延或者拒绝落实经批复的对事故责任人的处理意见的，由监察机关对有关责任人员依法给予处分。

# 第六章

# 工程质量管理制度

**教学目的与要求：**
1. 了解工程建设质量管理的意义、工程质量保障机制；
2. 熟悉工程质量的特点、工程质量终身责任制、竣工验收、质量保修制度；
3. 掌握建设单位、施工单位、勘察设计单位、监理单位等主体的工程质量责任。

**教学重点与难点：**
1. 工程质量终身责任制、竣工验收、质量保修制度；
2. 建设单位、施工单位、勘察设计单位、监理单位等主体的工程质量责任。

**教学方法和手段：**
1. PPT 教学模式；
2. 引入案例。

**教学内容与设计：**
1. 案例导入；
2. 穿插课堂提问讨论、案例、小作业等；
3. 注重启发式教学手段的运用，加强与学生的互动。

【内容导读】

工程建设活动为经济和社会活动提供重要物质设施。工程质量影响各个行业的生存和发展。因此，工程质量是工程建设活动重点控制的核心目标之一。通过本章学习，应当掌握工程建设各方主体的质量义务和责任，熟悉工程竣工验收与质量保修的基本制度，强化工程质量意识。

## 第一节 工程质量管理制度概述

"百年大计，质量为本"，建设工程质量一旦出现问题，将会给人民的生活、健康、生命及财产带来严重的威胁，甚至造成重大损失。因此，建设工程质量是保障工程安全可靠的基础。

## 一、建设工程质量的概念

### (一) 质量

美国著名的质量管理专家朱兰（J. M. Juran）博士提出，产品质量就是产品的适用性。即产品在使用时能成功地满足用户需要的程度。用户对产品的基本要求就是适用，适用性恰如其分地表达了质量的内涵。

产品质量是指产品适应社会生产和生活消费需要而具备的特性，它是产品使用价值的具体体现。它包括产品内在质量和外观质量两个方面。产品的内在质量是指产品的内在属性，包括适用性、耐久性、可靠性、安全性、经济性五个方面的属性。

### (二) 建设工程质量

建设工程质量，是指土木工程、建筑工程、线路管道和设备安装工程及装修工程的新建、扩建、改建等满足国家现行有关法规、技术标准、设计文件及工程合同对安全、适用、耐久、经济、美观等要求的程度。

与一般的产品质量相比较，工程质量具有如下特点：

(1) 影响因素多，质量变动大。决策、设计、材料、机械、环境、施工工艺、管理制度以及参建人员素质等，均直接或间接地影响工程质量。工程项目建设不像一般工业产品的生产那样有固定的生产流水线，有规范化的生产工艺和完善的检测技术，有成套的生产设备和稳定的生产环境，工程质量波动较大。

(2) 隐蔽性强，终检局限大。工程项目在施工过程中，由于工序交接多，若不及时检查发现其存在的质量问题，事后表面上质量尽管很好，但这时可能混凝土已经失去了强度，钢筋已经被锈蚀得完全失去了作用。诸如此类的工程质量问题在终检时是很难通过肉眼判断出来的，有时即使用上检测工具，也不一定能发现问题。

(3) 对社会影响大。与工程规划、设计、施工质量的好坏有密切联系的不仅仅是使用者，而是整个社会。工程质量不仅直接影响人民群众的生产生活而且还影响着社会可持续发展的环境。

## 二、我国工程质量保障机制

政府监督工程质量是一种国际惯例。工程质量责任重大，关系到社会公众的利益和公共安全，因此，无论是在发达国家还是在发展中国家，均强调政府对工程质量进行监督管理。大多数发达国家和地区政府的建设行政主管部门都把制定并执行建设工程质量管理的法规作为主要任务，同时把大型项目和政府投资项目作为监督管理的重点。与其完善的市场经济体制相适应，这些国家和地区的政府都非常重视各种学会和行业协会的作用，对专业人士实行注册制度，依据法律、法规实行项目许可制度、市场准入制度、设计文件审核制度、质量体系认证制度、竣工验收许可证制度等，对建设工程质量进行全方位、全过程的管理，是这些国家和地区的政府的通常做法。

经过长期实践和探索，我国在工程质量方面确立了"企业负责，政府监督"的保障机制。《建设工程质量管理条例》在总则部分明确规定，建设单位、勘察单位、设计单位、施工单位、工程监理单位依法对建设工程质量负责。县级以上人民政府建设行政主管部门和其他有关部门应当加强对建设工程质量的监督管理。

工程建设活动参与主体众多，建设单位、勘察单位、设计单位、施工单位、工程监理单位在工程建设活动中扮演着不同的角色，承担着不同的工作任务。不管是哪个单位的工作存在缺陷，都可能对工程实体质量产生不利影响，具有非常重大的影响。因此，这些单位必须对建设工程质量负责。

为了确保工程质量，确保公共安全，保护人民群众的生命和财产安全，政府必须大力加强对工程质量的监督管理。近几年来，工程质量事故时有发生。特别是重庆綦江大桥、河南焦作天堂歌舞厅等恶性事故，在社会上引起了强烈的反响。对此，党中央、国务院领导十分重视。血的教训警示人们，一定要加强工程建设全过程的管理，把工程建设和使用过程中的质量、安全隐患消灭在萌芽状态。

《建设工程质量管理条例》规定，国家实行建设工程质量监督管理制度。国务院建设行政主管部门对全国的建设工程质量实施统一监督管理。国务院铁路、交通、水利等有关部门按照国务院规定的职责分工，负责对全国的有关专业建设工程质量的监督管理。县级以上地方人民政府建设行政主管部门对本行政区域内的建设工程质量实施监督管理。县级以上地方人民政府交通、水利等有关部门在各自的职责范围内，负责对本行政区域内的专业建设工程质量的监督管理。

建设工程质量监督管理，可以由建设行政主管部门或者其他有关部门委托的建设工程质量监督机构具体实施。从事房屋建筑工程和市政基础设施工程质量监督的机构，必须按照国家有关规定经国务院建设行政主管部门或者省、自治区、直辖市人民政府建设行政主管部门考核；从事专业建设工程质量监督的机构，必须按照国家有关规定经国务院有关部门或者省、自治区、直辖市人民政府有关部门考核。经考核合格后，方可实施质量监督。

有关单位和个人对县级以上人民政府建设行政主管部门和其他有关部门进行的监督检查应当支持与配合，不得拒绝或者阻碍建设工程质量监督检查人员依法执行职务。

### 三、建筑工程五方主体质量责任制

**（一）建筑工程五方主体质量终身责任制的含义**

为加强房屋建筑和市政基础设施工程（以下简称建筑工程）质量管理，提高质量责任意识，强化质量责任追究，保证工程建设质量，住房城乡建设部颁布实施的《建筑工程五方责任主体项目负责人质量终身责任追究暂行办法》规定，建筑工程五方责任主体项目负责人质量终身责任，是指参与新建、扩建、改建的建筑工程项目负责人按照国家法律法规和有关规定，在工程设计使用年限内对工程质量承担相应责任。建筑工程开工建设前，建设、勘察、设计、施工、监理单位法定代表人应当签署授权书，明确本单位项目负责人。

建筑工程五方责任主体项目负责人是指承担建筑工程项目建设的建设单位项目负责人、勘察单位项目负责人、设计单位项目负责人、施工单位项目经理、监理单位总监理工程师。

**（二）建筑工程五方主体项目负责人质量终身责任制的要求**

（1）建设单位项目负责人对工程质量承担全面责任，不得违法发包、肢解发包，不得以任何理由要求勘察、设计、施工、监理单位违反法律法规和工程建设标准，降低工程质量，其违法违规或不当行为造成工程质量事故或质量问题应当承担责任。

（2）勘察、设计单位项目负责人应当保证勘察设计文件符合法律法规和工程建设强制性标准的要求，对因勘察、设计导致的工程质量事故或质量问题承担责任。

（3）施工单位项目经理应当按照经审查合格的施工图设计文件和施工技术标准进行施工，对因施工导致的工程质量事故或质量问题承担责任。

（4）监理单位总监理工程师应当按照法律法规、有关技术标准、设计文件和工程承包合同进行监理，对施工质量承担监理责任。

**（三）建筑工程五方主体项目负责人质量终身责任制的实施**

工程质量终身责任实行书面承诺和竣工后永久性标牌等制度。项目负责人应当在办理工程质量监督手续前签署工程质量终身责任承诺书，连同法定代表人授权书，报工程质量监督机构备案。项目负责人如有更换的，应当按规定办理变更程序，重新签署工程质量终身责任承诺书，连同法定代表人授权书，报工程质量监督机构备案。建筑工程竣工验收合格后，建设单位应当在建筑物明显部位设置永久性标牌，载明建设、勘察、设计、施工、监理单位名称和项目负责人姓名。

建设单位应当建立建筑工程各方主体项目负责人质量终身责任信息档案，工程竣工验收合格后移交城建档案管理部门。项目负责人质量终身责任信息档案包括下列内容：①建设、勘察、设计、施工、监理单位项目负责人姓名，身份证号码，执业资格，所在单位，变更情况等；②建设、勘察、设计、施工、监理单位项目负责人签署的工程质量终身责任承诺书；③法定代表人授权书。

**（四）建筑工程五方主体项目负责人质量终身责任制的责任追究**

1. 追究责任的情形

符合下列情形之一的，县级以上地方人民政府住房城乡建设主管部门应当依法追究项目负责人的质量终身责任：①发生工程质量事故；②发生投诉、举报、群体性事件、媒体报道并造成恶劣社会影响的严重工程质量问题；③由于勘察、设计或施工原因造成尚在设计使用年限内的建筑工程不能正常使用；④存在其他需追究责任的违法违规行为。

2. 追究责任的方式

发生上列情形之一的，按以下方式进行责任追究：①建设单位项目负责人为国家公职人员的，将其违法违规行为告知其上级主管部门及纪检监察部门，并建议对项目负责人给予相应的行政、纪律处分；勘察单位项目负责人、设计单位项目负责人、施工单位项目经理、监理单位总监理为相关注册执业人员的，责令停止执业1年；造成重大质量事故的，吊销执业资格证书，5年以内不予注册；情节特别恶劣的，终身不予注册。②构成犯罪的，移送司法机关依法追究刑事责任。③处单位罚款数额5%以上10%以下的罚款。④向社会公布曝光。

住房城乡建设主管部门应当及时公布项目负责人质量责任追究情况，将其违法违规等不良行为及处罚结果记入个人信用档案，给予信用惩戒。

项目负责人因调动工作等原因离开原单位后，或者项目负责人已退休的，被发现在原单位工作期间违反国家法律法规、工程建设标准及有关规定，造成所负责项目发生工程质量事故或严重质量问题的，仍应按规定依法追究相应责任。项目负责人为国家公职人员的，根据其承担责任依法应当给予降级、撤职、开除处分的，按照规定相应降低或取消其享受的待遇。

工程质量事故或严重质量问题相关责任单位已被撤销、注销、吊销营业执照或者宣告破产的，仍应按规定依法追究项目负责人的责任。违反法律法规规定，造成工程质量事故或严重质量问题的，除依照本规定追究项目负责人终身责任外，还应依法追究相关责任单位和责任人员的责任。

## 第二节　工程建设参与主体质量责任

### 一、建设单位的质量责任和义务

建设单位作为建设工程的投资人，是工程建设的重要责任主体之一。建设单位有权选择工程承包单位，对建设过程有权进行检查、控制，工程完工后对工程进行验收和接收，并按合同约定支付工程款。建设单位在整个工程建设活动中居于主导地位，其行为对工程质量具有重要影响。因此，要确保工程质量，必须对建设单位的行为进行约束和规范。

**（一）依法进行工程发包的义务**

《建设工程质量管理条例》规定，建设单位应当将工程发包给具有相应资质等级的单位。建设单位不得将建设工程肢解发包。建设单位应当依法对工程建设项目的勘察、设计、施工、监理以及与工程建设有关的重要设备、材料等的采购进行招标。

**（二）向有关单位提供原始资料**

《建设工程质量管理条例》规定，建设单位必须向有关的勘察、设计、施工、工程监理等单位提供与建设工程有关的原始资料。原始资料必须真实、准确、齐全。

原始资料是工程勘察、设计、施工、监理等单位赖以进行相关工程建设的基础性资料和依据。建设单位作为工程建设的总负责方，向有关单位提供真实、准确、齐全的原始资料是其基本责任和义务。

工程实践中，建设单位应当向勘察单位提供勘察任务书、项目规划总平面图、地下管线、地形地貌等基础资料；向设计单位提供政府有关部门批准的项目建议书、可行性研究报告等立项文件，设计任务书，有关城市规划、专业规划设计条件，勘察成果及其他基础资料；向施工单位提供概算批准文件，建设项目列入国家、部门或者地方政府的年度固定资产投资计划资料，建设用地征地资料，施工图及技术资料，建设资金和主要建筑材料、设备的来源落实资料，建设项目所在地规划部门批准文件，施工现场完成"三通一平"的平面图等资料；向工程监理等单位提供的原始资料，除包括给施工单位的资料外，还要有施工合同文本等。

### （三）禁止非法干预

《建筑法》规定，建设单位不得以任何理由要求建筑设计单位或者建筑施工企业在工程设计或者施工作业中，违反法律、行政法规和建筑工程质量、安全标准，降低工程质量。

《建设工程质量管理条例》进一步规定，建设工程发包单位不得迫使承包方以低于成本的价格竞标，不得任意压缩合理工期。建设单位不得明示或者暗示设计单位或者施工单位违反工程建设强制性标准，降低建设工程质量。

### （四）依法报审施工图设计文件

建设单位应当将施工图设计文件报县级以上人民政府建设行政主管部门或者其他有关部门审查。施工图设计文件未经审查批准的，不得使用。

施工图设计文件是设计文件的重要内容，是编制施工图预算、安排材料、设备订货和非标准设备制作，进行施工、安装和工程验收等工作的依据。施工图设计文件一经完成，建设工程最终所要达到的质量，尤其是地基基础和结构的安全性就有了约束。施工图设计文件的质量直接影响建设工程的质量。因此，在使用前必须依法报送审查。

### （五）依法委托监理单位

《建筑法》规定，国家推行建筑工程监理制度。国务院可以规定实行强制监理的建筑工程的范围。实行监理的建筑工程，由建设单位委托具有相应资质条件的工程监理单位监理。建设单位与其委托的工程监理单位应当订立书面委托监理合同。

### （六）依法办理工程质量监督手续

《建设工程质量管理条例》规定，建设单位在领取施工许可证或者开工报告前，应当按照国家有关规定办理工程质量监督手续，工程质量监督手续可以与施工许可证或者开工报告合并办理。

根据《房屋建筑和市政基础设施工程质量监督管理规定》，工程质量监督管理，是指主管部门依据有关法律法规和工程建设强制性标准，对工程实体质量和工程建设、勘察、设计、施工、监理单位和质量检测等单位的工程质量行为实施监督。工程质量监督管理的具体工作可以由县级以上地方人民政府建设主管部门委托所属的工程质量监督机构实施。

工程质量监督管理应当包括下列内容：①执行法律法规和工程建设强制性标准的情况；②抽查涉及工程主体结构安全和主要使用功能的工程实体质量；③抽查工程质量责任主体和质量检测等单位的工程质量行为；④抽查主要建筑材料、建筑构配件的质量；⑤对工程竣工验收进行监督；⑥组织或者参与工程质量事故的调查处理；⑦定期对本地区工程质量状况进行统计分析；⑧依法对违法违规行为实施处罚。

办理工程质量监督手续是法定程序，建设单位在领取施工许可证或者开工报告之前，应当依法到建设行政主管部门或铁路、交通、水利等有关管理部门，或其委托的工程质量监督机构办理工程质量监督手续，接受政府主管部门的工程质量监督。

### （七）依法保证建筑材料等符合要求

《建设工程质量管理条例》规定，按照合同约定，由建设单位提供建筑材料、建筑构配件和设备的，建设单位应当保证建筑材料、建筑构配件和设备符合设计文件和合同要求。建设单位不得明示或者暗示施工单位使用不合格的建筑材料、建筑构配件和设备。

工程实践中，根据施工合同约定，对于建设单位负责供应的材料设备，在使用前，施工单位应当按照规定对其进行检验和试验，如果不合格，不得在工程上使用，并应通知建设单位予以退换。

**（八）依法进行工程装修**

《建设工程质量管理条例》规定，涉及建筑主体和承重结构变动的装修工程，建设单位应当在施工前委托原设计单位或者具有相应资质等级的设计单位提出设计方案；没有设计方案的，不得施工。房屋建筑使用者在装修过程中，不得擅自变动房屋建筑主体和承重结构。

建筑设计方案是根据建筑物的使用功能要求，具体确定建筑标准、结构形式、建筑物的空间和平面布置以及建筑群体的布局。所以，对于涉及建筑主体和承重结构变动的装修工程，必须重新进行计算和设计，制定新的设计方案。否则，将可能产生质量隐患甚至造成严重的质量事故。

**（九）按照规定进行竣工验收**

建设单位收到建设工程竣工报告后，应当组织设计、施工、工程监理等有关单位进行竣工验收。建设工程经验收合格的，方可交付使用。

**【阅读案例】长沙"4·29"居民自建房倒塌事故**

2022年4月29日12时24分，湖南省长沙市望城区金山桥街道金坪社区盘树湾组发生一起特别重大居民自建房倒塌事故，造成54人死亡、9人受伤，直接经济损失9077.86万元。经国务院事故调查组调查认定，湖南长沙"4·29"特别重大居民自建房倒塌事故是一起因房主违法违规建设、加层扩建和用于出租经营，地方党委政府及其有关部门组织开展违法建筑整治、风险隐患排查治理不认真不负责，有的甚至推卸责任、放任不管，造成重大安全隐患长期未得到整治而导致的特别重大生产安全责任事故。

事故的直接原因是违法违规建设的原五层（局部六层）房屋建筑质量差、结构不合理、稳定性差、承载能力低，违法违规加层扩建至八层（局部九层）后，荷载大幅增加，致使二层东侧柱和墙超出极限承载力，出现受压破坏并持续发展，最终造成房屋整体倒塌。事发前，在出现明显倒塌征兆的情况下，房主拒不听从劝告，未采取紧急避险疏散措施，是导致人员伤亡多的重要原因。

调查认定，湖南省、长沙市、望城区及有关部门存在集中治理部署迟缓简单应付、日常监管相互推诿回避矛盾、排查整治不认真走过场、对违法违规行为查处不力、房屋检测机构管理混乱、自建房规划建设源头失控等问题。涉事房主和有关企业存在相关违法违规行为。

## 二、勘察、设计单位的质量责任和义务

**（一）依法承揽工程的勘察、设计业务**

《建设工程质量管理条例》规定，从事建设工程勘察、设计的单位应当依法取得相应等级的资质证书，并在其资质等级许可的范围内承揽工程。禁止勘察、设计单位超越

其资质等级许可的范围或者以其他勘察、设计单位的名义承揽工程。禁止勘察、设计单位允许其他单位或者个人以本单位的名义承揽工程。勘察、设计单位不得转包或者违法分包所承揽的工程。

### (二) 勘察、设计必须执行强制性标准

《建设工程质量管理条例》规定，勘察、设计单位必须按照工程建设强制性标准进行勘察、设计，并对其勘察、设计的质量负责。强制性标准是工程建设技术和经验的积累，是勘察、设计工作的技术依据。只有满足工程建设强制性标准才能保证质量，才能满足工程对安全、卫生、环保等多方面的质量要求，因而勘察、设计单位必须严格执行。

### (三) 勘察成果必须真实、准确

《建设工程质量管理条例》规定，勘察单位提供的地质、测量、水文等勘察成果必须真实、准确。工程勘察工作是建设工作的基础工作，工程勘察成果文件是设计和施工的基础资料和重要依据。其真实、准确与否直接影响到设计、施工质量，因而工程勘察成果必须真实准确、安全可靠。

### (四) 设计深度应当符合国家规定的要求

《建设工程质量管理条例》规定，设计单位应当根据勘察成果文件进行建设工程设计。设计文件应当符合国家规定的设计深度要求，注明工程合理使用年限。

勘察成果文件是工程设计的基础性资料，是设计的重要依据。先勘察、后设计是工程建设程序的基本要求。工程合理使用年限是指从工程竣工验收合格之日起，工程的地基基础、主体结构能保证在正常情况下安全使用的年限。

### (五) 依法审慎选用建筑材料

《建筑法》《建设工程质量管理条例》规定，设计单位在设计文件中选用的建筑材料、建筑构配件和设备，应当注明规格、型号、性能等技术指标，其质量要求必须符合国家规定的标准。除有特殊要求的建筑材料、专用设备、工艺生产线等外，设计单位不得指定生产厂、供应商。

### (六) 依法对设计文件进行技术交底

《建设工程质量管理条例》规定，设计单位应当就审查合格的施工图设计文件向施工单位作出详细说明。

设计文件的技术交底，通常的做法是设计文件完成后，通过建设单位发给施工单位，再由设计单位将设计的意图、特殊的工艺要求，以及建筑、结构、设备等各专业在施工中的难点、疑点和容易发生的问题等向施工单位作详细说明，并负责解释施工单位对设计图纸的疑问。对设计文件进行技术交底是设计单位的重要义务，对确保工程质量有重要的意义。

### (七) 参与建设工程质量事故分析

《建设工程质量管理条例》规定，设计单位应当参与建设工程质量事故分析，并对因设计造成的质量事故，提出相应的技术处理方案。

工程建设过程中，一旦发生了质量事故，该工程的设计单位最有可能在短时间内发现存在的问题，对事故的分析具有权威性，有利于事故的及时处理。对因设计造成的质量事故，设计单位必须提出相应的技术处理方案。

### 三、监理单位的质量责任和义务

工程监理单位接受建设单位的委托，代表建设单位，对建设工程进行管理。因此，工程监理单位也是建设工程质量的责任主体之一。

#### （一）依法承担工程监理业务

《建筑法》规定，工程监理单位应当在其资质等级许可的监理范围内，承担工程监理业务。工程监理单位不得转让工程监理业务。《建设工程质量管理条例》进一步规定，工程监理单位应当依法取得相应等级的资质证书，并在其资质等级许可的范围内承担工程监理业务。禁止工程监理单位超越本单位资质等级许可的范围或者以其他工程监理单位的名义承担工程监理业务。禁止工程监理单位允许其他单位或者个人以本单位的名义承担工程监理业务。工程监理单位不得转让工程监理业务。

#### （二）与被监理单位有隶属关系或其他利害关系的，应当回避

《建筑法》《建设工程质量管理条例》规定，工程监理单位与被监理工程的施工承包单位以及建筑材料、建筑构配件和设备供应单位有隶属关系或者其他利害关系的，不得承担该项建设工程的监理业务。

#### （三）依法进行工程监理

《建设工程质量管理条例》规定，工程监理单位应当依照法律、法规以及有关技术标准、设计文件和建设工程承包合同，代表建设单位对施工质量实施监理，并对施工质量承担监理责任。

### 四、施工单位的质量责任和义务

施工阶段是建设工程实体质量的形成阶段，设计目标要通过施工才能得以实现。施工单位是建设市场重要的责任主体之一，其能力和行为对建设工程质量起到关键性的作用。由于施工阶段涉及多个主体、多个环节、多种因素，协调管理难度大，因此，施工阶段的质量管理尤为重要。

#### （一）施工单位应当依法承揽工程

《建设工程质量管理条例》规定，施工单位应当依法取得相应资质等级的证书，并在其资质等级许可的范围内承揽工程。禁止施工单位超越本单位资质等级许可的业务范围或者以其他施工单位的名义承揽工程。禁止施工单位允许其他单位或者个人以本单位的名义承揽工程。

#### （二）对建设工程的施工质量负责

《建设工程质量管理条例》规定，施工单位对建设工程的施工质量负责。施工单位应当建立质量责任制，确定工程项目的项目经理、技术负责人和施工管理负责人。

建设工程实行总承包的，总承包单位应当对全部建设工程质量负责；建设工程勘察、设计、施工、设备采购的一项或者多项实行总承包的，总承包单位应当对其承包的建设工程或者采购的设备的质量负责。

### (三) 总承包单位与分包单位的质量连带责任

总承包单位依法将建设工程分包给其他单位的，分包单位应当按照分包合同的约定对其分包工程的质量向总承包单位负责，总承包单位与分包单位对分包工程的质量承担连带责任。

### (四) 依照设计图纸和施工技术标准施工

施工单位必须按照工程设计图纸和施工技术标准施工，不得擅自修改工程设计，不得偷工减料。施工单位在施工过程中发现设计文件和图纸有差错的，应当及时提出意见和建议。

### (五) 依照规定建立健全检验制度

施工单位必须按照工程设计要求、施工技术标准和合同约定，对建筑材料、建筑构配件、设备及商品混凝土进行检验，未经检验或检验不合格的，不得使用。检验应当有书面记录和专人签字；未经检验或者检验不合格的，不得使用。

施工单位必须建立、健全施工质量的检验制度，严格工序管理，做好隐蔽工程的质量检查和记录。隐蔽工程在隐蔽前，施工单位应当通知建设单位和建设工程质量监督机构。

所谓隐蔽工程，是指在施工过程中，某一道工序所完成的工程实物，被后一工序形成的工程实物所隐蔽，而且不可以逆向作业的那部分工程。隐蔽工程被隐蔽后，其施工质量就很难检验及认定，所以，在隐蔽前，施工单位应当做好检查、检验和记录，并通知有关单位。

### (六) 严格执行见证取样和送检制度

施工人员对涉及结构安全的试块、试件以及有关材料，应在建设单位或工程监理单位监督下现场取样，并送具有相应资质等级的质量检测单位进行检测。

见证取样和送检是指在建设单位或工程监理单位人员的见证下，由施工单位的现场试验人员对工程中涉及结构安全的试块、试件和材料在现场取样，并送至经过省级以上建设行政主管部门对其资质认可和质量技术监督部门对其计量认证的质量检测单位进行检测。

《房屋建筑工程和市政基础设施工程实行见证取样和送检的规定》规定，涉及结构安全的试块、试件和材料见证取样和送检的比例不得低于有关技术标准中规定应取样数量的30%。

下列试块、试件和材料必须实施见证取样和送检：①用于承重结构的混凝土试块；②用于承重墙体的砌筑砂浆试块；③用于承重结构的钢筋及连接接头试件；④用于承重墙的砖和混凝土小型砌块；⑤用于拌制混凝土和砌筑砂浆的水泥；⑥用于承重结构的混凝土中使用的掺加剂；⑦地下、屋面、厕浴间使用的防水材料；⑧国家规定必须实行见证取样和送检的其他试块、试件和材料。

见证人员应由建设单位或该工程的监理单位具备建筑施工试验知识的专业技术人员担任，并应由建设单位或该工程的监理单位书面通知施工单位、检测单位和负责该项工程的质量监督机构。

在施工过程中，见证人员应按照见证取样和送检计划，对施工现场的取样和送检进行见证，取样人员应在试样或其包装上作出标识、封志。标识和封志应标明工程名称、取样部位、取样日期、样品名称和样品数量，并由见证人员和取样人员签字。见证人员应制作见证记录，并将见证记录归入施工技术档案。见证人员和取样人员应对试样的代表性和真实性负责。

见证取样的试块、试件和材料送检时，应由送检单位填写委托单，委托单应有见证人员和送检人员签字。检测单位应检查委托单及试样上的标识和封志，确认无误后方可进行检测。

检测单位应严格按照有关管理规定和技术标准进行检测，出具公正、真实、准确的检测报告。见证取样和送检的检测报告必须加盖见证取样检测的专用章。

### （七）质量不合格工程应当负责返修

《建筑法》规定，对已发现的质量缺陷，建筑施工企业应当进行修复。《建设工程质量管理条例》进一步规定，施工单位对施工中出现质量问题的建设工程或者竣工验收不合格的建设工程，应当负责返修。《民法典》也作了相应规定，因施工人的原因致使建设工程质量不符合约定的，发包人有权要求施工人在合理期限内无偿修理或者返工、改建。

返修作为施工单位的法定义务，返修包括施工过程中出现质量问题的建设工程和竣工验收不合格的建设工程两种情形。返工是指工程质量不符合规定的质量标准，而又无法修理的情况下重新进行施工；修理则是指工程质量不符合标准，而又有可能修复的情况下，对工程进行修补，使其达到质量标准的要求。不论是施工过程中出现质量问题的建设工程，还是竣工验收时发现质量问题的工程，施工单位都要负责返修。

对于非施工单位原因造成的质量问题，施工单位也应当负责返修，但是因此而造成的损失及返修费用由责任方负责。

### （八）建立健全教育培训制度

《建设工程质量管理条例》规定，施工单位应当建立、健全教育培训制度，加强对职工的教育培训；未经教育培训或者考核不合格的人员，不得上岗作业。

教育培训是施工单位的保障施工质量和安全的重要措施之一。对质量工作有关的人员如项目经理、质量检查员、施工员及关键工种如焊工、钢筋工、混凝土工等，必须先培训、后上岗。

**【阅读案例】** 齐齐哈尔体育馆坍塌事故

2023年7月23日14时56分，黑龙江省齐齐哈尔市龙沙区齐齐哈尔市第三十四中学校体育馆楼顶发生坍塌，齐齐哈尔市消防救援支队迅速调集力量赶赴现场开展救援。该体育馆建成于1997年，投资230万元。该事故造成11人死亡、7人受伤，直接经济损失1254.1万元。

事故发生的直接原因是，屋面多次维修大量增加荷载、屋面堆放珍珠岩及因珍珠岩堆放造成雨水滞留不断增加荷载，综合作用下网架结构严重超载、变形，导致屋顶瞬间坍塌。

间接原因：建设单位落实质量和安全生产首要责任不到位，未办理施工许可擅自开工，对施工单位、监理单位的指导、检查、督促管理缺失，组织虚假竣工验收。施工单位质量和安全生产主体责任严重缺失，违法违规出借资质，无施工许可擅自开工，安全管理人员未到岗履职，实际项目经理不具备执业资格，违法将工程分包给不具备资质的个人，未按设计图纸施工，降低工程质量标准，施工现场管理混乱。监理单位质量和安全生产主体责任不落实，现场监理人员数量不满足监理工作需要，发现施工单位备案管理人员未到岗履职和现场实际项目经理不具备执业资格、未经批准擅自施工的违法违规行为不予制止，未对隐蔽工程进行旁站，伪造监理记录。行业监管部门履行监管职责不到位。

# 第三节 建设工程竣工验收制度

竣工验收是施工全过程的最后一道工序，也是工程项目管理的最后一项工作。它是建设投资成果转入生产或使用的标志，也是全面考核投资效益，检验设计和施工质量的重要环节。

## 一、建设工程竣工验收的主体

《建设工程质量管理条例》规定，建设单位收到建设工程竣工报告后，应当组织设计、施工、工程监理等有关单位进行竣工验收。

对工程进行竣工检查和验收，是建设单位法定的权利和义务。在建设工程完工后，承包单位应当向建设单位提供完整的竣工资料和竣工报告，提请建设单位组织竣工验收。建设单位收到竣工报告后，应及时组织有设计、施工、工程监理等有关单位参加的竣工验收，检查整个工程项目是否已按照设计要求和合同约定全部建设完成，并符合竣工验收条件。

## 二、工程竣工验收应当具备法定条件

《建筑法》规定，交付竣工验收的建筑工程，必须符合规定的建筑工程质量标准，有完整的工程技术经济资料和经签署的工程保修书，并具备国家规定的其他竣工条件。建筑工程竣工经验收合格后，方可交付使用；未经验收或者验收不合格的，不得交付使用。

《建设工程质量管理条例》规定，建设工程竣工验收应当具备下列条件：①完成建设工程设计和合同约定的各项内容；②有完整的技术档案和施工管理资料；③有工程使用的主要建筑材料、建筑构配件和设备的进场试验报告；④有勘察、设计、施工、工程监理等单位分别签署的质量合格文件；⑤有施工单位签署的工程保修书。

2013年12月2日，住房城乡建设部发布的《房屋建筑和市政基础设施工程竣工验收规定》规定，房屋建筑和市政基础设施工程符合下列要求方可进行竣工验收：①完成工程设计和合同约定的各项内容；②施工单位在工程完工后对工程质量进行了检查，确认工程质量符合有关法律、法规和工程建设强制性标准，符合设计文件及合同要求，并提出工程竣工报告。工程竣工报告应经项目经理和施工单位有关负责人审核签字；③对于委托监理的工程项目，监理单位对工程进行了质量评估，具有完整的监理资料，并提出工程质量评估报告。工程质量评估报告应经总监理工程师和监理单位有关负责人审核签字；④勘察、设计单位对勘察、设计文件及施工过程中由设计单位签署的设计变更通知书进行了检查，并提出质量检查报告。质量检查报告应经该项目勘察、设计负责人和勘察、设计单位有关负责人审核签字；⑤有完整的技术档案和施工管理资料；⑥有工程使用的主要建筑材料、建筑构配件和设备的进场试验报告，以及工程质量检测和功能性试验资料；⑦建设单位已按合同约定支付工程款；⑧有施工单位签署的工程质量保修书；⑨对于住宅工程，进行分户验收并验收合格，建设单位按户出具《住宅工程质量分户验收表》；⑩建设主管部门及工程质量监督机构责令整改的问题全部整改完毕；⑪法律、法规规定的其他条件。

### 三、工程竣工验收程序

工程竣工验收应当按以下程序进行。

（1）工程完工后，施工单位向建设单位提交工程竣工报告，申请工程竣工验收。实行监理的工程，工程竣工报告须经总监理工程师签署意见。

（2）建设单位收到工程竣工报告后，对符合竣工验收要求的工程，组织勘察、设计、施工、监理等单位组成验收组，制定验收方案。对于重大工程和技术复杂工程，根据需要可邀请有关专家参加验收组。

（3）建设单位应当在工程竣工验收7个工作日前将验收的时间、地点及验收组名单书面通知负责监督该工程的工程质量监督机构。

（4）建设单位组织工程竣工验收。具体步骤如下：

第一，建设、勘察、设计、施工、监理单位分别汇报工程合同履约情况和在工程建设各个环节执行法律、法规和工程建设强制性标准的情况；

第二，审阅建设、勘察、设计、施工、监理单位的工程档案资料；

第三，实地查验工程质量；

第四，对工程勘察、设计、施工、设备安装质量和各管理环节等方面作出全面评价，形成经验收组人员签署的工程竣工验收意见。

参与工程竣工验收的建设、勘察、设计、施工、监理等各方不能形成一致意见时，应当协商提出解决的方法，待意见一致后，重新组织工程竣工验收。

工程竣工验收合格后，建设单位应当及时提出工程竣工验收报告。工程竣工验收报告主要包括工程概况，建设单位执行基本建设程序情况，对工程勘察、设计、施工、监理等方面的评价，工程竣工验收时间、程序、内容和组织形式，工程竣工验收意见等内容。

负责监督该工程的工程质量监督机构应当对工程竣工验收的组织形式、验收程序、执行验收标准等情况进行现场监督，发现有违反建设工程质量管理规定行为的，责令改正，并将对工程竣工验收的监督情况作为工程质量监督报告的重要内容。

## 四、专项验收的规定

《建设工程质量管理条例》规定，建设单位应当自建设工程竣工验收合格之日起15日内，将建设工程竣工验收报告和规划、公安消防、环保等部门出具的认可文件或者准许使用文件报建设行政主管部门或者其他有关部门备案。建设行政主管部门或者其他有关部门发现建设单位在竣工验收过程中有违反国家有关建设工程质量管理规定行为的，责令停止使用，重新组织竣工验收。

### （一）建设工程竣工规划验收

《城乡规划法》第45条规定，县级以上地方人民政府城乡规划主管部门按照国务院规定对建设工程是否符合规划条件予以核实。未经核实或者经核实不符合规划条件的，建设单位不得组织竣工验收。建设单位应当在竣工验收后六个月内向城乡规划主管部门报送有关竣工验收资料。

建设工程竣工后，建设单位应当依法向城乡规划行政主管部门提出竣工规划验收申请，由城乡规划行政主管部门按照选址意见书、建设用地规划许可证、建设工程规划许可证、乡村建设规划许可证及其有关规划的要求，对建设工程进行规划验收，包括对建设用地范围内的各项工程建设情况、建筑物的使用性质、位置、间距、层数、标高、平面、立面、外墙装饰材料和色彩、各类配套服务设施、临时施工用房、施工场地等进行全面核查，并作出验收记录。对于验收合格的，由城乡规划行政主管部门出具规划认可文件或核发建设工程竣工规划验收合格证。

《城乡规划法》还规定，建设单位未在建设工程竣工验收后六个月内向城乡规划主管部门报送有关竣工验收资料的，由所在地城市、县人民政府城乡规划主管部门责令限期补报；逾期不补报的，处一万元以上五万元以下的罚款。

### （二）建设工程竣工消防验收

《消防法》规定，对按照国家工程建设消防技术标准需要进行消防设计的建设工程，实行建设工程消防设计审查验收制度。

国务院住房和城乡建设主管部门规定应当申请消防验收的建设工程竣工，建设单位应当向住房和城乡建设主管部门申请消防验收。其他建设工程，建设单位在验收后应当报住房和城乡建设主管部门备案，住房和城乡建设主管部门应当进行抽查。依法应当进行消防验收的建设工程，未经消防验收或者消防验收不合格的，禁止投入使用；其他建设工程经依法抽查不合格的，应当停止使用。

《消防法》规定，有下列行为之一的，由住房和城乡建设主管部门、消防救援机构按照各自职权责令停止施工、停止使用或者停产停业，并处三万元以上三十万元以下罚款：①依法应当进行消防设计审查的建设工程，未经依法审查或者审查不合格，擅自施工的；②依法应当进行消防验收的建设工程，未经消防验收或者消防验收不合格，擅自投入使用的；③其他建设工程验收后经依法抽查不合格，不停止使用的；④公众聚集场所未经消防安全检查或者经检查不符合消防安全要求，擅自投入使用、营业的。

建设单位未依照《消防法》规定在验收后报住房和城乡建设主管部门备案的，由住房和城乡建设主管部门责令改正，处五千元以下罚款。

## （三）建设工程竣工环保验收

国务院《建设项目环境保护管理条例》规定，编制环境影响报告书、环境影响报告表的建设项目竣工后，建设单位应当按照国务院环境保护行政主管部门规定的标准和程序，对配套建设的环境保护设施进行验收，编制验收报告。

建设单位在环境保护设施验收过程中，应当如实查验、监测、记载建设项目环境保护设施的建设和调试情况，不得弄虚作假。除按照国家规定需要保密的情形外，建设单位应当依法向社会公开验收报告。

分期建设、分期投入生产或者使用的建设项目，其相应的环境保护设施应当分期验收。编制环境影响报告书、环境影响报告表的建设项目，其配套建设的环境保护设施经验收合格，方可投入生产或者使用；未经验收或者验收不合格的，不得投入生产或者使用。

《建设项目环境保护管理条例》规定，需要配套建设的环境保护设施未建成、未经验收或者验收不合格，建设项目即投入生产或者使用，或者在环境保护设施验收中弄虚作假的，由县级以上环境保护行政主管部门责令限期改正，处20万元以上100万元以下的罚款；逾期不改正的，处100万元以上200万元以下的罚款；对直接负责的主管人员和其他责任人员，处5万元以上20万元以下的罚款；造成重大环境污染或者生态破坏的，责令停止生产或者使用，或者报经有批准权的人民政府批准，责令关闭。

建设单位未依法向社会公开环境保护设施验收报告的，由县级以上环境保护行政主管部门责令公开，处5万元以上20万元以下的罚款，并予以公告。

## （四）建筑工程节能验收

《中华人民共和国节约能源法》（以下简称《节约能源法》）规定，国家实行固定资产投资项目节能评估和审查制度。不符合强制性节能标准的项目，建设单位不得开工建设；已经建成的，不得投入生产、使用。政府投资项目不符合强制性节能标准的，依法负责项目审批的机关不得批准建设。

《民用建筑节能条例》规定，建设单位组织竣工验收，应当对民用建筑是否符合民用建筑节能强制性标准进行查验；对不符合民用建筑节能强制性标准的，不得出具竣工验收合格报告。

当前，工程建设项目审批制度改革是党中央、国务院在新形势下作出的重大决策，是推进政府职能转变和深化"放管服"改革、优化营商环境的重要内容。《国务院办公厅关于全面开展工程建设项目审批制度改革的实施意见》（国办发〔2019〕11号）规定，对工程建设实行规划、土地、消防、人防、档案等事项限时联合验收，统一竣工验收图纸和验收标准，统一出具验收意见。对于验收涉及的测绘工作，实行"一次委托、联合测绘、成果共享"。

### 五、工程档案资料移交

《建设工程质量管理条例》规定，建设单位应当严格按照国家有关档案管理的规定，及时收集、整理建设项目各环节的文件资料，建立健全建设项目档案，并在建设工程竣工验收后，及时向建设行政主管部门或者其他有关部门移交建设项目档案。

按照住房城乡建设部《城市建设档案管理规定》的规定，建设单位应当在工程竣工验收后 3 个月内，向城建档案馆报送一套符合规定的建设工程档案。凡建设工程档案不齐全的，应当限期补充。对改建、扩建和重要部位维修的工程，建设单位应当组织设计、施工单位据实修改、补充和完善原建设工程档案。建设工程竣工验收后，建设单位未按照本规定移交建设工程档案的，依照《建设工程质量管理条例》的规定处罚。

施工单位应当按照归档要求制定统一目录，有专业分包工程的，分包单位要按照总承单位的总体安排做好各项资料整理工作，最后再由总承包单位进行审核、汇总。施工单位一般应当提交的档案资料如下：①工程技术档案资料；②工程质量保证资料；③工程检验评定资料；④竣工图等。

列入城建档案馆档案接收范围的工程，城建档案管理机构按照建设工程竣工联合验收的规定对工程档案进行验收。

# 第四节  工程质量保修制度

## 一、质量保修概述

建设工程质量保修制度，是指对建设工程在交付使用后的一定期限内发现的质量缺陷，由施工单位承担维修责任的一种法律制度。质量缺陷，是指建设工程质量不符合工程建设强制性标准、设计文件以及承包合同中对质量要求的情况。

建设工程实行质量保修制度。建设工程承包单位在向建设单位提交工程竣工验收报告时，应当向建设单位出具质量保修书。质量保修书中应当明确建设工程的保修范围、保修期限和保修责任等。

## 二、质量保修范围和期限

根据《建设工程质量管理条例》的规定，在正常使用条件下，建设工程的最低保修期限为：①基础设施工程、房屋建筑的地基基础工程和主体结构工程，为设计文件规定的该工程的合理使用年限；②屋面防水工程、有防水要求的卫生间、房间和外墙面的防渗漏，为 5 年；③供热与供冷系统，为 2 个采暖期、供冷期；④电气管线、给排水管道、设备安装和装修工程，为 2 年。其他项目的保修期限由发包方与承包方约定。

建设工程的保修期，自竣工验收合格之日起计算。建设工程在保修范围和保修期限内发生质量问题的，施工单位应当履行保修义务，并对造成的损失承担赔偿责任。

建设工程在超过合理使用年限后需要继续使用的，产权所有人应当委托具有相应资质等级的勘察、设计单位鉴定，并根据鉴定结果采取加固、维修等措施，重新界定使用期。

**【阅读案例】 工程质保金返还纠纷**

　　发包人某置业公司与某建设公司签订施工合同，约定由某建设公司承包案涉城中村改造工程，并对质保期作出了约定。韩某在某建设公司委托代理人处签字，并负责该工程实际施工。韩某与第三人刘某签订劳务施工合同，约定由刘某负责案涉工程劳务大清包。刘某又与李某签订合作协议，对案涉工程劳务大清包项目合作事宜作出约定。案涉工程现已竣工验收备案。除案涉合同约定的总工程款3%的质保金外，韩某已将其他工程款向刘某支付完毕。剩余3%质保金，因韩某、某建设公司、某置业公司未返还，李某诉至法院。

　　漯河中院以案涉工程质保期尚未届满为由，未支持李某请求返还质保金的诉请。李某不服，申请再审，河南省高院裁定指令再审。漯河中院再审后认为，案涉合同对质保金返还期限有明确的约定，即"余下的3%作为质保金，必须在交工后两个月内付清"，案涉工程竣工验收备案表显示工程实际竣工验收时间为2019年8月2日，韩某应当在此时间节点后2个月内向李某返还质保金。再审据此予以改判。

　　工程质保金的返还与工程保修期限并无必然联系，不以保修期限届满为返还条件。当事人对质保金的返还期限有约定的从约定，没有约定或约定不明的，应以缺陷责任期届满为支付条件。

### 三、保修程序

　　《房屋建筑工程质量保修办法》规定，房屋建筑工程在保修期限内出现质量缺陷，建设单位或者房屋建筑所有人应当向施工单位发出保修通知。施工单位接到保修通知后，应当到现场核查情况，在保修书约定的时间内予以保修。发生涉及结构安全或者严重影响使用功能的紧急抢修事故，施工单位接到保修通知后，应当立即到达现场抢修。施工单位不按工程质量保修书约定保修的，建设单位可以另行委托其他单位保修，由原施工单位承担相应责任。

　　在保修期内，因房屋建筑工程质量缺陷造成房屋所有人、使用人或者第三方人身、财产损害的，房屋所有人、使用人或者第三方可以向建设单位提出赔偿要求。建设单位向造成房屋建筑工程质量缺陷的责任方追偿。

　　保修不及时造成新的人身、财产损害，由造成拖延的责任方承担赔偿责任。因使用不当或者第三方造成的质量缺陷、不可抗力造成的质量缺陷，不属于法定的保修范围。

# 第七章

# 工程监理法律制度

**教学目的与要求：**
1. 了解工程建设监理的概念、特征、作用；
2. 熟悉工程的实施；
3. 掌握工程监理的范围。

**教学重点与难点：**
1. 工程建设监理的作用；
2. 工程监理范围的确定。

**教学方法和手段：**
1. PPT 教学模式；
2. 引入案例。

**教学内容与设计：**
1. 案例导入；
2. 穿插课堂提问讨论、案例、小作业等；
3. 注重启发式教学手段的运用，加强与学生的互动。

【内容导读】

工程监理是我国工程建设领域的重要制度，也是我国工程建设与国际惯例接轨的有效举措。工程监理对于保障工程质量、工期、投资、安全生产等具有积极作用。本章在了解工程监理概念、意义的基础上，应当重点掌握强制监理的工程范围、监理的工作内容等知识。

## 第一节 工程监理制度概述

### 一、建设工程监理的概念

建设工程监理，是指由依法取得法定资质等级许可的工程监理单位，根据建设单位的委托，依照法律、行政法规及有关的技术标准、设计文件和建筑工程承包合同，对工程承包单位在建筑工程的施工质量、建设工期和建设资金使用等方面，代表建设单位实施监督管理的技术性、专业性服务行为。

我国于1988年开始推行建设工程监理制度，经过十几年的摸索总结，我国《建筑法》以法律的形式正式确立了该项制度。《建设工程质量管理条例》中规定了工程业主委托监理的义务其他有关建设工程监理制度的规定包括《建设工程监理范围和规模标准规定》《工程监理企业资质管理规定》《建设工程监理规范》等。

## 二、建设工程监理的作用

### （一）有利于提高建设工程投资决策科学化水平

在建设单位委托工程监理实施全方位、全过程监理的条件下，监理单位可以派出具备资格的监理工程师为建设单位提供全过程的咨询、监理工作，有利于提高投资项目决策的科学化水平，避免项目投资决策失误，也为实现建设工程投资综合效益最大化打下了良好的基础。

### （二）有利于规范工程建设参与各方的建设活动

在建设工程实施过程中，工程监理企业可依据委托监理合同和有关的建设工程合同对承建单位的建设行为进行监督管理。由于这种约束机制贯穿于工程建设的全过程，所以可以最有效地规范各承建单位的建设行为，最大限度地避免不当建设行为的发生。当然，要充分发挥监理制度的作用，也需要工程监理企业规范自身的行为并接受政府的监督管理。

## 三、建设工程监理的性质

### （一）服务性

工程监理企业既不直接进行设计，也不直接进行施工，更不参与承包商的利润分成，而是利用自己的知识、技能、经验、信息以及必要的试验、检测手段为建设单位提供管理活动。建设工程监理的服务对象是建设单位，监理服务是按照委托监理合同的规定进行的，是受法律约束和保护的。

### （二）科学性

工程监理企业应当由组织管理能力强、工程建设经验丰富的人员担任负责人，应当有足够数量的、有丰富管理经验和应变能力的监理工程师组成的骨干队伍。做好工程监理业务，要有一套健全的管理制度和现代化的管理手段；要掌握先进的管理理论、方法和手段；要积累足够的技术、经济资料和数据；要有科学的工作态度和严谨的工作作风；要实事求是，创造性地开展工作。这一切决定了监理工作的科学性。

### （三）独立性

工程监理单位应当严格地按照有关法律、法规、规章、工程建设文件、工程建设技术标准、建设工程委托监理合同、有关的建设工程合同等规定实施监理。在监理过程中，监理单位与承建单位不得有隶属关系和其他利害关系，必须建立自己的组织机构，按照自己的工作计划程序、流程、方法、手段独立开展工作。

**（四）公正性**

公正性是监理工程师能够长期生存和发展的基本职业道德准则。在开展建设工程监理的过程中，工程监理应该客观公正地对待建设单位和承包单位，特别是当这两方发生利益冲突或者矛盾时，工程监理企业应该以事实为依据，以法律和有关合同为准绳，在维护建设单位合法权益时，不能损害承包单位的合法权益。

### 四、工程监理单位的基本执业准则

工程监理单位是为建筑工程的建设单位提供建筑工程监理服务的独立的社会中介性企业，应当按照其与建设单位订立的建设工程委托监理合同授予的权利、权限，代表建设单位对建筑工程承包单位进行的建筑工程施工进行监督管理。工程监理单位作为独立经营的社会中介性企业，相对于建设工程的建设单位和承包单位而言，为第三方。《建筑法》对工程监理单位在建筑工程监理活动中应当遵循的基本执业准则作了规定。

（1）工程监理单位应当在其资质等级许可的监理范围内，承担工程监理业务。

建筑工程监理属于专业性很强的技术与管理服务，要求从事建筑工程监理的企业、单位，必须具备相应的条件、专业技术与管理服务水平和相关实践经验，因此，国家对从事建筑工程监理的企业实行资质等级许可制度。根据《工程监理企业资质管理规定》等有关规定，取得建筑工程监理资质等级许可的建筑工程监理企业，根据其资质等级的不同可以承担与其资质等级许可范围相应的建筑工程监理业务，不得超越其资质等级许可范围承担建筑工程监理业务。

（2）工程监理单位应当根据建设单位的委托，客观、公正地执行监理任务。

工程监理单位是为建筑工程的建设单位提供建筑工程监理服务的独立的社会中介性企业，工程监理单位及其工程监理人员在对工程实施监理的过程中，必须做到客观和公正。客观和公正是法律对工程监理单位进行的工程监理活动最基本的要求，是工程监理单位及其工程监理人员应当遵循的最基本的执业准则。

（3）与被监理工程的承包单位以及建筑材料、建筑构配件和设备供应单位不得有隶属关系或者其他利害关系。

隶属关系是指工程监理单位与被监理工程的承包单位或者建筑材料、建筑构配件和设备供应单位属于行政的上下级的关系。其他利害关系是指工程监理单位与被监理工程的承包单位或者建筑材料、建筑构配件和设备供应单位存在某种利益关系。工程监理单位及其工程监理人员在对工程实施监理的过程中如果存在上述关系，必然影响其客观、公正地执行监理工作。

（4）不得转让工程监理业务。

转让工程监理业务，是指工程监理单位将其承揽的工程监理业务的全部或部分转让给其他单位的行为。

建筑工程监理是由具有相应资质等级的工程监理企业通过与建设单位订立建设工程委托监理合同，接受建设单位的委托并在建设工程委托监理合同授予的权利、权限范围内，对建筑工程的施工实施的监督管理活动。建设工程委托监理合同一经订立，就具有法律约束力，任何一方不得擅自变更合同，更不得擅自变更合同的主体。工程监理单位将建设工程委托监理合同约定的工程监理业务转让他人，违背了建设单位的意志，损害了建设单位的利益，而且有可能因其将工程监理业务转让给不具备相适应资质条件的单位，从而不能按照建设单位的要求，对建筑工程质量、建设工期和建设资金使用、建筑工程安全生产进行控制、监督与管理。

## 第二节　强制监理的工程

### 一、强制监理工程概述

建筑工程监理，原则上应由建筑工程的建设单位自行决定，但是，对于使用国家财政资金或者其他公共建设资金建设的建筑工程项目以及大型公共建筑工程，为有效保证投资效益，维护国家利益和纳税人利益，保证公共利益和公众安全，有必要对这些建筑工程实行强制监理。《建筑法》规定，国家推行建筑工程监理制度。

### 二、强制监理的工程范围

《建筑法》规定，国务院可以规定实行强制监理的建筑工程的范围。国务院《建设工程质量管理条例》对强制实行监理的建筑工程的范围作出了原则性规定，即下列建设工程必须实行监理：①国家重点建设工程；②大中型公用事业工程；③成片开发建设的住宅小区工程；④利用外国政府或者国际组织贷款、援助资金的工程；⑤国家规定必须实行监理的其他工程。

原建设部在《建设工程质量管理条例》规定的基础上，颁布了《建设工程监理范围和规模标准规定》，明确了必须实行监理的建设工程项目具体范围和规模标准。

（一）国家重点建设工程

国家重点建设工程，是指依据《国家重点建设项目管理办法》所确定的对国民经济和社会发展有重大影响的骨干项目。

（二）大中型公用事业工程

大中型公用事业工程是指项目总投资额在3000万元以上的下列工程项目：①供水、供电、供气、供热等市政工程项目；②科技、教育、文化等项目；③体育、旅游、商业等项目；④卫生、社会福利等项目；⑤其他公用事业项目。

（三）成片开发建设的住宅小区工程

成片开发建设的住宅小区工程，其建筑面积在5万平方米以上的必须实行监理；5万平方米以下的住宅建设工程，可以实行监理，具体范围和规模标准，由省、自治区、直辖市人民政府建设行政主管部门规定。

为了保证住宅质量，对高层住宅及地基、结构复杂的多层住宅应当实行监理。

### （四）利用外国政府或者国际组织贷款、援助资金的工程

利用外国政府或者国际组织贷款、援助资金的工程范围包括：①使用世界银行、亚洲开发银行等国际组织贷款资金的项目；②使用国外政府及其机构贷款资金的项目；③使用国际组织或者国外政府援助资金的项目。

### （五）国家规定必须实行监理的其他工程

国家规定必须实行监理的其他工程是指：

（1）项目总投资额在 3000 万元以上关系社会公共利益、公众安全的下列基础设施项目：①煤炭、石油、化工、天然气、电力、新能源等项目；②铁路、公路、管道、水运、民航以及其他交通运输业等项目；③邮政、电信枢纽、通信、信息网络等项目；④防洪、灌溉、排涝、发电、引（供）水、滩涂治理、水资源保护、水土保持等水利建设项目；⑤道路、桥梁、地铁和轻轨交通、污水排放及处理、垃圾处理、地下管道、公共停车场等城市基础设施项目；⑥生态环境保护项目；⑦其他基础设施项目。

（2）学校、影剧院、体育场馆项目。

## 三、工程建设监理的内容和依据

《建筑法》规定，建筑工程监理应当依照法律、行政法规及有关的技术标准、设计文件和建筑工程承包合同，对承包单位在施工质量、建设工期和建设资金使用等方面，代表建设单位实施监督。《建设工程安全生产管理条例》规定，工程监理单位和监理工程师应当按照法律、法规和工程建设强制性标准实施监理，并对建设工程安全生产承担监理责任。

### （一）工程建设监理的内容

工程监理的主要内容可以概括为"三控制、三管理、一协调"。三控制是指建设工程监理对建设工程的投资、工期和质量进行控制。三管理是指建设工程监理对建设工程进行的合同管理、安全管理和信息管理。一协调是指建设工程监理要协调好与有关单位的工作关系。

### （二）工程建设监理的依据

（1）有关法律、行政法规、规章以及标准、规范。
（2）有关工程建设文件。
（3）建设单位委托监理合同以及有关的建设工程合同。

# 第三节 工程监理的实施

## 一、工程监理单位的选择与合同的签订

建筑工程监理作为一种典型的、有偿的专业性技术与管理服务，需要建设单位在建

筑市场上通过市场交易才能获得。建设工程委托监理合同成为有效完成这种交易的最基本的法律形式。

**（一）工程建设监理合同的签订**

《建筑法》明确规定，建设单位与其委托的工程监理单位应当订立书面委托监理合同。《民法典》对建设工程委托监理合同的内容作出了原则性规定。

建设单位应当按照《招标投标法》的规定，根据项目的具体情况，选择招标方式或者直接发包方式确定监理单位。监理单位承担监理业务，应当与建设单位签订书面建设工程监理合同。建设工程监理合同的主要条款包括监理的范围和内容、双方的权利和义务、监理费的计取与支付、违约责任、双方约定的其他事项。监理费从工程概算中列支，并核减建设单位的管理费。

**（二）建设工程监理合同的类型**

如果将工程建设划分为建设前期（投资决策咨询）、设计阶段、施工阶段，监理合同也可相应划分为这样几类。当然，业主既可委托一个监理单位承担所有阶段的监理业务，也可分别委托几个监理单位承担。

1. 建设前期监理合同

在这类监理合同中，监理单位主要从事建设项目的可行性研究并参与设计任务书的编制。

2. 设计监理合同

此类监理合同中，监理单位的监理内容是：审查或评选设计方案，审查设计实施文件；选择勘察、设计单位，代签或参与签订勘察、设计合同，或者监督合同的实施、代编或代审概、预算等。

3. 施工监理合同

在施工监理合同中，监理单位的监理内容是：审查工程计划和施工方案；监督施工单位严格按规范、标准施工，审查技术变更；控制工程进度和质量；检查安全防护设施；检测原材料和构配件质量；认定工程质量和数量；验收工程和签发付款凭证；审查工程价款；整理合同文件和技术档案；提出竣工报告；处理质量事故等。

## 二、建设工程监理合同（示范文本）简介

2012年，住房城乡建设部、原国家工商行政管理局联合发布了《建设工程监理合同（示范文本）》（GF—2012—0202）。示范文本由以下三部分组成：

第一部分是协议书，包括工程概况、语词限定、组成合同的文件、总监理工程师、签约酬金、期限、双方承诺、合同订立等条款。

第二部分是通用条件，包括如下条款：①定义与解释；②监理人的义务；③委托人的义务；④违约责任；⑤支付；⑥合同生效、变更、暂停、解除与终止；⑦争议解决；⑧其他。

第三部分是专用条件。专用条件是各个工程项目根据自己的个性和所处的自然和社会环境，由业主和监理单位协商一致后进行填写。双方如果认为需要，还可在其中增加约定的补充条款和修正条款，它是《建设工程监理合同》的重要组成部分。

### 三、监理的职责与工作内容

#### （一）监理的职责

监理单位是建筑市场的主体之一，建设监理是一种高智能的有偿技术服务。监理单位与项目法人之间是委托与被委托的合同关系；与被监理单位是监理与被监理的关系。监理单位应当按照核准的经营范围承接工程建设监理业务，公正、独立、自主地开展建设监理工作，公平维护项目法人和被监理单位的合法权益。

建筑工程监理具有代表建设单位进行监督管理的地位，工程监理单位接受建设单位的委托，按照建设工程委托监理合同的约定和授予的权利、权限，对承包单位在建筑工程的施工质量、建设工期和建设资金使用、建筑工程安全生产等方面，代表建设单位实施监督，对建设单位负责。

监理单位不得承包工程，不得经营建筑材料、构配件和建筑机械、设备。监理单位在监理过程中因过错造成重大经济损失的，应承担一定的经济和法律责任。

监理工程师实行注册制度。监理工程师不得在政府机关、设备制造、材料供应单位兼职，不得是施工、设备制造、材料及构配件供应单位的合伙经营者。

#### （二）监理的工作内容

除合同专用条件另有约定外，监理工作内容一般包括：①收到工程设计文件后编制监理规划，并在第一次工地会议7天前报委托人。根据有关规定和监理工作需要，编制监理实施细则；②熟悉工程设计文件，并参加由委托人主持的图纸会审和设计交底会议；③参加由委托人主持的第一次工地会议；主持监理例会并根据工程需要主持或参加专题会议；④审查施工承包人提交的施工组织设计，重点审查其中的质量安全技术措施、专项施工方案与工程建设强制性标准的符合性；⑤检查施工承包人工程质量、安全生产管理制度及组织机构和人员资格；⑥检查施工承包人专职安全生产管理人员的配备情况；⑦审查施工承包人提交的施工进度计划，核查承包人对施工进度计划的调整；⑧检查施工承包人的试验室；⑨审核施工分包人资质条件；⑩查验施工承包人的施工测量放线成果；⑪审查工程开工条件，对条件具备的签发开工令；⑫审查施工承包人报送的工程材料、构配件、设备质量证明文件的有效性和符合性，并按规定对用于工程的材料采取平行检验或见证取样方式进行抽检；⑬审核施工承包人提交的工程款支付申请，签发或出具工程款支付证书，并报委托人审核、批准；⑭在巡视、旁站和检验过程中，发现工程质量、施工安全存在事故隐患的，要求施工承包人整改并报委托人；⑮经委托人同意，签发工程暂停令和复工令；⑯审查施工承包人提交的采用新材料、新工艺、新技术、新设备的论证材料及相关验收标准；⑰验收隐蔽工程、分部分项工程；⑱审查施工承包人提交的工程变更申请，协调处理施工进度调整、费用索赔、合同争议等事项；⑲审查施工承包人提交的竣工验收申请，编写工程质量评估报告；⑳参加工程竣工验收，签署竣工验收意见；㉑审查施工承包人提交的竣工结算申请并报委托人；㉒编制、整理工程监理归档文件并报委托人。

**【阅读案例】** 汕尾市"10·8"模板发生坍塌建筑施工事故

2019年12月，汕尾市某建设工程招标，广东某建筑有限公司为了能中标，以被告人黄某某持有的一级建造师（房建）资格证参与投标，并虚设项目部、任命被告人黄某某为项目部项目经理，但黄某某未实际到岗履职。被告人余某某作为该建筑公司分管安全生产工作的副总经理，负责督查该工程的建设及安全生产情况。

中标后，该建筑公司的法定代表人兼总经理被告人李某某将工程的施工项目非法转包给被告人苏某某、叶某阳，随后被告人苏某某又将该施工项目转包给无建筑资质的被告人杨某某，并约定由被告人杨某某支付挂靠费用。

承揽该工程施工项目监理业务的为广东某建设管理有限公司，被告人林某某为该公司法定代表人兼总经理，而该工程的监理工作实际由该公司陆河分公司负责开展，被告人彭某某为陆河分公司负责人。监理合同签订后，田某被任命为该工程的总监理工程师。

在施工过程中，被告人杨某某、朱某某等人违反安全管理规定，在搭设高度为16.3m的业务楼四层屋面构架及悬挑挂板施工过程中，没有编制"高支模"专项施工方案并组织专家论证，没有对施工人员进行安全生产教育与安全技术交底，搭建模板时违规直接利用外脚手架作为模板支撑体系，且在没有验收的情况即进行混凝土浇筑施工。被告人田某等人的监理工作流于形式，未尽监理责任，在监理过程中没有对支架搭设过程严格把关，没有对业务楼四层屋面架构及悬挑挂板的模板及支撑体系进行验收，没有及时发现施工过程中存在的重大安全隐患，且在事发当天离岗脱岗，未对业务楼四层屋面架构及悬挑挂板的混凝土浇筑施工进行旁站监督。被告人余某某在工程巡查过程中未尽安全生产管理职责，未及时发现工程施工中存在的安全隐患并及时排除。

2020年10月8日，业务楼四层屋面架构及悬挑挂板进行混凝土浇筑施工，施工方管理人员和监理人员均未到场旁站监督，在浇筑混凝土过程中，屋面架构及悬挑挂板模板发生坍塌，造成8人死亡、1人受伤。事故发生后，被告人彭某某指示被告人田某等人补制一份关于业务楼天面层构架梁板柱模板安装检查不合格的《监理通知单》以备查，企图逃避法律责任。

2021年3月22日，汕尾市城区人民检察院指控被告人苏某某、叶某阳、田某、彭某某等13人犯重大责任事故罪，向汕尾市城区人民法院提起公诉。城区人民法院经审理，于2021年7月2日作出一审判决，以重大责任事故罪分别判处苏某某等13人有期徒刑四年六个月至有期徒刑一年六个月，缓刑二年不等。一审判决后，苏某某、叶某阳提出上诉。2021年8月9日，汕尾市中级人民法院作出二审裁定，维持原判。

## 四、建设工程监理程序

建设工程监理工作按照下列程序进行：

（1）总监理工程师组织有关专业工程监理工程师编写监理规划。监理规划应明确项目监理机构的工作目标，确定具体的监理工作制度、内容、程序、方法和措施，并具有指导性和针对性。总监理工程师签字后由工程监理单位技术负责人审批。

监理规划主要内容包括：①工程概况；②监理工作的范围、内容、目标；③监理工作依据；④监理组织形式、人员配备及进场计划、监理人员岗位职责；⑤工程质量控制；⑥工程造价控制；⑦工程进度控制；⑧合同与信息管理；⑨组织协调；⑩安全生产管理职责；⑪监理工作制度；⑫监理工作设施。

在监理工作实施过程中，如实际情况或条件发生变化而需要调整监理规划时，应由总监理工程师组织专业监理工程师修改，经工程监理单位技术负责人批准后报建设单位。

（2）编制监理实施细则。采用新材料、新工艺、新技术、新设备的工程，以及专业性较强、危险性较大的分部分项工程，应编制监理实施细则。监理实施细则应包括如下主要内容：①专业工程特点；②监理工作流程；③监理工作要点；④监理工作方法及措施。在监理工作实施过程中，监理实施细则可根据实际情况进行补充、修改，经总监理工程师批准后实施。

（3）根据监理规划和监理细则，规范化开展监理工作。工程监理的方法有旁站、巡视、平行检验、见证取样等。

（4）监理工作结束后，项目监理机构应向建设单位提交监理档案并做出监理工作总结。

### 五、工程监理单位的民事赔偿责任

《建筑法》明确规定了工程监理单位履行建设工程委托监理合同约定的监理义务的过程中，因存在严重违约行为或者违法行为而给建设单位造成损失时应承担的民事赔偿责任。

（1）工程监理单位不按建设工程委托监理合同的约定履行义务，给建设单位造成损失的，应当承担相应的民事赔偿责任。不按照建设工程委托监理合同的约定履行监理义务，属于严重的违约行为，工程监理单位应当对上述违约行为给建设单位造成的损失，包括因建筑工程质量不合格给建设单位造成的损失、因建设工期延误给建设单位造成的损失、因多支付建筑工程费用给建设单位造成的损失、因发生建筑生产安全事故给建设单位造成的损失等，承担相应的民事赔偿责任。

（2）工程监理单位与承包单位串通，为承包单位谋取非法利益，给建设单位造成损失的，工程监理单位则应与承包单位承担连带赔偿责任。工程监理单位与承包单位串通，为承包单位谋取非法利益属于违法行为。因这种违法行为给建设单位造成损失的，实施这种违法行为的责任方工程监理单位和承包单位对由此给建设单位造成的全部损失均负有连带民事赔偿责任。建设单位可以向其中任何一方要求全部或部分赔偿。

## 第八章

# 工程建设相关法律制度

| |
|---|
| **教学目的与要求：**<br>1. 了解工程建设环境保护、节约能源、文物保护的意义；<br>2. 熟悉工程建设环境保护、节约能源、文物保护的基本制度；<br>3. 掌握建设单位、施工单位、勘察设计单位、监理单位等主体的环境保护、节约能源、文物保护等方面的责任。 |
| **教学重点与难点：**<br>1. 工程建设环境保护、节约能源、文物保护；<br>2. 环境影响评价、环境污染防治设施三同时制度。 |
| **教学方法和手段：**<br>1. PPT 教学模式；<br>2. 引入案例。 |
| **教学内容与设计：**<br>1. 案例导入；<br>2. 穿插课堂提问讨论、案例、小作业等；<br>3. 注重启发式教学手段的运用，加强与学生的互动。 |

【内容导读】

工程建设活动对自然和社会具有重大影响。本章主要介绍了与工程建设活动关系密切的环境保护、节约能源、文物保护等法律制度。通过本章学习，应当认识到绿水青山的重要性，珍惜能源资源，做好中华文明的保护与传承。

## 第一节 工程建设环境保护制度

### 一、环境保护概述

#### （一）环境与环境保护

环境，是指影响人类生存和发展的各种天然的和经过人工改造的自然因素的总体，包括大气、水、海洋、土地、矿藏、森林、草原、湿地、野生生物、自然遗迹、人文遗迹、自然保护区、风景名胜区、城市和乡村等。

《中华人民共和国环境保护法》（以下简称《环境保护法》）是我国环境保护领域的基本法，该法规定，保护环境是国家的基本国策。国家采取有利于节约和循环利用资源、保护和改善环境、促进人与自然和谐的经济、技术政策和措施，使经济社会发展与环境保护相协调。环境保护坚持保护优先、预防为主、综合治理、公众参与、损害担责的原则。《建筑法》第41条规定，建筑施工企业应当遵守有关环境保护和安全生产的法律、法规的规定，采取控制和处理施工现场的各种粉尘、废气、废水、固体废物以及噪声、振动对环境的污染和危害的措施。

为了减少在工程建设过程中人为因素造成自然资源和生态环境的破坏，有利于节约和循环利用资源，保护和改善环境，促进人与自然和谐，必须严格遵守环境保护法规。国家鼓励和引导公民、法人和其他组织使用有利于保护环境的产品和再生产品，减少废弃物的产生，提倡在设计、施工、使用环节中采用环保材料、技术和工艺。

《环境保护法》规定，一切单位和个人都有保护环境的义务。地方各级人民政府应当对本行政区域的环境质量负责。企业事业单位和其他生产经营者应当防止、减少环境污染和生态破坏，对所造成的损害依法承担责任。公民应当增强环境保护意识，采取低碳、节俭的生活方式，自觉履行环境保护义务。

《建设项目环境保护管理条例》规定，建设产生污染的建设项目，必须遵守污染物排放的国家标准和地方标准；在实施重点污染物排放总量控制的区域内，还必须符合重点污染物排放总量控制的要求。工业建设项目应当采用能耗物耗小、污染物产生量少的清洁生产工艺，合理利用自然资源，防止环境污染和生态破坏。改建、扩建项目和技术改造项目必须采取措施，治理与该项目有关的原有环境污染和生态破坏。

（二）保护和改善环境

《环境保护法》规定，地方各级人民政府应当根据环境保护目标和治理任务，采取有效措施，改善环境质量。未达到国家环境质量标准的重点区域、流域的有关地方人民政府，应当制定限期达标规划，并采取措施按期达标。

国家在重点生态功能区、生态环境敏感区和脆弱区等区域划定生态保护红线，实行严格保护。各级人民政府对具有代表性的各种类型的自然生态系统区域，珍稀、濒危的野生动植物自然分布区域，重要的水源涵养区域，具有重大科学文化价值的地质构造、著名溶洞和化石分布区、冰川、火山、温泉等自然遗迹，以及人文遗迹、古树名木，应当采取措施予以保护，严禁破坏。

开发利用自然资源，应当合理开发，保护生物多样性，保障生态安全，依法制定有关生态保护和恢复治理方案并予以实施。引进外来物种以及研究、开发和利用生物技术，应当采取措施，防止对生物多样性的破坏。

公民应当遵守环境保护法律法规，配合实施环境保护措施，按照规定对生活废弃物进行分类放置，减少日常生活对环境造成的损害。

（三）环境保护基本制度

根据《环境保护法》的规定，我国在环境保护方面采取下列制度：

（1）国家建立、健全环境监测制度。国务院环境保护主管部门制定监测规范，会同有关部门组织监测网络，统一规划国家环境质量监测站（点）的设置，建立监测数据共享机制，加强对环境监测的管理。有关行业、专业等各类环境质量监测站（点）的设置应当符合法律法规规定和监测规范的要求。监测机构应当使用符合国家标准的监测设备，遵守监测规范。监测机构及其负责人对监测数据的真实性和准确性负责。

（2）环境影响评价制度。编制有关开发利用规划，建设对环境有影响的项目，应当依法进行环境影响评价。未依法进行环境影响评价的开发利用规划，不得组织实施；未依法进行环境影响评价的建设项目，不得开工建设。

《建设项目环境保护管理条例》规定，国家实行建设项目环境影响评价制度。国家根据建设项目对环境的影响程度，按照下列规定对建设项目的环境保护实行分类管理：①建设项目对环境可能造成重大影响的，应当编制环境影响报告书，对建设项目产生的污染和对环境的影响进行全面、详细的评价；②建设项目对环境可能造成轻度影响的，应当编制环境影响报告表，对建设项目产生的污染和对环境的影响进行分析或者专项评价；③建设项目对环境影响很小，不需要进行环境影响评价的，应当填报环境影响登记表。

建设项目环境影响报告书，应当包括下列内容：①建设项目概况；②建设项目周围环境现状；③建设项目对环境可能造成影响的分析和预测；④环境保护措施及其经济、技术论证；⑤环境影响经济损益分析；⑥对建设项目实施环境监测的建议；⑦环境影响评价结论。

依法应当编制环境影响报告书、环境影响报告表的建设项目，建设单位应当在开工建设前将环境影响报告书、环境影响报告表报有审批权的环境保护行政主管部门审批；建设项目的环境影响评价文件未依法经审批部门审查或者审查后未予批准的，建设单位不得开工建设。

环境保护行政主管部门审批环境影响报告书、环境影响报告表，应当重点审查建设项目的环境可行性、环境影响分析预测评估的可靠性、环境保护措施的有效性、环境影响评价结论的科学性等，并分别自收到环境影响报告书之日起60日内、收到环境影响报告表之日起30日内，作出审批决定并书面通知建设单位。环境保护行政主管部门可以组织技术机构对建设项目环境影响报告书、环境影响报告表进行技术评估，并承担相应费用；技术机构应当对其提出的技术评估意见负责，不得向建设单位、从事环境影响评价工作的单位收取任何费用。

依法应当填报环境影响登记表的建设项目，建设单位应当按照国务院环境保护行政主管部门的规定将环境影响登记表报建设项目所在地县级环境保护行政主管部门备案。

（3）环境保护目标责任制和考核评价制度。县级以上人民政府应当将环境保护目标完成情况纳入对本级人民政府负有环境保护监督管理职责的部门及其负责人和下级人民政府及其负责人的考核内容，作为对其考核评价的重要依据。考核结果应当向社会公开。

（4）国家建立、健全生态保护补偿制度。国家加大对生态保护地区的财政转移支付力度。有关地方人民政府应当落实生态保护补偿资金，确保其用于生态保护补偿。国家指导受益地区和生态保护地区人民政府通过协商或者按照市场规则进行生态保护补偿。

（5）国家加强对大气、水、土壤等的保护，建立和完善相应的调查、监测、评估和修复制度。各级人民政府应当加强对农业环境的保护，促进农业环境保护新技术的使用，加强对农业污染源的监测预警，统筹有关部门采取措施，防治土壤污染和土地沙化、盐渍化、贫瘠化、石漠化、地面沉降以及防治植被破坏、水土流失、水体富营养化、水源枯竭、种源灭绝等生态失调现象，推广植物病虫害的综合防治。县级、乡级人民政府应当提高农村环境保护公共服务水平，推动农村环境综合整治。

（6）国家建立、健全环境与健康监测、调查和风险评估制度；鼓励和组织开展环境质量对公众健康影响的研究，采取措施预防和控制与环境污染有关的疾病。

（7）污染防治设施"三同时"制度。建设项目中防治污染的设施，应当与主体工程同时设计、同时施工、同时投产使用。防治污染的设施应当符合经批准的环境影响评价文件的要求，不得擅自拆除或者闲置。

（8）征收排污费制度。排放污染物的企业事业单位和其他生产经营者，应当按照国家有关规定缴纳排污费。排污费应当全部专项用于环境污染防治，任何单位和个人不得截留、挤占或者挪作他用。依照法律规定征收环境保护税的，不再征收排污费。

（9）国家实行重点污染物排放总量控制制度。重点污染物排放总量控制指标由国务院下达，省、自治区、直辖市人民政府分解落实。企业事业单位在执行国家和地方污染物排放标准的同时，应当遵守分解落实到本单位的重点污染物排放总量控制指标。对超过国家重点污染物排放总量控制指标或者未完成国家确定的环境质量目标的地区，省级以上人民政府环境保护主管部门应当暂停审批其新增重点污染物排放总量的建设项目环境影响评价文件。

（10）国家依照法律规定实行排污许可管理制度。实行排污许可管理的企业事业单位和其他生产经营者应当按照排污许可证的要求排放污染物；未取得排污许可证的，不得排放污染物。

（11）国家对严重污染环境的工艺、设备和产品实行淘汰制度。任何单位和个人不得生产、销售或者转移、使用严重污染环境的工艺、设备和产品。禁止引进不符合我国环境保护规定的技术、设备、材料和产品。

（12）信息公开制度。公民、法人和其他组织依法享有获取环境信息、参与和监督环境保护的权利。各级人民政府环境保护主管部门和其他负有环境保护监督管理职责的部门，应当依法公开环境信息、完善公众参与程序，为公民、法人和其他组织参与和监督环境保护提供便利。

国务院环境保护主管部门统一发布国家环境质量、重点污染源监测信息及其他重大环境信息。省级以上人民政府环境保护主管部门定期发布环境状况公报。县级以上人民政府环境保护主管部门和其他负有环境保护监督管理职责的部门，应当依法公开环境质量、环境监测、突发环境事件以及环境行政许可、行政处罚、排污费的征收和使用情况等信息。县级以上地方人民政府环境保护主管部门和其他负有环境保护监督管理职责的部门，应当将企业事业单位和其他生产经营者的环境违法信息记入社会诚信档案，及时向社会公布违法者名单。

重点排污单位应当如实向社会公开其主要污染物的名称、排放方式、排放浓度和总量、超标排放情况，以及防治污染设施的建设和运行情况，接受社会监督。

（13）公众参与制度。对依法应当编制环境影响报告书的建设项目，建设单位应当在编制时向可能受影响的公众说明情况，充分征求意见。负责审批建设项目环境影响评价文件的部门在收到建设项目环境影响报告书后，除涉及国家秘密和商业秘密的事项外，应当全文公开；发现建设项目未充分征求公众意见的，应当责成建设单位征求公众意见。

公民、法人和其他组织发现任何单位和个人有污染环境和破坏生态行为的，有权向环境保护主管部门或者其他负有环境保护监督管理职责的部门举报。公民、法人和其他组织发现地方各级人民政府、县级以上人民政府环境保护主管部门和其他负有环境保护监督管理职责的部门不依法履行职责的，有权向其上级机关或者监察机关举报。接受举报的机关应当对举报人的相关信息予以保密，保护举报人的合法权益。

（14）公益诉讼制度。对污染环境、破坏生态，损害社会公共利益的行为，符合下列条件的社会组织可以向人民法院提起诉讼：①依法在设区的市级以上人民政府民政部门登记；②专门从事环境保护公益活动连续五年以上且无违法记录。符合规定的社会组织向人民法院提起诉讼，人民法院应当依法受理。提起诉讼的社会组织不得通过诉讼牟取经济利益。

## 二、工程建设环境噪声污染防治

环境噪声，是指在工业生产、建筑施工、交通运输和社会生活中所产生的干扰周围生活环境的声音。环境噪声污染，是指所产生的环境噪声超过国家规定的环境噪声排放标准，并干扰他人正常生活、工作和学习的现象。常见的噪声污染主要是建筑施工噪声，指在建筑施工过程中产生的干扰周围生活环境的声音。

### （一）建筑施工场界环境噪声排放标准

建筑施工噪声，是指在建筑施工过程中产生的干扰周围生活环境的声音。在城市市区范围内向周围生活环境排放建筑施工噪声的，应当符合国家规定的建筑施工场界环境噪声排放标准。根据《建筑施工场界环境噪声排放标准》（GB 12523—2011），作业噪声限值昼间70dB，夜间55dB，夜间噪声最大声级超过限值的幅度不得高于15dB（A）。其中，昼间是指6：00至22：00之间的时段，夜间是指22：00至次日6：00之间的时段。县级以上人民政府为环境噪声污染防治的需要（如考虑时差、作息习惯差异等）而对昼间、夜间的划分另有规定的，应按其规定执行。

### （二）建筑施工环境噪声污染申报

《中华人民共和国环境噪声污染防治法》（以下简称《环境噪声污染防治法》）规定，在城市市区范围内，建筑施工过程中使用机械设备，可能产生环境噪声污染的，施工单位必须在工程开工十五日以前向工程所在地县级以上地方人民政府生态环境主管部门申报该工程的项目名称、施工场所和期限、可能产生的环境噪声值以及所采取的环境噪声污染防治措施的情况。

### （三）建设项目环境噪声污染防治

（1）《环境噪声污染防治法》规定，新建、改建、扩建的建设项目，必须遵守国家有关建设项目环境保护管理的规定。建设项目可能产生环境噪声污染的，建设单位必须提出环境影响报告书，规定环境噪声污染的防治措施，并按照国家规定的程序报生态环境主管部门批准。环境影响报告书中，应当有该建设项目所在地单位和居民的意见。

（2）建设项目的环境噪声污染防治设施必须与主体工程同时设计、同时施工、同时投产使用。建设项目在投入生产或者使用之前，其环境噪声污染防治设施必须按照国家规定的标准和程序进行验收；达不到国家规定要求的，该建设项目不得投入生产或者使用。

（3）在城市市区噪声敏感建筑物集中区域内，禁止夜间进行产生环境噪声污染的建筑施工作业，但抢修、抢险作业和因生产工艺上要求或者特殊需要必须连续作业的除外。因特殊需要必须连续作业的，必须有县级以上人民政府或者其有关主管部门的证明。上述规定的夜间作业，必须公告附近居民。

**（四）交通运输噪声污染的防治**

交通运输噪声是指机动车辆、铁路机车、机动船舶、航空器等交通运输工具在运行时所产生的干扰周围生活环境的声音。《环境噪声污染防治法》规定，在城市市区范围内行驶的机动车辆的消声器和喇叭必须符合国家规定的要求。机动车辆必须加强维修和保养，保持技术性能良好，防治环境噪声污染。警车、消防车、工程抢险车、救护车等机动车辆安装、使用警报器，必须符合国务院公安部门的规定；在执行非紧急任务时，禁止使用警报器。

**【阅读案例】** 刘某诉某健身中心噪声污染责任纠纷案

原告与被告健身中心系同一小区邻居，自2023年9月开始，被告经营场所的水泵工作时产生强烈的振动噪声，原告家中老人及孩子因噪声侵害出现严重神经衰弱。为此，原告找被告协商希望能变更水泵的位置并采取有效的隔音或吸音措施，但协商未果。原告遂向法院提起诉讼，请求判令被告排除妨害，赔偿误工费、精神抚慰金。同时向法院申请禁止令，请求禁止被申请人在经营场所现有位置继续使用水泵。承办法官对小区外部噪声环境、原告家中噪声情况、被告水泵运行情况分别进行了勘查，并通过现场调试，锁定噪声正是从被告的一台小型水泵发出的。该声音虽未超过国家允许的分贝标准，但确实对刘某一家的正常生活造成了干扰。

河津市人民法院为尽快解决矛盾纠纷，使原告的生活回归正常，也使被告不必要的经济损失降到最低，积极组织双方友好协商，当场确定调解方案，被告调整了水泵位置，采用安装静音棉等隔音措施，最大程度地减少、消灭噪声。原告撤回了起诉，法院裁定予以准许。

## 二、建设项目大气污染的防治

**（一）大气污染防治措施**

《中华人民共和国大气污染防治法》（以下简称《大气污染防治法》）规定，地方各级人民政府应当加强对建设施工和运输的管理，保持道路清洁，控制料堆和渣土堆放，扩大绿地、水面、湿地和地面铺装面积，防治扬尘污染。住房城乡建设、市容环境卫生、交通运输、国土资源等有关部门，应当根据本级人民政府确定的职责，做好扬尘污染防治工作。

建设单位应当将防治扬尘污染的费用列入工程造价,并在施工承包合同中明确施工单位扬尘污染防治责任。

施工单位应当制定具体的施工扬尘污染防治实施方案。从事房屋建筑、市政基础设施建设、河道整治以及建筑物拆除等施工单位,应当向负责监督管理扬尘污染防治的主管部门备案。施工单位应当在施工工地设置硬质围挡,并采取覆盖、分段作业、择时施工、洒水抑尘、冲洗地面和车辆等有效防尘降尘措施。建筑土方、工程渣土、建筑垃圾应当及时清运;在场地内堆存的,应当采用密闭式防尘网遮盖。工程渣土、建筑垃圾应当进行资源化处理。施工单位应当在施工工地公示扬尘污染防治措施、负责人、扬尘监督管理主管部门等信息。暂时不能开工的建设用地,建设单位应当对裸露地面进行覆盖;超过三个月的,应当进行绿化、铺装或者遮盖。

运输煤炭、垃圾、渣土、砂石、土方、灰浆等散装、流体物料的车辆应当采取密闭或者其他措施防止物料遗撒造成扬尘污染,并按照规定路线行驶。装卸物料应当采取密闭或者喷淋等方式防治扬尘污染。

城市人民政府应当加强道路、广场、停车场和其他公共场所的清扫保洁管理,推行清洁动力机械化清扫等低尘作业方式,防治扬尘污染。

**(二)违反大气污染防治规定的法律责任**

施工单位有下列行为之一的,由县级以上人民政府住房城乡建设等主管部门按照职责责令改正,处一万元以上十万元以下的罚款;拒不改正的,责令停工整治:①施工工地未设置硬质围挡,或者未采取覆盖、分段作业、择时施工、洒水抑尘、冲洗地面和车辆等有效防尘降尘措施的;②建筑土方、工程渣土、建筑垃圾未及时清运,或者未采用密闭式防尘网遮盖的。

违反《大气污染防治法》规定,建设单位未对暂时不能开工的建设用地的裸露地面进行覆盖,或者未对超过三个月不能开工的建设用地的裸露地面进行绿化、铺装或者遮盖的,由县级以上人民政府住房城乡建设等主管部门依照前款规定予以处罚。

违反《大气污染防治法》规定,运输煤炭、垃圾、渣土、砂石、土方、灰浆等散装、流体物料的车辆,未采取密闭或者其他措施防止物料遗撒的,由县级以上地方人民政府确定的监督管理部门责令改正,处二千元以上二万元以下的罚款;拒不改正的,车辆不得上道路行驶。

## 四、建设项目水污染防治

**(一)水污染的概念**

水污染是指水体因某种物质的介入,而导致其化学、物理、生物或者放射性等方面特性的改变,从而影响水的有效利用,危害人体健康或者破坏生态环境,造成水质恶化的现象。

水污染防治包括江河、湖泊、运河、渠道、水库等地表水体以及地下水体的污染防治。《中华人民共和国水污染防治法》(以下简称《水污染防治法》)规定,水污染防治应当坚持预防为主、防治结合、综合治理的原则,优先保护饮用水水源,严格控制工业污染、城镇生活污染，防治农业面源污染，积极推进生态治理工程建设，预防、控制和减少水环境污染和生态破坏。

### （二）水污染防治措施

《水污染防治法》规定，新建、改建、扩建直接或者间接向水体排放污染物的建设项目和其他水上设施，应当依法进行环境影响评价。

国家禁止新建不符合国家产业政策的小型造纸、制革、印染、染料、炼焦、炼硫、炼砷、炼汞、炼油、电镀、农药、石棉、水泥、玻璃、钢铁、火电以及其他严重污染水环境的生产项目。

建设单位在江河、湖泊新建、改建、扩建排污口的，应当取得水行政主管部门或者流域管理机构同意；涉及通航、渔业水域的，环境保护主管部门在审批环境影响评价文件时，应当征求交通、渔业主管部门的意见。

建设项目的水污染防治设施，应当与主体工程同时设计、同时施工、同时投入使用。水污染防治设施应当符合经批准或者备案的环境影响评价文件的要求。

兴建地下工程设施或者进行地下勘探、采矿等活动，应当采取防护性措施，防止地下水污染。报废矿井、钻井或者取水井等，应当实施封井或者回填。人工回灌补给地下水，不得恶化地下水质。

禁止在饮用水水源一级保护区内新建、改建、扩建与供水设施和保护水源无关的建设项目；已建成的与供水设施和保护水源无关的建设项目，由县级以上人民政府责令拆除或者关闭。

禁止向水体排放油类、酸液、碱液或者剧毒废液。禁止在水体清洗装贮过油类或者有毒污染物的车辆和容器。禁止向水体排放、倾倒放射性固体废物或者含有高放射性和中放射性物质的废水。向水体排放含低放射性物质的废水，应当符合国家有关放射性污染防治的规定和标准。禁止向水体排放、倾倒工业废渣、城镇垃圾和其他废弃物。禁止将含有汞、镉、砷、铬、铅、氰化物、黄磷等的可溶性剧毒废渣向水体排放、倾倒或者直接埋入地下。存放可溶性剧毒废渣的场所，应当采取防水、防渗漏、防流失的措施。禁止在江河、湖泊、运河、渠道、水库最高水位线以下的滩地和岸坡堆放、存贮固体废弃物和其他污染物。

禁止利用渗井、渗坑、裂隙、溶洞，私设暗管，篡改、伪造监测数据，或者不正常运行水污染防治设施等逃避监管的方式排放水污染物。禁止利用无防渗漏措施的沟渠、坑塘等输送或者存贮含有毒污染物的废水、含病原体的污水和其他废弃物。

### （三）水污染事故处置

各级人民政府及其有关部门，可能发生水污染事故的企业事业单位，应当依照《中华人民共和国突发事件应对法》的规定，做好突发水污染事故的应急准备、应急处置和事后恢复等工作。可能发生水污染事故的企业事业单位，应当制定有关水污染事故的应急方案，做好应急准备，并定期进行演练。

企业事业单位发生事故或者其他突发性事件，造成或者可能造成水污染事故的，应当立即启动本单位的应急方案，采取隔离等应急措施，防止水污染物进入水体，并向事故发生地的县级以上地方人民政府或者环境保护主管部门报告。环境保护主管部门接到报告后，应当及时向本级人民政府报告，并抄送有关部门。造成渔业污染事故或者渔业船舶造成水污染事故的，应当向事故发生地的渔业主管部门报告，接受调查处理。其他船舶造成水污染事故的，应当向事故发生地的海事管理机构报告，接受调查处理；给渔业造成损害的，海事管理机构应当通知渔业主管部门参与调查处理。

市、县级人民政府应当组织编制饮用水安全突发事件应急预案。饮用水供水单位应当根据所在地饮用水安全突发事件应急预案，制定相应的突发事件应急方案，报所在地市、县级人民政府备案，并定期进行演练。

饮用水水源发生水污染事故，或者发生其他可能影响饮用水安全的突发性事件，饮用水供水单位应当采取应急处理措施，向所在地市、县级人民政府报告，并向社会公开。有关人民政府应当根据情况及时启动应急预案，采取有效措施，保障供水安全。

**（四）违反水污染防治法的法律责任**

（1）违反规定，有下列行为之一的，由县级以上人民政府环境保护主管部门责令限期改正，处二万元以上二十万元以下的罚款；逾期不改正的，责令停产整治：①未按照规定对所排放的水污染物自行监测，或者未保存原始监测记录的；②未按照规定安装水污染物排放自动监测设备，未按照规定与环境保护主管部门的监控设备联网，或者未保证监测设备正常运行的；③未按照规定对有毒有害水污染物的排污口和周边环境进行监测，或者未公开有毒有害水污染物信息的。

（2）违反规定，有下列行为之一的，由县级以上人民政府环境保护主管部门责令改正或者责令限制生产、停产整治，并处十万元以上一百万元以下的罚款；情节严重的，报经有批准权的人民政府批准，责令停业、关闭：①未依法取得排污许可证排放水污染物的；②超过水污染物排放标准或者超过重点水污染物排放总量控制指标排放水污染物的；③利用渗井、渗坑、裂隙、溶洞，私设暗管，篡改、伪造监测数据，或者不正常运行水污染防治设施等逃避监管的方式排放水污染物的；④未按照规定进行预处理，向污水集中处理设施排放不符合处理工艺要求的工业废水的。

（3）在饮用水水源保护区内设置排污口的，由县级以上地方人民政府责令限期拆除，处十万元以上五十万元以下的罚款；逾期不拆除的，强制拆除，所需费用由违法者承担，处五十万元以上一百万元以下的罚款，并可以责令停产整治。除前款规定外，违反法律、行政法规和国务院环境保护主管部门的规定设置排污口的，由县级以上地方人民政府环境保护主管部门责令限期拆除，处二万元以上十万元以下的罚款；逾期不拆除的，强制拆除，所需费用由违法者承担，处十万元以上五十万元以下的罚款；情节严重的，可以责令停产整治。未经水行政主管部门或者流域管理机构同意，在江河、湖泊新建、改建、扩建排污口的，由县级以上人民政府水行政主管部门或者流域管理机构依据职权，依照前款规定采取措施、给予处罚。

（4）有下列行为之一的，由县级以上地方人民政府环境保护主管部门责令停止违法行为，限期采取治理措施，消除污染，处以罚款；逾期不采取治理措施的，环境保护主管部门可以指定有治理能力的单位代为治理，所需费用由违法者承担：①向水体排放油类、酸液、碱液的；②向水体排放剧毒废液，或者将含有汞、镉、砷、铬、铅、氰化物、黄磷等的可溶性剧毒废渣向水体排放、倾倒或者直接埋入地下的；③在水体清洗装贮过油类、有毒污染物的车辆或者容器的；④向水体排放、倾倒工业废渣、城镇垃圾或者其他废弃物，或者在江河、湖泊、运河、渠道、水库最高水位线以下的滩地、岸坡堆放、存贮固体废弃物或者其他污染物的；⑤向水体排放、倾倒放射性固体废物或者含有高放射性、中放射性物质的废水的；⑥违反国家有关规定或者标准，向水体排放含低放射性物质的废水、热废水或者含病原体的污水的；⑦未采取防渗漏等措施，或者未建设地下水水质监测井进行监测的；⑧加油站等的地下油罐未使用双层罐或者采取建造防渗池等其他有效措施，或者未进行防渗漏监测的；⑨未按照规定采取防护性措施，或者利用无防渗漏措施的沟渠、坑塘等输送或者存贮含有毒污染物的废水、含病原体的污水或者其他废弃物的。

（5）违反本法规定，生产、销售、进口或者使用列入禁止生产、销售、进口、使用的严重污染水环境的设备名录中的设备，或者采用列入禁止采用的严重污染水环境的工艺名录中的工艺的，由县级以上人民政府经济综合宏观调控部门责令改正，处五万元以上二十万元以下的罚款；情节严重的，由县级以上人民政府经济综合宏观调控部门提出意见，报请本级人民政府责令停业、关闭。

（6）违反本法规定，建设不符合国家产业政策的小型造纸、制革、印染、染料、炼焦、炼硫、炼砷、炼汞、炼油、电镀、农药、石棉、水泥、玻璃、钢铁、火电以及其他严重污染水环境的生产项目的，由所在地的市、县人民政府责令关闭。

（7）城镇污水集中处理设施的运营单位或者污泥处理处置单位，处理处置后的污泥不符合国家标准，或者对污泥去向等未进行记录的，由城镇排水主管部门责令限期采取治理措施，给予警告；造成严重后果的，处十万元以上二十万元以下的罚款；逾期不采取治理措施的，城镇排水主管部门可以指定有治理能力的单位代为治理，所需费用由违法者承担。

（8）有下列行为之一的，由县级以上地方人民政府环境保护主管部门责令停止违法行为，处十万元以上五十万元以下的罚款；并报经有批准权的人民政府批准，责令拆除或者关闭：①在饮用水水源一级保护区内新建、改建、扩建与供水设施和保护水源无关的建设项目的；②在饮用水水源二级保护区内新建、改建、扩建排放污染物的建设项目的；③在饮用水水源准保护区内新建、扩建对水体污染严重的建设项目，或者改建建设项目增加排污量的。

（9）饮用水供水单位供水水质不符合国家规定标准的，由所在地市、县级人民政府供水主管部门责令改正，处二万元以上二十万元以下的罚款；情节严重的，报经有批准权的人民政府批准，可以责令停业整顿；对直接负责的主管人员和其他直接责任人员依法给予处分。

（10）企业事业单位有下列行为之一的，由县级以上人民政府环境保护主管部门责令改正；情节严重的，处二万元以上十万元以下的罚款：①不按照规定制定水污染事故的应急方案的；②水污染事故发生后，未及时启动水污染事故的应急方案，采取有关应急措施的。

（11）企业事业单位违反本法规定，造成水污染事故的，除依法承担赔偿责任外，由县级以上人民政府环境保护主管部门依照规定处以罚款，责令限期采取治理措施，消除污染；未按照要求采取治理措施或者不具备治理能力的，由环境保护主管部门指定有治理能力的单位代为治理，所需费用由违法者承担；对造成重大或者特大水污染事故的，还可以报经有批准权的人民政府批准，责令关闭；对直接负责的主管人员和其他直接责任人员可以处上一年度从本单位取得的收入百分之五十以下的罚款；有《环境保护法》第63条规定的违法排放水污染物等行为之一，尚不构成犯罪的，由公安机关对直接负责的主管人员和其他直接责任人员处十日以上十五日以下的拘留；情节较轻的，处五日以上十日以下的拘留。对造成一般或者较大水污染事故的，按照水污染事故造成的直接损失的百分之二十计算罚款；对造成重大或者特大水污染事故的，按照水污染事故造成的直接损失的百分之三十计算罚款。造成渔业污染事故或者渔业船舶造成水污染事故的，由渔业主管部门进行处罚；其他船舶造成水污染事故的，由海事管理机构进行处罚。

企业事业单位和其他生产经营者违法排放水污染物，受到罚款处罚，被责令改正的，依法作出处罚决定的行政机关应当组织复查，发现其继续违法排放水污染物或者拒绝、阻挠复查的，依照《环境保护法》的规定按日连续处罚。

（12）因水污染受到损害的当事人，有权要求排污方排除危害和赔偿损失。由于不可抗力造成水污染损害的，排污方不承担赔偿责任；法律另有规定的除外。

水污染损害是由受害人故意造成的，排污方不承担赔偿责任。水污染损害是由受害人重大过失造成的，可以减轻排污方的赔偿责任。水污染损害是由第三人造成的，排污方承担赔偿责任后，有权向第三人追偿。

因水污染引起的损害赔偿责任和赔偿金额的纠纷，可以根据当事人的请求，由环境保护主管部门或者海事管理机构、渔业主管部门按照职责分工调解处理；调解不成的，当事人可以向人民法院提起诉讼。当事人也可以直接向人民法院提起诉讼。

因水污染引起的损害赔偿诉讼，由排污方就法律规定的免责事由及其行为与损害结果之间不存在因果关系承担举证责任。

因水污染受到损害的当事人人数众多的，可以依法由当事人推选代表人进行共同诉讼。环境保护主管部门和有关社会团体可以依法支持因水污染受到损害的当事人向人民法院提起诉讼。国家鼓励法律服务机构和律师为水污染损害诉讼中的受害人提供法律援助。

因水污染引起的损害赔偿责任和赔偿金额的纠纷，当事人可以委托环境监测机构提供监测数据。环境监测机构应当接受委托，如实提供有关监测数据。

### 五、施工现场固体废物污染防治的规定

#### （一）固体废物污染概述

固体废物是指在生产、生活和其他活动中产生的丧失原有利用价值或者虽未丧失利用价值但被抛弃或者放弃的固态、半固态和置于容器中的气态的物品、物质以及法律、行政法规规定纳入固体废物管理的物品、物质。

《中华人民共和国固体废物污染环境防治法》（以下简称《固体废弃物污染环境防治法》）规定，国家对固体废物污染环境的防治，实行减少固体废物的产生量和危害性、充分合理利用固体废物和无害化处置固体废物的原则，促进清洁生产和循环经济发展。国家采取有利于固体废物综合利用活动的经济、技术政策和措施，对固体废物实行充分回收和合理利用。国家鼓励、支持采取有利于保护环境的集中处置固体废物的措施，促进固体废物污染环境防治产业发展。

固体废物污染环境，是指固体废物在产生、收集、储存、运输、利用、处置的过程

中产生的危害环境的现象。国家对固体废物污染环境防治实行污染者依法负责的原则。产品的生产者、销售者、进口者、使用者对其产生的固体废物依法承担污染防治责任。国家鼓励、支持固体废物污染环境防治的科学研究、技术开发、推广先进的防治技术和普及固体废物污染环境防治的科学知识。各级人民政府应当加强防治固体废物污染环境的宣传教育，倡导有利于环境保护的生产方式和生活方式。国家鼓励单位和个人购买、使用再生产品和可重复利用产品。

（二）建设项目固体废物污染环境的防治

（1）建设产生固体废物的项目以及建设贮存、利用、处置固体废物的项目，必须依法进行环境影响评价，并遵守国家有关建设项目环境保护管理的规定。

建设项目的环境影响评价文件确定需要配套建设的固体废物污染环境防治设施，必须与主体工程同时设计、同时施工、同时投入使用。固体废物污染环境防治设施必须经原审批环境影响评价文件的环境保护行政主管部门验收合格后，该建设项目方可投入生产或者使用。对固体废物污染环境防治设施的验收应当与对主体工程的验收同时进行。

（2）产生固体废物的单位和个人，应当采取措施，防止或者减少固体废物对环境的污染。

收集、贮存、运输、利用、处置固体废物的单位和个人，必须采取防扬散、防流失、防渗漏或者其他防止污染环境的措施；不得擅自倾倒、堆放、丢弃、遗撒固体废物。禁止任何单位或者个人向江河、湖泊、运河、渠道、水库及其最高水位线以下的滩地和岸坡等法律、法规规定禁止倾倒、堆放废弃物的地点倾倒、堆放固体废物。对收集、贮存、运输、处置固体废物的设施、设备和场所，应当加强管理和维护，保证其正常运行和使用。

产生工业固体废物的单位应当建立、健全污染环境防治责任制度，采取防治工业固体废物污染环境的措施。企业事业单位应当合理选择和利用原材料、能源和其他资源，采用先进的生产工艺和设备，减少工业固体废物产生量，降低工业固体废物的危害性。

（3）工程施工单位应当及时清运工程施工过程中产生的固体废物，并按照环境卫生行政主管部门的规定进行利用或者处置。从事城市新区开发、旧区改建和住宅小区开发建设的单位，以及机场、码头、车站、公园、商店等公共设施、场所的经营管理单位，应当按照国家有关环境卫生的规定，配套建设生活垃圾收集设施。

（三）违反固体废物污染环境防治法的法律责任

（1）建设项目需要配套建设的固体废物污染环境防治设施未建成、未经验收或者验收不合格，主体工程即投入生产或者使用的，由审批该建设项目环境影响评价文件的环境保护行政主管部门责令停止生产或者使用，可以并处十万元以下的罚款。

（2）受到固体废物污染损害的单位和个人，有权要求依法赔偿损失。赔偿责任和赔偿金额的纠纷，可以根据当事人的请求，由环境保护行政主管部门或者其他固体废物污染环境防治工作的监督管理部门调解处理；调解不成，当事人可以向人民法院提起诉讼。当事人也可以直接向人民法院提起诉讼。国家鼓励法律服务机构对固体废物污染环境诉讼中的受害人提供法律援助。

造成固体废物污染环境的，应当排除危害，依法赔偿损失，并采取措施恢复环境原状。因固体废物污染环境引起的损害赔偿诉讼，由加害人就法律规定的免责事由及其行为与损害结果之间不存在因果关系承担举证责任。

固体废物污染环境的损害赔偿责任和赔偿金额的纠纷,当事人可以委托环境监测机构提供监测数据。环境监测机构应当接受委托,如实提供有关监测数据。

## 第二节　施工节约能源制度

能源是指煤炭、石油、天然气、生物质能和电力、热力以及其他直接或者通过加工、转换而取得有用能的各种资源。节约能源是指加强用能管理,采取技术上可行、经济上合理以及环境和社会可以承受的措施,从能源生产到消费的各个环节,降低消耗、减少损失和污染物排放、制止浪费,有效、合理地利用能源。

节约能源是我国的基本国策。国家实施节约与开发并举、把节约放在首位的能源发展战略。在工程建设领域,节约能源主要包括建筑节能和施工节能两个方面。建筑节能是解决建设项目建成后使用过程中的节能问题,施工节能则是要解决施工过程中的节约能源问题。

### 一、节约能源的一般规定

**(一) 节能产业政策**

《节约能源法》规定,国家实行有利于节能和环境保护的产业政策,限制发展高耗能、高污染行业,发展节能环保型产业。国家对落后的耗能过高的用能产品、设备和生产工艺实行淘汰制度。禁止使用国家明令淘汰的用能设备、生产工艺。国家鼓励企业制定严于国家标准、行业标准的企业节能标准。

**(二) 用能单位的法定义务**

用能单位应当按照合理用能的原则,加强节能管理,制定并实施节能计划和节能技术措施,降低能源消耗。用能单位应当建立节能目标责任制,定期开展节能教育和岗位节能培训,应当加强能源计量管理,建立能源消费统计和能源利用状况分析制度,对各类能源的消费实行分类计量和统计,并确保能源消费统计数据真实、完整。任何单位不得对能源消费实行包费制。

**(三) 发展循环经济**

循环经济是指在生产、流通和消费等过程中进行的减量化、再利用、资源化活动的总称。减量化是指在生产、流通和消费等过程中减少资源消耗和废物产生。再利用是指将废物直接作为产品或者经修复、翻新、再制造后继续作为产品使用,或者将废物的全部或者部分作为其他产品的部件予以使用。资源化是指将废物直接作为原料进行利用或者对废物进行再生利用。《中华人民共和国循环经济促进法》(以下简称《循环经济促进法》)规定,发展循环经济应当在技术可行、经济合理和有利于节约资源、保护环境的前提下,按照减量化优先的原则实施。在废物再利用和资源化过程中,应当保障生产安全,保证产品质量符合国家规定的标准,并防止产生再次污染。

企业事业单位应当建立健全管理制度，采取措施，降低资源消耗，减少废物的产生量和排放量，提高废物的再利用和资源化水平。

国务院循环经济发展综合管理部门会同国务院环境保护等有关主管部门，定期发布鼓励、限制和淘汰的技术、工艺、设备、材料和产品名录。禁止生产、进口、销售列入淘汰名录的设备、材料和产品；禁止使用列入淘汰名录的技术、工艺、设备和材料。

## 二、建筑节能

《节约能源法》规定，国家实行固定资产投资项目节能评估和审查制度。不符合强制性节能标准的项目，依法负责项目审批或者核准的机关不得批准或者核准建设；建设单位不得开工建设；已经建成的，不得投入生产、使用。

国家鼓励在新建建筑和既有建筑节能改造中使用新型墙体材料等节能建筑材料和节能设备，安装和使用太阳能等可再生能源利用系统。建筑工程的建设、设计、施工和监理单位应当遵守建筑节能标准。

### （一）采用太阳能、地热能等可再生能源

《民用建筑节能条例》规定，国家鼓励和扶持在新建建筑和既有建筑节能改造中采用太阳能、地热能等可再生能源。

在具备太阳能利用条件的地区，有关地方人民政府及其部门应当采取有效措施，鼓励和扶持单位、个人安装使用太阳能热水系统、照明系统、供热系统、采暖制冷系统等太阳能利用系统。

### （二）新建建筑节能的规定

（1）《民用建筑节能条例》规定，国家推广使用民用建筑节能的新技术、新工艺、新材料和新设备，限制使用或者禁止使用能源消耗高的技术、工艺、材料和设备。国家限制进口或者禁止进口能源消耗高的技术、材料和设备。建设单位、设计单位、施工单位不得在建筑活动中使用列入禁止使用目录的技术、工艺、材料和设备。

（2）施工图设计文件审查机构应当按照民用建筑节能强制性标准对施工图设计文件进行审查；经审查不符合民用建筑节能强制性标准的，县级以上地方人民政府建设主管部门不得颁发施工许可证。

（3）建设单位不得明示或者暗示设计单位、施工单位违反民用建筑节能强制性标准进行设计、施工，不得明示或者暗示施工单位使用不符合施工图设计文件要求的墙体材料、保温材料、门窗、采暖制冷系统和照明设备。按照合同约定由建设单位采购墙体材料、保温材料、门窗、采暖制冷系统和照明设备的，建设单位应当保证其符合施工图设计文件要求。建设单位组织竣工验收，应当对民用建筑是否符合民用建筑节能强制性标准进行查验；对不符合民用建筑节能强制性标准的，不得出具竣工验收合格报告。

（4）设计单位、施工单位、工程监理单位及其注册执业人员，应当按照民用建筑节能强制性标准进行设计、施工、监理。施工单位应当对进入施工现场的墙体材料、保温材料、门窗、采暖制冷系统和照明设备进行查验；不符合施工图设计文件要求的；不得使用。工程监理单位发现施工单位不按照民用建筑节能强制性标准施工的；应当要求施工单位改正；施工单位拒不改正的，工程监理单位应当及时报告建设单位，并向有关

主管部门报告。墙体、屋面的保温工程施工时，监理工程师应当按照工程监理规范的要求，采取旁站、巡视和平行检验等形式实施监理。未经监理工程师签字，墙体材料、保温材料、门窗、采暖制冷系统和照明设备不得在建筑上使用或者安装，施工单位不得进行下一道工序的施工。

（5）实施既有建筑节能改造，应当符合民用建筑节能强制性标准，优先采用遮阳、改善通风等低成本改造措施。既有建筑围护结构的改造和供热系统的改造应当同步进行。

### 三、施工节能的规定

《循环经济促进法》规定，建筑设计、建设、施工等单位应当按照国家有关规定和标准，对其设计、建设、施工的建筑物及构筑物采用节能、节水、节地、节材的技术工艺和小型、轻型、再生产品。有条件的地区，应当充分利用太阳能、地热能、风能等可再生能源。

#### （一）节材与材料资源利用

《循环经济促进法》规定，国家鼓励利用无毒、无害的固体废物生产建筑材料，鼓励使用散装水泥，推广使用预拌混凝土和预拌砂浆。在国务院或者省、自治区、直辖市人民政府规定的期限和区域内，禁止生产、销售和使用黏土砖。

#### （二）节水与水资源利用

《循环经济促进法》规定，国家鼓励和支持使用再生水。企业应当发展串联用水系统和循环用水系统，提高水的重复利用率。企业应当采用先进技术、工艺和设备，对生产过程中产生的废水进行再生利用。

#### （三）节能与能源利用节能措施

《绿色施工导则》要求，施工单位应当制订合理施工能耗指标，提高施工能源利用率。优先使用国家、行业推荐的节能、高效、环保的施工设备和机具，如选用变频技术的节能施工设备等。施工现场分别设定生产、生活、办公和施工设备的用电控制指标，定期进行计量、核算、对比分析，并有预防与纠正措施。

在施工组织设计中，合理安排施工顺序、工作面，以减少作业区域的机具数量，相邻作业区充分利用共有的机具。安排施工工艺时，应优先考虑耗用电能的或其他能耗较少的施工工艺。避免设备额定功率远大于使用功率或超负荷使用设备的现象。

根据当地气候和自然资源条件，充分利用太阳能、地热等可再生能源。合理安排工序，提高各种机械的使用率和满载率，降低各种设备的单位耗能。利用场地自然条件，合理设计生产、生活及办公临时设施的体形、朝向、间距和窗墙面积比，使其获得良好的日照、通风和采光。

### 四、法律责任

#### （一）违反建筑节能标准的法律责任

《节约能源法》规定，设计单位、施工单位、监理单位违反建筑节能标准的，由建设主管部门责令改正，处 10 万元以上 50 万元以下罚款；情节严重的，由颁发资质证书的部门降低资质等级或者吊销资质证书；造成损失的，依法承担赔偿责任。

《民用建筑节能条例》规定，施工单位未按照民用建筑节能强制性标准进行施工的，由县级以上地方人民政府建设主管部门责令改正，处民用建筑项目合同价款 2% 以上 4% 以下的罚款；情节严重的，由颁发资质证书的部门责令停业整顿，降低资质等级或者吊销资质证书；造成损失的，依法承担赔偿责任。

注册执业人员未执行民用建筑节能强制性标准的，由县级以上人民政府建设主管部门责令停止执业 3 个月以上 1 年以下；情节严重的，由颁发资格证书的部门吊销执业资格证书，5 年内不予注册。

### （二）施工单位违反节能规定的法律责任

《民用建筑节能条例》规定，施工单位有下列行为之一的，由县级以上地方人民政府建设主管部门责令改正，处 10 万元以上 20 万元以下的罚款；情节严重的，由颁发资质证书的部门责令停业整顿，降低资质等级或者吊销资质证书；造成损失的，依法承担赔偿责任。①未对进入施工现场的墙体材料、保温材料、门窗、采暖制冷系统和照明设备进行查验的。②使用不符合施工图设计文件要求的墙体材料、保温材料、门窗、采暖制冷系统和照明设备的。③使用列入禁止使用目录的技术、工艺、材料和设备的。

### （三）用能单位违法行为的法律责任

《节约能源法》规定，用能单位未按照规定配备、使用能源计量器具的，由产品质量监督部门责令限期改正；逾期不改正的，处 1 万元以上 5 万元以下罚款。瞒报、伪造、篡改能源统计资料或者编造虚假能源统计数据的，依照《中华人民共和国统计法》（以下简称《统计法》）的规定处罚。无偿向本单位职工提供能源或者对能源消费实行包费制的，由管理节能工作的部门责令限期改正；逾期不改正的，处 5 万元以上 20 万元以下罚款。

进口列入淘汰名录的设备、材料或者产品的，由海关责令退运，可以处 10 万元以上 100 万元以下的罚款。进口者不明的，由承运人承担退运责任，或者承担有关处置费用。

## 第三节　施工文物保护制度

### 一、文物保护的含义及范围

文物保护，指的是对具有历史价值、文化价值、科学价值的历史遗留物采取的一系列防止其受到损害的措施。

文物是不可再生的文化资源。国家加强文物保护的宣传教育，增强全民文物保护的意识，鼓励文物保护的科学研究，提高文物保护的科学技术水平。文物工作贯彻保护为主、抢救第一、合理利用、加强管理的方针。一切机关、组织和个人都有依法保护文物的义务。各级人民政府应当重视文物保护，正确处理经济建设、社会发展与文物保护的关系，确保文物安全。

《中华人民共和国文物保护法》（以下简称《文物保护法》）规定，在中华人民共和国境内，下列文物受国家保护：①具有历史、艺术、科学价值的古文化遗址、古墓葬、古建筑、石窟寺和石刻、壁画；②与重大历史事件、革命运动或者著名人物有关的以及具有重要纪念意义、教育意义或者史料价值的近代现代重要史迹、实物、代表性建筑；③历史上各时代珍贵的艺术品、工艺美术品；④历史上各时代重要的文献资料以及具有历史、艺术、科学价值的手稿和图书资料等；⑤反映历史上各时代、各民族社会制度、社会生产、社会生活的代表性实物。文物认定的标准和办法由国务院文物行政部门制定，并报国务院批准。具有科学价值的古脊椎动物化石和古人类化石同文物一样受国家保护。

### 二、文物所有权的界定

**（一）属于国家所有的文物范围**

中华人民共和国境内地下、内水和领海中遗存的一切文物，属于国家所有。古文化遗址、古墓葬、石窟寺属于国家所有。国家指定保护的纪念建筑物、古建筑、石刻、壁画、近代现代代表性建筑等不可移动文物，除国家另有规定的以外，属于国家所有。

《文物保护法》规定，国有不可移动文物的所有权不因其所依附的土地所有权或者使用权的改变而改变。下列可移动文物，属于国家所有：①中国境内出土的文物，国家另有规定的除外；②国有文物收藏单位以及其他国家机关、部队和国有企业、事业组织等收藏、保管的文物；③国家征集、购买的文物；④公民、法人和其他组织捐赠给国家的文物；⑤法律规定属于国家所有的其他文物。

属于国家所有的可移动文物的所有权不因其保管、收藏单位的终止或者变更而改变。国有文物所有权受法律保护，不容侵犯。

**（二）集体所有和私人所有的文物**

属于集体所有和私人所有的纪念建筑物、古建筑和祖传文物以及依法取得的其他文物，其所有权受法律保护。文物的所有者必须遵守国家有关文物保护的法律、法规的规定。

### 三、文物保护单位和文物的分级

**（一）文物保护单位**

（1）《文物保护法》规定，古文化遗址、古墓葬、古建筑、石窟寺、石刻、壁画、近代现代重要史迹和代表性建筑等不可移动文物，根据它们的历史、艺术、科学价值，可以分别确定为全国重点文物保护单位，省级文物保护单位，市、县级文物保护单位。

（2）国务院文物行政部门在省级、市、县级文物保护单位中，选择具有重大历史、艺术、科学价值的确定为全国重点文物保护单位，或者直接确定为全国重点文物保护单位，报国务院核定公布。省级文物保护单位，由省、自治区、直辖市人民政府核定公布，并报国务院备案。市级和县级文物保护单位，分别由设区的市、自治州和县级人民政府核定公布，并报省、自治区、直辖市人民政府备案。尚未核定公布为文物保护单位的不可移动文物，由县级人民政府文物行政部门予以登记并公布。

（3）国有不可移动文物不得转让、抵押。建立博物馆、保管所或者辟为参观游览场所的国有文物保护单位，不得作为企业资产经营。非国有不可移动文物不得转让、抵押给外国人。非国有不可移动文物转让、抵押或者改变用途的，应当根据其级别报相应的文物行政部门备案。

（4）保存文物特别丰富并且具有重大历史价值或者革命纪念意义的城市，由国务院核定公布为历史文化名城。保存文物特别丰富并且具有重大历史价值或者革命纪念意义的城镇、街道、村庄，由省、自治区、直辖市人民政府核定公布为历史文化街区、村镇，并报国务院备案。历史文化名城和历史文化街区、村镇所在地的县级以上地方人民政府应当组织编制专门的历史文化名城和历史文化街区、村镇保护规划，并纳入城市总体规划。

各级人民政府制定城乡建设规划，应当根据文物保护的需要，事先由城乡建设规划部门会同文物行政部门商定对本行政区域内各级文物保护单位的保护措施，并纳入规划。

**（二）文物的分级**

历史上各时代重要实物、艺术品、文献、手稿、图书资料、代表性实物等可移动文物，分为珍贵文物和一般文物；珍贵文物分为一级文物、二级文物、三级文物。

### 四、建设施工文物保护的规定

**（一）与工程施工有关的文物保护要求**

（1）《文物保护法》规定，文物保护单位的保护范围内不得进行其他建设工程或者爆破、钻探、挖掘等作业。但是，因特殊情况需要在文物保护单位的保护范围内进行其他建设工程或者爆破、钻探、挖掘等作业的，必须保证文物保护单位的安全，并经核定公布该文物保护单位的人民政府批准，在批准前应当征得上一级人民政府文物行政部门同意；在全国重点文物保护单位的保护范围内进行其他建设工程或者爆破、钻探、挖掘等作业的，必须经省、自治区、直辖市人民政府批准，在批准前应当征得国务院文物行政部门同意。

（2）根据保护文物的实际需要，经省、自治区、直辖市人民政府批准，可以在文物保护单位的周围划出一定的建设控制地带。在文物保护单位的建设控制地带内进行建设工程，不得破坏文物保护单位的历史风貌；工程设计方案应当根据文物保护单位的级别，经相应的文物行政部门同意后，报城乡建设规划部门批准。在文物保护单位的保护范围和建设控制地带内，不得建设污染文物保护单位及其环境的设施，不得进行可能影响文物保护单位安全及其环境的活动。对已有的污染文物保护单位及其环境的设施，应当限期治理。

（3）建设工程选址，应当尽可能避开不可移动文物；因特殊情况不能避开的，对文物保护单位应当尽可能实施原址保护。

(4) 实施原址保护的，建设单位应当事先确定保护措施，根据文物保护单位的级别报相应的文物行政部门批准；未经批准的，不得开工建设。原址保护、迁移、拆除所需费用，由建设单位列入建设工程预算。无法实施原址保护，必须迁移异地保护或者拆除的，应当报省、自治区、直辖市人民政府批准；迁移或者拆除省级文物保护单位的，批准前须征得国务院文物行政部门同意。全国重点文物保护单位不得拆除；需要迁移的，须由省、自治区、直辖市人民政府报国务院批准。

(5) 国有不可移动文物由使用人负责修缮、保养；非国有不可移动文物由所有人负责修缮、保养。非国有不可移动文物有损毁危险，所有人不具备修缮能力的，当地人民政府应当给予帮助；所有人具备修缮能力而拒不依法履行修缮义务的，县级以上人民政府可以给予抢救修缮，所需费用由所有人负担。对文物保护单位进行修缮，应当根据文物保护单位的级别报相应的文物行政部门批准；对未核定为文物保护单位的不可移动文物进行修缮，应当报登记的县级人民政府文物行政部门批准。文物保护单位的修缮、迁移、重建，由取得文物保护工程资质证书的单位承担。对不可移动文物进行修缮、保养、迁移，必须遵守不改变文物原状的原则。

**(二) 施工中发现文物报告和保护的规定**

(1) 进行大型基本建设工程，建设单位应当事先报请省、自治区、直辖市人民政府文物行政部门组织从事考古发掘的单位在工程范围内有可能埋藏文物的地方进行考古调查、勘探。考古调查、勘探中发现文物的，由省、自治区、直辖市人民政府文物行政部门根据文物保护的要求会同建设单位共同商定保护措施；遇有重要发现的，由省、自治区、直辖市人民政府文物行政部门及时报国务院文物行政部门处理。

(2) 需要配合建设工程进行的考古发掘工作，应当由省、自治区、直辖市文物行政部门在勘探工作的基础上提出发掘计划，报国务院文物行政部门批准。国务院文物行政部门在批准前，应当征求社会科学研究机构及其他科研机构和有关专家的意见。

确因建设工期紧迫或者有自然破坏危险，对古文化遗址、古墓葬急需进行抢救发掘的，由省、自治区、直辖市人民政府文物行政部门组织发掘，并同时补办审批手续。凡因进行基本建设和生产建设需要的考古调查、勘探、发掘，所需费用由建设单位列入建设工程预算。

(3) 在进行建设工程或者在农业生产中，任何单位或者个人发现文物，应当保护现场，立即报告当地文物行政部门，文物行政部门接到报告后，如无特殊情况，应当在二十四小时内赶赴现场，并在七日内提出处理意见。文物行政部门可以报请当地人民政府通知公安机关协助保护现场；发现重要文物的，应当立即上报国务院文物行政部门，国务院文物行政部门应当在接到报告后十五日内提出处理意见。依照规定发现的文物属于国家所有，任何单位或者个人不得哄抢、私分、藏匿。

**【阅读案例】** 施工人员过失损毁文物案

2019年，洛阳某热力工程安装有限公司承包河南省洛阳市洛白路供热主干线工程，其部分施工区域位于全国重点文物保护单位——汉魏洛阳故城保护范围内。同年6月15日，该公司项目经理韩某兵通知三标段工队负责人即被告人张某杰将施工现场的结构层沥青、混凝土垫层清理掉，露出原土即可。张某杰对此没有理解清楚而继续施工，并雇佣无操作资质的被告人王某涛驾驶挖掘机作业。次日凌晨，张某杰、王某涛在施工过程中没有尽到注意义务，造成一古墓葬券顶完全破坏。经鉴定，挖掘行为损毁东汉时期古墓葬，局部破坏汉魏洛阳城遗址本体，对古墓葬的历史、艺术、科学价值造成严重破坏。

2019年9月25日，洛阳市文物局对洛阳某热力工程安装有限公司罚款30万元（已缴纳）。

河南省洛阳市洛龙区人民法院认为，被告人张某杰、王某涛过失损毁被确定为全国重点文物保护单位的文物，造成严重后果，均构成过失损毁文物罪。二被告人归案后能如实供述犯罪事实，自愿认罪认罚，依法可以从轻处罚，分别判处有期徒刑一年六个月，缓刑二年。该判决已生效。

### 五、违反文物保护规定施工的法律责任

工程建设活动违反文物保护法规定，按照以下规定承担相应法律责任。

（1）违反《文物保护法》规定，有下列行为之一，构成犯罪的，依法追究刑事责任：①盗掘古文化遗址、古墓葬的；②故意或者过失损毁国家保护的珍贵文物的；③擅自将国有馆藏文物出售或者私自送给非国有单位或者个人的；④将国家禁止出境的珍贵文物私自出售或者送给外国人的；⑤以牟利为目的倒卖国家禁止经营的文物的；⑥走私文物的；⑦盗窃、哄抢、私分或者非法侵占国有文物的；⑧应当追究刑事责任的其他妨害文物管理行为。

（2）有下列行为之一，尚不构成犯罪的，由县级以上人民政府文物主管部门责令改正，造成严重后果的，处五万元以上五十万元以下的罚款；情节严重的，由原发证机关吊销资质证书：①擅自在文物保护单位的保护范围内进行建设工程或者爆破、钻探、挖掘等作业的；②在文物保护单位的建设控制地带内进行建设工程，其工程设计方案未经文物行政部门同意、报城乡建设规划部门批准，对文物保护单位的历史风貌造成破坏的；③擅自迁移、拆除不可移动文物的；④擅自修缮不可移动文物，明显改变文物原状的；⑤擅自在原址重建已全部毁坏的不可移动文物，造成文物破坏的；⑥施工单位未取得文物保护工程资质证书，擅自从事文物修缮、迁移、重建的。

（3）有下列行为之一，尚不构成犯罪的，由县级以上人民政府文物主管部门会同公安机关追缴文物；情节严重的，处五千元以上五万元以下的罚款：①发现文物隐匿不报或者拒不上交的；②未按照规定移交拣选文物的。

# 第九章

# 房地产管理法律制度

| |
|---|
| **教学目的与要求：**<br>1. 了解房地产概念及特征的意义；<br>2. 熟悉国有土地上房屋征收、物业管理制度；<br>3. 掌握建设用地取得，房地产预售、现售规定。 |
| **教学重点与难点：**<br>1. 国有土地上房屋征收、物业管理制度；<br>2. 建设用地取得，房地产预售、现售规定。 |
| **教学方法和手段：**<br>1. PPT 教学模式；<br>2. 引入案例。 |
| **教学内容与设计：**<br>1. 案例导入；<br>2. 穿插课堂提问讨论、案例、小作业等；<br>3. 注重启发式教学手段的运用，加强与学生的互动。 |

【内容导读】

　　房地产业是国民经济的重要支撑，与人民群众和社会各个行业关系密切，是我国当前工程建设活动重要的领域之一。本章主要介绍了房地产领域的建设用地、国有土地上房屋征收、商品房销售管理、物业管理等制度。熟悉房地产相关的法律制度，对于做好工程建设活动具有积极意义。

## 第一节　房地产概述

### 一、房地产的概念

房地产是指房产和地产的总称，包括土地和土地上永久建筑物及其所衍生的权利。

房产是指建筑在土地上的各种房屋，包括住宅、厂房、仓库和商业、服务、文化、教育、卫生、体育以及办公用房等。地产是指土地及其上下一定的空间，包括地下的各种基础设施、地面道路等。

房地产由于其位置固定，不可移动，通常又被称为不动产。从广义的房地产概念来说，"房地产"与"不动产"是同一语义的两种表述。房地产的表述倾向于表明这种财产是以土地和房屋作为物质载体，而不动产的表述侧重于表明这种财产具有不可移动这一独特属性，但两者所指乃同一对象。一般认为，房地产有三种存在形式：单纯的地产、单纯的房产、房产和地产结合的"房地产"。

土地财产和土地、房屋财产和房屋既有联系又有区别。土地是自然资源，是人类生产、生活不可缺少的自然条件，房屋是人类居住、生产或从事其他活动的建筑物。作为财产，它们体现了经济关系和法律关系，但是这些经济关系和法律关系不能独立存在，必须以房屋和土地作为其物质载体。

## 二、房地产的特征

（1）位置固定性。土地具有不可移动性，建筑物固着于土地上，也不可移动。位置对于房地产投资具有重要意义。

（2）异质性。每一幢房屋所处地理位置不同，用途不同，房地产商品不可能像其他一般的商品那样通过重复生产来满足消费者的需求，房地产位置的固定性决定了房地产供给和需求的地方性和区域性。因而房地产市场不存在统一的市场价格。

（3）使用的长期性。房屋一经建成，其使用年限一般可达数十年或更长。房地产具有长期使用性和较高的耐久性。

（4）投资大，开发周期长。房地产开发建设需巨额投资，房屋的建筑安装工程造价昂贵，房地产开发建设的周期比一般商品要长得多。

（5）保值增值性。随着社会经济的发展，城市化进程的推进，房地产需求不断上涨，而房地产供应量，特别是土地供给量是有限的，房地产价格具有上涨的预期，使得房地产具有保值增值的功能。

（6）价格易受周围环境影响。房地产价格除了受其自身质量的影响外，主要取决于其所处的位置和周围的环境，价格受邻近交通出行条件、房地产用途的影响较大。

（7）易受国家政策影响。任何国家基于社会经济发展和公共利益的需要，都要对房地产占有、使用、分配、流转等作出限制。如城市规划对土地用途、建筑容积率、建筑高度和绿地率等

（8）变现性差。房地产是一种非流动性资产，其投资的流动性相对较差。把握房地产的质量和价值需要一定的时间。其销售过程复杂且交易成本较高，很难迅速无损地转换为现金。当房地产作为商品进行买卖时，受多种原因限制，会出现想卖而卖不掉或卖掉后损失太大而不愿意卖等情况。

## 三、房地产业

房地产业，指以土地和建筑物为经营对象，从事房地产开发、建设、经营、管理以及维修、装饰和服务的集多种经济活动为一体的综合性产业，是具有先导性、基础性、带动性和风险性的产业。主要包括：土地开发，房屋的建设、维修、管理，土地使用权的有偿划拨、转让，房屋所有权的买卖、租赁，房地产的抵押贷款以及由此形成的房地产市场。在实际生活中，人们习惯于将从事房地产开发和经营的行业称为房地产业。开发是基础，经营是开发的产品得以实现的过程，管理和服务是保证开发和经营顺利实施的手段。基于三次产业的分类标准，房地产业属于第三产业，具有广义服务业的性质。

房地产业的主要内容一般包括：①土地的开发和再开发；②房屋的开发和建设；③地产的经营（包括土地权的出让、转让、租赁、抵押等）；④房地产经营（包括房屋的买卖、租赁、抵押）；⑤房地产中介服务（包括信息、测量、律师、经纪、公证等）；⑥房地产物业管理；⑦房地产金融（包括保险等）。

房地产业是与其他产业关联度高，带动性强，与人民生活息息相关的产业。房地产业的发展在社会经济生活中起着十分重要的作用。它不仅涉及建筑业、建材业、金融业、制造业、冶金、化工、机械、通讯等生产资料部门，而且还涉及家用电器、家具等民用工业以及旅游、园林、运输业、商业、文化、教育等服务业。这种高度的关联性，必然使房地产业的发展具有带动其他产业和整个国民经济增长的重大作用。

第一，房地产业的发展能拉动国民经济增长。房地产业链长、关联度大，能直接或间接地引导和影响许多相关产业的发展，在我国，每增加1亿元的住宅投资，其他23个相关产业相应增加投入1.479亿元。中国GDP之所以能够如此迅速地增长，房地产行业可谓是功不可没。

第二，房地产的发展可以加快城市建设步伐，加速城市化进程。城市化是完成落后农业国向发达工业国跨越的必由之路，也是实现经济结构优化和产业结构提升的重要途径。房地产业的发展可加快城市建设步伐，加速城市化进程，促进城市建设改造，完善城市功能，优化城市产业结构，提高城市集聚效益，促进城市经济的持续繁荣与发展。通过土地使用权有偿出让，为城市建设积累资金。

第三，房地产业的发展有利于解决我国住房问题。住房是人民安居乐业和和谐社会建设的关键所在，不同住宅水平反映了一个社会的发展、文明和进步，全面解决普通居民的住房问题关系到人民生活水平的提高和社会经济发展的全局战略问题。

第四，房地产业的发展有利于产业结构的调整、优化和升级。目前，我国三大产业的结构不尽合理，第二产业的比重高，第三产业的比重低，所以我国调整产业结构的主要任务是大力发展第三产业，而房地产业的发展不仅可以为第二产业的产品结构优化带来机遇，也可以为第三产业的发展创造出更为广阔的空间。

第五，房地产业的发展能够促进城乡居民就业。房地产业是劳动密集型行业，其发展能够带动上下游产业的发展，提供大量就业机会。同时也能带动房产评估、咨询等中间服务和物业管理企业的发展。

## 第二节 建设用地制度

### 一、土地管理概述

#### （一）土地的概念

土地是由地球陆地表面一定高度和深度范围内的土壤、岩石、矿藏、水文、气候和植被等要素组成的自然综合体。它包括人类过去和现在的种种活动结果。

#### （二）土地的自然特性

土地的自然特性是指不以人的意志为转移的自然属性。土地的自然特性有：

（1）土地的不可替代性。地表上绝对找不出两块完全相同的土地。任何一块土地都是独一无二的，故又称土地性能的独特性或差异性。其原因在于土地位置的固定性及自然、人文环境条件的差异性。即使是位于同一位置相互毗邻的两块土地，由于地形、植被及风景等因素的影响，也不可能完全相互替代。

（2）土地面积的有限性。土地不能像其他物品一样可以从工厂里不断制造出来。由于受到地球表面陆地部分的空间限制，土地的面积是有限的。列宁曾指出："土地有限是一个普遍现象。"人类可以围湖或填海造地，但这只是对地球表层土地形态的改变。从总体看，人类只能改变土地的形态，改善或改良土地的生产性能，但不能增加土地的总量。所以，人类必须充分、合理地利用全部土地，不断提高集约化经营程度，在不合理利用的情况下，土地将出现退化，甚至无法利用，从而使可利用的土地面积减少。

（3）土地位置的固定性。土地位置的固定性，亦称不可移动性，是土地区别于其他各种资源或商品的重要标志。我们可以把可移动的商品如汽车、食品、服装以及可移动的资源如人力、矿产等，由产地或过剩地区运送到供给相对稀缺或需求相对旺盛因而售价较高的地区，但我们还无法把土地如此移动。

（4）土地质量的差异性。土地的特性和质量特征，是土地各构成要素（地质、地貌、气候、水文、土壤、植被等）相互联系、相互作用、相互制约的总体效应和综合反映。地理位置不同，地表的气候、水热对比条件不一样，地质、地貌对其具有再分配的功能，使得地表的土壤、植被类型也随之发生变化，因而造成土地的巨大自然差异性。这种差异性不仅存在于一个国家或一个地区的范围之内，即使在一个基层生产单位内也同样存在着。随着生产力水平的提高和人类对土地利用范围的扩大，这种差异性会逐步扩大，而不是趋于缩小。土地的空间差异性，要求人们因地制宜地合理利用各类土地资源，确定土地利用的合理结构与方式，以取得土地利用的最佳综合效益。

（5）土地永续利用的相对性。土地利用永续性有两层含义：作为自然的产物，它与地球共存亡，具有永不消失性；作为人类的活动场所和生产资料，可以永续利用。但土地的这种永续利用是相对的，只有在利用中维持了土地的功能，才能实现永续利用。

## （三）土地分类

1. 根据土地所有权分类

根据所有权分为国家所有和集体所有两类。城市市区的土地属于国家所有。农村和城市郊区的土地，除由法律规定属于国家所有的以外，属于农民集体所有；宅基地和自留地、自留山，属于农民集体所有。

2. 根据土地用途分类

《土地管理法》第 4 条规定，国家实行土地用途管制制度。国家编制土地利用总体规划，规定土地用途，将土地分为农用地、建设用地和未利用地。严格限制农用地转为建设用地，控制建设用地总量，对耕地实行特殊保护。农用地是指直接用于农业生产的土地，包括耕地、林地、草地、农田水利用地、养殖水面等；建设用地是指建造建筑物、构筑物的土地，包括城乡住宅和公共设施用地、工矿用地、交通水利设施用地、旅游用地、军事设施用地等；未利用地是指农用地和建设用地以外的土地。

3. 土地利用现状分类

原中华人民共和国国家质量监督检验检疫总局和中国国家标准化管理委员会联合发布《土地利用现状分类》，标志着我国土地资源分类第一次拥有了全国统一的国家标准。

国家标准《土地利用现状分类》（GB/T 21010—2017）采用两个层次的分类体系，共分 12 个一级类、73 个二级类。其中一级类包括：耕地、园地、林地、草地、商服用地、工矿仓储用地、住宅用地、公共管理与公共服务用地、特殊用地、交通运输用地、水域及水利设施用地、其他土地。

## （四）土地的功能

马克思曾说：土地是一切生产和一切存在的源泉。英国哲学家威廉·佩蒂认为：劳动是财富之父，土地是财富之母。土地在社会各个部门（农业、工业、交通等）作为人们的立足场所与操作基地，所以，土地的职能是人类生产的基本条件，是不可替代的主要生产资料。

土地总体上是不可再生的资源。土地还有一个特性，即集聚资本的特性。对土地的各种连续的投资能带来收益。这种连续投资和它带来的辐射作用为产生土地的级差收益带来了可能性。随着对土地投入的增加，不仅能提高该地段的经济价值，而且能够给相邻地域带来好处，对城市土地投入所带来的辐射作用十分突出。现代城市土地脱胎于自然状态的土地，一般都经过了人类的开发、加工、改造，凝结了人类的劳动，使自然状态的土地变为经济形态的土地，并使经济形态的土地经过追加劳动而产生更多的经济效果。土地和劳动相结合就具有价值。

## 二、我国现行土地管理制度

《宪法》和《土地管理法》规定了中国现行土地所有制的性质、形式和不同形式的土地所有制的适用范围。

（1）实行土地公有制。《宪法》第 9 条规定："矿藏、水流、森林、山岭、草原、荒地、滩涂等自然资源，都属于国家所有，即全民所有；由法律规定属于集体所有的森林和山岭、草原、荒地、滩涂除外。国家保障自然资源的合理利用，保护珍贵的动物和植物。禁止任何组织或者个人用任何手段侵占或者破坏自然资源。"《宪法》第 10 条规定,"城市的土地属于国家所有。农村和城市郊区的土地,除由法律规定属于国家所有的以外,属于集体所有;宅基地和自留地、自留山,也属于集体所有。国家为了公共利益的需要,可以依照法律规定对土地实行征收或者征用并给予补偿。任何组织或者个人不得侵占、买卖或者以其他形式非法转让土地。土地的使用权可以依照法律的规定转让。一切使用土地的组织和个人必须合理地利用土地。"

《土地管理法》第 2 条规定:"中华人民共和国实行土地的社会主义公有制,即全民所有制和劳动群众集体所有制。"根据《宪法》规定,我国土地实行社会主义公有制。土地的社会主义公有制分为全民所有制和劳动群众集体所有制两种。土地的全民所有制具体采取的是国家所有制的形式。该种所有制的土地被称为国家所有土地,简称国有土地,其所有权由国家代表全体人民行使,具体又由国务院代表国家行使。土地的劳动群众集体所有制具体采取的是农民集体所有制的形式。该种所有制的土地被称为农民集体所有土地,简称集体土地。

(2) 国家实行土地登记制度。县级以上人民政府对所管辖的土地进行登记造册,属于国有土地的,核发国有土地使用证。属于集体土地的,核发集体土地所有证。使用集体土地的,核发集体土地使用证。依法登记的土地所有权和使用权受法律保护。任何单位和个人不得侵犯。

(3) 国家实行土地有偿有限期使用制度。除了国家核准的划拨土地以外,凡新增土地和原使用的土地改变用途或使用条件,进行市场交易等,均实行有偿、有限期使用。

(4) 国家实行土地用途管制制度。土地用途的变更须经有批准权的人民政府核准。严格限制农用地转为建设用地。控制建设用地总量。对耕地实行特殊保护。

(5) 国家实行保护耕地的制度。国家保护耕地,严格控制耕地转为非耕地。

(6) 国家建立土地调查制度。《土地管理法》第 26 条规定,县级以上人民政府自然资源主管部门会同同级有关部门进行土地调查。土地所有者或者使用者应当配合调查,并提供有关资料。

(7) 国家建立土地统计制度。《土地管理法》第 28 条规定,县级以上人民政府统计机构和自然资源主管部门依法进行土地统计调查,定期发布土地统计资料。土地所有者或者使用者应当提供有关资料,不得拒报、迟报,不得提供不真实、不完整的资料。统计机构和自然资源主管部门共同发布的土地面积统计资料是各级人民政府编制土地利用总体规划的依据。

(8) 国家实行永久基本农田保护制度。《土地管理法》第 33 条规定,下列耕地应当根据土地利用总体规划划为永久基本农田,实行严格保护:①经国务院农业农村主管部门或者县级以上地方人民政府批准确定的粮、棉、油、糖等重要农产品生产基地内的耕地;②有良好的水利与水土保持设施的耕地,正在实施改造计划以及可以改造的中、低产田和已建成的高标准农田;③蔬菜生产基地;④农业科研、教学试验田;⑤国务院规定应当划为永久基本农田的其他耕地。各省、自治区、直辖市划定的永久基本农田一般应当占本行政区域内耕地的百分之八十以上,具体比例由国务院根据各省、自治区、直辖市耕地实际情况规定。

永久基本农田经依法划定后，任何单位和个人不得擅自占用或者改变其用途。国家能源、交通、水利、军事设施等重点建设项目选址确实难以避让永久基本农田，涉及农用地转用或者土地征收的，必须经国务院批准。禁止通过擅自调整县级土地利用总体规划、乡（镇）土地利用总体规划等方式规避永久基本农田农用地转用或者土地征收的审批。

### 三、建设用地使用权

#### （一）建设用地使用权概述

建设用地使用权是指利用土地营造建筑物、构筑物和其他设施的权利。建设用地使用权同农用地使用权相区别，是对土地进行非种植业、林业、畜牧业和渔业而从事建设的权利。

土地所有权是土地所有人对土地的占有、使用、收益和处分的权利。作为土地所有权的权能的占有、使用、收益和处分权，部分甚至全部与土地所有人暂时分离，土地所有人并不因此丧失土地所有权。这些权能与土地所有权人的分离和恢复，正是土地所有人行使土地所有权的结果。这就是土地所有权可以与其具体权能相分离的基本原理。国家土地所有权的主体并不直接使用土地，而是将土地的使用权确定给法人和公民，建设用地使用权在此基础上得以产生。《中华人民共和国物权法》（以下简称《物权法》）规定，建设用地使用权人依法对国家所有的土地享有占有、使用和收益的权利，有权利用该土地建造建筑物、构筑物及其附属设施。建设用地使用权可以在土地的地表、地上或者地下分别设立。新设立的建设用地使用权，不得损害已设立的用益物权。

#### （二）建设用地使用权的取得方式

建设用地使用权通过出让或者划拨方式取得。根据《民法典》规定，设立建设用地使用权，可以采取出让或者划拨等方式。工业、商业、旅游、娱乐和商品住宅等经营性用地以及同一土地有两个以上意向用地者的，应当采取招标、拍卖等公开竞价的方式出让。严格限制以划拨方式设立建设用地使用权。采取划拨方式的，应当遵守法律、行政法规关于土地用途的规定。

#### （三）建设用地使用权的出让设立

以出让方式设立建设用地使用权应当签订出让合同，并办理不动产登记。《物权法》规定，采取招标、拍卖、协议等出让方式设立建设用地使用权的，当事人应当采取书面形式订立建设用地使用权出让合同。建设用地使用权人应当依照法律规定以及合同约定支付出让金等费用。

建设用地使用权出让合同一般包括下列条款：①当事人的名称和住所；②土地界址、面积等；③建筑物、构筑物及其附属设施占用的空间；④土地用途；⑤使用期限；⑥出让金等费用及其支付方式；⑦解决争议的方法。

设立建设用地使用权的，应当向登记机构申请建设用地使用权登记。建设用地使用权自登记时设立。登记机构应当向建设用地使用权人发放建设用地使用权证书。

建设用地使用权人应当合理利用土地，不得改变土地用途；需要改变土地用途的，应当依法经有关行政主管部门批准。建设用地使用权人建造的建筑物、构筑物及其附属设施的所有权属于建设用地使用权人，但有相反证据证明的除外。

### (四) 建设用地使用权流转

建设用地使用权人有权将建设用地使用权转让、互换、出资、赠与或者抵押，但法律另有规定的除外。

建设用地使用权转让、互换、出资、赠与或者抵押的，当事人应当采取书面形式订立相应的合同。使用期限由当事人约定，但不得超过建设用地使用权的剩余期限。建设用地使用权转让、互换、出资或者赠与的，应当向登记机构申请变更登记，附着于该土地上的建筑物、构筑物及其附属设施一并处分；建筑物、构筑物及其附属设施转让、互换、出资或者赠与的，该建筑物、构筑物及其附属设施占用范围内的建设用地使用权一并处分。

住宅建设用地使用权期间届满的，自动续期。非住宅建设用地使用权期间届满后的续期，依照法律规定办理。该土地上的房屋及其他不动产的归属，有约定的，按照约定；没有约定或者约定不明确的，依照法律、行政法规的规定办理。建设用地使用权消灭的，出让人应当及时办理注销登记。登记机构应当收回建设用地使用权证书。

### (五) 建设用地使用权的报批

《中华人民共和国土地管理法实施条例》规定，具体建设项目需要使用土地的，建设单位应当根据建设项目的总体设计一次申请，办理建设用地审批手续；分期建设的项目，可以根据可行性研究报告确定的方案分期申请建设用地，分期办理建设用地有关审批手续。

具体建设项目需要占用土地利用总体规划确定的城市建设用地范围内的国有建设用地的，按照下列规定办理：①建设项目可行性研究论证时，由土地行政主管部门对建设项目用地有关事项进行审查，提出建设项目用地预审报告；可行性研究报告报批时，必须附具土地行政主管部门出具的建设项目用地预审报告。②建设单位持建设项目的有关批准文件，向市、县人民政府土地行政主管部门提出建设用地申请，由市、县人民政府土地行政主管部门审查，拟订供地方案，报市、县人民政府批准；需要上级人民政府批准的，应当报上级人民政府批准。③供地方案经批准后，由市、县人民政府向建设单位颁发建设用地批准书。有偿使用国有土地的，由市、县人民政府土地行政主管部门与土地使用者签订国有土地有偿使用合同；划拨使用国有土地的，由市、县人民政府土地行政主管部门向土地使用者核发国有土地划拨决定书。④土地使用者应当依法申请土地登记。通过招标、拍卖方式提供国有建设用地使用权的，由市、县人民政府土地行政主管部门会同有关部门拟订方案，报市、县人民政府批准后，由市、县人民政府土地行政主管部门组织实施，并与土地使用者签订土地有偿使用合同。土地使用者应当依法申请土地登记。

## 四、集体土地征收

集体土地征收是指国家为公共利益的需要，通过法定程序，将原属于农民集体所有的土地征为国有的行为。

建设项目需要使用农村土地的，应当先进行土地征收，把集体土地转变为国有土地，才能够根据项目的性质，通过出让或者划拨的方式取得建设用地使用权。

### (一) 可以征收农村土地的事项

《土地管理法》第45条规定，为了公共利益的需要，有下列情形之一，确需征收农民集体所有的土地的,可以依法实施征收:①军事和外交需要用地的;②由政府组织实施的能源、交通、水利、通信、邮政等基础设施建设需要用地的;③由政府组织实施的科技、教育、文化、卫生、体育、生态环境和资源保护、防灾减灾、文物保护、社区综合服务、社会福利、市政公用、优抚安置、英烈保护等公共事业需要用地的;④由政府组织实施的扶贫搬迁、保障性安居工程建设需要用地的;⑤在土地利用总体规划确定的城镇建设用地范围内,经省级以上人民政府批准由县级以上地方人民政府组织实施的成片开发建设需要用地的;⑥法律规定为公共利益需要可以征收农民集体所有的土地的其他情形。前款规定的建设活动,应当符合国民经济和社会发展规划、土地利用总体规划、城乡规划和专项规划;第④项、第⑤项规定的建设活动,还应当纳入国民经济和社会发展年度计划;第⑤项规定的成片开发并应当符合国务院自然资源主管部门规定的标准。

**(二)征地审批**

1. 农用地转用审批

建设占用土地,涉及农用地转为建设用地的,应当办理农用地转用审批手续。永久基本农田转为建设用地的,由国务院批准。

在土地利用总体规划确定的城市和村庄、集镇建设用地规模范围内,为实施该规划而将永久基本农田以外的农用地转为建设用地的,按土地利用年度计划分批次按照国务院规定由原批准土地利用总体规划的机关或者其授权的机关批准。在已批准的农用地转用范围内,具体建设项目用地可以由市、县人民政府批准。

在土地利用总体规划确定的城市和村庄、集镇建设用地规模范围外,将永久基本农田以外的农用地转为建设用地的,由国务院或者国务院授权的省、自治区、直辖市人民政府批准。

2. 审批权限

征收下列土地的,由国务院批准:①永久基本农田;②永久基本农田以外的耕地超过三十五公顷的;③其他土地超过七十公顷的。征收前款规定以外的土地的,由省、自治区、直辖市人民政府批准。

征收农用地的,应当依照《土地管理法》第 44 条的规定,先行办理农用地转用审批。其中,经国务院批准农用地转用的,同时办理征地审批手续,不再另行办理征地审批;经省、自治区、直辖市人民政府在征地批准权限内批准农用地转用的,同时办理征地审批手续,不再另行办理征地审批,超过征地批准权限的,应当依照《土地管理法》第 46 条第一款的规定另行办理征地审批。

**(三)征收实施**

国家征收土地的,依照法定程序批准后,由县级以上地方人民政府予以公告并组织实施。

县级以上地方人民政府拟申请征收土地的,应当开展拟征收土地现状调查和社会稳定风险评估,并将征收范围、土地现状、征收目的、补偿标准、安置方式和社会保障等在拟征收土地所在的乡(镇)和村、村民小组范围内公告至少三十日,听取被征地的农村集体经济组织及其成员、村民委员会和其他利害关系人的意见。多数被征地的农村集体经济组织成员认为征地补偿安置方案不符合法律、法规规定的,县级以上地方人民政府应当组织召开听证会，并根据法律、法规的规定和听证会情况修改方案。

拟征收土地的所有权人、使用权人应当在公告规定期限内，持不动产权属证明材料办理补偿登记。县级以上地方人民政府应当组织有关部门测算并落实有关费用，保证足额到位，与拟征收土地的所有权人、使用权人就补偿、安置等签订协议；个别确实难以达成协议的，应当在申请征收土地时如实说明。

相关前期工作完成后，县级以上地方人民政府方可申请征收土地。

### （四）征地补偿

征收土地应当给予公平、合理的补偿，保障被征地农民原有生活水平不降低、长远生计有保障。征收土地应当依法及时足额支付土地补偿费、安置补助费以及农村村民住宅、其他地上附着物和青苗等的补偿费用，并安排被征地农民的社会保障费用。

征收农用地的土地补偿费、安置补助费标准由省、自治区、直辖市通过制定公布区片综合地价确定。制定区片综合地价应当综合考虑土地原用途、土地资源条件、土地产值、土地区位、土地供求关系、人口以及经济社会发展水平等因素，并至少每三年调整或者重新公布一次。

征收农用地以外的其他土地、地上附着物和青苗等的补偿标准，由省、自治区、直辖市制定。对其中的农村村民住宅，应当按照先补偿后搬迁、居住条件有改善的原则，尊重农村村民意愿，采取重新安排宅基地建房、提供安置房或者货币补偿等方式给予公平、合理的补偿，并对因征收造成的搬迁、临时安置等费用予以补偿，保障农村村民居住的权利和合法的住房财产权益。

县级以上地方人民政府应当将被征地农民纳入相应的养老等社会保障体系。被征地农民的社会保障费用主要用于符合条件的被征地农民的养老保险等社会保险缴费补贴。被征地农民社会保障费用的筹集、管理和使用办法，由省、自治区、直辖市制定。

被征地的农村集体经济组织应当将征收土地的补偿费用的收支状况向本集体经济组织的成员公布，接受监督。禁止侵占、挪用被征收土地单位的征地补偿费用和其他有关费用。地方各级人民政府应当支持被征地的农村集体经济组织和农民从事开发经营，兴办企业。大中型水利、水电工程建设征收土地的补偿费标准和移民安置办法，由国务院另行规定。

## 五、国有建设用地使用权出让

### （一）建设用地出让的概念

国有建设用地使用权出让，是指国家以土地所有者的身份将国有建设用地的使用权在一定年限内让渡给土地使用者，并由土地使用者向国家支付土地使用权出让金的行为。《土地管理法》第55条规定："以出让等有偿使用方式取得国有土地使用权的建设单位，按照国务院规定的标准和办法，缴纳土地使用权出让金等土地有偿使用费和其他费用后，方可使用土地。自本法施行之日起，新增建设用地的土地有偿使用费，百分之三十上缴中央财政，百分之七十留给有关地方人民政府。具体使用管理办法由国务院财政部门会同有关部门制定，并报国务院批准。"

### （二）用地申请与审批

《土地管理法》第53条规定："经批准的建设项目需要使用国有建设用地的，建设单位应当持法律、行政法规规定的有关文件，向有批准权的县级以上人民政府自然资源主管部门提出建设用地申请，经自然资源主管部门审查，报本级人民政府批准。"

### （三）土地使用权出让年限

《中华人民共和国城镇国有土地使用权出让和转让暂行条例》明确规定，居住用地70年；工业用地50年；教育、科学、文化、卫生、体育用地50年；商业、旅游、娱乐用地40年；综合或者其他用地50年。在土地使用权出让合同中，均载明土地使用权出让的最高年限。这里所说的最高年限，是一次出让签约的最高年限，土地使用权年限届满时，土地使用者可以申请续期，但是，涉及具体的某一块地的出让年限，则要在签订合同时确定。

### （四）土地使用权出让方式

根据《协议出让国有土地使用权规定》《招标拍卖挂牌出让国有建设用地使用权规定》，土地使用权出让方式有四种，即协议、招标、拍卖、挂牌。

1. 协议出让土地使用权

协议出让国有土地使用权，是指国家以协议方式将国有土地使用权在一定年限内出让给土地使用者，由土地使用者向国家支付土地使用权出让金的行为。出让国有土地使用权，除依照法律、法规和规章的规定应当采用招标、拍卖或者挂牌方式外，方可采取协议方式。协议出让国有土地使用权，应当遵循公开、公平、公正和诚实信用的原则。以协议方式出让国有土地使用权的出让金不得低于按国家规定所确定的最低价。

2. 招标出让国有建设用地使用权

招标出让国有建设用地使用权，是指市、县人民政府国土资源行政主管部门（以下简称出让人）发布招标公告，邀请特定或者不特定的自然人、法人和其他组织参加国有建设用地使用权投标，根据投标结果确定国有建设用地使用权人的行为。

3. 拍卖出让国有建设用地使用权

拍卖出让国有建设用地使用权，是指出让人发布拍卖公告，由竞买人在指定时间、地点进行公开竞价，根据出价结果确定国有建设用地使用权人的行为。

4. 挂牌出让国有建设用地使用权

挂牌出让国有建设用地使用权，是指出让人发布挂牌公告，按公告规定的期限将拟出让宗地的交易条件在指定的土地交易场所挂牌公布，接受竞买人的报价申请并更新挂牌价格，根据挂牌期限截止时的出价结果或者现场竞价结果确定国有建设用地使用权人的行为。

受让人依照国有建设用地使用权出让合同的约定付清全部土地出让价款后，方可申请办理土地登记，领取国有建设用地使用权证书。未按出让合同约定缴清全部土地出让价款的，不得发放国有建设用地使用权证书，也不得按出让价款缴纳比例分割发放国有建设用地使用权证书。

## 六、国有建设用地使用权划拨

土地使用权划拨，是指县级以上人民政府依法批准，在土地使用者缴纳补偿安置等费用后将该幅土地交付其使用，或者将土地使用权无偿交付给土地使用者使用的行为。

以划拨方式取得土地使用权的，除法律、行政法规另有规定外，没有使用期限的限制。

《土地管理法》第54条规定，下列建设用地，经县级以上人民政府依法批准，可以以划拨方式取得：①国家机关用地和军事用地；②城市基础设施用地和公益事业用地；③国家重点扶持的能源、交通、水利等基础设施用地；④法律、行政法规规定的其他用地。

一般来说，通过行政划拨取得土地使用权所缴纳的费用往往低于通过有偿出让方式取得土地使用权所缴纳的费用，甚至常常是无偿性质的。从法律上讲，用地单位通过行政划拨取得的土地使用权，仅是有权使用，不是一项独立的财产权利，未经国家的同意并补办一定的手续，不得转让、出租、抵押。国家根据实际情况随时可以收回土地使用权。

### 七、土地使用权终止

土地使用权终止，是指土地使用者停止行使土地使用权，导致土地使用权终止的因素很多，从法律规定和我国司法实践上看，可归纳为以下几类：

（1）土地使用权年限届满。土地使用权的存续期间为土地使用权出让合同规定的年限。其年限届满而未申请续期或申请未被批准的，土地使用权终止。但是，根据《民法典》的规定，住宅用地的建设用地使用权到期后，自动续期。

（2）提前收回。在特殊情况下，国家根据社会公共利益需要，依照法定程序提前收回土地使用权。《土地管理法》第58条规定，有下列情形之一的，由有关人民政府自然资源主管部门报经原批准用地的人民政府或者有批准权的人民政府批准，可以收回国有土地使用权：①为实施城市规划进行旧城区改建以及其他公共利益需要，确需使用土地的；②土地出让等有偿使用合同约定的使用期限届满，土地使用者未申请续期或者申请续期未获批准的；③因单位撤销、迁移等原因，停止使用原划拨的国有土地的；④公路、铁路、机场、矿场等经核准报废的。依照前款第①项的规定收回国有土地使用权的，对土地使用权人应当给予适当补偿。

（3）土地灭失。土地使用权要以土地的存在为前提，如果因自然原因造成土地灭失，土地使用权自然终止。此外，土地使用权终止的条件还有没收、抛弃等。

土地使用权终止后，应当通过一定的程序注销土地使用权证书。

## 第三节 国有土地上房屋征收制度

### 一、城市房屋征收概述

#### （一）城市房屋征收的概念

城市房屋征收是指国家为了公共利益的需要，依照法定权限和程序强制取得单位、个人的房屋及其他不动产并给予公平补偿的行为。国有土地上房屋征收过去称为"城市房屋拆迁"。

房屋征收是物权变动的一种特殊情况,是国家取得所有权的一种方式。房屋征收的主体是国家,通常是由市、县级人民政府以行政命令的方式执行。我国宪法规定,国家为了公共利益的需要,可以依照法律规定对公民的私有财产实行征收或者征用并给予补偿。《物权法》第 42 条规定:"为了公共利益的需要,依照法律规定的权限和程序可以征收集体所有的土地和单位、个人的房屋及其他不动产。"由于城市土地资源的稀缺性,在工业化、城镇化发展过程中,必然要对城市原有房屋进行拆除,腾出土地进行新的工程建设。在此过程中,就涉及到被征收人财产权利保护、生产生活安置等问题,需要有法律对房屋征收活动进行规范。2011 年 1 月 21 日国务院公布的《国有土地上房屋征收与补偿条例》,是调整房屋征收活动的主要法律依据。

### (二) 征收城市房屋的事由

《国有土地上房屋征收与补偿条例》规定,为了公共利益的需要,征收国有土地上单位、个人的房屋,应当对被征收房屋所有权人给予公平补偿。"公共利益"的界定,旨在保护集体土地和单位个人的房屋不被公共权力肆意侵犯,也是评判征收事件中一项具体征收行为是否合法的根本标准。但公共利益是一个抽象的概念,具体操作中很难界定,属于世界性难题(譬如美国宪法也未能对何谓公共利益做出清晰定义)。

对于公共利益的具体范围,《国有土地上房屋征收与补偿条例》第 8 条进行了概况加列举性规定,为了保障国家安全、促进国民经济和社会发展等公共利益的需要,有下列情形之一,确需要征收房屋的,由市、县级人民政府作出房屋征收决定:①国防和外交的需要;②由政府组织实施的能源、交通、水利等基础设施建设的需要;③由政府组织实施的科技、教育、文化、卫生、体育、环境和资源保护、防灾减灾、文物保护、社会福利、市政公用等公共事业的需要;④由政府组织实施的保障性安居工程建设的需要;⑤由政府依照城乡规划法有关规定组织实施的对危房集中、基础设施落后等地段进行旧城区改建的需要;⑥法律、行政法规规定的其他公共利益的需要。

## 二、房屋征收的管理体制

国有土地上房屋征收管理体制,是指由房屋征收主体、房屋征收部门及其管理职责、管理程序、相互配合等组成的有机整体。根据《国有土地上房屋征收与补偿条例》的规定,房屋征收管理分工如下。

### (一) 房屋征收主体

房屋征收主体是市、县级人民政府。市、县级人民政府负责本行政区域的房屋征收与补偿工作。

### (二) 房屋征收部门

市、县级人民政府确定的房屋征收部门组织实施本行政区域的房屋征收与补偿工作。市、县级人民政府有关部门应当依照本条例的规定和本级人民政府规定的职责分工,互相配合,保障房屋征收与补偿工作的顺利进行。

房屋征收部门由市、县级人民政府确定,一般是房产管理机关。房屋征收部门组织实施本行政区域的房屋征收与补偿工作。

### （三）房屋征收实施单位

房屋征收部门可以委托房屋征收实施单位，承担房屋征收与补偿的具体工作。房屋征收实施单位不得以营利为目的，房屋征收部门对房屋征收实施单位在委托范围内实施的房屋征收与补偿行为负责监督，并对其行为后果承担法律责任。

### （四）房屋征收的监督与指导部门

上级人民政府应当加强对下级人民政府房屋征收与补偿工作的监督，国务院住房城乡建设主管部门和省、自治区、直辖市人民政府住房城乡建设主管部门应当会同同级财政、国土资源、发展改革等有关部门，加强对房屋征收与补偿实施工作的指导，任何组织和个人对违反条例规定的行为，都有权向有关人民政府、房屋征收部门和其他有关部门举报，接到举报的有关人民政府、房屋征收部门和其他有关部门对举报应当及时核实、处理。监察机关应当加强对参与房屋征收与补偿工作的政府和有关部门或者单位及其工作人员的监察。

## 三、房屋征收程序

### （一）拟定征收补偿方案

依照《国有土地上房屋征收与补偿条例》第9条规定，确需征收房屋的各项建设活动，应当符合国民经济和社会发展规划、土地利用总体规划、城乡规划和专项规划。保障性安居工程建设、旧城区改建，应当纳入市、县级国民经济和社会发展年度计划。

房屋征收方案的主要内容包括房屋征收目的、房屋征收范围、实施时间、补偿方式、补偿金额、补助和奖励、安置用房面积和安置地点、搬迁期限、搬迁过渡方式和过渡期限等事项。

房屋征收部门拟定征收补偿方案，报市、县级人民政府。市、县级人民政府应当组织有关部门对征收补偿方案进行论证。

### （二）征求公众意见

对征收补偿方案进行论证、修订后，市、县级人民政府应当予以公布，征求公众意见。征求意见期限不得少于30日。征求公众意见结束后，市、县级人民政府应当将征求意见情况进行汇总，根据公众反馈情况对征收补偿方案进行修改，并将征求意见情况和根据公众意见修改的情况及时公布。因旧城区改建需要征收房屋，如多数被征收人认为征收补偿方案不符合条例规定的，市、县级人民政府应当组织由被征收人和公众代表参加听证会，并根据听证会情况修改方案。

### （三）作出房屋征收决定

市、县级人民政府作出房屋征收决定前，应当按照有关规定进行社会稳定风险评估，房屋征收决定涉及被征收人数量较多的，应当经政府常务会议讨论决定。市、县级人民政府作出房屋征收决定后应当及时公告，公告应当载明征收补偿方案和行政复议、行政诉讼权利等事项。市、县级人民政府及房屋征收部门应当做好房屋征收与补偿的宣传、解释工作。房屋被依法征收的，国有土地使用权同时收回。被征收人对市、县级人民政府作出的房屋征收决定不服的，可以依法申请行政复议，也可以依法提起行政诉讼。

### (五) 与房屋征收相关的工作

(1) 组织调查登记。房屋征收部门应当对房屋征收范围内房屋的权属、区位、用途、建筑面积等情况组织调查登记。被征收人应当予以配合。调查结果应当在房屋征收范围内向被征收人公布。

(2) 对未经登记的建筑进行调查、认定和处理。为了避免在房屋征收时矛盾过于集中，市、县级人民政府及其有关部门应当依法加强对建设活动的监督管理，对违反城乡规划进行建设的，依法予以处理。另外，市、县级人民政府作出房屋征收决定前，应当组织有关部门依法对征收范围内未经登记的建筑进行调查、认定和处理。对认定为合法建筑和未超过批准期限的临时建筑的，应当给予补偿。对认定为违法建筑和超过批准期限的临时建筑的，不予补偿。

(3) 暂停办理相关手续。房屋征收范围确定后，不得在房屋征收范围内实施新建、扩建、改建房屋和改变房屋用途等不当增加补偿费用的行为。违反规定实施的，不予补偿。房屋征收部门应当将前款所列事项书面通知有关部门暂停办理相关手续。暂停办理相关手续的书面通知应当载明暂停期限，暂停期限最长不得超过1年。

(4) 落实补偿费用。作出房屋征收决定前，征收补偿费用应当足额到位，专户存储，专款专用。

## 四、房屋征收补偿与执行

### (一) 补偿内容

作出房屋征收决定的市、县级人民政府对被征收人给予的补偿包括：①被征收房屋价值的补偿；②因征收房屋造成的搬迁、临时安置的补偿；③因征收房屋造成的停产停业损失的补偿。

房屋征收涉及公民最重要的私有财产——房屋，在强调为了公共利益需要征收房屋的同时，应当严格规范房屋征收活动，保护被征收人的合法权益。

### (二) 补偿方式

被征收人可以选择货币补偿，也可以选择房屋产权调换。被征收人选择房屋产权调换的，市、县级人民政府应当提供用于产权调换的房屋，并与被征收人计算、结清被征收房屋价值与用于产权调换房屋价值的差价。因旧城区改建征收个人住宅，被征收人选择在改建地段进行房屋产权调换的，作出房屋征收决定的市、县级人民政府应当提供改建地段或者就近地段的房屋。对被征收房屋价值的补偿，不得低于房屋征收决定公告之日被征收房屋类似房地产的市场价格。被征收房屋的价值，由具有相应资质的房地产价格评估机构按照房屋征收评估办法评估确定。对评估确定的被征收房屋价值有异议的，可以向房地产价格评估机构申请复核评估。对复核结果有异议的，可以向房地产价格评估专家委员会申请鉴定。

### (三) 签订补偿协议或者做出补偿决定

(1) 签订补偿协议。房屋征收部门与被征收人依照条例的规定，就补偿方式、补偿金额和支付期限、用于产权调换房屋的地点和面积、搬迁费、临时安置费或者周转用房、停产停业损失、搬迁期限、过渡方式和过渡期限等事项，订立补偿协议。

(2) 做出补偿决定。房屋征收部门与被征收人在征收补偿方案确定的签约期限内达不成补偿协议，或者被征收房屋所有权人不明确的，由房屋征收部门报请作出房屋征收决定的市、县级人民政府依照条例的规定，根据征收补偿方案作出补偿决定，并在房屋征收范围内予以公告。补偿决定应当公平。被征收人对补偿决定不服的，可以依法申请行政复议，也可以依法提起行政诉讼。

### （四）征收的执行

(1) 自行搬迁。在房屋征收活动中做到文明、规范、公正、有序，是法治社会的重要标志。房屋征收工作是政策性强，影响面大的一项工作，做好这项工作，不仅关系到经济和社会的发展，也关系到社会稳定的大局。

《国有土地上房屋征收与补偿条例》规定，实施房屋征收应当先补偿、后搬迁。作出房屋征收决定的市、县级人民政府对被征收人给予补偿后，被征收人应当在补偿协议约定或者补偿决定确定的搬迁期限内完成搬迁。任何单位和个人不得采取暴力、威胁或者违反规定中断供水、供热、供气、供电和道路通行等非法方式，迫使被征收人搬迁。禁止建设单位参与搬迁活动。补偿协议订立后，一方当事人不履行补偿协议约定的义务的，另一方当事人可以依法提起诉讼。

(2) 强制搬迁。补偿决定属于具体行政行为，一经作出，即具有拘束力和执行力。被征收人对补偿决定不服的，可以依法申请行政复议，也可以依法向人民法院提起行政诉讼。

《国有土地上房屋征收与补偿条例》规定，补偿决定作出后，被征收人在法定期限内不申请行政复议或者不提起行政诉讼，在补偿决定规定的期限内又不搬迁的，由作出房屋征收决定的市、县级人民政府依法申请人民法院强制执行。申请人民法院强制执行征收补偿决定案件，由房屋所在地基层人民法院管辖，高级人民法院可以根据本地实际情况决定管辖法院。

依据《行政诉讼法》第 96 条规定，当被征收人在法定期限内不提起诉讼又不履行具体行政行为的，只能由作出具体行政行为的行政机关申请人民法院强制执行。根据《行政诉讼法》的规定，管辖法院一般为不动产所在地的基层人民法院。

### 五、法律责任

(1) 市、县级人民政府及房屋征收部门的工作人员在房屋征收与补偿工作中不履行《国有土地上房屋征收与补偿条例》规定的职责，或者滥用职权、玩忽职守、徇私舞弊的，由上级人民政府或者本级人民政府责令改正，通报批评；造成损失的，依法承担赔偿责任；对直接负责的主管人员和其他直接责任人员，依法给予处分；构成犯罪的，依法追究刑事责任。

(2) 采取暴力、威胁或者违反规定中断供水、供热、供气、供电和道路通行等非法方式迫使被征收人搬迁，造成损失的，依法承担赔偿责任；对直接负责的主管人员和其他直接责任人员，构成犯罪的，依法追究刑事责任；尚不构成犯罪的，依法给予处分；构成违反治安管理行为的，依法给予治安管理处罚。

(3) 采取暴力、威胁等方法阻碍依法进行的房屋征收与补偿工作，构成犯罪的，依法追究刑事责任；构成违反治安管理行为的，依法给予治安管理处罚。

（4）贪污、挪用、私分、截留、拖欠征收补偿费用的，责令改正，追回有关款项，限期退还违法所得，对有关责任单位通报批评、给予警告；造成损失的，依法承担赔偿责任；对直接负责的主管人员和其他直接责任人员，构成犯罪的，依法追究刑事责任；尚不构成犯罪的，依法给予处分。

（5）房地产价格评估机构或者房地产估价师出具虚假或者有重大差错的评估报告的，由发证机关责令限期改正，给予警告，对房地产价格评估机构并处5万元以上20万元以下罚款，对房地产估价师并处1万元以上3万元以下罚款，并记入信用档案；情节严重的，吊销资质证书、注册证书；造成损失的，依法承担赔偿责任；构成犯罪的，依法追究刑事责任。

# 第四节 商品房销售管理制度

新开发的商品房首次进入流通领域进行交易，主要有两种方式：商品房预售和商品房现房销售。

## 一、商品房预售

### （一）商品房预售的概念及特征

商品房预售，是指房地产开发企业将正在建设中的商品房预先出售给买受人，由买受人支付定金或市价，取得房屋所有权的行为。

相对于传统的现房交易，商品房预售方式在房屋尚未建成时即开始销售，有利于房地产开发企业尽早获得购房者的资金，对于解决房屋开发建设中所需资金问题起了重要作用。

与商品房现房销售相比，商品房预售具有以下特征：

（1）买卖的房屋尚未建成。商品房预售所转让的标的物在签订预售合同时尚未建成，双方买卖的不是现实中的实物房屋，而是预定于将来一定时间建造完工的房屋。相对于现房的交易，商品房预售也叫期房销售。

（2）买受人承担的风险比较大。由于销售的标的物尚未建成，买受人所购买房屋的最终状况是在图纸上和开发商的承诺中，商品房实物能否如期保质按量建成并交付，对买受人来说具有风险。另外，从买受人签订合同交付房款到房屋建成交付并办理产权的时间间隔较长，买受人将来是否能如约取得所预购房屋的所有权也具有较大的风险。

（3）具有比较强的国家干预性。买受人承担了比较大的购房风险，需要较强的国家干预，以平衡买卖双方的利益，保护买卖双方当事人的合法权益。国家对商品房预售的干预，表现在商品房预售实行行政许可，商品房预售合同应当登记备案商品房预售款的监管等。如《城市房地产管理法》规定，商品房预售人应当按照国家有关规定将预售合同报县级以上人民政府房产管理部门和土地管理部门登记备案，商品房预售所得款项，必须用于有关的工程建设。

**（二）商品房预售的法定条件**

《城市房地产管理法》和《城市商品房预售管理办法》都规定了商品房预售的条件。根据规定，商品房预售应当符合下列条件：①已交付全部土地使用权出让金，取得土地使用权证书；②持有建设工程规划许可证和施工许可证；③按提供预售的商品房计算，投入开发建设的资金达到工程建设总投资的25%以上，并已经确定施工进度和竣工交付日期；④向县级以上人民政府房产管理部门办理预售登记，取得商品房预售许可证明。

只有具备了上述条件，房地产管理部门才会作出准予预售的行政许可。在预售商品房的条件中，取得商品房预售许可证明是最重要的条件。

**（三）商品房预售的程序**

（1）开发企业申请并取得商品房预售许可。商品房预售实行行政许可制度，开发企业必须申请取得许可方可预售房屋。

（2）取得预售许可证后，根据许可的内容，与购房人签订商品房预售合同。如果开发企业未取得商品房预售许可证明就售房，并与买受人签订商品房预售合同的，根据新修改的最高人民法院《关于审理商品房买卖合同纠纷案件适用法律若干问题的解释》第2条的规定，出卖人未取得商品房预售许可证明，与买受人订立的商品房预售合同，应当认定无效，但是在起诉前取得商品房预售许可证明的，可以认定有效。

（3）签订预售合同以后，开发企业应当办理预售合同登记备案。预售合同的登记备案是保护购买人权益的重要制度。商品房预售合同签订后，买受人不可能立即办理实物交付和产权过户登记，此时根据合同买受人只对开发商享有债权，而不能享有对世性的物权。如果开发商一房多卖或再设定抵押，买受人的权益很难获得充分的保障。为了保障买受人的合法权益，《城市房地产管理法》规定了商品房预售合同登记备案制度，规定商品房预售人应当按照国家有关规定将预售合同报县级以上人民政府房产管理部门和土地管理部门登记备案。

商品房预售合同没有办理登记备案的，预售合同是否有效的问题，最高人民法院所作司法解释的规定是：当事人以商品房预售合同未按照法律、行政法规规定办理登记备案手续为由，请求确认合同无效的，不予支持。当事人约定以办理登记备案手续为商品房预售合同生效条件的，从其约定，但当事人一方已经履行主要义务，对方接受的除外。当事人签订买卖房屋或者其他不动产物权的协议，为保障将来实现物权，按照约定可以向登记机构申请预告登记。预告登记后，未经预告登记的权利人同意，处分该不动产的，不发生物权效力。预告登记后，债权消灭或者自能够进行不动产登记之日起三个月内未申请登记的，预告登记失效。

**（四）预售房的交付及办证**

房屋建成后，当事人双方依法办理房屋交付和产权过户登记。

1. 预售房的交付

根据《城市商品房销售管理办法》第30条规定，应按照合同约定，将符合交付使用条件的商品房按期交付给买受人。未能按期交付的，房地产开发企业应当承担违约责任。因不可抗力或者当事人在合同中约定的其他原因，需延期交付的，房地产开发企业应当及时告知买受人。

交付后,购买人认为主体结构质量不合格的,可向质监单位申请重新核验。经核验,确属主体结构质量不合格或无法正常居住的,购买人有权退房;给购买人造成损失的,房地产开发企业应依法承担赔偿责任。出卖人拒绝修复或者在合理期限内拖延修复的,买受人可以自行或者委托他人修复。修复费用及修复期间造成的其他损失由出卖人承担。

2. 办理产权登记

《城市房地产开发经营管理条例》第32条规定,预售商品房的购买人应当自商品房交付使用之日起90日内,办理土地使用权变更和房屋所有权登记手续;但当事人有特别约定的除外。

## 二、商品房现售

### (一) 商品房现售的概念

商品房现房预售是商品房销售的又一种方式,现房就是已经建成并已验收合格的房屋。《城市商品房销售管理办法》第3条规定,所谓商品房现房销售,是指房地产开发企业将竣工验收合格的商品房出售给买受人,并由买受人支付房价款的行为。

与商品房预售相比,买受人购买的房屋已经是建成的实物,并已经过验收,是合格的建筑物,买受人购买现房的风险相对要小一些。从相关规定来看,现房只是指对房屋实物形态和是否合格上作了要求,并没有要求开发商出售现房时已经办理了产权证,所以买受人购买现房时还是要关注房屋、土地的法律权属情况。

### (二) 商品房现售的条件

根据2001年6月1日起施行的《商品房销售管理办法》规定,结合《城市房地产开发经营管理条例》,商品房现售,应当符合以下条件:①现售商品房的房地产开发企业应当具有企业法人营业执照和房地产开发企业资质证书。②取得土地使用权证书或者使用土地的批准文件。③持有建设工程规划许可证和施工许可证。④已通过竣工验收。⑤拆迁安置已经落实。⑥供水、供电、供热、燃气、通讯等配套基础设施具备交付使用条件,其他配套基础设施和公共设施具备交付使用条件或者已确定施工进度和交付日期。⑦物业管理方案已经落实。

### (三) 商品房现售合同

根据《民法典》规定,合同一般都应具备当事人的名称或者姓名和住所;标的;数量;质量;价款或者报酬;履行期限、地点和方式;违约责任;解决争议的方法等条款。具体到商品房买卖合同,《商品房销售管理办法》第16条规定:"商品房买卖合同应当明确以下主要内容:①当事人名称或者姓名和住所;②商品房基本状况;③商品房销售方式;④商品房价款的确定方式及总价款、付款方式、付款时间;⑤交付使用条件及日期;⑥装饰、设备标准承诺;⑦供水、供电、供热、燃气、通讯、道路、绿化等配套基础设施和公共设施的交付承诺和有关权益、责任;⑧公共配套建筑的产权归属;⑨面积差异的处理方式;⑩办理产权登记有关事宜;⑪解决争议的方法;⑫违约责任;⑬双方约定的其他事项。"商品房买卖合同是开发商与购房人签订的确定商品房买卖相关事宜，约定双方权利、义务的书面协议。住房城乡建设部、原工商总局为了规范商品房销售行为，保护买卖合同当事人的合法权益，避免因合同不规范和当事人意思表示不真实、不确切而出现显失公平和违法条款，减少商品房买卖合同纠纷，促进合同纠纷的解决，印发了《商品房买卖合同（预售）示范文本》（GF—2014—0171）和《商品房买卖合同（现售）示范文本》（GF—2014—0172）（以下简称《示范文本》），并推广使用该《示范文本》。另外各地建设行政主管部门和工商行政主管部门也制定《示范文本》并推广使用。但是使用《示范文本》不是强制规定。

另外，商品房买卖合同还应当附房屋平面图，公共部位与公用房屋分摊建筑面积构成说明，装饰、设备标准等附件。

### 三、商品房销售的几个特殊问题

**（一）商品房销售广告和宣传资料的法律效力**

《城市房地产开发经营管理条例》第 26 条规定，房地产开发企业不得进行虚假广告宣传，商品房预售广告中应当载明商品房预售许可证明的文号。《商品房销售管理办法》第 15 条规定，商品房销售广告和宣传资料所明示的事项，当事人应当在商品房买卖合同中约定。最高人民法院《关于审理商品房买卖合同纠纷案件适用法律若干问题的解释》第 3 条规定，商品房的销售广告和宣传资料为要约邀请，但是出卖人就商品房开发规划范围内的房屋及相关设施所作的说明和允诺具体确定，并对商品房买卖合同的订立以及房屋价格的确定有重大影响的，应当视为要约。该说明和允诺即使未载入商品房买卖合同，亦应当视为合同内容，当事人违反的，应当承担违约责任。

**（二）返本销售与售后包租**

房地产开发企业不得采取返本销售或者变相返本销售的方式销售商品房。不得采取售后包租或者变相售后包租的方式销售未竣工商品房。商品住宅按套销售，不得分割拆零销售。

**（三）预售房屋规划变更**

商品房销售后，房地产开发企业不得擅自变更规划、设计。经规划部门批准的规划变更、设计单位同意的设计变更导致商品房的结构型式、户型、空间尺寸、朝向变化，以及出现合同当事人约定的其他影响商品房质量或者使用功能情形的，房地产开发企业应当在变更确立之日起 10 日内，书面通知买受人。

规划变更时，买受人有权在通知到达之日起 15 日内作出是否退房的书面答复。买受人在通知到达之日起 15 日内未作书面答复的，视同接受规划、设计变更以及由此引起的房价款的变更。房地产开发企业未在规定时限内将规划变更通知买受人的，买受人有权退房；买受人退房的，由房地产开发企业承担违约责任。

**（四）商品房买卖风险承担**

对房屋的转移占有，视为房屋的交付使用，但当事人另有约定的除外。

房屋毁损、灭失的风险，在交付使用前由出卖人承担，交付使用后由买受人承担；买受人接到出卖人的书面交房通知，无正当理由拒绝接收的，房屋毁损、灭失的风险自书面交房通知确定的交付使用之日起由买受人承担，但法律另有规定或者当事人另有约定的除外。

**（五）房屋质量问题救济**

（1）因房屋主体结构质量不合格不能交付使用，或者房屋交付使用后，房屋主体结构质量经核验确属不合格，买受人请求解除合同和赔偿损失的，应予支持。

（2）因房屋质量问题严重影响正常居住使用，买受人请求解除合同和赔偿损失的，应予支持。

（3）交付使用的房屋存在质量问题，在保修期内，出卖人应当承担修复责任；出卖人拒绝修复或者在合理期限内拖延修复的，买受人可以自行或者委托他人修复。修复费用及修复期间造成的其他损失由出卖人承担。

**（六）面积误差的处理**

出卖人交付使用的房屋套内建筑面积或者建筑面积与商品房买卖合同约定面积不符，合同有约定的，按照约定处理。

合同没有约定或者约定不明确的，按照以下原则处理：①面积误差比绝对值在3%以内（含3%），按照合同约定的价格据实结算，买受人请求解除合同的，不予支持；②面积误差比绝对值超出3%，买受人请求解除合同、返还已付购房款及利息的，应予支持。买受人同意继续履行合同，房屋实际面积大于合同约定面积的，面积误差比在3%以内（含3%）部分的房价款由买受人按照约定的价格补足，面积误差比超出3%部分的房价款由出卖人承担，所有权归买受人；房屋实际面积小于合同约定面积的，面积误差比在3%以内（含3%）部分的房价款及利息由出卖人返还买受人，面积误差比超过3%部分的房价款由出卖人双倍返还买受人。

**（七）迟延履行的责任**

出卖人迟延交付房屋或者买受人迟延支付购房款，经催告后在三个月的合理期限内仍未履行，当事人一方请求解除合同的，应予支持，但当事人另有约定的除外。法律没有规定或者当事人没有约定，经对方当事人催告后，解除权行使的合理期限为三个月。对方当事人没有催告的，解除权应当在解除权发生之日起一年内行使；逾期不行使的，解除权消灭。

**（八）违约金调整**

当事人以约定的违约金过高为由请求减少的，应当以违约金超过造成的损失30%为标准适当减少；当事人以约定的违约金低于造成的损失为由请求增加的，应当以违约造成的损失确定违约金数额。

商品房买卖合同没有约定违约金数额或者损失赔偿额计算方法，违约金数额或者损失赔偿额可以参照以下标准确定：逾期付款的，按照未付购房款总额，参照中国人民银行规定的金融机构计收逾期贷款利息的标准计算。逾期交付使用房屋的，按照逾期交付使用房屋期间有关主管部门公布或者有资格的房地产评估机构评定的同地段同类房屋租金标准确定。

**（九）逾期办证的责任**

由于出卖人的原因，买受人在下列期限届满未能取得房屋权属证书的，除当事人有特殊约定外，出卖人应当承担违约责任：①商品房买卖合同约定的办理房屋所有权登记的期限；②商品房买卖合同的标的物为尚未建成房屋的，自房屋交付使用之日起90日；

③商品房买卖合同的标的物为已竣工房屋的,自合同订立之日起 90 日。

合同没有约定违约金或者损失数额难以确定的,可以按照已付购房款总额,参照中国人民银行规定的金融机构计收逾期贷款利息的标准计算。

商品房买卖合同约定或者《城市房地产开发经营管理条例》规定的办理房屋所有权登记的期限届满后超过一年,由于出卖人的原因,导致买受人无法办理房屋所有权登记,买受人请求解除合同和赔偿损失的,应予支持。

**【阅读案例】抵押诈骗案**

2016 年 10 月,魏某与马某签订房屋买卖合同,约定魏某将其名下的房屋以 34.36 万元的价格出售给马某、姜某,双方约定待契税满两年后,魏某再配合马某二人过户。合同签订当日,马某支付了全部购房款,魏某将房屋及房产证交付马某。同年 12 月,魏某隐瞒房屋已经出售交付的事实,以房产证遗失为由补办了涉案房屋的产权证书。2017 年 1 月至 2018 年 9 月间,魏某采取"拆东墙补西墙"的方式,先后 3 次以该房产设定抵押对外借款累计 76.5 万元。在魏某最后一笔向李某借款后,仅支付 3 个月利息 13500 元,便更换了手机号码,藏匿外地逃避债务,后李某就该笔借款向法院提起诉讼。

魏某为对外借款,隐瞒房产已经出售交付的事实,以遗失为由补办房产证书,并多次在该房屋上设定抵押。魏某明知自己没有还款能力,故意向出借人李某谎称该房屋系其所有,将不享有真实所有权的房屋抵押给李某,骗取对方钱款,在收到钱款后,更换手机号码至外地躲避债务,且明知李某对其提起民事诉讼后,仍未告知房屋被其出售给他人的事实,直至民事判决后仍未能实际偿还李某款项,足以证明其主观上具有非法占有他人财产的故意,客观上亦实施了隐瞒真相的行为,符合诈骗罪的构成要件。

魏某以非法占有为目的,虚构事实、隐瞒真相,诈骗他人财物,数额巨大,其行为已构成诈骗罪。魏某犯诈骗罪的事实清楚,证据确实充分,罪名成立,予以支持。魏某归案后,能如实供述主要犯罪事实,可以从轻处罚。魏某案发后退出部分赃款,酌情予以从轻处罚。据此,人民法院判处魏某有期徒刑三年十一个月,并处罚金三万元,同时责令魏某继续退赔被害人相关损失。作出以上判决。魏某不服一审判决提起上诉,上级法院经审理,裁定驳回上诉,维持原判。

# 第五节 物业管理法律制度

## 一、物业与物业管理

### (一)物业

在我国,物业一词古已有之。《汉语大词典》中记载,宋朝李刚的奏章中即有"在京有物业者"之语。但直到 20 世纪 80 年代初,我国在借鉴新加坡、中国香港地区和澳门地区等的经验推广物业管理制度时，才真正开始使用"物业"一词。因此，普遍认为，物业一词源于我国香港地区和澳门地区。据香港房地产法解释："物业是单元性地产。一住宅单位是一物业，一工厂楼宇是一物业，一农庄也是一物业，故物业可大可小，大物业可分为小物业。

从物业管理的角度来讲，物业是指投入使用的各类建筑物及附属设备、配套设施和相关场地及依托于实体的权益。

"物业"与"房地产"二词确切说来也有所区别：其一，房地产一般用于泛指一个国家、地区或城市所有的房产与地产，物业则一般用于指某宗具体的房屋建筑及其相关设施设备与场地；其二，房地产往往是指生产、流通、消费整个过程的房地产产品，而物业主要是指已建成投入使用进入消费领域的房地产产品。

在我国，一个完整的物业，至少应包括以下几部分：①各类建筑物。包括房屋建筑、构筑物（桥梁、水塔等）、道路、码头等，如写字楼、商业大厦、综合商住楼宇、公寓、别墅、工业厂房、仓库、体育场（馆）等。②附属设备。指配套的专用机械、电气等设备，如电梯、空调、备用电源等。③配套设施。指配套的公用管、线、路，如上下水管、消防、强电、弱电、路灯、交通设施等。④相关场地。指开发待建或露天堆放货物之地，如庭院、绿地、道路等。

在实际生活中，业主自用物业建筑物和自用设备通常不是物业管理的范畴，除非经过单独的委托。所谓自用物业建筑物和自用设备，是指入户门以内的部位和设备，包括水、电、气以内的管线和自用阳台等。

**（二）物业管理**

1. 物业管理的概念

《物业管理条例》第2条规定："本条例所称物业管理，是指业主通过选聘物业服务企业，由业主和物业服务企业按照物业服务合同约定，对房屋及配套的设施设备和相关场地进行维修、养护、管理，维护物业管理区域内的环境卫生和相关秩序的活动。"

在物业管理关系中，当事方包括业主、业主大会及其业主委员会和具体实施物业管理行为的物业管理公司。物业管理的对象是物业的共有部分和共同事务，服务的对象是业主以及物业使用人等其他物业利益享有者。

国务院建设行政主管部门负责全国物业管理活动的监督管理工作。县级以上地方人民政府房地产行政主管部门负责本行政区域内物业管理活动的监督管理工作。

2. 物业管理的特性

物业管理是城市管理体制、房地产管理体制的重大改革，是一种与房地产综合开发、与现代化生产方式相配套的综合性管理；是随着住房制度改革的推进而出现的产权多元化格局后与之相衔接的统一管理；是与建立社会主义市场经济体制相适应的社会化、专业化、市场化的管理。按照社会产业部门划分的标准，物业管理属于第三产业。社会化、专业化、市场化是物业管理的三个基本特征。

（1）社会化。物业管理社会化有两个基本含义：一是业主从社会上选聘物业服务企业；二是物业服务企业要到社会上去寻找可以代管的物业。物业的所有权、使用权与物业的经营管理权相分离是物业管理社会化的必要前提，现代化大生产的社会专业分工则是实现物业管理社会化的必要条件。物业管理将分散的社会工作集中起来统一承担。

(2) 专业化。物业管理的专业化可以从两个方面认识：一是物业管理由专门的物业服务企业通过合同的签订，按照产权人和使用人的意愿和要求去实施专业化的管理；二是物业管理中的各项专业服务的科技含量不断提高，使物业管理越来越强烈地体现出专业化的趋势。物业管理的专业化是社会分工的必然结果。

(3) 市场化。市场化是物业管理最主要的特点，是物业管理在社会主义市场经济条件下的必然特征。在市场经济条件下，物业管理的属性是经营，所提供的商品是服务，物业管理公司在管理过程中所提供的各项服务均是商品，即它的每项业务都是有偿的。物业管理公司是该商品的提供者，是以盈利为目标的。业主、用户是该商品的需求者和购买者。物业服务企业按照现代企业制度组建并运作，向业主和使用人提供劳务和服务，业主和使用人购买并消费这种服务。这种通过市场竞争机制和商品经营的方式所实现的商业行为就是市场化。

业主对物业的所有权是物业管理权的基础。由于区分所有建筑物的大量存在，区分所有建筑物中共用部分的维护和管理远非哪一方能决定和胜任的。因此，将管理权与所有权剥离，把物业交由专业物业服务企业管理，既可以克服分散管理的低效率，又能够减少纠纷扯皮现象。

3. 物业管理的作用

(1) 有利于创造优美和谐的环境。从宏观角度上来讲，加强物业管理，能保持城市干净、整洁，有利于创造一个优美的市容市貌，形成一个良好的城市形象。从微观角度上来讲，通过物业服务企业从业人员的精心维修、养护，可以为每一个用户创造一个安静、舒适、幽雅的居住环境和工作学习环境，同时能为城市居民提供一个健康、丰富的娱乐生活环境。良好的环境能消除人们的疲劳和忧虑，还可以提高人们的工作和学习效率。

(2) 有利于方便居民的生活。随着社会的发展，居民的工作和生活的节奏也在加快，从而促使人们在休息日里要有更多的时间用于休闲、娱乐，这就要求物业服务企业能够提供更多方便、周到的服务，为他们创造并维持舒适、安全、文明、和谐的生活和工作环境，以减轻居民的负担。

(3) 有利于实现物业的保值增值。物业建成经过长时间的风吹雨打，以及人为因素，会出现不同程度的损坏。例如，房屋墙皮脱落、屋顶漏雨、墙体裂缝、管道破裂、机器设备出现故障等。在这种情况下，如果不及时维修养护，就会缩短物业正常的使用年限，甚至酿成事故。开展物业管理，可以使物业得到及时的维修、养护，延长物业的使用寿命，从价值形态上来讲，可以使物业保值和增值。

(4) 有利于克服传统房屋管理的弊端。传统的房屋管理是以长官意志、行政命令为主的，按产权、按部门对房屋进行管理、维修和养护，实行计划包干管理的办法。这种方法既扼杀了房屋管理者当家理财的积极性，又助长了偏激思想和以权谋私等各种歪风邪气。实行物业管理，集管理服务于一体，为用户提供一个良好的生活和工作环境。

(5) 有利于房地产业的发展。物业管理是房地产开发、建设、销售、租赁的延伸。鉴于房地产（物业）的固定性、使用期长的特点，业主和使用人在选购和租赁物业时，必然会关注该物业的物业管理水平。因此，良好的物业管理，将可以推动房地产的销售和租赁业务的发展。

## 二、业主及业主自治机构

### (一) 业主

依照《物业管理条例》第6条的规定,"业主"是指"房屋的所有权人",即物业的所有权人。签订了商品房买卖合同,交付了购房款,甚至已经居住使用但尚未办理过户转移登记之人,因只是房屋债权人,尚不是物权人,如果按照《物业管理条例》的规定并不是业主。最高人民法院《关于审理建筑物区分所有权纠纷案件适用法律若干问题的解释》第一条的规定:"依法登记取得或者依据民法典第二百二十九条至第二百三十一条规定取得建筑物专有部分所有权的人,应当认定为民法典第二编第六章所称的业主。基于与建设单位之间的商品房买卖民事法律行为,已经合法占有建筑物专有部分,但尚未依法办理所有权登记的人,可以认定为民法典第二编第六章所称的业主。"显然,该解释进一步拓展了业主的主体范围。除此以外的其他物业使用人并不是业主,比如拥有公房使用权之人不是业主,国家或者单位是业主;承租人也不是业主。

根据《物业管理条例》的规定,业主在物业管理活动中,享有下列权利:①按照物业服务合同的约定,接受物业服务企业提供的服务;②提议召开业主大会会议,并就物业管理的有关事项提出建议;③提出制定和修改管理规约、业主大会议事规则的建议;④参加业主大会会议,行使投票权;⑤选举业主委员会成员,并享有被选举权;⑥监督业主委员会的工作;⑦监督物业服务企业履行物业服务合同;⑧对物业共用部位、共用设施设备和相关场地使用情况享有知情权和监督权;⑨监督物业共用部位、共用设施设备专项维修资金(以下简称专项维修资金)的管理和使用;⑩法律、法规规定的其他权利。

业主在物业管理活动中,履行下列义务:①遵守管理规约、业主大会议事规则;②遵守物业管理区域内物业共用部位和共用设施设备的使用、公共秩序和环境卫生的维护等方面的规章制度;③执行业主大会的决定和业主大会授权业主委员会作出的决定;④按照国家有关规定交纳专项维修资金;⑤按时交纳物业服务费用;⑥法律、法规规定的其他义务。

### (二) 业主大会

1. 业主大会的概念

业主大会是代表和维护物业管理区域内全体业主在物业管理活动中的合法权益的自治自律组织。《物业管理条例》规定,物业管理区域内全体业主组成业主大会。业主大会应当代表和维护物业管理区域内全体业主在物业管理活动中的合法权益。一个物业管理区域成立一个业主大会。只有一个业主的,或者业主人数较少且经全体业主一致同意,决定不成立业主大会的,由业主共同履行业主大会、业主委员会职责。

2. 业主大会的职责

下列事项由业主共同决定:①制定和修改业主大会议事规则;②制定和修改管理规约;③选举业主委员会或者更换业主委员会成员;④选聘和解聘物业服务企业;⑤筹集和使用专项维修资金;⑥改建、重建建筑物及其附属设施;⑦有关共有和共同管理权利的其他重大事项。

业主大会制定的管理规约，应当对有关物业的使用、维护、管理，业主的共同利益，业主应当履行的义务，违反管理规约应当承担的责任等事项依法作出约定。管理规约应当尊重社会公德，不得违反法律、法规或者损害社会公共利益。管理规约对全体业主具有约束力。

3. 业主大会的召开

业主大会会议分为定期会议和临时会议。业主大会定期会议应当按照业主大会议事规则的规定召开。经20%以上的业主提议，业主委员会应当组织召开业主大会临时会议。召开业主大会会议，应当于会议召开15日以前通知全体业主。住宅小区的业主大会会议，应当同时告知相关的居民委员会。业主委员会应当作好业主大会会议记录。

业主大会会议可以采用集体讨论的形式，也可以采用书面征求意见的形式；但是，应当有物业管理区域内专有部分占建筑物总面积过半数的业主且占总人数过半数的业主参加。业主可以委托代理人参加业主大会会议。

业主大会决定筹集和使用专项维修资金，改建、重建建筑物及其附属设施事项，应当经专有部分占建筑物总面积 2/3 以上的业主且占总人数 2/3 以上的业主同意；决定其他事项，应当经专有部分占建筑物总面积过半数的业主且占总人数过半数的业主同意。

业主大会或者业主委员会的决定，对业主具有约束力。业主大会或者业主委员会作出的决定侵害业主合法权益的，受侵害的业主可以请求人民法院予以撤销。

（三）业主委员会

业主委员会，是根据管理规约或者法定程序，由业主大会从全体业主中选举产生的业主大会执行机构。业主委员会应当自选举产生之日起30日内，向物业所在地的区、县人民政府房地产行政主管部门和街道办事处、乡镇人民政府备案。业主委员会委员应当由热心公益事业、责任心强、具有一定组织能力的业主担任。业主委员会主任、副主任在业主委员会成员中推选产生。

业主委员会履行下列职责：①召集业主大会会议，报告物业管理的实施情况；②代表业主与业主大会选聘的物业服务企业签订物业服务合同；③及时了解业主、物业使用人的意见和建议，监督和协助物业服务企业履行物业服务合同；④监督管理规约的实施；⑤业主大会赋予的其他职责。

## 三、物业管理服务

（一）物业服务企业

《物业管理条例》第32条规定，从事物业管理活动的企业应当具有独立的法人资格。国务院建设行政主管部门应当会同有关部门建立守信联合激励和失信联合惩戒机制，加强行业诚信管理。

物业服务企业，是指按照法定程序成立，经营物业服务业务的独立法人。

由于物业服务企业接受物业服务区域内全体业主的委托，以有偿服务的方式为物业服务区域内的公共事务提供综合性、专业性、技术性的管理和服务，应当具有独立承担法律责任的能力。

《物业管理条例》（2018修订）删除了有关物业服务企业资质和从事物业管理人员

任职资格的有关规定。2018年3月8日，住房城乡建设部决定废止《物业服务企业资质管理办法》（建设部令第164号）。《住房城乡建设部办公厅关于做好取消物业服务企业资质核定相关工作的通知》要求，各地不再受理物业服务企业资质核定申请和资质变更、更换、补证申请，不得以任何方式要求将原核定的物业服务企业资质作为承接物业管理业务的条件。要加强物业服务行业事中事后监管，制定随机抽查事项清单，建立健全"双随机"抽查机制，对发现的违法违规行为，依法依规加大惩处力度。根据上述规定，新成立的物业企业只要营业执照上的经营范围包括物业服务就可以正常营业，无须再申请资质。

**（二）物业服务企业的选聘**

根据《物业管理条例》规定，选聘和解聘物业服务企业，是业主大会的职权；选聘或者解聘物业服务企业，应当经专有部分占建筑物总面积过半数的业主且占总人数过半数的业主同意。具体选聘方式可以采取招标方式，也可以通过协议方式。

物业服务企业确定后，业主委员会应当与业主大会选聘的物业服务企业订立书面的物业服务合同。物业服务合同应当对物业管理事项、服务质量、服务费用、双方的权利义务、专项维修资金的管理与使用、物业管理用房、合同期限、违约责任等内容进行约定。

物业服务企业应当按照物业服务合同的约定，提供相应的服务。物业服务企业未能履行物业服务合同的约定，导致业主人身、财产安全受到损害的，应当依法承担相应的法律责任。

**（三）物业服务的要求**

（1）物业服务企业承接物业时，应当与业主委员会办理物业验收手续。业主委员会应当向物业服务企业移交法律规定的相关资料。

物业服务企业应当按照物业服务合同的约定，提供相应的服务。物业服务企业未能履行物业服务合同的约定，导致业主人身、财产安全受到损害的，应当依法承担相应的法律责任。

（2）物业管理用房的所有权依法属于业主。未经业主大会同意，物业服务企业不得改变物业管理用房的用途。物业服务合同终止时，物业服务企业应当将物业管理用房和法律规定的资料交还给业主委员会。物业服务合同终止时，业主大会选聘了新的物业服务企业的，物业服务企业之间应当做好交接工作。

（3）物业服务企业可以将物业管理区域内的专项服务业务委托给专业性服务企业，但不得将该区域内的全部物业管理一并委托给他人。

（4）物业服务收费应当遵循合理、公开以及费用与服务水平相适应的原则，区别不同物业的性质和特点，由业主和物业服务企业按照国务院价格主管部门会同国务院建设行政主管部门制定的物业服务收费办法，在物业服务合同中约定。

业主应当根据物业服务合同的约定交纳物业服务费用。业主与物业使用人约定由物业使用人交纳物业服务费用的，从其约定，业主负连带交纳责任。已竣工但尚未出售或者尚未交给物业买受人的物业，物业服务费用由建设单位交纳。

（5）物业管理区域内，供水、供电、供气、供热、通信、有线电视等单位应当向最终用户收取有关费用。物业服务企业接受委托代收钱款费用的，不得向业主收取手续费等额外费用。

（6）对物业管理区域内违反有关治安、环保、物业装饰装修和使用等方面法律、法规规定的行为，物业服务企业应当制止，并及时向有关行政管理部门报告。有关行政管理部门在接到物业服务企业的报告后，应当依法对违法行为予以制止或者依法处理。

（7）物业服务企业应当协助做好物业管理区域内的安全防范工作。发生安全事故时，物业服务企业在采取应急措施的同时，应当及时向有关行政管理部门报告，协助做好救助工作。物业服务企业雇请保安人员的，应当遵守国家有关规定。保安人员在维护物业管理区域内的公共秩序时，应当履行职责，不得侵害公民的合法权益。

（8）物业使用人在物业管理活动中的权利义务由业主和物业使用人约定，但不得违反法律、法规和管理规约的有关规定。物业使用人违反本条例和管理规约的规定，有关业主应当承担连带责任。

（四）物业的使用与维护

（1）物业管理区域内按照规划建设的公共建筑和共用设施，不得改变用途。业主依法确需改变公共建筑和共用设施用途的，应当在依法办理有关手续后告知物业服务企业；物业服务企业确需改变公共建筑和共用设施用途的，应当提请业主大会讨论决定同意后，由业主依法办理有关手续。

（2）业主、物业服务企业不得擅自占用、挖掘物业管理区域内的道路、场地，损害业主的共同利益。因维修物业或者公共利益，业主确需临时占用、挖掘道路、场地的，应当征得业主委员会和物业服务企业的同意；物业服务企业确需临时占用、挖掘道路、场地的，应当征得业主委员会的同意。业主、物业服务企业应当将临时占用、挖掘的道路、场地，在约定期限内恢复原状。

（3）供水、供电、供气、供热、通信、有线电视等单位，应当依法承担物业管理区域内相关管线和设施设备维修、养护的责任。因维修、养护等需要，临时占用、挖掘道路、场地的，应当及时恢复原状。

（4）业主需要装饰装修房屋的，应当事先告知物业服务企业。物业服务企业应当将房屋装饰装修中的禁止行为和注意事项告知业主。

（5）住宅物业、住宅小区内的非住宅物业或者与单幢住宅楼结构相连的非住宅物业的业主，应当按照国家有关规定交纳专项维修资金。专项维修资金属于业主所有，专项用于物业保修期满后物业共用部位、共用设施设备的维修和更新、改造，不得挪作他用。专项维修资金收取、使用、管理的办法由国务院建设行政主管部门会同国务院财政部门制定。

（6）利用物业共用部位、共用设施设备进行经营的，应当在征得相关业主、业主大会、物业服务企业的同意后，按照规定办理有关手续。业主所得收益应当主要用于补充专项维修资金，也可以按照业主大会的决定使用。

（7）物业存在安全隐患，危及公共利益及他人合法权益时，责任人应当及时维修养护，有关业主应当给予配合。

责任人不履行维修养护义务的，经业主大会同意，可以由物业服务企业维修养护，费用由责任人承担。

### (五) 前期物业管理

1. 前期物业管理概念

前期物业管理，是指在业主大会选聘物业服务企业之前，房地产开发企业与选聘的物业服务企业签订《前期物业服务合同》，并由物业服务企业依照合同的约定实施的物业服务活动。

建设单位是一个大业主，只有当所有的房屋销售完毕之后，建设单位才不是物业的拥有人。因此，在销售物业之前，建设单位应当而且有权利依据物业服务法律、法规和政策规定，选聘具有相应资质的物业服务企业。

2. 前期物业管理的实施

建设单位应当在销售物业之前，制定临时管理规约，对有关物业的使用、维护、管理，业主的共同利益，业主应当履行的义务，违反临时管理规约应当承担的责任等事项依法作出约定。建设单位制定的临时管理规约，不得侵害物业买受人的合法权益。建设单位应当在物业销售前将临时管理规约向物业买受人明示，并予以说明。物业买受人在与建设单位签订物业买卖合同时，应当对遵守临时管理规约予以书面承诺。

在业主、业主大会选聘物业服务企业之前，建设单位选聘物业服务企业的，应当签订书面的前期物业服务合同。国家提倡建设单位按照房地产开发与物业管理相分离的原则，通过招投标的方式选聘物业服务企业。住宅物业的建设单位，应当通过招投标的方式选聘具有相应资质的物业服务企业；投标人少于3个或者住宅规模较小的，经物业所在地的区、县人民政府房地产行政主管部门批准，可以采用协议方式选聘具有相应资质的物业服务企业。

建设单位与物业买受人签订的买卖合同应当包含前期物业服务合同约定的内容。前期物业服务合同可以约定期限；但是，期限未满、业主委员会与物业服务企业签订的物业服务合同生效的，前期物业服务合同终止。业主依法享有的物业共用部位、共用设施设备的所有权或者使用权，建设单位不得擅自处分。

**【阅读案例】前期物业服务合同对业主具有约束力**

甲房地产公司与A物业公司签订《前期物业服务合同》，约定由该物业公司对涉案小区提供物业服务，合同期限自2010年6月1日起至2015年5月31日止，另约定合同规定的管理期满，合同继续顺延。李某系涉案小区的业主，其自2011年1月至2020年8月未向A物业公司交纳物业费。A物业公司催交未果后提起诉讼，要求李某支付拖欠的物业费。李某抗辩其并非《前期物业服务合同》的签订方，该合同对其不具有约束力，A物业公司无权依据该合同向其主张物业费。

法院经审理认为，甲房地产公司与A物业公司签订的《前期物业服务合同》合法有效，其效力及于全体业主。李某作为涉案小区的业主，亦与该物业公司签订了《入住合同》，各方均应按约履行各自的义务。《前期物业服务合同》的合同期限自2010年6月1日起至2015年5月31日止，合同另约定，合同规定的服务期满，合同继续顺延。A物业公司实际为小区提供物业服务至2020年8月，该公司有权要求李某支付截至2020年8月的相关物业费，故判决支持A物业公司的诉讼请求。

物业服务单位的服务具有公共性，其收取的物业费是用于整体物业设施维修保养、正常秩序维护所必要的费用。《中华人民共和国民法典》第九百三十九条规定："建设单位依法与物业服务人订立的前期物业服务合同，以及业主委员会与业主大会依法选聘的物业服务人订立的物业服务合同，对业主具有法律约束力。"就本案而言，A物业公司为涉案小区提供了物业服务，李某作为接受了物业服务的业主，其负有按约支付物业费的义务。根据上述法律规定，A物业公司与建设单位签订的《前期物业服务合同》对业主具有法律约束力，该物业公司有权依据此合同约定的收费标准要求李某支付物业费。

### 3. 物业资料交接

在办理物业承接验收手续时，建设单位应当向物业服务企业移交下列资料：①竣工总平面图，单体建筑、结构、设备竣工图，配套设施、地下管网工程竣工图等竣工验收资料；②设施设备的安装、使用和维护保养等技术资料；③物业质量保修文件和物业使用说明文件；④物业管理所必需的其他资料。物业服务企业应当在前期物业服务合同终止时将上述资料移交给业主委员会。

物业服务企业承接物业时，应当对物业共用部位、共用设施设备进行查验。建设单位应当按照规定在物业管理区域内配置必要的物业管理用房。建设单位应当按照国家规定的保修期限和保修范围，承担物业的保修责任。

## 四、物业服务的类别

《物业管理条例》规定，物业服务企业可以根据业主的委托提供物业服务合同约定以外的服务项目，服务报酬由双方约定。因此，按照物业服务企业提供的服务内容和方式，物业服务一般分为三大类：常规性公共服务、针对性专项服务和委托性特约服务。

### 1. 常规性公共服务

常规性公共服务，是指物业服务中公共性的管理和服务工作，是物业服务企业面向所有业主、物业使用人提供的最基本的管理和服务，其目的是确保物业的完好与正常使用，维持物业区域内正常生活、工作秩序和良好环境。

一般住宅小区物业服务的公共服务主要包括以下内容：①房屋共用部位、共用设施设备及其运行的维护与管理。②保持小区内市政公用设施的完好。③环境卫生、绿化管理服务。④小区内交通、消防和公共秩序等协助管理。⑤物业服务装饰装修管理服务，包括房屋装饰装修的申请与批准以及对房屋装饰装修的设计、安全等各项管理工作。⑥房屋共用部位、共用设施设备专项维修资金的代管服务。⑦物业档案资料的管理工作。⑧代收代缴收费服务。

### 2. 针对性专项服务

针对性专项服务，是指物业服务企业面向广大业主、物业使用人为满足其中部分住户、群体和单位的一定需要而提供的各项服务工作。其特点是物业服务企业事先设立服务项目并将服务内容、质量与收费标准公布于众。当业主、物业使用人需要这种服务时，可以自行选择。专项服务实质上是一种代理业务服务，专为业主、物业使用人提供生活、工作的方便。专项服务是物业服务企业开展多种经营的主要渠道之一。专项服务的主要内容有日常生活、商业服务、文教卫生、社会福利以及各类中介服务五大类。其中，各类中介服务是指物业服务企业接受业主委托，开展代办各类保险，代理市场营销、租赁，进行房地产评估及其中介代理工作。当然，从事各类中介代理工作的机构和人员，必须依照国家法律法规的规定，依法取得相应的资质和资格。

3. 委托性特约服务

委托性特约服务，是指物业服务企业为了满足业主、物业使用人的个别需求，受其委托而提供的服务。通常物业服务合同中未约定，物业服务企业在专项服务中也未设立，而业主、物业使用人又就该方面服务项目提出需求。特约服务实际上是专项服务的补充和完善，当有较多的业主和物业使用人有某种特殊需求时，物业服务企业可以将此项特约服务纳入专项服务。

# 第十章

# 工程争议处理制度

| |
|---|
| **教学目的与要求**：<br>1. 了解法律纠纷的概念、工程法律纠纷解决的意义；<br>2. 熟悉工程民事争议解决的四种途径、熟悉行政争议处理方式；<br>3. 掌握仲裁协议及仲裁程序、民事诉讼基本制度。 |
| **教学重点与难点**：<br>1. 仲裁协议及程序；<br>2. 民事诉讼基本制度与诉讼程序。 |
| **教学方法和手段**：<br>1. PPT教学模式；<br>2. 引入案例。 |
| **教学内容与设计**：<br>1. 案例导入；<br>2. 穿插课堂提问讨论、案例、小作业等；<br>3. 注重启发式教学手段的运用，加强与学生的互动。 |

**【内容导读】**

工程建设活动投资巨大，建设周期长，参与主体众多，权利义务关系十分复杂。工程建设过程中发生纠纷的概率较高。因此，了解工程纠纷的类型，熟悉工程纠纷的解决渠道，掌握基本的仲裁和诉讼知识，对于防范和化解工程法律风险，保障工程建设活动顺利进行具有重要意义。

## 第一节 工程纠纷概述

### 一、法律纠纷的概念

法律纠纷，是指公民、法人、其他组织之间因人身、财产或其他法律关系所发生权利义务上的对抗与冲突。社会生活中存在的法律纠纷主要包括民事纠纷、行政纠纷、刑事纠纷三大类。民事纠纷是平等主体间的有关人身、财产权的纠纷；行政纠纷是行政机关之间或行政机关同公民、法人和其他组织之间由于行政行为而产生的纠纷；刑事纠纷是因犯罪而产生的纠纷。

工程建设活动具有参与主体多，投资巨大，建造周期长，协作关系复杂等特点，加之工程建设活动又受到政府多个部门的监管，因此，在建设工程领域里常见的、大量的是民事纠纷和行政纠纷。发包人和承包人就有关工期、质量、造价等产生的建设工程合同争议，是建设工程领域最常见的民事合同纠纷。另外，也存在如施工单位在施工中未采取相应防范措施造成他方人身或者财产损害而产生的侵权纠纷等。

## 二、民事纠纷的法律解决途径

民事纠纷主要有四种解决途径：和解、调解、仲裁、诉讼。

### （一）和解

和解是民事纠纷的当事人在自愿互谅的基础上，就已经发生的争议进行协商、妥协与让步并达成协议，自行解决争议的一种方式。和解可以在民事纠纷的任何阶段进行，无论是否已经进入诉讼或仲裁程序，只要终审裁判未生效或者仲裁裁决未作出，当事人均可自行和解。需要注意的是，和解达成的协议不具有强制执行力，在性质上仍属于当事人之间的约定。如果一方当事人不按照和解协议执行，另一方当事人不可以请求法院强制执行，但可要求对方就不执行该和解协议承担违约责任。

### （二）调解

调解是指双方当事人以外的第三方应纠纷当事人的请求，以法律、法规和政策或合同约定以及社会公德为依据，对纠纷双方进行疏导、劝说，促使他们相互谅解，进行协商，自愿达成协议，解决纠纷的活动。在我国，调解的主要方式有人民调解、行政调解、仲裁调解、司法调解、行业调解以及专业机构调解等。

### （三）仲裁

仲裁是指由双方当事人协议将争议提交（具有公认地位的）第三者，由该第三者对争议的是非曲直进行评判并作出裁决的一种解决争议的方式。

仲裁机构和法院不同，法院行使国家所赋予的审判权，向法院起诉不需要双方当事人在诉讼前达成协议，只要一方当事人向有审判管辖权的法院起诉，经法院受理后，另一方必须应诉。仲裁机构通常是民间团体的性质，其受理案件的管辖权来自双方协议，没有协议就无权受理仲裁。但是，有效的仲裁协议可以排除法院的管辖权；纠纷发生后，一方当事人提起仲裁的，另一方必须仲裁。

我国目前的仲裁指的是民商事仲裁（不包括劳动人事仲裁），即"平等主体的公民、法人和其他组织之间发生的合同纠纷和其他财产权益纠纷"，按照《中华人民共和国仲裁法》（以下简称《仲裁法》）的规定，应当向依法设立的仲裁委员会提出。《仲裁法》规定，仲裁委员会可以在直辖市和省、自治区人民政府所在地的市设立，也可以根据需要在其他设区的市设立，不按行政区划层层设立。仲裁委员会由前款规定的市的人民政府组织有关部门和商会统一组建。设立仲裁委员会，应当经省、自治区、直辖市的司法行政部门登记。

仲裁的基本特点如下：

（1）自愿性。仲裁以当事人的自愿为前提，即是否将纠纷提交仲裁，向哪个仲裁委员会申请仲裁，仲裁庭如何组成，仲裁员的选择，以及仲裁的审理方式、开庭形式等，都是在当事人自愿的基础上，由当事人协商确定的。

（2）专业性。专家裁案是民商事仲裁的重要特点之一。建设工程纠纷的处理不仅涉及与工程建设有关的法律法规，还常常需要运用大量的工程造价、工程质量方面的专业知识，熟悉建筑业自身特有的交易习惯和行业惯例。仲裁机构的仲裁员是来自各行业具有一定专业水平的专家，精通专业知识、熟悉行业规则。建设工程纠纷选择仲裁方式，有利于公正、高效处理纠纷。

（3）独立性。《仲裁法》规定，仲裁委员会独立于法院，与行政机关也没有隶属关系。仲裁委员会之间也没有隶属关系。在仲裁过程中，仲裁庭独立进行仲裁，不受任何行政机关、社会团体和个人的干涉，也不受其他仲裁机构的干涉，具有独立性。

（4）保密性。仲裁以不公开审理为原则。因此，可以有效地保护当事人的商业秘密和商业信誉。

（5）快捷性。仲裁实行一裁终局制度，仲裁裁决一经作出即发生法律效力。仲裁裁决不能上诉，这使得当事人之间的纠纷能够迅速得以解决。

仲裁的申请、受理、审理、裁决和执行程序，仲裁的证据采信与法律适用等，除有某些方面有特殊规定外，与民事诉讼有诸多类似之处，可以参考民事诉讼部分的内容，此处从略。

## 【阅读案例】 申请撤销仲裁裁决案

2012年8月30日，某银行股份有限公司岳阳分行（以下简称某行岳阳分行）与某建设有限公司（以下简称某公司）签订《装修工程施工合同》，某行岳阳分行将其办公大楼整体装修改造内部装饰项目发包给某公司，同时在合同第15.11条约定："本合同发生争议时，先由双方协商解决，协商不成时，向岳阳仲裁委员会申请仲裁解决。"

2012年9月10日，某公司与刘某某签订《内部项目责任承包合同书》，某公司将某行岳阳分行办公大楼整体装修改造内部装饰项目的工程内容及保修以大包干方式承包给刘某某，并收取一定的管理费及相关保证金。2013年7月23日，某行岳阳分行与某公司又签订了《装饰安装工程施工补充合同》，某行岳阳分行将其八楼主机房碳纤维加固、防水、基层装饰、外屏管道整修、室内拆旧及未进入决算的相关工程发包给某公司。

由于某行岳阳分行未能按照约定支付工程款，2017年7月4日，刘某某以某行岳阳分行为被申请人向岳阳仲裁委员会申请仲裁。2017年8月7日，某行岳阳分行以其与刘某某未达成仲裁协议为由提出仲裁管辖异议。2017年8月8日，岳阳仲裁委员会以岳仲决字〔2017〕8号决定驳回了某行岳阳分行的仲裁管辖异议。

2017年12月22日，岳阳仲裁委员会作出岳仲决字〔2017〕696号裁决，裁定某行岳阳分行向刘某某支付到期应付工程价款及违约金。某行岳阳分行遂向湖南省岳阳市中级人民法院申请撤销该仲裁裁决。

湖南省岳阳市中级人民法院于 2018 年 11 月 12 日作出（2018）湘 06 民特 1 号民事裁定，撤销岳阳仲裁委员会岳仲决字〔2017〕696 号裁决。

法院生效裁判认为，仲裁协议是当事人达成的自愿将他们之间业已产生或可能产生的有关特定的无论是契约性还是非契约性的法律争议的全部或特定争议提交仲裁的合意。仲裁协议是仲裁机构取得管辖权的依据，是仲裁合法性、正当性的基础，其集中体现了仲裁自愿原则和协议仲裁制度。

本案中，某行岳阳分行与某公司签订的《装修工程施工合同》第 15.11 条约定"本合同发生争议时，先由双方协商解决，协商不成时，向岳阳仲裁委员会申请仲裁"，故某行岳阳分行与某公司之间因工程款结算及支付引起的争议应当通过仲裁解决。

但刘某某作为实际施工人，其并非某行岳阳分行与某公司签订的《装修工程施工合同》的当事人，刘某某与某行岳阳分行及某公司之间均未达成仲裁合意，不受该合同中仲裁条款的约束。除非另有约定，刘某某无权援引某行岳阳分行与某公司之间《装修工程施工合同》中的仲裁条款向合同当事方主张权利。

刘某某以某公司的名义施工，某公司作为《装修工程施工合同》的主体仍然存在并承担相应的权利义务，案件当事人之间并未构成《最高人民法院关于适用〈中华人民共和国仲裁法〉若干问题的解释》第八条规定的合同仲裁条款"承继"情形，亦不构成上述解释第九条规定的合同主体变更情形。

2004 年《最高人民法院关于审理建设工程施工合同纠纷案件适用法律问题的解释》第二十六条虽然规定实际施工人可以发包人为被告主张权利且发包人只在欠付工程款的范围内对实际施工人承担责任，但上述内容仅规定了实际施工人对发包人的诉权以及发包人承担责任的范围，不应视为实际施工人援引《装修工程施工合同》中仲裁条款的依据。

综上，某行岳阳分行与刘某某之间不存在仲裁协议，岳阳仲裁委员会基于刘某某的申请以仲裁方式解决某行岳阳分行与刘某某之间的工程款争议无法律依据。实际施工人依据发包人与承包人的仲裁协议申请仲裁，仲裁机构作出仲裁裁决后，发包人请求撤销仲裁裁决的，人民法院应予支持。

**（四）诉讼**

民事诉讼是指人民法院在当事人和其他诉讼参与人的参加下，以审理、裁判、执行等方式解决民事纠纷的活动，以及由此产生的各种诉讼关系的总和。诉讼参与人包括原告、被告、第三人、证人、鉴定人、勘验人等。

民事诉讼的基本特征如下：

（1）公权性。民事诉讼是由人民法院代表国家意志、行使司法审判权，通过司法手段解决平等民事主体之间纠纷的活动。在法院主导下，诉讼参与人围绕民事纠纷的解决，进行依法产生法律后果的活动。

（2）程序性。民事诉讼是依照法定程序进行的诉讼活动，无论是法院还是当事人和其他诉讼参与人，都需要严格按照法律规定的程序和方式实施诉讼行为。如果违反诉讼程序的规定，常常会引起不利的法律后果，达不到民事诉讼的目的。

（3）强制性。强制性是公权力的重要属性。民事诉讼的强制性既表现在案件的受理上，又反映在裁判的执行上。调解、仲裁均建立在当事人自愿的基础上，只要有一方当事人不愿意进行调解、仲裁，则调解和仲裁将不会发生。但民事诉讼不同，只要原告的起诉符合法定条件，无论被告是否愿意，诉讼都可以发生。此外，和解、调解协议的履行依靠当事人的自觉，不具有强制执行的效力，但法院的裁判则具有强制执行的效力，一方当事人不履行生效判决或裁定，另一方当事人可以申请法院强制执行。

### 三、行政纠纷的法律解决途径

行政争议是作为行政行为相对人的公民、法人或者其他组织，与行政机关之间就特定行政行为是否合法（包括适当）而引起的争议。

社会实践中常见的行政争议，主要是行政相对人基于对行政处罚、行政许可、行政裁决、行政确认、行政征收、行政强制等具体行政行为不服产生的争议。

根据对于行政争议，主要通过行政复议或者行政诉讼方式解决。

## 第二节 工程纠纷民事诉讼处理程序

### 一、民事诉讼基本制度

民事诉讼基本制度，是指在民事诉讼的一定阶段或重大环节上起着基本作用的准则，是人民法院及当事人及其他诉讼参与人进行民事诉讼应当遵守的基本规则。《民事诉讼法》规定："人民法院审理民事案件，依照法律规定实行合议、回避、公开审判和两审终审制度。"

#### （一）合议制度

合议制是指由几名审判人员组成合议庭对民事案件进行审理的制度。实行合议制是为了发挥集体的智慧，弥补个人能力上的不足，以保证案件的审判质量。按合议制组成的审判组织，称为合议庭。根据《民事诉讼法》的规定，在不同审判程序中，合议庭的组成人员有所不同。

#### （二）回避制度

回避制度是指为了保证案件的公正审判，而要求与案件有一定的利害关系的审判人员或其他有关人员，不得参加与本案的审判活动或诉讼活动的审判制度。

1. 回避适用的对象

根据《民事诉讼法》的规定，适用回避制度的人员包括：审判人员、书记员、翻译人员、鉴定人员、勘测人员等。

2. 适用回避的情形

审判人员有下列情形之一的，应当自行回避，当事人有权用口头或者书面方式申请他们回避：①是本案当事人或者当事人、诉讼代理人近亲属的；②与本案有利害关系的；③与本案当事人、诉讼代理人有其他关系，可能影响对案件公正审理的。审判人员接受当事人、诉讼代理人请客送礼，或者违反规定会见当事人、诉讼代理人的，当事人有权要求他们回避。

### （三）公开审判制度

公开审判制度是指人民法院审理民事案件，除法律规定的情况外，审判过程及结果应当向群众、社会公开。

根据法律规定，以下案件不公开审理：一是涉及国家秘密的案件，包括党的秘密、政府的秘密、军队的秘密；二是涉及个人隐私的案件；三是离婚案件、涉及商业秘密的案件，当事人申请不公开审理的，可以不公开审理。

### （四）两审终审制度

两审终审制度是指一个民事案件经过两级人民法院审判后即告终结的制度。

依照两审终审制度，一般的民事诉讼案件，当事人不服一审人民法院的判决、允许上诉的裁定，可上诉至二审人民法院，二审人民法院对案件所做的判决、裁定为生效判决、裁定，当事人不得上诉。最高人民法院所做的一审判决、裁定为终审判决、裁定，当事人不得上诉。

根据《民事诉讼法》的规定，适用特别程序、督促程序、公示催告程序和企业法人破产还债程序审理的案件，实行一审终审。诉讼标的为各省、自治区、直辖市上年度就业人员平均工资百分之三十以下的，涉及买卖合同、借款合同、租赁合同纠纷，物业、电信等服务合同纠纷等小额诉讼，实行一审终审。

## 二、民事诉讼管辖

诉讼管辖，是指各级人民法院之间以及同级人民法院之间受理第一案件的权限分工。诉讼管辖分为级别管辖、地域管辖、移送管辖和指定管辖。

（1）级别管辖，是指划分上下级人民法院之间受理第一审民事案件的分工和权限。级别管辖是人民法院组织系统内部按纵向划分各级人民法院的管辖权限，它是划分人民法院管辖范围的基础。

（2）地域管辖，是指确定同级人民法院在各自的辖区内管辖第一审民事案件的分工和权限。它是在人民法院组织系统内部，从横向确认人民法院的管辖范围，是在级别管辖的基础上确认的。一般地域管辖，是指根据当事人所在地确定有管辖权的人民法院；特殊地域管辖，是指根据诉讼标的或诉讼标的物所在地确定有管辖权的人民法院（对特殊地域管辖，我国《民事诉讼法》采取列举的方式予以确定）；专属管辖，是指根据案件的特殊性质，法律规定必须由一定地区的人民法院管辖（专属管辖具有排他性）。除上级人民法院指定管辖外，凡是法律明确规定专属管辖的案件，不能适用一般地域管辖和特殊地域管辖的原则确定管辖的法院。此类案件只能由法律所确认的法院行使管辖权，其他法院无权管辖。此外，协议管辖也不能变更专属管辖的有关规定。《民事诉讼法》规定，地域管辖根据各种不同民事案件的特点来确定的，一般原则是"原告就被告"。因合同纠纷提起的诉讼，由被告住所地或者合同履行地人民法院管辖，但合同或者其他财产权益纠纷的当事人可以在书面合同中协议选择被告所在地、合同履行地、合同签订地、原告住所地、标的物所在地人民法院管辖，但不得违反级别管辖和专属管辖；因不动产纠纷提起的诉讼，由不动产所在地人民法院管辖；因侵权行为提起的诉讼，由侵权行为地或者被告住所地人民法院管辖。

### 三、民事诉讼证据

证据，是指在诉讼中能够证明案件真实情况的各种资料。当事人要证明自己提出的主张需要向法院提供相应的证据资料。

民事诉讼证据有三个最基本的特征，即客观真实性、关联性和合法性。

《民事诉讼法》对我国民事诉讼证据的种类作出了详细规定，包括：当事人陈述、书证、物证、视听资料、证人证言、电子数据、鉴定结论、勘验笔录八种。

**【阅读案例】** 程某与蓝宇建筑公司工程款纠纷案

2007年4月20日，某建筑公司作为发包方将范辛铁路五标段的DK12+114—DK16+175段路基土方工程发包给程某，双方签订了施工协议。协议约定承包价格，某建筑公司提取管理费后暂按15元/立方米。工程量以图纸断面数量为准，属某建筑公司提供土方的应按购土价扣除。工程完工后，双方对工程款发生争议。程某向叶县法院起诉，要求舞钢市某建筑公司偿还欠付的合同约定的工程款及利息共计217501.4元；支付增加工程量的工程款共计267000元；支付补偿款共计439880元；支付优质工程奖金20000元，共计943881.4元。

双方主要分歧在于工程量的计算问题。

一审法院认定，依法成立的合同受法律保护。程某与舞钢市某建筑安装有限公司签订的施工协议系双方真实意思表示，对双方均具有约束力。现双方就工程量有争议，根据庭审中舞钢市某建筑安装有限公司提供的3号证据即五标段取土实测亩数亦能够证明程某的工程量，且该证据亦得到程某的认可，故程某所涉工程量为248390.89$m^3$，工程价款为3725863.35元（248390.89$m^3$×15元/$m^3$）。扣除程某已领取的工程款，舞钢市某建筑安装有限公司还应支付程某工程款为638155.35元。但程某起诉要求的工程款为436935元，故对程某的该项诉讼请求，予以支持。程某的其他诉讼请求，无证据证实，不予支持。一审判决舞钢市某公司给付程某工程款共计436935元。

程某和舞钢市某公司均不服一审判决，提出上诉。

二审法院认为，当事人对自己提出的诉讼请求所依据的事实或者反驳对方诉讼请求所依据的事实，应当提供证据加以证明，当事人未能提供证据或者证据不足以证明其事实主张的，由负有举证证明责任的当事人承担不利的后果。程某应当就自己的施工及工程量承担举证责任，但其提供的证明自己工程量及工程款的证据仅有一份《结算书》复印件，该复印件系打印文件且无任何当事人签名或印章，河南省铁路建设有限公司及舞钢市某建筑安装有限公司均否认存在《结算书》，因此无法认定程某所提供《结算书》的真实性和合法性，程某的诉讼请求缺乏证据支持。舞钢市某公司提供了其与河南省某建设有限公司就涉案工程的结算协议及工程量清单，且舞钢市某建筑安装有限公司与河南省某建设有限公司均认可是依据该结算协议及工程量清单进行的工程结算，根据该结算协议及工程清单计算，程某的工程量及工程款为203867$m^3$（151985$m^3$+

51882m³)×15元/m³=3058005元。由于程某与舞钢市某建筑安装有限公司签订的施工协议约定，工程量以图纸断面数量为准，原审按照取土量来计算程某的工程量不符合法律规定和合同约定，应予纠正。

二审判决结果：撤销一审判决，驳回程某的诉讼请求。

### 四、民事诉讼审判程序

审判程序是人民法院审理案件适用的程序，可以分为一审程序、二审程序和审判监督程序。

**（一）一审程序**

一审程序包括普通程序和简易程序。普通程序是《民事诉讼法》规定的民事诉讼当事人进行第一审民事诉讼和人民法院审理第一审民事案件所通常适用的诉讼程序。

适用普通程序审理的案件，根据《民事诉讼法》的规定，应当在立案之日起6个月内审结。有特殊情况需要延长的，由本院院长批准，可以延长6个月；还需要延长的，报请上级法院批准。

1. 起诉和受理

《民事诉讼法》规定，起诉必须符合下列条件：①原告是与本案有直接利害关系的公民、法人和其他组织；②有明确的被告；③有具体的诉讼请求、事实和理由；④属于人民法院受理民事诉讼的范围和受诉人民法院管辖。

起诉应当向人民法院递交起诉状，并按照被告人数提出副本。书写起诉状确有困难的，可以口头起诉，由人民法院记入笔录，并告知对方当事人。

法院收到起诉状，经审查，认为符合起诉条件的，应当在7日内立案并通知当事人。认为不符合起诉条件的，应当在7日内裁定不予受理。原告对裁定不服的，可以提起上诉。

人民法院应当在立案之日起5日内将起诉状副本发送被告，被告在收到之日起15日内提出答辩状。被告提出答辩状的，人民法院应当在收到之日起5日内将答辩状副本发送原告。被告不提出答辩状的，不影响人民法院审理。

2. 法庭调查

法庭调查，是在法庭上出示与案件有关的全部证据，对案件事实进行全面调查并有当事人进行质证的程序。

法庭调查按照下列程序进行：①当事人陈述；②告知证人的权利义务，证人作证，宣读来到庭的证人证言；③出示书证、物证和视听资料；④宣读鉴定结论；⑤宣读勘验笔录。

3. 法庭辩论

法庭辩论，是当事人及其诉讼代理人在法庭上行使辩论权，针对有争议的事实和法律问题进行辩论的程序。法庭辩论的目的，是通过当事人及其诉讼代理人的辩论，对有争议的问题逐一进行审查和核实，借此查明案件的真实情况和正确适用法律。

法庭辩论按照下列顺序进行：①原告及其诉讼代理人发言；②被告及其诉讼代理人答辩；③第三人及其诉讼代理人发言或者答辩；④互相辩论。法庭辩论终结，由审判长按照原告、被告、第三人的先后顺序征询各方最后意见。

法庭辩论终结，应当依法作出判决。判决前能够调解的，还可以进行调解，调解不成的，应当及时判决。

4. 宣判

原告经传票传唤，无正当理由拒不到庭的，或者未经法庭许可中途退庭的，可以按撤诉处理；被告反诉的，可以缺席判决。被告经传票传唤，无正当理由拒不到庭的，或者未经法庭许可中途退庭的，可以缺席判决。

法院一律公开宣告判决，同时必须告知当事人上诉权利、上诉期限和上诉的法院。最高人民法院的判决、裁定，以及超过上诉期没有上诉的判决、裁定，是发生法律效力判决、裁定。

（二）二审程序

二审程序，是指由于民事诉讼当事人不服地方各级人民法院尚未生效的第一审判决或裁定，在法定上诉期间内，向上一级人民法院提起上诉而引起的诉讼程序。由于我国实行两审终审制，上诉案件经二审法院审理后作出的判决、裁定为终审的判决、裁定，诉讼程序即告终结。

1. 上诉期间

当事人不服地方人民法院第一审判决的，有权在判决书送达之日起 15 日内向上一级人民法院提起上诉；不服地方人民法院第一审裁定的，有权在裁定书送达之日起 10 日内向上一级人民法院提起上诉。

2. 上诉状

当事人提起上诉，应当递交上诉状。上诉状应当通过原审法院提出，并按照对方当事人的人数提出副本。

3. 二审法院对上诉案件的处理

第二审人民法院对上诉案件，经过审理，按照下列情形，分别处理：①原判决认定事实清楚，适用法律正确的，判决驳回上诉，维持原判；②原判决适用法律错误的，依法改判；③原判决认定事实错误，或者原判决认定事实不清。证据不足，裁定撤销原判决，发回原审人民法院重审，或者查清事实后改判；④原判决违反法定程序，可能影响案件正确判决的，裁定撤销原判决，发回原审人民法院重审。

第二审法院作出的具有给付内容的判决，具有强制执行力。如果有履行义务的当事人拒不履行，对方当事人有权向法院申请强制执行。

对于发回原审法院重审的案件，原审法院仍将按照一审程序进行审理。因此，当事人对重审案件的判决、裁定，仍然可以上诉。

（三）审判监督程序

审判监督程序即再审程序，是指由有审判监督权的法定机关和人员提起，或由当事人申请，由人民法院对发生法律效力的判决、裁定、调解书再次审理的程序。

（1）各级人民法院院长对本院已经发生法律效力的判决、裁定、调解书，发现确有错误，认为需要再审的，应当提交审判委员会讨论决定。最高人民法院对地方各级人民法院已经发生法律效力的判决、裁定、调解书，上级人民法院对下级人民法院已经发生法律效力的判决、裁定、调解书，发现确有错误的，有权提审或者指令下级人民法院再审。

（2）当事人对已经发生法律效力的判决、裁定，认为有错误的，可以向上一级人民法院申请再审；当事人一方人数众多或者当事人双方为公民的案件，也可以向原审人民法院申请再审。当事人申请再审的，不停止判决、裁定的执行。当事人申请再审，应当在判决、裁定发生法律效力后六个月内提出。

（3）最高人民检察院对各级人民法院已经发生法律效力的判决、裁定，上级人民检察院对下级人民法院已经发生法律效力的判决、裁定，发现有《民事诉讼法》第二百条规定情形之一的，或者发现调解书损害国家利益、社会公共利益的，应当提出抗诉。

### （四）执行程序

执行程序，指《民事诉讼法》规定的由法定组织和人员运用国家的强制力量，根据生效法律文书的规定，强制民事义务人履行所负义务的程序。

法律文书一经生效，义务人应自觉履行。如拒不履行，权利人可申请法院强制执行。执行程序是民事诉讼程序的最后阶段。执行程序具有以下特点：①执行权由人民法院统一行使。无论生效的法律文书是由何种机构作出的，凡应通过民事执行程序加以实现的，只能由人民法院执行。②执行程序的目的在于实现生效法律文书所规定的内容。③执行手段具有强制性。

执行程序的发生，必须具备一定的条件：①必须具有作为执行根据的法律文书，包括人民法院作出的民事判决书、裁定书、调解书、支付令，仲裁机构作出的裁决书、调解书，公证机关制作的依法赋予强制执行效力的债权文书，行政机关制作的依法由人民法院执行的决定书。②作为执行根据的法律文书，必须已经发生法律效力，并具有给付内容。③负有义务的一方当事人故意拖延、逃避或拒绝履行义务。

被执行人未按执行通知履行法律文书确定的义务，人民法院有权向有关单位查询被执行人的存款、债券、股票、基金份额等财产情况，有权根据不同情形扣押、冻结、划拨、变价被执行人的财产，有权扣留、提取被执行人应当履行义务部分的收入。